Madagascar,
entre protection de la biodiversité
et développement minier

Quel rôle pour l'État ?

Océan Indien/Études

Cette collection rassemble les essais généraux, études et travaux universitaires concernant les îles de l'océan Indien : Les Comores, l'Ile Maurice, Madagascar, La Réunion, les Seychelles…).

NB. Les œuvres littéraires issues de la même zone géographique sont publiées dans notre collection Lettres de l'océan Indien.

Déjà parus

Rian'aina RAZAFIMANDIMBY RABARIHOELA, *Antananarivo, la circulation automobile et ses enjeux. Étude socio-anthropologique,* 2024.
André RASOLO, *Regards sur la vie politique de Madagascar. De 1960 à 2020*, 2023.
Saïd Ali MOHAMED, *Une oasis dans le désert des Comores. Histoire et refondation citoyenne,* 2021.
Ali Madi DJOUMOI, *Les Comores. Un pays pour deux États,* 2019.
Rajendra PARATIAN, *Maurice : intellectuels et champs intellectuels*, 2019.
Delamour MABA DALI, *Assimilation et départementalisation des Outremers : la République en échec*, 2016.
Toibibou ALI MOHAMED, *Culture intellectuelle et colonisation aux Comores*, 2016.
Ali Madi DJOUMOI, *La jeunesse étudiante et l'indépendance des Comores,* 2015
André SAURA, *Le colonel Ratsimandrava héros tragique du nationalisme malgache,* 2015.
Saïd Ahmed Saïd ABDILLAH, *Les Comores, pour une indépendance financière et monétaire de l'archipel,* 2014.

Lynda Hubert Ta

Madagascar, entre protection de la biodiversité et développement minier

Quel rôle pour l'État ?

Préface de Paule Halley et Bonnie Campbell

L'Harmattan

5-7, rue de l'École-Polytechnique ; 75005 Paris

http://www.editions-harmattan.fr/

ISBN : 978-2-336-51343-0
EAN : 9782336513430

Remerciements

Cet ouvrage découle d'une longue recherche doctorale qui a pu aboutir et être couronnée de succès grâce au soutien et aux encouragements de plusieurs personnes, que je souhaite remercier chaleureusement.

Je tiens tout d'abord à exprimer ma plus profonde gratitude à mes directrices de recherche, les professeures Paule Halley et Bonnie Campbell, pour leur confiance, leur disponibilité, leur écoute et la richesse de leurs conseils, durant la thèse et bien au-delà.

Je remercie également du fond du cœur les professeur.e.s Bruno Sarrasin, Sophie Thériault et Bruno Salomon Ramamonjisoa, membres du jury de thèse, pour leurs généreux commentaires qui ont permis d'enrichir considérablement cet ouvrage.

Ma reconnaissance va à celles et ceux qui m'ont épaulée durant toutes ces années et sur lesquel.le.s j'ai toujours pu compter : à Marie-Hélène Bérard, Micheline Cyr, Pierre Drolet, Pierre Issalys et Simone Besy.

Un remerciement particulier à la Chaire de recherche du Canada en droit de l'environnement pour le cadre convivial et stimulant, dans lequel j'ai eu le grand privilège d'évoluer en toute collégialité durant plus d'une dizaine d'années.

Ce travail a bénéficié du précieux soutien financier du Conseil de recherches en sciences humaines et de l'Institut environnement, développement et société, que je tiens à remercier.

Enfin, cette recherche n'aurait pu voir le jour sans l'appui inconditionnel de ma famille. À ma mère, pour son immense dévouement. Toujours les bons mots et les bons gestes aux bons moments. À Alexandre, mon conjoint et « support moral », dont la présence et la patience m'ont accompagnée jusqu'au bout du chemin.

Préface

Il faut du temps et de la persévérance pour qu'un sujet de thèse innovant émerge et soit l'occasion, après plusieurs années de travail, d'améliorer la compréhension d'un sujet complexe et de faire avancer les connaissances dans un domaine qu'on ne pourrait imaginer plus actuel. Intitulé *Madagascar, entre protection de la biodiversité et développement minier. Quel rôle pour l'État ?*, l'ouvrage que signe Lynda Hubert Ta est issu d'une thèse de doctorat que les signataires de ces lignes ont eu le plaisir de codiriger. À ce sujet, il nous faut souligner que sa qualité exceptionnelle lui a valu cinq notes excellentes[1] et de figurer au Tableau d'honneur de la Faculté des Études supérieures et postdoctorales de l'Université Laval.

Un des points forts de l'ouvrage est certes lié à son originalité et à sa pertinence juridique, mais également à la pertinence politique, sociale, économique et environnementale du sujet, à savoir l'obligation des États de protéger la biodiversité. Or, on le sait bien, la perte d'habitats est la menace la plus importante pesant sur la biodiversité, dont le déclin entraîne inévitablement des conséquences sociales, culturelles et économiques pour les populations qui en dépendent, notamment sur les droits de la personne, la santé, les pratiques traditionnelles et spirituelles, ainsi que sur les moyens de subsistance (ex. : chasse, cueillette, plantes médicinales). Par ailleurs, bien que la biodiversité soit inégalement répartie sur la planète, les habitats naturels demeurent convoités partout. C'est notamment le cas dans les quelques pays dits mégadivers, lesquels occupent moins de 10 % de la planète, mais abritent 70 % des espèces connues. C'est le cas de Madagascar, dont il est question dans cet ouvrage. Cet important patrimoine mondial a énormément à offrir, alors que de très nombreuses espèces encore méconnues de la science risquent de disparaître avant que cela ne soit possible.

C'est dans ce domaine qu'intervient de manière opportune le présent ouvrage. Pour renverser cette tendance, l'auteure démontre que la protection de la biodiversité ne saurait se réaliser pleinement de manière isolée sans tenir compte des autres utilisations du territoire et de leurs

[1] Dre Lynda Hubert Ta a soutenu sa thèse de doctorat de troisième cycle en droit à l'Université Laval (Québec, Canada), le 1er octobre 2021, devant un jury composé des professeurs Sophie Thériault (Université d'Ottawa), Bruno Salomon Ramamonjisoa (Université d'Antananarivo), Bruno Sarrasin (Université du Québec à Montréal) et des codirectrices de recherche, les professeures Paule Halley (Université Laval) et Bonnie Campbell (Université du Québec à Montréal).

cadres réglementaires. Elle propose une réflexion sur le rôle attendu de l'État, ici de l'État malgache, dont la responsabilité, au regard de ses engagements internationaux, est d'assurer la protection *in situ* de la riche biodiversité présente sur son territoire, afin de comprendre les transformations de ce rôle dans un contexte de développement économique, plus particulièrement du secteur minier. Le choix d'étudier le droit minier est particulièrement judicieux, du fait de son expansion, même dans des habitats sensibles ou protégés, en ce qu'il permet de les articuler, voire de les confronter. Voilà pourquoi, il s'agit d'une contribution importante non seulement pour le droit de la biodiversité, mais aussi pour sa mise en évidence des faiblesses, limites et incohérences des cadres juridiques nationaux régissant la protection *in situ* de la biodiversité dans un contexte de développement des ressources naturelles, ce qui représente le premier pas dans le processus de leur résolution.

Sur le plan scientifique, l'étude minutieuse réalisée par Madame Hubert Ta a nécessité des recherches de grande envergure et une importante expertise en droit de l'environnement, de la biodiversité et des ressources minérales. En plus d'offrir une très bonne monographie sur l'état du droit, elle présente une réflexion large et originale sur les problèmes centraux, voire fondamentaux, du droit dédié à la protection de la biodiversité et de ses interactions avec le droit minier. Cette contribution améliore la compréhension des enjeux juridiques, mais également environnementaux, géopolitiques et socioéconomiques, à travers l'étude de ceux-ci à Madagascar.

Pour traiter de ces enjeux, l'ouvrage est organisé en trois chapitres. D'entrée de jeu, l'introduction rappelle que ce sont les États qui sont appelés à assurer la protection de la biodiversité, en raison des engagements internationaux pris en vertu de traités internationaux pour la protéger, de leur souveraineté, de leur mission d'intérêt général et de leur propre législation nationale. Il y aurait donc, selon l'auteure, une obligation étatique de protection de la biodiversité de laquelle découle un rôle fort de l'État.

Afin de démontrer avec rigueur les causes de cette oscillation de l'État entre son rôle de protecteur de la biodiversité et celui de promoteur du développement minier, l'ouvrage repose sur une construction méticuleuse qui présente successivement le régime de protection de la biodiversité, puis le régime minier, avant d'analyser les effets de leur articulation sur le rôle de l'État. Ainsi, le premier chapitre met l'accent sur la richesse de la biodiversité malgache et son importance culturelle et socioéconomique pour les communautés locales, ainsi que pour la communauté internationale. Dans une perspective historique, sont passées en revue les mesures, notamment législatives et réglementaires, adoptées par l'État pour protéger la biodiversité nationale à travers son histoire et en raison de ses engagements internationaux, de sa souveraineté et de sa mission d'intérêt général.

Abordant ensuite la situation historique et factuelle du secteur minier à Madagascar, le deuxième chapitre examine l'évolution du cadre politique et juridique spécifique à ce secteur. Il démontre comment les réformes adoptées à partir des années 1980, comme ailleurs en Afrique, infléchiront l'orientation des politiques vers la libéralisation et la redéfinition des rôles étatiques. En se penchant sur l'arrimage du cadre juridique et institutionnel du secteur minier avec la protection de la biodiversité, l'auteure met en évidence les différences, voire la concurrence, entre les objectifs, règles, valeurs et acteurs propres à ces deux secteurs du droit malgache.

Adoptant une approche de pluralisme juridique et d'internormativité, le dernier chapitre croise, de manière fort pertinente d'un point de vue méthodologique, les régimes juridiques de protection de la biodiversité et du secteur minier. L'analyse est enrichie par de nombreux exemples concrets d'aires protégées et de forêts importantes pour les communautés locales ayant fait l'objet de concessions minières. L'auteure y scrute les points de rencontre et d'ancrage des deux régimes, ainsi que l'articulation et la nature des rapports qui s'établissent entre eux, afin de mettre en évidence les transformations qui en résultent pour le rôle de l'État, dans la protection de la biodiversité, et les raisons qui favorisent le développement minier au détriment de la biodiversité. L'entrée en jeu de ce dernier n'étant pas neutre, il exerce une influence sur les règles de protection de la biodiversité et le rôle protecteur de l'État.

La rigueur des raisonnements et les qualités méthodologiques et pédagogiques de l'ouvrage en font un outil de connaissance et d'argumentation de premier rang pour tous ceux et celles qui s'intéressent au droit de la biodiversité ou plus spécifiquement aux défis juridiques qu'il soulève au regard de l'occupation et de l'aménagement du territoire. En premier lieu, il intéressera les décideurs sur les questions relatives au déclin de la biodiversité et à la mise en cause des développements miniers. Son analyse critique des principes du droit en présence peut également servir de référence aux juristes, aux praticiens et inspirer des travaux et recherches tant à l'échelle nationale, régionale qu'internationale.

Paule Halley, Professeure, Titulaire de la Chaire de recherche du Canada, Université Laval.

Bonnie Campbell, Professeure émérite en économie politique, Faculté de science politique et de droit, Université du Québec à Montréal.

Liste des sigles et acronymes

AERP	Autorisation exclusive de réservation de périmètre
ANAE	Association nationale pour les actions environnementales
ANASE	Association des Nations de l'Asie du Sud-Est
ANGAP	Association nationale pour la gestion des aires protégées
BCMM	Bureau du cadastre minier de Madagascar
BPGRM	Base de données pour la gouvernance des ressources minérales
CGIM	Commission des grands investissements miniers
CI	Conservation International
CIMF	Comité interministériel Mine-Forêt
CITES	Convention sur le commerce international des espèces de faune et de flore sauvages menacées d'extinction
COAP	Code de gestion des aires protégées
CTE	Comité technique d'évaluation ad hoc
DSRP	Document de stratégie pour la réduction de la pauvreté
DTS	Droits de tirage spéciaux
ÉIE	Étude d'impact environnemental
FAPBM	Fondation pour les aires protégées et la biodiversité de Madagascar
FMG	Franc malgache
GELOSE	Gestion locale sécurisée
IDE	Investissements directs étrangers
ITIE	Initiative pour la transparence dans les industries extractives
LGIM	Loi sur les grands investissements miniers
MAP	Madagascar Action Plan
MECIE	Mise en compatibilité des investissements avec l'environnement
MNP	Madagascar National Parks
NAP	Nouvelle aire protégée
OMNIS	Office des mines nationales et des industries stratégiques
ONE	Office national pour l'environnement
ONG	Organisation non gouvernementale

PAS	Programme d'ajustement structurel
PCDI	Projet de conservation et développement intégré
PE	Programme environnemental
PEE	Plan d'engagement environnemental
Permis E	Permis d'exploitation
Permis PRE	Permis de prospection, de recherche et d'exploitation réservé aux petits exploitants miniers
Permis R	Permis standard de prospection et de recherche
PGEP	Plan de gestion environnementale du projet
PGRM	Projet de gouvernance des ressources minérales
PIB	Produit intérieur brut
PNAE	Plan national d'action environnementale
PNE	Politique nationale de l'environnement
PRSM	Projet de réforme du secteur minier
PSE	Paiements pour services environnementaux
QIT	Quebec Iron and Titanium
QMM	QIT Madagascar Minerals
REDD	Reducing Emissions from Deforestation and Forest Degradation
RSE	Responsabilité sociale des entreprises
SAPM	Système des aires protégées de Madagascar
SNGDB	Stratégie nationale de gestion durable de la biodiversité
SPANB	Stratégie et plans d'actions nationaux pour la biodiversité 2015-2025
TREM	Tantale Rare Earth Malagasy
UICN	Union internationale pour la conservation de la nature
UNESCO	Organisation des Nations Unies pour l'éducation, la science et la culture
USD	United States Dollar
WCS	Wildlife Conservation Society
WWF	Fonds mondial pour la nature

Introduction

Depuis les années 2000, le secteur minier mondial connaît une expansion caractérisée par une forte demande et une envolée des prix, découlant notamment de l'essor économique des pays émergents, de la croissance de la consommation en produits technologiques et de la construction d'infrastructures dans les sociétés contemporaines[2]. Pour répondre à cette demande, les entreprises minières recherchent de plus en plus de nouveaux filons dans certains pays du sud où les gisements étaient, jusque-là, encore peu exploités.

L'expansion du secteur minier n'est pas sans impact, cependant, pour les autres utilisations du territoire et de ses ressources. C'est le cas de la protection de la biodiversité. Une vaste gamme d'effets environnementaux sont généralement attribués aux différentes phases d'un projet minier[3]. Plusieurs éléments de la biodiversité sont sévèrement touchés, en particulier par la déforestation, le défrichement des sols et la pollution générés par les activités minières, avec des effets irréversibles sur la perte ou le morcellement des habitats naturels, ainsi que sur la perte d'écosystèmes entiers et d'espèces rares et en péril, par exemple[4]. Le déclin de la biodiversité entraîne également, inévitablement, des conséquences sociales, culturelles et économiques pour les populations qui dépendent intrinsèquement de cette biodiversité. Les conséquences sur les droits humains, la santé, les pratiques traditionnelles et spirituelles,

---

[2] Leonardus Gerber et Francesco Sindico, « Mining and Sustainable Development » dans Malgosia Fitzmaurice, Sandrine Maljean-Dubois et Stefania Negri, *Protection de l'environnement et développement durable de Rio à Rio+20*, dir, Leyde, Brill Nijhoff, 2014, 334 à la p 335 [Gerber et Sindico] ; Joëlle Paquet, *Le marché mondial des minéraux*, Québec, École nationale d'administration publique, 2012 à la p 5. Cette expansion pourrait aller en augmentant pour les décennies à venir selon Alain Rouleau et Dominique Gasquet, « Introduction au portrait du développement durable de l'industrie minière dans l'espace francophone » dans Alain Rouleau et Dominique Gasquet, dir, *L'industrie minière et le développement durable : Une perspective internationale francophone*, Québec, Institut de la Francophonie pour le développement durable, 2017, 1 à la p 2.

[3] Environmental Law Alliance Worldwide, *Guide pour l'évaluation des EIE de projets miniers*, 1ère éd, Eugene (Or), Environmental Law Alliance Worldwide, 2010 aux pp 3–8 [Environmental Law Alliance Worldwide].

[4] Rosamunde EA Almond, Monique Grooten et Tanya Petersen, dir, *Living Planet Report 2020 : Bending the curve of biodiversity loss*, Gland, Fonds mondial pour la nature, 2020 aux pp 20, 53, 72–73 ; Secrétariat de la Convention sur la diversité biologique, *Perspectives mondiales de la diversité biologique*, 3e éd, Montréal, Secrétariat de la Convention sur la diversité biologique, 2010 à la p 55.

ainsi que sur les moyens de subsistance (limitation des activités de chasse et de cueillette, y compris de plantes médicinales) sont les plus souvent évoqués[5]. Comme le souligne John Ruggie, « nul autre secteur n'a une influence aussi grande et aussi envahissante sur le plan social et environnemental »[6].

En dépit des impacts élevés des activités minières sur la biodiversité, de telles activités peuvent se dérouler dans des espaces riches en biodiversité, voire dédiés à sa protection. Selon Murguìa, Bringezu et Schaldach, 23 % des mines de cuivre, de fer, de bauxite, d'or et d'argent se situent dans des espaces riches en biodiversité[7]. D'autres auteurs ont aussi noté une proximité et une superposition croissantes entre les zones d'extraction minière et de protection de la biodiversité[8]. Selon Durán et al.[9], 27 % des projets d'extraction de cuivre, zinc, fer et bauxite se situent à moins de 10 km des limites d'une aire protégée. Près de 14 % des aires protégées terrestres de la planète sont concernées. Toujours selon eux, environ 7 % de tels projets empiètent directement sur une aire protégée

---

[5] Pour une description détaillée des impacts environnementaux et sociaux de l'industrie minière, voir par ex Mouvement mondial pour les forêts tropicales, *L'industrie minière : Impacts sur la société et l'environnement*, Montevideo, Mouvement mondial pour les forêts tropicales, 2004 aux pp 23–33 ; Joseph F Castrilli, « Evironmental Regulation of the Mining Industry in Canada: An Update of Legal and Regulatory Requirements » (2000-2001) 34 UBC L Rev 91 aux pp 95–97 ; Environmental Law Alliance Worldwide, *supra* note 3 aux pp 9–20 ; Claude Villeneuve et al, « Mines et développement durable, comment aborder la quadrature du cercle ? » dans Rouleau et Gasquet, *supra* note 1 aux pp 10–11 ; Michel Jébrak, *Quels métaux pour demain ? : Les enjeux des ressources minérales*, Paris, Dunod, 2015 aux pp 188–93.

[6] Commission des droits de l'homme, *Promotion et protection des droits de l'homme : Rapport intérimaire du Représentant spécial du Secrétaire général chargé de la question des droits de l'Homme et des sociétés transnationales et autres entreprises*, Doc off CES NU, 62e sess, Doc NU E/CN.4/2006/97 (2006) 1 à la p 9.

[7] Diego I Murguìa, Stefan Bringezu et Rüdiger Schaldach, « Global direct pressures on biodiversity by large-scale metal mining: Spatial distribution and implications for conservation » (2016) 180 Journal of Environmental Management 409 à la p 411.

[8] Marta Miranda et al, *Mining and Critical Ecosystems: Mapping the Risks*, Washington (DC), World Resources Institute, 2003, ch 3–4 ; Scott G Cardiff et Anjara Andriamanalina, « Contested Spatial Coincidence of Conservation and Mining Efforts in Madagascar » (2007) 2:1 Madagascar Conservation & Development 28 [Cardiff et Andriamanalina] ; Gavin Bridge, « Contested Terrain: Mining and the Environment » (2004) 29 Annual Review of Environment and Resources 205 ; pour les sites du patrimoine mondial, voir par ex Alexander Gillespie, *Conservation, Biodiversity and International Law*, Cheltenham (UK), Edward Elgar, 2011 aux pp 339–40.

[9] América P Durán, Jason Rauch et Kevin J Gaston, « Global spatial coincidence between protected areas and metal mining activities » (2013) 160 Biological Conservation 272 à la p 276.

et cela concerne environ 6 % de la superficie totale des aires protégées terrestres mondiales. Les industries extractives constituent une menace croissante pour les sites du patrimoine mondial, par exemple[10]. Depuis le début des années 1990, le secteur minier en particulier représente une menace pour 62 biens du patrimoine mondial répartis dans 40 États, dont deux biens seulement en 1990 contre 35 biens en 2021. Le phénomène est plus prononcé pour les sites naturels (76 % des cas) en Afrique (32 % des cas)[11]. C'est le cas de la Réserve de faune du Dja au Cameroun et de la Réserve naturelle intégrale du Mont Nimba en Guinée et en Côte d'Ivoire, ayant fait l'objet de permis et d'activités miniers[12]. En République démocratique du Congo, des permis miniers couvrant environ 3,5 millions d'ha sont superposés à des aires protégées[13], dont la Réserve de faune d'Okapi et le Parc national Kahuzi-Biega, tous deux sites du patrimoine mondial, font l'objet d'une prospection aurifère. Au Cameroun, de 2005 à 2012, une trentaine de permis pétroliers et miniers sont octroyés dans plus d'une dizaine d'aires protégées et « des dizaines d'autres sont dans le voisinage immédiat des aires protégées, avec un fort potentiel de conflit avec les objectifs de conservation assignés à ces espaces par le gouvernement »[14]. Des préoccupations similaires se retrouvent au Mali, où des projets miniers avoisinent la réserve de Tamesna et la réserve de biosphère du Bafing, ainsi qu'au Ghana, où de tels projets sont autorisés dans des réserves forestières en 2001[15].

Madagascar ne fait pas exception. Le choix d'étudier le cas de ce pays se justifie par la richesse de sa biodiversité, qui en fait un cas d'école face

---

[10] Organisation des Nations Unies pour l'éducation, la science et la culture, « Patrimoine mondial et industries extractives », en ligne : <whc.unesco.org/fr/industries-extractives/>.

[11] Organisation des Nations Unies pour l'éducation, la science et la culture, « État de conservation », en ligne : <https://whc.unesco.org/fr/soc/?action=list&soc_start=1%2F01%2F1990&soc_end=20%2F11%2F2020&id_threats=100>.

[12] Comité du patrimoine mondial, *État de conservation des biens inscrits sur la Liste du patrimoine mondial en péril*, Doc off UNESCO, 34e sess, Doc NU WHC-10/34.COM/7A (2010) 1 aux pp 3–9, 12–16.

[13] Anne-Gaëlle Javelle et Peter Veit, *Managing Land for Mining and Conservation in the Democratic Republic of Congo*, New York, Africa Biodiversity Collaborative Group, 2012 à la p 2.

[14] Brendan Schwartz, David Hoyle et Samuel Nguiffo, « Tendances émergentes dans les conflits liés à l'utilisation des terres au Cameroun : Chevauchements des permis des ressources naturelles et menaces sur les aires protégées et les investissements directs étrangers » (2012) Fonds mondial pour la nature Document de travail à la p 5.

[15] Gavin Hilson et Frank Nyame, « Gold Mining in Ghana's Forest Reserves: A Report on the Current Debate » (2006) 38:2 Area 175 aux pp 180–83.

à la montée de l'industrie minière et de ses enjeux[16]. D'une part, en 2003, lors du 5e Congrès mondial sur les parcs de l'Union internationale pour la conservation de la nature (UICN) à Durban en Afrique du Sud, Marc Ravalomanana, ancien président de Madagascar, s'est engagé à tripler (de 1,7 à 6 millions d'ha) la superficie des aires protégées malgaches. D'autre part, son gouvernement a aussi exprimé la volonté d'insérer le pays dans une dynamique d'économie minière et a pris des mesures pour accroître les investissements directs étrangers dans ce secteur[17].

Depuis lors, ces deux espaces (miniers et de protection de la biodiversité) en viennent à se rapprocher ou à se superposer sur le territoire national. Selon Cardiff et Andriamanalina :

> [p]ermitted mining areas in 2006 overlapped with protected areas, potential protected areas, and mining-exclusion zones on the island. Mining concession areas overlapped with 33 % of surface area planned for protection in 2005, 21 % [...] in 2006, and 12 % of the surface area from which mining was to be legally excluded. Total permitted area and area of overlap with conservation areas increased between 2005 and 2006 despite efforts in 2004 to limit such overlap[18].

Une quinzaine de sites sont touchés[19], comme le corridor Fandriana-Vondrozo où, en 2006, les quatre cinquièmes de la superficie prévue pour la nouvelle aire protégée (NAP) ont fait l'objet de concessions minières[20].

Ce rapprochement ou cette superposition affecte la protection de la biodiversité. Dans le sud-ouest de l'île, la forêt de Mikea, d'une importance culturelle et socioéconomique pour les communautés locales, est partiellement déboisée pour construire les routes destinées à

16 Comme le souligne Henri Humbert, « La protection de la nature à Madagascar » (1946) 286 bis Revue internationale de botanique appliquée et d'agriculture tropicale 358 à la p 358 [Humbert] : « Madagascar est l'une des parties du monde où se révèlent le mieux l'importance des questions relatives à la Protection de la nature, l'ampleur des problèmes que celle-ci soulève et les difficultés auxquelles elle se heurte ».

17 Madagascar, *Plan d'Action Madagascar 2007-2012 : Un plan audacieux pour le développement rapide*, aux pp 86, 92, engagement 6, défis 2, 7 (2006) [Madagascar, *MAP*].

18 Cardiff et Andriamanalina, *supra* note 8 à la p 28.

19 Madagascar, Ministère de l'Environnement, de l'Écologie et des Forêts, *Stratégie et plans d'action nationaux pour la biodiversité, 2015-2025*, à la p 39 (2016) [Madagascar, *SPANB*].

20 Catherine Corson, « Territorialization, enclosure and neoliberalism: non-state influence in struggles over Madagascar's forests » (2011) 38:4 Journal of Peasant Studies 703 à la p 715 [Corson, « Territorialization »].

acheminer vers le port l'ilménite extraite par le Projet Base Toliara[21]. À l'Ouest, la construction d'infrastructures routières et portuaires nécessaires au projet d'extraction de fer de la compagnie chinoise Madagascar Wuhan Iron and Steel Corporation fait également peser des risques pour le parc national de la baie de Baly à Soalala[22]. Pour ce qui est de l'exploration de terres rares dans la péninsule d'Ampasindava par Tantalum Rare Earths Malagasy (TREM), elle s'étend sur une vingtaine de km^2 de forêts primaires, à proximité de la NAP d'Ampasindava-Galoko-Kalobinono[23]. En ce qui concerne le projet Ambatovy, le site de la mine, d'abord, se situe au cœur du corridor forestier d'Analamay, dans la zone des Forêts humides de l'Atsinanana classées au patrimoine mondial de l'Organisation des Nations Unies pour l'éducation, la science

---

[21] Mamy Rakotondrainibe, « Activités minières et protection de l'environnement à Madagascar », *Bulletin Mensuel WRM* n° 216 (juillet 2015), en ligne : <https://wrm.org.uy/fr/files/2015/08/Bulletin216.pdf> [Rakotondrainibe]. Le projet a été développé par World Titanium Resources sous le nom de Toliara Sands jusqu'en janvier 2018, date à laquelle il a acheté par le groupe Base Titanium Resources et a été renommé « Projet Base Toliara ». Les associations qui s'opposent au projet affirment notamment que son promoteur détient en outre trois autres concessions minières en exploration, Ankililoaka, Basibasy et Morombe, qui « touchent plusieurs sites environnementaux sensibles et protégés, y compris la Forêt des Mikea où vit le groupe autochtone Mikea » : Zo Randriamaro, « Droit de réponse du CRAAD-OI à l'article de Midi-Madagasikara du 06 mars 2019 intitulé Projet d'exploitation d'ilménite : "Base Toliara" apporte des précisions », en ligne : Business and Human Rights Resource Center <https://www.business-humanrights.org/en/latest-news/droit-de-r%C3%A9ponse-du-craad-oi-%C3%A0-larticle-de-midi-madagasikara-du-06-mars-2019-intitul%C3%A9-projet-dexploitation-dilm%C3%A9nite-base-toliara-apporte-des-pr%C3%A9cisions/>. La version préliminaire de l'évaluation des impacts environnementaux et sociaux du projet indique que la concession minière de Ranobe se trouve à proximité de la nouvelle aire protégée PK 32 de Ranobe, qui s'en trouve affectée de diverses façons : Chantel Bezuidenhout, *Projet minier de Ranobe Région Sud Ouest, Madagascar : Version préliminaire d'étude d'impact environnemental et social*, Grahamstown, Coastal & Environmental Services, 2013 aux pp 73, 55, 294 [Bezuidenhout]. Un autre rapport de 2013 indique les distances entre les composantes de ce dernier et les zones protégées environnantes se situant de 0 à 18 km, comme celle PK 32 de Ranobe qui, dans toutes les options proposées, voit la route de transport de minerai se déployer dans ses limites et le site d'exploitation minière se trouver à entre 0,5 et 3,5 km de ces limites : Coastal & Environmental Services, *Ranobe Mine Project, Southwest Region, Madagascar: Évaluation visuelle*, Grahamstown, Coastal & Environmental Services, 2013 à la p 16, tableau 5-3.

[22] Valis, « Projet WISCO à Soalala : Un port dans la Baie de Baly : tortues et aire protégée en cause », *Madagascar Tribune* (19 avril 2012), en ligne : <www.madagascar-tribune.com/Un-port-dans-la-Baie-de-Baly,17361.html>.

[23] Madagascar, Ministère de l'Environnement, de l'Écologie et des Forêts, *Plan d'aménagement et de gestion 2015-2020 de la Nouvelle aire protégée d'Ampasindava-Galoko-Kalobinono*, à la p 66 (mars 2015).

et la culture (UNESCO) et placées en 2010 sur la liste du patrimoine mondial en péril, non loin de l'aire protégée du corridor forestier d'Anekeniheny-Zahamena et du site Ramsar de Torotorofotsy. Cette zone à haute endémicité abrite plus d'une centaine d'espèces inscrites aux Annexes de la *Convention sur le commerce international des espèces de faune et de flore sauvages menacées d'extinction* (CITES)[24] et une multitude d'espèces parmi les plus menacées de l'île, comme la grenouille dorée et plusieurs espèces de lémuriens[25]. Le projet affecte 2500 ha de forêts, dont plus d'un millier d'hectares de forêts primaires de la région Alaotra-Mangoro[26]. Ensuite, le pipeline acheminant le minerai vers l'usine de transformation traverse le parc national d'Andasibe[27], tandis que pour les besoins de la construction de cette usine, enfin, plus de 400 ha de forêts ont été rasés. Quant au projet QIT[28] Madagascar Minerals (QMM) au sud-est de l'île, ses opérations affectent 6000 ha d'une forêt littorale rare dans cette région aride tandis que la construction des infrastructures nécessaires au projet touche d'autres zones sensibles et protégées.

Cette situation remet en question les objectifs nationaux de protection de la biodiversité, et pose les questions plus larges de savoir, d'une part, si une telle protection est garantie par le droit et, d'autre part, quels acteurs en ont la charge et comment ils assurent cette protection dans un tel contexte de pressions exercées par le développement minier.

Cet ouvrage part du postulat que ce sont les États qui sont appelés à assurer cette protection, en raison des engagements internationaux pris

---

24 *Convention sur le commerce international des espèces de faune et de flore sauvages menacées d'extinction*, 3 mars 1973, 993 RTNU 243 (entrée en vigueur : 1er juillet 1975).

25 Steven M Goodman, « Biological research conducted in the general Andasibe region of Madagascar with emphasis on enumerating the local biotic diversity » dans Steven M Goodman et Vanessa Mass, dir, *Biodiversity, exploration, and conservation of the natural habitats associated with the Ambatovy project*, Antananarivo, Vahatra, 2010, 14 ; Rainer Dolch, « Confirmation of the greater bamboo lemur, *Prolemur simus*, north of the Torotorofotsy wetlands, eastern Madagascar » (2008) 13 Lemur News 14 ; Madagascar, Comité technique du Corridor Ankeniheny-Zahamena, *Plan d'aménagement et de gestion de la Reserve des Ressources Naturelles Ankeniheny-Zahamena*, (2009).

26 Association Initiative pour la recherche économique et sociale en Afrique sub-saharienne et Les Amis de la Terre France, *Madagascar : nouvel eldorado des compagnies minières et pétrolières*, Montreuil, Les Amis de la Terre France, 2012 à la p 45 [IRESA et Les Amis de la Terre].

27 Madagascar, Office national pour l'environnement, *Plan de gestion environnementale et de développement social du projet Ambatovy*, aux pp 45–56 (1er décembre 2006).

28 Le sigle « QIT » est pour Quebec Iron and Titanium (en français QIT-Fer et Titane Inc.), une entreprise canadienne basée à Sorel-Tracy au Québec et filiale de l'anglo-australienne Rio Tinto, l'une des plus grandes compagnies minières multinationales au monde.

en vertu de traités internationaux sur la protection de la biodiversité, de leur souveraineté, de leur mission d'intérêt général et de leur propre législation nationale. Il y aurait donc, une obligation étatique de protection de la biodiversité de laquelle découle un rôle fort de l'État, à l'image de celui décrit par Beurier, selon lequel « les États sont les gardiens de la biodiversité, dès lors ceux-ci ont l'obligation de créer des normes susceptibles de maintenir la diversité. [...] L'État est, en conséquence, responsable de la préservation de la diversité »[29]. Il lui reviendrait de mettre en œuvre un « [e]nsemble de moyens visant à maintenir l'état et la dynamique naturels des écosystèmes et à prévenir ou atténuer les menaces à la biodiversité »[30].

Ce livre a pour objectif d'examiner ce rôle fort attendu de l'État malgache d'assurer la protection de la biodiversité sur son territoire, et de comprendre les transformations de ce rôle dans un contexte de développement minier. En effet, compte tenu de ce rôle, comment expliquer que des activités minières avec des impacts aussi significatifs puissent se poursuivre dans des espaces reconnus comme riches en biodiversité, sensibles ou même protégés ? L'État malgache est-il en mesure d'assumer pleinement son rôle de protection de la biodiversité par un encadrement adéquat du secteur minier ? Qu'advient-il de ce rôle au contact des objectifs et des acteurs de ce secteur ? Plus précisément, dans quelle mesure ce rôle protecteur de l'État est ou peut être mis en œuvre dans le contexte du cadre stratégique et juridique du secteur minier qui a caractérisé le pays depuis la fin des années 1990 ?

L'étude démontrera que l'État malgache prend des mesures, notamment législatives et réglementaires, pour assurer la protection de la biodiversité, mais compte tenu du cadre juridique du secteur minier et dans ce contexte spécifique, son rôle a évolué et fait craindre une protection désormais insuffisante. Le régime minier a ses propres objectifs, règles, valeurs et acteurs. Son entrée en jeu n'est pas neutre et a une influence sur les règles de protection de la biodiversité et sur le rôle protecteur de l'État. L'analyse de l'articulation entre les régimes minier et

---

[29] Jean-Pierre Beurier, « Le droit de la biodiversité » (1996) 1-2 RJE 5 à la p 17.

[30] Benoit Limoges et al, « Terminologie relative à la conservation de la biodiversité *in situ* » (2013) 137:2 Le Naturaliste canadien 21 à la p 22. L'action de protéger renvoie aussi à « toute action – politique, économique, technique ou autre – visant à maintenir ou améliorer les systèmes naturels. Le mot renvoie directement à l'idée de défense des éléments naturels contre les dynamiques (anthropiques notamment) jugées négatives » : Estienne Rodary et Christian Castellanet, « Les trois temps de la conservation » dans Estienne Rodary, Christian Castellanet et Georges Rossi, dir, *Conservation de la nature et développement : L'intégration impossible ?*, Paris, Gret et Karthala, 2003, 5 à la p 8.

de protection de la biodiversité malgaches permettra donc de comprendre les relations qu'ils entretiennent et les raisons qui favorisent le développement minier au détriment de la protection de la biodiversité. En effet, des facteurs liés aux rapports qui se développent suite à la rencontre des deux régimes juridiques pourraient affecter l'aptitude des acteurs étatiques à assumer leur rôle dans la protection de la biodiversité. Dans une perspective historique et selon une approche de pluralisme juridique et d'internormativité, l'ouvrage examine tour à tour les principales règles des régimes malgaches de protection de la biodiversité terrestre et du secteur minier industriel sur une période allant de 1990 à 2020, pour identifier et analyser leurs points de rencontre ou d'ancrage, leur articulation et la nature des rapports qui s'établissent entre eux, afin de comprendre les transformations qui en résultent pour le rôle de l'État, dans la protection de la biodiversité.

L'ouvrage n'a pas pour objectif de recommander des améliorations en vue de réformes, ce qui relève d'un choix éminemment politique. Plutôt, il vise à mettre en évidence les faiblesses et incohérences existantes en vue de susciter une réflexion, premier pas dans le processus de la résolution des situations problématiques identifiées[31]. Le livre ambitionne de contribuer à l'alimentation, l'articulation et le développement des connaissances au sujet des relations entre le secteur minier et la protection de la biodiversité à Madagascar afin d'éclairer la prise de décisions futures en la matière. D'ailleurs, il est à noter qu'un processus de refonte du *Code minier* a été initié en 2019 et a abouti, en 2023, à l'adoption de la *Loi n°2023-007 du 27 juillet 2023 portant refonte du Code Minier*[32]. Cependant, le processus d'adoption des textes d'application de la nouvelle loi, pertinents pour notre étude, n'est pas achevé au moment d'écrire ces lignes.

---

[31] Pour Albert Einstein et Léopold Infeld, *The Evolution of Physics: From Early Concepts to Relativity and Quanta*, New York, Simon and Schuster, 1966 à la p 92, « [t]he formulation of a problem is often more essential than its solution [...]. To raise new questions, new possibilities, to regard old problems from a new angle requires creative imagination and marks real advances in science ».

[32] *Loi n°2023-007 du 27 juillet 2023 portant refonte du Code Minier*, JO, 2 octobre 2003, 4157 [*Code minier* de 2023].

CHAPITRE 1

Le rôle de l'État au fil de l'évolution du régime juridique national de protection de la biodiversité

Madagascar est partie à la plupart des traités internationaux sur la biodiversité, sources d'obligations étatiques dans la protection de cette biodiversité et dont la mise en œuvre nationale et la poursuite des objectifs impliquent donc, en principe, un rôle et une responsabilité prépondérants des États signataires. L'objectif de ce chapitre est d'examiner comment l'État malgache a mis en œuvre son obligation de protéger la biodiversité sur son territoire et le rôle ainsi assumé, à travers l'évolution du cadre juridique et stratégique de cette protection à Madagascar.

1. Madagascar, entre richesse biologique et pauvreté

L'un des paradoxes caractérisant Madagascar concerne l'immense richesse de sa diversité biologique qui contraste avec la faiblesse de sa situation économique[33]. Dans ce contexte, la biodiversité revêt une importance capitale pour la population malgache dont la survie quotidienne en dépend, mais aussi pour la communauté internationale pour laquelle elle représente un patrimoine mondial à préserver. Divers acteurs internationaux, nationaux, publics, privés s'y intéressent alors et ont une influence relative sur les discours et les orientations du pays en matière de protection de la biodiversité.

Nous verrons dans cette section 1 qu'il y a un consensus prédominant dans les discours, désignant les populations rurales les plus pauvres comme les principaux responsables de la dégradation de la biodiversité à Madagascar, malgré des études suggérant d'autres facteurs émergents à considérer comme le développement du secteur minier. Nous verrons dans la section 2 que cette vision a profondément et historiquement marqué la définition et l'orientation des cadres juridiques et stratégiques nationaux de la biodiversité, imbriquant étroitement sa protection et la

33 Selon Ivan R Scales, « Conservation at the Crossroads: Biological Diversity, Environmental Change and Natural Resource Use in Madagascar » dans Ivan R Scales, dir, *Conservation and Environmental Management in Madagascar*, New York, Routledge, 2014, 1 à la p 2, le pays est une énigme de la conservation et du développement.

lutte contre la pauvreté. Les stratégies de protection de la biodiversité à Madagascar sont alors associées de près aux politiques de développement et sont sensibles aux influences qui en émanent, comme nous le verrons aux sous-sections 2.2 et 2.3. Il est important de comprendre comment opèrent ces influences pour mieux comprendre, dans le chapitre 2, si cela a pu favoriser ou non les objectifs du secteur minier.

1.1 Éléments de contexte géographiques et socioéconomiques

Séparée du reste de l'Afrique par le canal du Mozambique, située dans l'océan Indien à approximativement 400 km au Sud-Est du continent, Madagascar s'en est détaché il y a environ 160 millions d'années et est demeurée isolée, l'établissement humain n'y ayant été recensé que vers les ans 300 à 500 de notre ère[34]. Cet isolement a favorisé l'occupation de niches écologiques vides par des espèces anciennes qui ont, aujourd'hui, pour la plupart disparu de la planète sauf sur l'île où ils ont pu évoluer en vase clos, permettant ainsi le développement d'une biodiversité à nulle autre pareille[35]. La cinquième plus grande île au monde s'étend sur une superficie de 587 295 km² et mesure près de 1 600 km du nord au sud et 570 km d'est en ouest[36]. La variété de microclimats tropicaux (humides, subhumides, secs, tempérés, arides) qui s'y côtoient a permis à une faune et une flore diversifiées et spécifiques à chaque région de l'île de s'y épanouir[37].

---

34 Robert E Dewar et al, « Stone tools and foraging in northern Madagascar challenge Holocene extinction models » (2013) 110:31 Proceedings of the National Academy of Sciences 12583.

35 Sylvère Rakotofiringa, « Biodiversité animale à Madagascar : Caractéristiques géographiques » dans Coudray et Bouguerra, *supra* note 59 à la p 152 [Rakotofiringa] ; LJ Gorenflo et al, « Exploring the Association Between People and Deforestation in Madagascar » dans RP Cincotta et LJ Gorenflo, dir, *Human Population: Its Influences on Biological Diversity*, Berlin, Springer, 2011, 197 à la p 197 [Gorenflo et al] ; Madagascar, Ministère de l'Environnement et du Développement durable, *6e rapport national sur la diversité biologique de Madagascar*, à la p 221 (février 2019) [Madagascar, *6e rapport*].

36 Institut national de la statistique, « Madagascar en chiffre », en ligne : <https://www.instat.mg/accueil/madagascar-en-chiffre>.

37 Madagascar, *SPANB*, *supra* note 19 à la p 34 ; Humbert, *supra* note 15 à la p 358 ; Rakotofiringa, *supra* note 35 à la p 151 ; Charlotte Rajeriarison, « Biodiversité végétale et déforestation à Madagascar » dans Jean Coudray et Mohamed Larbi Bouguerra, dir, *Environnement en milieu tropical*, Paris, Éditions scientifiques, techniques et médicales, 1994, 169 aux pp 171–72 [Rajeriarison] ; Gérald Donque, « The climatology of Madagascar » dans G Richard-Vindard et R Battistini, dir, *Biogeography and ecology of Madagascar*, La Haye, W Junk, 1972, 87 ; Laurent Gautier et Steven M Goodman, « Introduction to the flora of Madagascar » dans Steven M Goodman et Jonathan P

La richesse biologique du pays contraste toutefois avec ses indicateurs de développement économique et humain. Plusieurs éléments caractérisent l'économie malgache. D'abord, une croissance économique faible et soumise aux aléas d'un climat politique fluctuant. En 2002, par exemple, une crise politique est née de la contestation des résultats de l'élection présidentielle de décembre 2001, opposant Didier Ratsiraka, le Président de la République sortant qui briguait un cinquième mandat, et Marc Ravalomanana, maire d'Antananarivo du moment. L'autoproclamation comme Président par ce dernier, en février 2002, est assimilée à un coup d'État par la communauté internationale. Entre deux gouvernements, la capitale s'aligne derrière Marc Ravalomanana et les provinces derrière Didier Ratsiraka. Un blocus économique est alors mis en place pour empêcher la circulation de marchandises du port de Tamatave vers la capitale, tandis que celle-ci envoie l'armée dans les provinces, menant à de violents affrontements. Des tentatives de rapprochement entre les parties, organisées par la communauté internationale, échoueront à dénouer la crise. La pression militaire exercée par Marc Ravalomanana pousse Didier Ratsiraka à s'exiler en France en juillet 2002.

En 2009, l'histoire se répète quand des confrontations entre le maire de la capitale, Andry Rajoelina, et le Président Marc Ravalomanana culminent avec l'opposition à la cession par ce dernier, par des baux emphytéotiques, de 1,3 million d'ha de terres arables à l'entreprise sud-coréenne Daewoo pour un projet agricole de production d'huile de palme et de maïs. L'intensification des manifestations populaires menées par Andry Rajoelina conduit Marc Ravalomanana à quitter ses fonctions en mars 2009 et à s'exiler en Afrique du Sud. Andry Rajoelina s'autoproclame alors Président du nouveau gouvernement de transition, mais son investiture est un coup d'État anticonstitutionnel et antidémocratique pour la communauté internationale et les bailleurs de fonds internationaux. Durant les quatre années qui ont suivi, l'instabilité économique et financière s'ajoute à celle politique. Après plusieurs rencontres, les deux parties finissent par convenir de s'abstenir de postuler aux élections présidentielles de fin 2013, à l'issue desquelles Hery Rajaonarimampianina devient Président en janvier 2014, événement qui marque la fin de cette crise politique et de la période de transition.

Benstead, dir, *The Natural History of Madagascar*, Chicago, University of Chicago Press, 2003, 229.

Ces deux crises politiques ont eu un impact significatif sur l'économie du pays. Après une croissance économique moyenne de 6 % par année en 2001, ce taux a chuté à -12 % en 2002, tandis qu'en 2010 par rapport à 2008, le produit intérieur brut (PIB) du pays a baissé de 7,45 %, passant de 9,4 à 8,7 milliards USD[38]. Comparativement, dans les années 1980 et 1990, les taux moyens de croissance variaient entre 2,4 % et 2,9 %, la hausse survenue dans les années 2000 étant attribuée à l'accroissement des investissements directs étrangers, y compris dans le secteur minier[39]. Depuis 2016, le PIB national est en croissance, passant de 11,84 milliards USD en 2016 à 14,08 milliards USD en 2019[40].

Ensuite, une pauvreté rurale et un secteur primaire prédominant caractérisent l'économie du pays où près de 80 % de la population, essentiellement rurale, vit de l'agriculture familiale ou à petite échelle (riziculture, pêche, élevage), où près de 3 millions d'ha sont alloués aux terres cultivées et dix fois plus aux pâturages pastoraux[41]. Cette forte population rurale vit dans des conditions de pauvreté. Dans ce contexte, les ressources naturelles occupent une place importante, voire cruciale pour la survie d'une majeure partie de la population malgache qui continue de tirer ses moyens de subsistance de la nature et de la terre[42].

Le secteur industriel est peu développé et ne contribuait que pour 17,1 % du PIB du pays en 2019, contre 23,2 % pour les secteurs de

---

[38] Madagascar, Ministère de l'Environnement, de l'Écologie et des Forêts, *Rapport sur l'état de l'environnement à Madagascar, 2012*, à la p 3 (2012) [Madagascar, *état de l'environnement*].

[39] *Ibid.* En 1990, les entrées nettes au titre de l'investissement direct étranger se chiffraient à un peu plus de 22 millions USD. Ce chiffre a bondi dans les années 2000, avec environ 83 millions en 2000 et une hausse constante les années suivantes (1,134 milliard en 2008, 1,293 milliard en 2009), pour décroître jusqu'à environ 800 à 900 millions de 2010 à 2012 et 200 à 600 millions de 2013 à 2019 (Banque mondiale, « World Development Indicators », en ligne : <https://databank.worldbank.org/source/world-development-indicators> [Banque mondiale, « Indicators »], données obtenues avec les variables suivantes : base de données : World Development Indicators ; pays : Madagascar ; séries : Foreign Direct Investment, net inflows (BoP, current US$) ; périodes : 1990, 2000 et 2008 à 2020).

[40] Banque mondiale, « PIB ($ US courants) – Madagascar », en ligne : <https://donnees.banquemondiale.org/indicateur/NY.GDP.MKTP.CD?locations=MG>.

[41] Madagascar, *état de l'environnement*, *supra* note 38 à la p 4. Voir aussi Bart Minten et Christopher B Barrett, « Agricultural technology, productivity, and poverty in Madagascar » (2008) 36:5 World Development 797, sur l'importance de la ruralité et de l'agriculture à Madagascar.

[42] Madagascar, *état de l'environnement*, *supra* note 38 aux pp 3, 11.

l'agriculture, de la foresterie et de la pêche[43]. Il prend cependant de l'ampleur, avec un taux d'environ 11 % à 13 % entre 2008 et 2017 et une croissance plus marquée à partir de 2018 avec 16,7 % du PIB[44]. Le secteur tertiaire est aussi en progression, notamment grâce aux secteurs bancaire et des télécommunications[45].

L'économie du pays est aussi tournée vers l'extérieur, fortement dépendante des marchés internationaux et vulnérable aux crises économiques et financières mondiales, notamment celle financière de 2008[46]. L'aide publique au développement et le financement de projets par les partenaires internationaux contribuent significativement au PIB du pays et aux investissements. L'aide publique au développement nette et les autres aides publiques reçues représentaient 690,6 millions USD en 2018[47]. De plus, les douanes fournissent près de la moitié des entrées d'argent de l'État, même si en matière d'échanges commerciaux, la balance commerciale du pays reste déficitaire, car soumise aux fluctuations des taux de change et des prix sur les marchés internationaux[48]. Par exemple, les importations de biens et services représentaient 33,4 % du PIB en 2019, contre 26,5 % pour les exportations[49].

En matière de développement humain, les indicateurs de Madagascar ne sont pas meilleurs. En 2018, l'indice de développement humain du pays était de 0,521, le situant au 162e rang sur 189 pays, notamment en

---

43 Banque mondiale, « Indicators », *supra* note 39, données obtenues avec les variables suivantes : base de données : World Development Indicators ; pays : Madagascar ; séries : Industry, value added (% of GDP) et Agriculture, value added (% of GDP) ; période : 2019.

44 *Ibid*, données obtenues avec les variables suivantes : base de données : World Development Indicators ; pays : Madagascar ; séries : Industry, value added (% of GDP) ; période : 2008 à 2019.

45 Madagascar, *état de l'environnement*, *supra* note 38 à la p 4.

46 *Ibid* aux pp 3, 7.

47 Banque mondiale, « Country Profile – Madagascar », en ligne : <https://databank.worldbank.org/views/reports/reportwidget.aspx?Report_Name=CountryProfile&Id=b450fd57&tbar=y&dd=y&inf=n&zm=n&country=MDG> [Banque mondiale, « Profile »].

48 Madagascar, *état de l'environnement*, *supra* note 38 à la p 7. Pour une illustration de l'importance des droits et taxes sur le commerce extérieur, en particulier les droits de douane en 2019, voir Madagascar, Institut national de la statistique, *Tableau de bord économique n° 40*, à la p 31 (juin 2020) [Institut national de la statistique].

49 Banque mondiale, « Indicators », *supra* note 39, données obtenues avec les variables suivantes : base de données : World Development Indicators ; pays : Madagascar ; séries : Imports of goods and services (% of GDP) et Exports of goods and services (% of GDP) ; période : 2019.

raison de la faiblesse du revenu net brut par habitant, de l'espérance de vie à la naissance et de la durée de scolarisation[50]. Les aléas climatiques (sécheresses, cyclones, invasions acridiennes, etc.), touchant de plus en plus fréquemment et intensément le pays, aggravent la vulnérabilité de la population[51].

1.2 État et tendances de la biodiversité malgache

Il a été établi dans la sous-section 1.1 que la majeure partie de la population malgache, rurale, se trouve dans une situation précaire et est dépendante de la biodiversité. La présente section montrera qu'un lien causal est établi entre cette précarité et la dégradation de l'environnement dans les discours sur la protection d'une biodiversité malgache perçue à la fois comme un patrimoine national, un « bien public mondial » et une ressource naturelle à fort potentiel économique. Ces différentes perceptions de la biodiversité de Madagascar marqueront l'évolution de sa protection et du rôle joué par l'État malgache dans cette protection, comme nous le verrons dans la section 2.

1.2.1 Richesse, valeurs et importance de la protection

Île-continent[52], l'isolement géographique de Madagascar ainsi que la diversité des reliefs et microclimats qui y coexistent ont contribué à en faire un véritable sanctuaire de la nature[53]. La Grande Île est qualifiée de pays à mégabiodiversité[54] et de *hotspot* mondial de la biodiversité en

---

50 Programme des Nations Unies pour le développement, *Note d'information à l'intention des pays concernant le Rapport sur le développement humain 2020 : Madagascar*, Programme des Nations Unies pour le développement, 2020 à la p 3.

51 Madagascar, *état de l'environnement*, *supra* note 38 à la p 6 ; Programme des Nations Unies pour l'environnement, *Résumé de la situation environnementale à Madagascar : Document d'appui à la formulation du Bilan Commun du Pays*, Programme des Nations Unies pour l'environnement, 2012 aux pp 4–5 [Programme des Nations Unies pour l'environnement].

52 Maarten J de Wit, « Madagascar: Heads it's a Continent, Tails it's an Island » (2003) 31:1 Annual Review of Earth and Planetary Sciences 213.

53 Humbert, *supra* note 15 à la p 358 ; Rakotofiringa, *supra* note 35 à la p 151 ; Rajeriarison, *supra* note 37 à la p 172 ; Sophie Goedefroit, « Stratégies patrimoniales au paradis de la nature : Conservation de la biodiversité, développement et revendications locales à Madagascar » dans Marie-Christine Cormier-Salem et al, dir, *Patrimonialiser la nature tropicale : Dynamiques locales, enjeux internationaux*, Paris, Institut de recherche pour le développement, 2002, 125 à la p 125.

54 Russell A Mittermeier et Cristina Goettsch Mittermeier, dir, *Megadiversity: Earth's Biologically Wealthiest Nations*, Mexico, Cemex, 1997.

raison de la grande variété d'écosystèmes, de faune et de flore à très forte endémicité qu'elle abrite, parmi les plus rares, uniques, mais aussi menacés au monde, ce qui la classe parmi les régions prioritaires pour la conservation mondiale[55]. Pour Carret et al., « la biodiversité malgache [est] un bien public mondial, c'est-à-dire un bien dont la possibilité qu'il disparaisse concerne le monde entier »[56]. Une vision que le gouvernement malgache semble partager puisqu'il affirme qu'une majeure partie du patrimoine naturel du pays possède une « valeur universelle »[57]. En 2019, près de 15 % du territoire national est occupé par les aires protégées terrestres[58].

Le pays compte 21 écosystèmes différents, dont 15 terrestres et 6 marins et côtiers[59]. Les écosystèmes forestiers, évalués en 2015 à un peu plus de 12 millions d'ha de forêts dont un quart sont primaires, abritent le plus grand nombre d'espèces[60]. Les écosystèmes marins et côtiers ne

---

55 Selon Norman Myers et al, « Biodiversity hotspots for conservation priorities » (2000) 403 Nature 853 aux pp 853, 856, Madagascar figure non seulement parmi les 25 points chauds en biodiversité de la planète, mais parmi ces 25 pays les plus riches en biodiversité, il figure aussi au troisième rang en termes de taux d'endémicité. Voir également Russell A Mittermeier et al, « Madagascar and the Indian Ocean Islands » dans Russell A Mittermeier et al, dir, *Hotspots revisited*, Mexico, Cemex, 2004, 138 ; Jörg U Ganzhorn et al, « The Biodiversity of Madagascar: One of the World's Hottest Hotspots on its Way out » (2001) 35:4 Oryx 346 à la p 346 ; John G Robinson, « Conservation Biology and Real-World Conservation » (2006) 20:3 Conservation Biology 658 ; Russell A Mittermeier et al, « Biodiversity Hotspots and Major Tropical Wilderness Areas: Approaches to Setting Conservation Priorities » (1998) 12:3 Conservation Biology 516 ; Russell A Mittermeier et al, *Hotspots: Earth's Biologically Richest and Most Endangered Terrestrial Ecoregions*, Mexico, Cemex, 1999 [Mittermeier et al] ; Pierre Carret, dir, *Profil d'écosystème : Hotspot de Madagascar et des îles de l'Océan Indien*, Antananarivo, Fonds de partenariat pour les écosystèmes critiques, 2014 ; Jörg U Ganzhorn, Lucienne Wilmé et Jean-Luc Mercier, « Explaining Madagascar's biodiversity » dans Scales, *supra* note 33, 17.

56 Jean-Christophe Carret et al, « L'environnement à Madagascar : un atout à préserver, des enjeux à maîtriser » dans Banque mondiale, *Madagascar : vers un agenda de relance économique*, Antananarivo, Banque mondiale, 2010, 105 aux pp 105–06 [Carret et al].

57 Madagascar, Ministère de l'Environnement et des Forêts, *Cinquième rapport national de la Convention sur la Diversité Biologique : Madagascar*, à la p 25 (mars 2014) [Madagascar, *Cinquième rapport*].

58 Madagascar, Ministère de l'Environnement et du Développement durable, *Résumé du Tableau de bord environnemental*, à la p 45 (février 2019) [Madagascar, *Tableau de bord*].

59 Programme des Nations Unies pour l'environnement, *supra* note 51 à la p 3. Pour une description détaillée des différents écosystèmes rencontrés à Madagascar, voir Madagascar, *SPANB*, *supra* note 19 aux pp 35–36.

60 Organisation des Nations Unies pour l'alimentation et l'agriculture, *Évaluation des ressources forestières mondiales 2015 : Rapport national : Madagascar*, Rome, Organisation des Nations Unies pour l'alimentation et l'agriculture, 2014 à la p 12. Pour une description

sont pas moins riches avec 5 076 km² de récifs coralliens répartis sur près de 1 000 km le long des côtes, offrant un habitat à 788 espèces de poissons, et avec près de 400 000 ha de mangroves abritant diverses espèces de poissons, amphibiens, gastéropodes, crustacés, reptiles, oiseaux et mammifères, dont plusieurs endémiques[61]. Parmi les autres écosystèmes aquatiques, les eaux continentales concernent 3 000 km de cours d'eau répartis en 256 bassins versants et 2 000 km² de lacs occupant 0,3 % du territoire, sans compter les eaux souterraines[62]. Le pays compte aussi sept zones humides d'importance internationale totalisant une surface de plus d'un million d'hectares[63].

En matière de diversité spécifique, dans les années 2000, la littérature répertorie plus de 12 000 espèces végétales et plus d'un millier d'espèces animales, dont 85 % des premières et 80 % des secondes sont endémiques à l'île[64]. La découverte de nouvelles espèces est cependant continuelle[65] et les chiffres évoluent très rapidement[66]. Ainsi, en 2012, le *Rapport sur l'État de l'environnement à Madagascar* fait état de jusqu'à 14 000 espèces de plantes dont environ 75 % à 85 % sont endémiques[67]. En 2019, le *Sixième rapport national* du pays au Secrétariat de la *Convention sur la*

---

détaillée de ce type d'écosystèmes, voir par ex Rajeriarison, *supra* note 37 aux pp 169–72. Voir aussi Madagascar, *SPANB*, *supra* note 19 aux pp 36–37.

61 Madagascar, *état de l'environnement*, *supra* note 38 à la p 11.

62 Programme des Nations Unies pour l'environnement, *supra* note 51 à la p 3 ; Madagascar, *Cinquième rapport*, *supra* note 57 à la p 16.

63 Madagascar, *état de l'environnement*, *supra* note 38 à la p 11.

64 Steven M Goodman et Jonathan P Benstead, « Updated estimates of biotic diversity and endemism on Madagascar » (2005) 39:1 Oryx 73 ; Chantal Blanc-Pamard et Hervé Rakoto Ramirantsoa, « Madagascar : les enjeux environnementaux » dans Michel Lesourd, dir, *L'Afrique : Vulnérabilité et défis*, Nantes, Éditions du Temps, 2003, 354 à la p 354 [Blanc-Pamard et Ramirantsoa] ; Carret et al, *supra* note 56 ; Madagascar, *MAP*, *supra* note 17 à la p 98, engagement 7, défi 1.

65 Madagascar, *état de l'environnement*, *supra* note 38 à la p 146.

66 Pour un aperçu de l'évolution de ces chiffres depuis les années 1990, voir : Olivier Langrand et Lucienne Wilmé, « Effects of forest fragmentation on extinction patterns of the endemic avifauna on the Central High Plateau of Madagascar » dans Steven M Goodman et Bruce D Patterson, dir, *Natural Change and Human Impact in Madagascar*, Washington (DC), Smithsonian Institution Press, 1997, 280. Voir généralement Russell A Mittermeier et al, *Lemurs of Madagascar*, Washington (DC), Conservation International, 1994. Ainsi, Madagascar, *Cinquième rapport*, *supra* note 57 à la p iii énonce que « de 2010-2014, 117 fourmis, 41 espèces de grenouilles, 18 espèces de reptiles, 1 espèce d'oiseau, 4 espèces de lémuriens, 4 espèces de chauves-souris et une cinquantaine d'Angiospermes ont été décrites. Chez des groupes, nombreuses sont les formes qui sont en cours de description ou qui ne sont pas encore nommées ».

67 Madagascar, *état de l'environnement*, *supra* note 38 aux pp 10, 146, 422. Voir aussi Madagascar, *Cinquième rapport*, *supra* note 57 aux pp 8, 22–23.

diversité biologique[68] parle de « 15 000 espèces de plantes dont 83 % sont endémiques », tout comme « 61 % des Oiseaux […], 92 % des Reptiles […], 99 % des Amphibiens […] et 100 % des Lémuriens […] »[69]. Il est estimé qu'environ 4 000 espèces restent encore à découvrir dans ce pays[70].

La biodiversité malgache revêt une valeur à la fois écologique, socioculturelle, économique et scientifique. Sur le plan écologique, elle assure des fonctions écosystémiques vitales pour l'humanité, déjà évoquées dans le premier chapitre de cet ouvrage. Sur le plan socioculturel, elle constitue une importante source d'emplois, de nourriture, de matériaux de construction et d'énergie pour la population malgache[71]. Elle lui fournit également des ressources pour la médecine traditionnelle et occupe une place importante dans ses pratiques culturelles et spirituelles[72]. Sur le plan scientifique, l'île est un vaste terrain de recherche propice aux découvertes biologiques et à l'avancement de la science, surtout en génétique[73]. Sur le plan économique, la biodiversité fournit des biens et services valorisables, cruciaux pour le développement des secteurs artisanal, industriel et du commerce intérieur[74]. Elle contribue aussi aux exportations du pays et représente une importante entrée de devises. Par exemple, les forêts fournissent du bois précieux à grande valeur marchande, les mangroves permettent la production pour l'exportation de ressources comme les crevettes[75]. En 2011, les exportations du pays en produits transformés et dérivés de la biodiversité se chiffraient à 1 018,58 milliards d'ariarys[76]. La valeur contemplative ou esthétique de la biodiversité contribue aussi au secteur du tourisme, avec des recettes en devises atteignant 489 millions de

---

68 *Convention sur la diversité biologique*, 5 juin 1992, 1760 RTNU 79 (entrée en vigueur : 29 décembre 1993).

69 Madagascar, *6e rapport*, *supra* note 35 à la p 221.

70 Madagascar, *état de l'environnement*, *supra* note 38 aux pp 146, 422.

71 Madagascar, *Cinquième rapport*, *supra* note 57 aux pp 6–7.

72 Jean-Solo Ratsisompatrarivo et Vanessa Aliniaina Rasoamampianina, « Conservation de la biodiversité et réduction de la pauvreté à Madagascar » (2016) 6 Lessons in Conservation 30 à la p 35 [Ratsisompatrarivo et Rasoamampianina].

73 Madagascar, *Cinquième rapport*, *supra* note 57 aux pp 8–9.

74 *Ibid* aux pp 4–5.

75 Madagascar, *état de l'environnement*, *supra* note 38 à la p 10 sur la perception de la valeur économique de la biodiversité.

76 Madagascar, *Cinquième rapport*, *supra* note 57 à la p 3. Pour un aperçu du taux de change entre l'Ariary et les principales devises étrangères, consulter le site Internet de la Banque centrale de Madagascar, « Marché de change » (17 juin 2023), en ligne : <https://www.banky-foibe.mg/marche_marche-de-change> [Banque centrale].

droits de tirage spéciaux (DTS) en 2018, soit l'entrée de 290 716 visiteurs[77]. Ainsi, elle est aussi perçue comme un capital naturel à fort potentiel économique et une ressource à exploiter. La Banque mondiale a estimé ce capital naturel à un peu plus de la moitié de l'ensemble des capitaux à la disposition du pays en 2014, soit 4 964 USD par habitant pour une richesse totale de 9 237 USD par habitant[78].

1.2.2 Problèmes et enjeux généralement identifiés

Lorsqu'il s'agit d'identifier les principales causes de la dégradation de la biodiversité, les pressions anthropiques exercées par les populations les plus pauvres sur le milieu naturel reviennent de façon récurrente dans les discours de différents acteurs (État, bailleurs, ONG, techniciens, scientifiques, etc.)[79]. Pourtant, pour certains auteurs, ce sont là des « clichés » ou « mythes » qui ne rendent pas compte de la complexité de la réalité et devraient être pris avec précaution[80]. La dépendance de l'économie malgache envers le secteur primaire est souvent dépeinte comme un important facteur de dégradation de la biodiversité, la chasse,

---

77 Institut national de la statistique, *supra* note 48 à la p 36. Le taux de change moyen ou la parité Ariary/DTS était de 4 880,67 en décembre 2018 (p 33).

78 Glenn-Marie Lange, Quentin Wodon et Kevin Carey, dir, *The Changing Wealth of Nations 2018: Building a Sustainable Future*, Washington (DC), Banque mondiale, 2018 à la p 229.

79 Voir par ex Madagascar, *état de l'environnement*, *supra* note 38 à la p 150 ; Banque mondiale, *Madagascar : Revue du secteur rural et environnemental*, vol 1, Washington (DC), Banque Mondiale, 2003 à la p 14 ; Alison Jolly, « The Madagascar Challenge: Human Needs and Fragile Ecosystems » dans H Jeffrey Leonard, dir, *Environment and the poor: development strategies for a common agenda*, New Brunswick (NJ), Transaction Books, 1989, 189 ; Robert W Sussman, Glen M Green et Linda K Sussman, « Satelitte Imagery, Human Ecology, Anthropology and Deforestation in Madagascar » (1994) 22:3 Human Ecology 333 ; Gorenflo et al, *supra* note 35. Bruno Sarrasin, « Géopolitique du tourisme à Madagascar : de la protection de l'environnement au développement de l'économie » (2007) 127 Hérodote 124 à la p 128 [Sarrasin, « Géopolitique »] résume ainsi la perception relative aux ressources naturelles qui a cours à Madagascar : « le problème de la dégradation est causé essentiellement par le comportement des paysans malgaches, la conscience et la connaissance (la solution au problème) provenant nécessairement de l'extérieur ».

80 Alain Bertrand, Nadia Rabesahala Horning et Pierre Montagne, « Gestion communautaire ou préservation des ressources renouvelables : Histoire inachevée d'une évolution majeure de la politique environnementale à Madagascar », en ligne : (2009) 9:3 VertigO aux para 4, 9 <https://journals.openedition.org/vertigo/9231> [Bertrand, Horning et Montagne] ; Nadia R Horning, « Debunking three myths about Madagascar's deforestation » (2012) 7:3 Madagascar Conservation & Development 116 [Horning] ; Gorenflo et al, *supra* note 35 à la p 198.

la pêche et la cueillette exerçant une pression directe sur la biodiversité, et des pratiques pastorales et culturales traditionnelles étant jugées destructrices pour les milieux naturels, comme les feux de végétation et la culture sur brûlis[81]. La pauvreté rurale, accentuée par les crises sociopolitiques successives qui génèrent par ailleurs un relâchement des mesures de protection de la biodiversité, conduirait à des exploitations à outrance, informelles et illégales comme le trafic d'espèces protégées, de bois précieux et de pierres précieuses[82].

La croissance démographique est également pointée du doigt. La population malgache s'est accrue de 2,7 % et comptait 26,26 millions d'habitants avec une densité plutôt faible de 45,1 habitants au km^2, en 2018[83]. Malgré cela, cette croissance est perçue comme une menace pour la biodiversité, car elle s'accompagne de besoins alimentaires et énergétiques accrus (défrichement, extensification et intensification des cultures, donc déforestation et érosion des sols)[84]. Par exemple, le faible taux d'accès à l'électricité de 17 % en 2014 dans ce pays, soit 29 % en milieu urbain et 11 % seulement en milieu rural[85], est pallié par une

---

[81] Madagascar, *état de l'environnement*, *supra* note 38 aux pp 5–6, 150, 159 ; Rajeriarison, *supra* note 37 aux pp 172–73 ; Gorenflo et al, *supra* note 35 aux pp 203–05 ; Céline Ratovoson, « Les problèmes du Tavy sur la Côte-Est Malgache » (1979) 35 Madagascar Revue de Géographie 141 ; Megan Clark, « Deforestation in Madagascar: Consequences of Population Growth and Unsustainable Agricultural Processes », en ligne : (2012) 3:1 Global Majority E-Journal 61 <https://www.american.edu/cas/economics/ejournal/upload/clark_accessible.pdf> ; Madagascar, *SPANB*, *supra* note 19 aux pp 38–39 ; Madagascar, *Cinquième rapport*, *supra* note 57 à la p 52.

[82] Madagascar, *état de l'environnement*, *supra* note 38 aux pp 6, 8, 150 ; Rémy Canavésio, « Institutionnalisation de la protection environnementale et développement de l'artisanat minier dans les espaces sensibles de Madagascar », en ligne : (2009) Études caribéennes au para 6 <journals.openedition.org/etudescaribeennes/3622> [Canavésio] ; Madagascar, *SPANB*, *supra* note 19 à la p 38.

[83] Banque mondiale, « Profile », *supra* note 47.

[84] Madagascar, *état de l'environnement*, *supra* note 38 à la p 5 ; J Durbin, K Bernard et M Fenn, « The Role of Socioeconomic Factors in Loss of Malagasy Biodiversity » dans Goodman et Benstead, *supra* note 37 à la p 142 ; Ghislain Vieilledent, Clovis Grinand, et Romuald Vaudry, « Forecasting deforestation and carbon emissions in tropical developing countries facing demographic expansion: a case study in Madagascar » (2013) 3:6 Ecology and Evolution 1702 ; Kevin M Cleaver et Götz A Schreiber, *Reversing the Spiral: The Population, Agriculture, and Environment Nexus in Sub-Saharan Africa*, Washington (DC), Banque Mondiale, 1994 [Cleaver et Schreiber].

[85] Sustainable Energy for All, *Global Tracking Framework: Progress toward Sustainable Energy 2017: Summary*, Washington (DC), Banque mondiale et Agence internationale de l'énergie, 2017 à la p 13.

importante utilisation d'autres sources énergétiques accessibles facilement et à faible coût comme le bois et le charbon de bois[86].

La conjoncture économique défavorable aux niveaux national et international, ayant mené à la réduction des aides internationales pour le financement des actions environnementales nationales, est aussi avancée comme à l'origine de la rapide dégradation de la biodiversité dans le pays à partir de 2010[87]. Avec la suspension des aides suite à la crise politique de 2009, c'est tout le dispositif public de protection de la biodiversité à Madagascar, très dépendant de ce financement, qui a périclité, en particulier dans les aires protégées[88]. Le financement extérieur joue donc un rôle majeur dans cette protection.

La perte et la fragmentation d'habitats naturels tels que les forêts et les zones humides sont les plus problématiques pour la biodiversité malgache[89]. En 2007, des experts estimaient que, dans les années 1950, les forêts ne couvraient déjà plus que 27 % du pays et environ 16 % en 2000, ce qui représente une diminution de plus de 40 % de la couverture forestière en cinquante ans[90]. Les estimations de 2013 confirment cette

---

86 Programme des Nations Unies pour l'environnement, *supra* note 51 à la p 3.

87 Madagascar, *état de l'environnement*, *supra* note 38 à la p 7. L'aide publique au développement et les autres aides publiques reçues sont passées de 847,2 millions USD en 2008 à 434,5 millions USD en 2009 et demeurent dans cette proportion (ne dépassent pas 500 millions) jusqu'en 2013. À partir de 2014, après les élections présidentielles de 2013 et la formation d'un nouveau gouvernement élu, elles connaissent une nouvelle hausse, passant de 588,12 millions en 2014 à 621,8 millions en 2016 (Banque mondiale, « Indicators », *supra* note 39, données obtenues avec les variables suivantes : base de données : World Development Indicators ; pays : Madagascar ; séries : Net official development assistance and official aid received (current US$) ; période : 2008 à 2016). Cependant, le constat de cette dégradation n'est pas nouveau et remonte au 17e siècle, selon Jean-Aimé Rakotoarisoa, « A Cultural History of Madagascar: Evolution and Interpretation of the Archaeological Evidence » dans Goodman et Patterson, *supra* note 66 à la p 338. Voir aussi Gorenflo et al, *supra* note 35 à la p 202.

88 Voir à ce sujet Hery Randriamalala and Zhou Liu, « Rosewood of Madagascar: Between democracy and conservation » (2010) 5:1 Madagascar Conservation & Development 11.

89 Patrick O Waeber et al, « How Effective Have Thirty Years of Internationally Driven Conservation and Development Efforts Been in Madagascar ? » (2016) 11:8 PLoS ONE e0161115 ; Rajeriarison, *supra* note 37 à la p 169 ; Christian A Kull, « Air photo evidence of historical land cover change in the highlands: wetlands and grasslands give way to crops and woodlots » (2012) 7:3 Madagascar Conservation & Development 144 ; Madagascar, *SPANB*, *supra* note 19 aux pp 37, 49 ; Madagascar, *Cinquième rapport*, *supra* note 57 à la p 53.

90 Grady J Harper et al, « Fifty years of deforestation and forest fragmentation in Madagascar » (2007) 34:4 Environmental Conservation 325 à la p 330.

tendance régressive[91]. Selon le gouvernement malgache, le taux de déforestation avoisine annuellement 0,53 %, soit en moyenne 50 000 ha de pertes par année entre 2000 et 2005[92], et malgré une légère baisse qui ramène ce taux à 0,4 % entre 2005 et 2010[93], la déforestation reste l'un des problèmes environnementaux prioritaires, dont les causes identifiées sont principalement les activités de la population rurale, soit :

> (i) la conversion de forêt en terrain de culture ; (ii) la collecte de bois énergie ; et (iii) la propension des petites exploitations minières licites ou illicites. [...] une agriculture non durable, la précarité des modes d'existence des ménages, la croissance et la concentration démographique réparties d'une manière non uniforme ainsi que l'absence d'incitations économiques pour une utilisation durable des ressources. [...] l'exploitation illégale, les feux de brousse, les feux de forêt et les exploitations des ressources du sous-sol notamment celles de petite taille[94].

Le recul des écosystèmes forestiers entraîne une perte de biodiversité importante, notamment d'espèces endémiques dont c'est historiquement le principal habitat naturel[95]. En 2020, Madagascar compte le plus grand nombre d'espèces inscrites sur la *Liste rouge des espèces menacées* de l'UICN, soit un total de 3 483 espèces, dont 2 694 espèces de plantes, 135 de mammifères, 40 d'oiseaux, 139 de reptiles, 145 d'amphibiens, 122 de poissons et 35 de mollusques[96]. Parmi les espèces de plantes concernées, une est considérée comme éteinte dans la nature, 101 sont possiblement éteintes et 7 possiblement éteintes dans la nature, tandis que 499 sont en

---

[91] Madagascar, *SPANB*, *supra* note 19 à la p 20.

[92] Madagascar, *état de l'environnement*, *supra* note 38 à la p 14.

[93] Madagascar, *SPANB*, *supra* note 19 à la p 42.

[94] Madagascar, *état de l'environnement*, *supra* note 38 à la p 14. Voir aussi Rakotofiringa, *supra* note 35 à la p 161 pour qui ces causes varient entre la zone forestière et la zone de steppe et de savane et sont respectivement : « 1. Cultures sur brûlis ou Tavy [...]. 2. Utilisation de la forêt comme source d'énergie. 3. Coupes de bois pour les constructions et les menuiseries. 4. Exploitation zones minières » et « [f]eux de savanes ou feux de brousse, surtout dans les zones d'élevage extensif. Le passage répété des feux dénude complètement les sols et favorise l'érosion » ; Rajeriarison, *supra* note 37 aux pp 172–73.

[95] Rakotofiringa, *supra* note 35 aux pp 160–61 ; JM Dufils, « Remaining forest cover » dans Goodman et Benstead, *supra* note 37 aux pp 88–96 (90 % des espèces vivent dans les écosystèmes forestiers).

[96] Union internationale pour la conservation de la nature, « Table 5: number of threatened species in each major taxonomic group by country », en ligne : Liste rouge des espèces menacées, Version 2020.3 <https://www.iucnredlist.org/statistics>.

danger critique, 1 343 sont en danger et 852 sont vulnérables[97]. Quant aux espèces d'animaux, 13 sont considérées éteintes, 9 possiblement éteintes, 150 en danger critique, 318 en danger et 321 vulnérables[98]. Plus spécifiquement, les espèces d'oiseaux terrestres et des milieux humides, les espèces d'amphibiens, de reptiles, des espèces d'eau douce et marines comme le requin-baleine et la raie, ainsi que des espèces emblématiques comme les lémuriens sont les plus concernées[99]. Ces chiffres pourraient même être en deçà de la réalité. Par exemple, en 1999, des auteurs estimaient déjà qu'une quinzaine d'espèces de lémuriens ont disparu[100]. Environ 94 % des lémuriens seraient actuellement menacés d'extinction, ce qui en fait l'une des espèces les plus menacées au monde et la plus menacée parmi les primates[101].

Des auteurs mettent cependant en garde contre l'instrumentalisation des données estimées de la dégradation environnementale, souvent décrite comme catastrophique[102], données reprises par les rapports officiels et les documents de certains organismes pour légitimer les politiques d'exclusion des populations de l'accès et la gestion des ressources naturelles[103]. C'est un discours qui, selon eux, a servi depuis plus d'une soixantaine d'années dans les politiques environnementales sans pour autant conduire à des résultats sans équivoque[104], ce qui amène

---

[97] Union internationale pour la conservation de la nature, « Table 6b: number of plant species (kingdom: Plantae) listed in each IUCN Red List Category by country », en ligne : Liste rouge des espèces menacées, Version 2020.3 <https://www.iucnredlist.org/statistics>.

[98] Union internationale pour la conservation de la nature, « Table 6a: number of animal species (kingdom: Animalia) listed in each IUCN Red List Category by country », en ligne : Liste rouge des espèces menacées, Version 2020.3 <https://www.iucnredlist.org/statistics>.

[99] Madagascar, *SPANB*, *supra* note 19 aux pp 49–50.

[100] Mittermeier et al, *supra* note 55 aux pp 188–200.

[101] Madagascar, *SPANB*, *supra* note 19 à la p 49.

[102] Sarrasin, « Géopolitique », *supra* note 79 à la p 128 ; Alain Bertrand et al, « Contre un retour aux barrières : quelle place pour la gestion communautaire dans les nouvelles aires protégées malgaches ? » (2012) 257 Cahiers d'Outre-Mer 85 à la p 86 [Bertrand et al].

[103] Bertrand, Horning et Montagne, *supra* note 80 aux para 8–9. Gorenflo et al, *supra* note 35 à la p 203 notent aussi l'incertitude et la variation des données estimées de la déforestation, tandis que William J McConnell et Christian A Kull, « Deforestation in Madagascar: debates over the island's forest cover and challenges of measuring forest change » dans Scales, *supra* note 33, 67, soulignent l'absence de données précises.

[104] Barry Ferguson et Charlie J Gardner, « Looking back and thinking ahead – where next for conservation in Madagascar ? » (2010) 5:2 Madagascar Conservation & Development 75. Des tendances régressives sont même plutôt constatées, voir par ex Madagascar, *SPANB*, *supra* note 19 à la p 41.

certains à se demander : « [f]aut-il donc se résigner à croire comme un dogme que les aires protégées subissent moins de dégradations que le reste du territoire malgache? »[105]. Les chiffres officiels indiquent en effet que les aires protégées sont moins touchées par la déforestation, avec un taux de déforestation annuel de 0,2 %, en deçà du taux global de 0,4 % entre 2005 à 2010[106]. Même si elles sont soustraites aux activités des populations, les aires protégées ne sont donc pas moins épargnées par les dégradations et sont notamment vulnérables aux activités d'autres acteurs, encore peu reconnues parmi les facteurs de la dégradation de la biodiversité à Madagascar comme nous le verrons plus loin.

2. Le rôle fort attendu de l'État dans les régimes successifs de protection de la biodiversité

Nous procéderons, dans la présente section, à la recension et l'analyse des principaux instruments législatifs, réglementaires, de politique et de stratégie, structurant le cadre normatif national en matière de protection de la biodiversité. L'analyse sera effectuée suivant une perspective historique, pour comprendre l'évolution des paradigmes et les dynamiques qui animent les cadres stratégique, juridique et institutionnel de cette protection et qui déterminent leurs orientations. Cela permettra ultimement de mieux comprendre la place et le rôle changeants de l'État malgache dans la protection de la biodiversité, notamment à travers l'évolution de la conception de ce rôle et des valeurs mises de l'avant ou priorisées.

En effet, notamment face aux enjeux qui pèsent sur sa biodiversité, décrits dans la précédente section 1, il ne fait pas de doute que l'État malgache a endossé l'obligation de protection de la biodiversité attendue de lui en raison de ses engagements internationaux. Cependant, comment cette obligation a été perçue et mise en œuvre et qu'est-ce que cela traduit pour son rôle, c'est-à-dire quelle est la trajectoire suivie par le pays, son orientation et la place du rôle de l'État en matière de protection de la biodiversité ? Ce sont des points qui méritent une attention

---

105 Bertrand, Horning et Montagne, *supra* note 80 au para 10.

106 Madagascar, Office national pour l'environnement, Ministère de l'Environnement et des Forêts, Institut géographique et hydrographique national, Madagascar National Parks et Conservation International, *Évolution de la couverture de forêts naturelles à Madagascar, 2005-2010*, à la p 14 (mai 2013). Voir aussi Johanna Eklund et al, « Contrasting spatial and temporal trends of protected area effectiveness in mitigating deforestation in Madagascar » (2016) 203 Biological Conservation 290.

particulière et qui, pour mieux être saisis, nécessitent une mise en contexte historique du cadre juridique actuellement en vigueur de la protection de la biodiversité à Madagascar. Nous aborderons donc l'émergence et l'évolution de ce cadre en examinant les instruments juridiques clés, à portée globale, retenus pour répondre à l'obligation de protection de la biodiversité. Nous porterons attention au contenu de ces instruments, mais également aux orientations globales auxquelles cela renvoie pour le rôle de l'État.

2.1 Les régimes stricts et centralisateurs

Le régime juridique de protection de la biodiversité à Madagascar a des origines anciennes. L'époque royale, de 1787 (début du règne d'Andrianampoinimerina, premier roi de Madagascar) à 1896 (début du protectorat français), était caractérisée par une protection stricte, mais équilibrée de la biodiversité, avec un rôle affirmé de l'État monarchique comme institution émettant les directives, prenant les décisions de réglementation, assurant le contrôle et appliquant les sanctions dans ce domaine, en vue de l'intérêt général et de l'équité intra et intergénérationnelle. Il partageait sa responsabilité avec les communautés villageoises, qui veillaient à l'application, à leur niveau, des mesures de protection édictées.

L'époque coloniale, qui a duré de 1896 à 1960, a vu ce fragile équilibre ébranlé par le rôle prépondérant pris par l'État colonial dans la protection de la biodiversité, dont la population malgache était écartée. En effet, l'État colonial a mis sous cloche des éléments clés de la biodiversité malgache et adopté un cadre législatif et réglementaire strict, à la fois exclusif et répressif pour la population, qui se voit interdire l'accès à de vastes portions du territoire et aux ressources qui s'y trouvent. Le régime de protection qui a eu cours durant la Première république malgache, de 1960 à 1975, a repris ce modèle coercitif de la période coloniale sans toutefois avoir les moyens de véritablement le faire appliquer.

2.1.1 Durant l'époque royale (1787-1896)

Les premiers jalons connus de protection juridique de la biodiversité à Madagascar ont été posés dès l'époque du royaume de Madagascar, entre 1787 et 1896, pendant laquelle furent recensées les premières lois et règles traditionnelles visant cette protection et mobilisant la population autour du maintien des droits d'usage collectifs qui y sont liés et des valeurs de bien commun[107]. Ces premières règles étaient d'abord orales, sous forme d'édits royaux destinés à régir et limiter l'exploitation de ressources comme les forêts. Durant son règne (1787-1810), Andrianampoinimerina a multiplié les discours publics (*kabary*) livrant des directives pour la gestion des ressources naturelles du pays et dont la mise en œuvre repose ultimement sur les communautés villageoises (*fokonolona*). Il s'exprimait ainsi dans un de ses *kabary* :

> voici la forêt, patrimoine non susceptible de répartition entre les sujets. C'est là que les orphelins, les veuves et tous les malheureux viendront chercher leurs moyens d'existence, car sans cela, ils n'auraient aucune ressource, ne pouvant rien vendre. Que personne ne les inquiète [...]. Il est néanmoins interdit d'incendier la forêt et d'en brûler les bois, si ce n'est pour fabriquer du charbon qui sert aux travaux de forge. Cette interdiction prise pour votre intérêt, a pour but d'éviter la disparition complète et irrémédiable de la forêt[108].

Dans ces mots se retrouvent précocement des notions qui structurent le droit moderne de l'environnement malgache et la responsabilité de protection incombant à l'État malgache, notamment l'idée de patrimoine commun et d'équité. La forêt, milieu naturel par excellence à Madagascar, y est effectivement décrite comme un patrimoine indivisible, car appartenant à tous, ce qui rappelle les notions de patrimoine commun et de fiducie publique structurant le principe d'équité intergénérationnelle. La durabilité de la ressource dans le temps doit aussi être assurée en vue d'objectifs d'équité intragénérationnelle, dans l'intérêt général et pour le bien-être des plus démunis. Nombre d'édits royaux datant du 18e siècle interdisaient la déforestation et plus spécifiquement les feux.

---

107 Bertrand, Horning et Montagne, *supra* note 80 aux para 18–19 ; Ramarolanto Ratiaray et Saholy Rambinintsaotra, « L'accès coutumier aux ressources liées à la terre : défendre l'indéfendable ? » dans Hervé Rakoto Ramiarantsoa, Chantal Blanc-Pamard, Florence Pinton, dir, *Géopolitique et environnement : Les leçons de l'expérience malgache*, Marseille, Institut de recherche pour le développement, 2012, 99 à la p 99.

108 Tel que cité dans EA Houssein et A Bargueran, « Droits de propriété et "tragédie des ressources en commun" dans les pays en développement, avec application aux ressources agricoles, sylvicoles et halieutiques » dans École supérieure polytechnique d'Antananarivo, *Bilan et perspective de la sécurisation foncière relative à Madagascar*, Antananarivo, Université d'Antananarivo, 2001. Voir aussi Louis Lavauden, « Histoire de la législation et de l'administration forestières à Madagascar » (1934) 72 Revue des Eaux et Forêts 949, comme cité dans Pierre Montagne et Bruno Ramamonjisoa, « Politiques forestières à Madagascar entre répression et autonomie des acteurs » (2006) 294-295 Économie rurale 9 à la p 10.

Le souverain effectuait un contrôle strict du respect de ses directives. Se positionnant en garant de la protection des éléments de la biodiversité, l'ensemble des forêts du royaume a été placé sous sa propriété afin qu'il puisse garder le contrôle sur leur exploitation et le déboisement. Cela même si, pour les populations de certaines régions de l'île, il s'agissait d'un prétexte pour contrôler l'ensemble des richesses naturelles du pays.

Plus tard, les ordonnances royales ont pris une forme écrite. Le règne du roi Radama I (1810-1828) a vu la promulgation du premier décret interdisant les feux de forêt[109]. Sous la reine Ranavalona II (1868-1883) a été promulgué, le 3 septembre 1868, un *Code des 101 articles*, premier instrument juridique écrit en rapport avec la protection de l'environnement à Madagascar. Il a été suivi par l'adoption du *Code des 305 articles* le 29 mars 1881[110], un recueil de lois modernisées de nature civile, pénale et procédurale, qui met en place un cadre législatif formel et structuré en matière d'environnement.

Le Code de 1881 regroupe des mesures passées et nouvelles. Par exemple, son article 99 entérine la règle antérieure qui place les ressources naturelles dans le domaine de l'État monarchique, notamment les forêts et les terres vacantes interdites de vente, tandis que son article 101 codifie des règles orales édictées par Andrianampoinimerina sur l'interdiction des feux de forêt[111]. Quant aux articles 105 et 106, ils ajoutent de nouvelles règles sur l'interdiction de la culture sur brûlis et de l'abattage de bois, ainsi que sur les sanctions encourues[112]. Le dispositif

---

109 Patricia Wright, « The Future of Biodiversity in Madagascar: A View from Ranomafana National Park » dans Goodman et Patterson, *supra* note 66 à la p 384.

110 Voir le titre préliminaire sur la « genèse de la Charte de l'environnement Malagasy », à l'annexe de la *Loi n° 90-033 du 21 décembre 1990 portant Charte de l'environnement malagasy*, JO, 24 décembre 1990, 2540, modifiée et complétée par la *Loi n° 97-012 du 6 juin 1997*, JO, 9 juin 1997 (Édition spéciale), 1171 et JO, 12 juillet 1999, 1479, ainsi que par la *Loi n° 2004-015 du 19 août 2004* [*Charte de l'environnement malagasy*]. Voir aussi la version commentée d'Eugène Pierre Thébault, *Code des 305 articles : promulgué par la Reine Ranavalona II, le 29 mars 1881 : texte malgache intégral, avec traduction française et notes bibliographiques*, Antananarivo, Imprimerie officielle, 1960 [Thébault].

111 Thébault, *supra* note 110, art 101 (« [l]es forêts ne doivent pas être incendiées; ceux qui les brûleront seront mis aux fers pendant dix ans »).

112 *Ibid*, arts 105 (« [o]n ne peut défricher la forêt par le feu dans le but d'y établir des champs de riz, de maïs ou toutes autres cultures; les parties antérieurement défrichées et brûlées, seules, peuvent être cultivées; si' des personnes opèrent de nouveaux défrichements par le feu ou étendent ceux déjà existants, elles seront mises aux fers pendant cinq ans »), 106 (« [l]es arbres des forêts situées sur le bord de la mer ne peuvent être abattus ni endommagés inutilement, à moins que ce ne soit à propos d'un ordre donné par le gouvernement. Ceux qui endommageront inutilement la forêt seront

législatif de protection déployé à cette époque comportait donc un aspect restrictif, contrebalancé par l'implication des populations et les exceptions en faveur des groupes sociaux fragilisés afin de maintenir un certain équilibre dans la société.

Parallèlement à ces règles juridiques, il existait, au niveau des communautés, des règles coutumières qui régissaient ces communautés et qui y ont effet de loi[113]. Transmises par la tradition orale, elles prenaient la forme de tabous (*fady*) nés des croyances ancestrales, ou d'interdits générés par des conventions locales sanctionnées pécuniairement (*dina*).

L'existence précoce de ces dispositifs de régulation formelle et traditionnelle, visant à protéger la biodiversité, traduit l'importance de celle-ci dans le quotidien des Malgaches. Ainsi, dès les origines, la recherche d'un certain équilibre transparaît dans la mise en œuvre de cette protection, motivée par le souci de préserver une biodiversité perçue comme une ressource vitale et un patrimoine commun pour le peuple malgache.

2.1.2 Durant l'époque coloniale (1896-1960)

Le régime juridique de protection de la biodiversité lors de la période coloniale a été marqué par l'introduction de mesures de protection strictes, exclusives et répressives[114]. C'est à cette époque que remonte l'identification des pratiques culturales et traditionnelles de la population malgache, en particulier des communautés rurales (par exemple la culture itinérante et les feux de brousse), comme les principales causes de la dégradation de la biodiversité[115]. Ce lien de causalité établi par l'administration coloniale a continué d'alimenter, par la suite, les discours

---

punis d'une amende de dix bœufs et de dix piastres et, s'ils ne peuvent payer, seront mis en prison à raison d'un sikajy par jour jusqu'à concurrence du montant de l'amende »).

113 Marie-Hélène Bérard, *Légitimité des normes environnementales et complexité du droit : l'exemple de l'utilisation des Dina dans la gestion locale de la forêt à Madagascar, (1996-2006)*, thèse de doctorat en droit, Université Laval, 2009 [non publiée] aux pp 120–24 [Bérard].

114 Christian A Kull, « Empowering Pyromaniacs in Madagascar: Ideology and Legitimacy in Community-Based Natural Resource Management » (2002) 33:1 Development and Change 57 à la p 60 ; Henri Humbert, « La dégradation des sols à Madagascar » (1948) Institut scientifique de Madagascar Mémoires série D, t 1, fasc 1, 33.

115 Blanc-Pamard et Ramirantsoa, *supra* note 64 aux pp 356–57.

des acteurs impliqués dans la protection de la biodiversité à Madagascar et d'imprégner le régime juridique national relatif à cette protection[116].

La population malgache a alors été écartée de l'accès aux ressources de cette biodiversité par un dispositif législatif et réglementaire strict et répressif à son égard, dont l'application et le constat des infractions étaient assurés par un service spécifique, parfois même par la police et l'armée[117], et dont le non-respect entraînait des sanctions juridiques[118]. Cette période a vu la mise en place d'un cadre institutionnel de protection de la biodiversité selon une structure formelle et centralisée. Le modèle exclusif de protection assurait par la même occasion une mainmise de l'État colonial sur les ressources de la biodiversité[119]. Dès 1900, les ressources stratégiques de l'île comme les forêts naturelles relevaient exclusivement du domaine de l'État[120].

Comme souligné plus haut, l'approche de protection de la biodiversité lors de la période coloniale se rapprochait d'un modèle préservationniste. Pionnières en leur genre en Afrique, c'est durant cette période qu'ont été créées les premières aires protégées du pays, dotées d'une protection forte et stricte, surtout sous la forme de réserves naturelles intégrales[121] dont étaient évidemment exclues les populations. Dix de ces réserves,

---

116 Bruno Salomon Ramamonjisoa, « Origines et impacts des politiques de gestion des ressources naturelles à Madagascar » (2004) 155:11 Schweizerische Zeitschrift Fur Forstwesen 467 à la p 469 [Ramamonjisoa] ; Cleaver et Schreiber, *supra* note 84.

117 Grazia Borrini-Feyerabend et al, *La Gestion Participative des Ressources Naturelles : Organisation, Négociation et Apprentissage par l'Action*, Heidelberg et Kasparek, Deutsche Gesellschaft für Technische Zusammenarbeit et Union internationale pour la conservation de la nature, 2000 à la p 2.

118 Jean Coudreau, « La forêt malgache, son rôle dans l'économie générale du pays, sa conservation, son amélioration », *Bulletin économique du Gouvernement général de Madagascar et dépendances* 1er trimestre (1937). Voir le *Décret forestier du 25 janvier 1930 réorganisant le régime forestier à Madagascar et dépendances, compte tenu des modifications jusqu'au 1941*, arts 32 (droits d'usages restreints des collectivités indigènes), 37–47 (procédure de répression des infractions), 48–70 (sanctions encourues), mis en application par l'*Arrêté du 17 novembre 1930 compte tenu de ses modifications ultérieures réglant l'application du décret forestier du 25 janvier 1930*.

119 Bertrand, Horning et Montagne, *supra* note 80 au para 20.

120 Madagascar, Ministère de l'Environnement et des Forêts, *Madagascar : Rapport national*, Rapport final du processus de préparation de la participation de Madagascar à Rio + 20 soutenu par le Programme des Nations Unies pour le Développement à la p 17 (3 mai 2012).

121 Andrinajoro R Rakotoarivelo et al, « Lois et règlements sur la faune sauvage à Madagascar : Progrès accomplis et besoins du futur » (2011) 6:1 Madagascar Conservation & Development 37 à la p 41 [Rakotoarivelo et al].

très vastes, ont vu le jour en 1927[122], puis une autre en 1939[123], pour préserver des écosystèmes représentatifs et des espèces emblématiques, endémiques ou menacées, dans leur milieu naturel. L'accès à ces réserves était généralement interdit au public sauf à un personnel scientifique dûment autorisé aux fins de recherche, pour garder les milieux aussi naturels que possible et éviter toute interférence humaine[124]. Leur gestion et surveillance étaient confiées à un service spécial du service des forêts, dirigé par un officier forestier. Le service des domaines les délimitait et elles étaient immatriculées au nom de l'État colonial français. En dehors de ces réserves, des règlements ont aussi été pris pour protéger des espèces spécifiques, endémiques et menacées comme les lémuriens[125], certaines espèces d'aigrettes, de tortues et de serpents[126].

---

122 *Décret du 31 décembre 1927 portant création des réserves naturelles à Madagascar*, JO de Madagascar et dépendances, 17 mars 1928, 304 qui sera mis à jour par le *Décret n° 64-381 du 16 septembre 1964*. Voir à ce sujet Blanc-Pamard et Ramirantsoa, *supra* note 64 à la p 357.

123 *Décret du 11 juin 1939 créant la réserve naturelle intégrale n° XI « Andohahela », province de Tuléar.*

124 G Petit, « L'Organisation des Réserves naturelles à Madagascar » (1928) 80 Revue de botanique appliquée et d'agriculture coloniale 272 à la p 274.

125 *Arrêté portant interdiction de la chasse aux Lémuriens, pendant une période de trois années, dans toute l'étendue de la Colonie de Madagascar et Dépendances du 29 mars 1927*, JO de Madagascar et dépendances, 14 mai 1927, 476, reproduit dans Renaud Paulian, *Les animaux protégés de Madagascar*, Tananarive, Institut de recherche scientifique, 1955 à la p 29, en ligne : Institut de recherche pour le développement <https://horizon.documentation.ird.fr/exl-doc/pleins_textes/divers20-07/28355.pdf> ; *Arrêté prorogeant pour une nouvelle période de trois années l'arrêté du 29 mars 1927 et son erratum du 31 mai 1927 portant interdiction de la chasse aux Lémuriens dans toute l'étendue de la Colonie de Madagascar et Dépendances du 22 février 1930*, JO de Madagascar et dépendances, 1er mars 1930, reproduit dans Paulian, *ibid* à la p 36 ; *Décret réglementant l'exercice de la chasse dans la colonie de Madagascar et Dépendances du 19 mai 1931*, art 16, reproduit dans Paulian, *ibid* à la p 37 [*Décret réglementant la chasse*].

126 *Décret réglementant la chasse*, *supra* note 125, art 16 ; *Arrêté complétant la liste des animaux protégés figurant à l'article 16 du décret du 19 mai 1931 réglementant l'exercice de la chasse dans la Colonie de Madagascar et Dépendances du 13 février 1934*, JO de Madagascar et dépendances, 24 février 1934, 184, reproduit dans Paulian, *supra* note 125 à la p 45 et ajoutant une espèce endémique de serpent, le *Pelophilus madagascariensis* ; *Arrêté complétant la liste des animaux figurant à l'article 16 du décret du 19 mai 1931 réglementant l'exercice de la chasse dans la Colonie de Madagascar et Dépendances du 6 mars 1947*, JO de Madagascar et dépendances, 22 mars 1947, 305, reproduit dans Paulian, *supra* note 125 à la p 57 et ajoutant l'âne sauvage à la liste de l'article 16 ; *Arrêté complétant la liste des animaux figurant à l'article 16 du décret du 19 mai 1931 réglementant l'exercice de la chasse à Madagascar et Dépendances du 25 mars 1950*, JO de Madagascar et dépendances, 8 avril 1950, 622, reproduit dans Paulian, *supra* note 125 à la p 58 et ajoutant les tortues terrestres à la liste des espèces protégées.

Malgré les objectifs préservationnistes affichés par ces réserves, soit la représentation d'une nature intacte et la prééminence d'intérêts scientifiques, les objectifs économiques n'en ont pas été entièrement écartés[127]. De plus, à côté de ces réserves strictement protégées, ont été créées des réserves forestières destinées à l'exploitation intensive des forêts malgaches par l'administration coloniale française[128]. Le modèle était donc à deux vitesses : d'un côté, l'exploitation intensive des ressources de la biodiversité est encouragée en confiant la gestion des forêts à un service forestier chargé de l'exploitation forestière, et de l'autre, la population est tenue à l'écart de toute utilisation au nom de la préservation de la biodiversité, avec la création de réserves naturelles intégrales. Les interdictions dans la législation de l'époque s'adressaient moins aux exploitants forestiers qu'aux populations qu'elles visaient à exclure et à réprimer[129]. Le caractère répressif de la politique coloniale n'a pourtant pas facilité l'application des lois et règlements sur la protection de la biodiversité, lesquels n'ont pas eu l'effet escompté[130]. Au contraire, cette période a vu la déforestation par les feux, particulièrement dans des zones abritant les espaces protégés soustraits à la population, en signe de mécontentement populaire[131].

---

127 Selon Bertrand, Horning et Montagne, *supra* note 80 au para 20 : « [l]a politique coloniale était justifiée par le souci de préserver les forêts des destructions irrémédiables qui les menaçaient (Lavauden, 1931), mais dans le même temps les surfaces concédées en exploitation forestière de bois d'œuvre passaient entre 1897 et 1901 de 700 à 101 630 ha [...] ». Voir aussi Humbert, *supra* note 15 aux pp 359–61 qui écrit, aux pp 360–61, en évoquant les réserves naturelles intégrales créées lors de la période coloniale :

> [i]l est à peine besoin d'indiquer ici que la prééminence donnée au but scientifique dans la conception de ces Réserves naturelles intégrales n'exclut aucunement l'intérêt d'ordre économique, bien au contraire. Elles sont en effet destinées à la conservation, dans leur milieu naturel des milliers d'espèces propres à Madagascar, et il n'est pas douteux qu'un grand nombre de ces espèces est susceptible d'utilisation de tout ordre. [...] Mais, et c'est là une différence capitale avec les Réserves forestières ordinaires, elles ne sont pas des Réserves d'exploitation.

128 Bertrand et al, *supra* note 102 à la p 86.

129 Pierre Montagne et Alain Bertrand, « Histoire des politiques forestières au Niger, au Mali et à Madagascar » dans Alain Bertrand, Pierre Montagne et Alain Karsenty, dir, *L'État et la gestion locale durable des forêts en Afrique francophone et à Madagascar*, Paris, L'Harmattan, 2006, 54 aux pp 55, 60 [Montagne et Bertrand].

130 *Ibid* à la p 60 ; Gérard Buttoud, *La forêt et l'État en Afrique sèche et à Madagascar : Changer de politiques forestières*, Paris, Karthala, 1995 à la p 191.

131 Bérard, *supra* note 113 à la p 50.

2.1.3 Durant la Première république (1960-1975)

Le modèle colonial de protection de la biodiversité s'est perpétué après l'indépendance de Madagascar en 1960. En continuité avec ce modèle, le régime juridique de protection qui a eu cours au pays durant la Première république était exclusif, avec un rôle prépondérant de l'État malgache nouvellement indépendant dont relèvent exclusivement la définition, la mise en œuvre, le suivi et le contrôle des mesures de protection de la biodiversité. La structure administrative centralisatrice et répressive de l'ère coloniale a aussi été reprise[132].

De nouvelles aires protégées ont été créées lors de cette période, certaines s'alignant sur le modèle des réserves naturelles intégrales de la période coloniale, propriétés domaniales de l'État et interdites d'accès pour le public sauf le personnel scientifique autorisé[133], d'autres se distinguant par une moins grande envergure et la tolérance d'usages traditionnels locaux. En 1958, année de la proclamation de la République malgache, et en 1962 furent ainsi créés les deux premiers parcs nationaux, tolérant certains usages locaux traditionnels dans leurs limites et accessibles au public pour les activités récréatives, touristiques et éducatives[134]. C'était, à l'époque, le statut d'aire protégée le plus flexible dans la législation malgache. Des réserves spéciales destinées à la protection d'espèces spécifiques ont aussi vu le jour, dont l'accès est possible pour le public en respectant les restrictions relatives aux activités pastorales, de chasse, de pêche, de collecte et d'introduction d'espèces. D'autres espaces comme les forêts classées, les réserves de chasse et les périmètres de reboisement et de restauration ont été ajoutés. Instruments privilégiés de protection de la biodiversité à Madagascar, les aires protégées se sont multipliées durant la Première république, passant de 0,78 % du territoire national en 1960 à 1,95 % en 1975[135].

Des instruments juridiques adoptés au début des années 1960 visaient également à protéger des espèces spécifiques dans leur habitat naturel sur

---

132 Voir par ex l'*Ordonnance n° 060-128 du 3 octobre 1960 (compte tenu de ses modifications ultérieures) fixant la procédure applicable à la répression des infractions à la législation forestière, de la chasse, de la pêche et de la protection de la nature*, JO, 22 octobre 1960, 2184 [*Ordonnance n° 060-128 du 3 octobre 1960*], mis en application par le *Décret n° 61-078 du 8 février 1961*.

133 Voir par ex, le *Décret n° 66-242 du 01 juin 1966 constituant certains territoires en réserves naturelles intégrales pour la protection de la faune et de la flore*, JO, 11 juin 1966, 1262, arts 4, 6.

134 *Décret n° 58-07 du 28 octobre 1958 instituant le parc national de la montagne d'Ambre (district et province de Diégo-Suarez)* ; *Décret n° 62-371 du 19 juillet 1962 instituant le parc national de l'Isalo, sous-préfecture d'Ihosy, province de Fianarantsoa.*

135 Madagascar, Ministère de l'Environnement, *Le Tableau de bord environnemental*, ONE/MO/DOC/25/N/01 à la p 23 (2002).

tout le territoire national, que ce soit à l'intérieur ou à l'extérieur des aires protégées. C'est le cas de l'*Ordonnance n° 62-020 du 18 août 1962 sur la détention des lémuriens*. C'est aussi le cas du *Décret n° 61-096 du 16 février 1961 répartissant en trois catégories les oiseaux et les autres animaux sauvages vivant sur le territoire de la République Malgache*, distinguant certaines espèces d'oiseaux et d'animaux bénéficiant d'une « protection absolue sur toute l'étendue du Territoire »[136], d'autres dites nuisibles ou gibiers et dont la protection est modulée par des autorisations[137].

Ainsi, la protection de la biodiversité à Madagascar, opérationnalisée entre autres par la préservation de vastes espaces excluant les populations lors de la période coloniale, a évolué vers des espaces plus restreints, mais plus ouverts à certains usages publics, prélude à la vision naissante du développement durable des années 1980[138].

2.2 Les réformes des années 1980 et 1990 et les régimes de décentralisation et de gouvernance participative

Le modèle de protection de la biodiversité adopté par l'État malgache durant la Première république ne s'est pas avéré concluant pour répondre à la perte de biodiversité, faute de moyens suffisants. Lors de la période socialiste, l'État malgache endetté et à bout de souffle sur le plan économique a fini par se tourner à nouveau vers les institutions financières néolibérales pour obtenir de l'aide internationale, notamment afin d'endiguer la dégradation de la biodiversité au pays. À partir des années 1980, celles-ci préconisent alors des réformes visant à limiter l'intervention de l'État dans ce domaine et à l'insérer dans le cadre plus global du développement durable.

Nous verrons que dans ce nouveau contexte et à compter de cette période, les principes de participation et d'intégration ont pris une importance particulière au niveau national. Après de longues années d'un régime juridique centralisateur où l'État était le seul gestionnaire et

---

136 *Décret n° 61-096 répartissant en trois catégories les oiseaux et les autres animaux sauvages vivant sur le territoire de la République Malgache*, art 1.

137 *Ibid*, arts 2–3. D'autres instruments sur la chasse et la pêche, par exemple, prévoient l'établissement d'une liste nominative d'espèces protégées, comme l'*Ordonnance n° 60-126 du 3 octobre 1960 (compte tenu de ses modifications ultérieures) fixant le régime de la chasse, de la pêche et de la protection de la faune*, JO, 22 octobre 1960, 2184, mis en application par le *Décret n° 61-093 du 16 février 1961*, et comme l'*Ordonnance n° 060-128 du 3 octobre 1960*, *supra* note 132.

138 Joanna C Durbin et Jonny A Ralambo, « The Role of Local People in the Successful Maintenance of Protected Areas in Madagascar » (1994) 21:2 Environmental Conservation, 115 aux pp 115, 118.

protecteur de la biodiversité, cette époque marque un tournant avec une approche axée sur la décentralisation et le désengagement partiel de l'État de certaines de ces fonctions. La gestion dite « participative » des ressources de la biodiversité qui est alors mise de l'avant tente d'impliquer à nouveau les communautés locales dans la prise de décision et la mise en œuvre de la protection de la biodiversité, par le transfert de compétences de gestion de l'État vers ces communautés. Si les résultats en termes d'une meilleure protection de la biodiversité et implication des populations locales sont mitigés, l'approche participative a tout de même élargi la gamme d'acteurs pouvant être impliqués dans cette protection.

2.2.1 Durant la période socialiste ou la Deuxième république (1975-1992)

Les années 1972 à 1975 précédant l'avènement de la République démocratique de Madagascar ont vu éclater des crises politique et économique nationales, que le nouveau gouvernement socialiste a par la suite tenté de résoudre. Cette période coïncide avec l'essor de la prise de conscience et des discussions internationales sur la crise environnementale planétaire, qui a trouvé écho dans le pays avec l'insertion de la biodiversité comme priorité nationale dans la *Constitution de 1975* et la *Charte de la révolution socialiste malagasy*[139].

Ainsi, dans la première moitié des années 1980, le gouvernement socialiste de l'époque fait volte-face et fait appel aux bailleurs de fonds bilatéraux et multilatéraux pour l'aider à résoudre ces crises politique, économique et environnementale nationales[140]. Sarrasin note que c'est à ce moment-là qu'ont été formulées, par les économistes de la Banque mondiale, une problématisation de ces crises et des solutions en matière de gestion des ressources naturelles, suivant une conception néolibérale et intégrée qui a durablement marqué les politiques, les lois et les règlements sur la biodiversité à Madagascar[141]. Un changement dans le

---

139 *Charte de l'environnement malagasy*, *supra* note 110, annexe au titre préliminaire (« […] Charte de la Révolution Socialiste et Constitution de 1975, a élaboré une philosophie faisant de la priorité des ressources naturelles l'un des fondements de l'organisation sociale […] »).

140 Canavésio, *supra* note 82 au para 5 note le caractère « antagoniste » des politiques malgaches en matière de ressources naturelles et d'environnement, passant de la nationalisation à la libéralisation de la gestion.

141 Ce que Bruno Sarrasin, *Environnement et développement à Madagascar : Du plan d'action environnemental à la mise en valeur touristique des ressources naturelles*, Paris, Karthala, 2013 aux pp 31–37 [Sarrasin, *Environnement*] appelle le « diagnostic de Washington » ; Bruno Sarrasin, « La construction des problèmes environnementaux en Afrique

mode de gouvernance de la biodiversité a été prôné, justifié par le constat d'échec de l'interventionnisme antérieur de l'État, dont les capacités de surveillance et de contrôle réduites, faute de moyens, auraient conduit à un régime *de facto* de libre accès aux ressources et donc à leur dégradation effrénée.

Parmi les solutions préconisées par les bailleurs de fonds en contrepartie de leur aide, un Programme d'ajustement structurel (PAS) a alors été financé et mis en place, dans lequel la protection de la biodiversité devient un axe prioritaire du programme de développement du pays, en lien étroit avec la croissance économique et la lutte contre la pauvreté[142]. Le PAS initie aussi un processus de libéralisation, de décentralisation et de désengagement requérant une réduction du rôle de l'État dans des domaines clés du développement[143]. L'intervention étatique entravant, selon l'approche économique néolibérale, le décollage de la croissance économique, cela devait résoudre les crises politiques, économiques et environnementales nationales[144], interreliées entre elles.

L'État a donc été invité à se retirer de la mise en œuvre des opérations de certains secteurs, dont l'environnement et la biodiversité. Ses pouvoirs ont été redéfinis et nivelés à l'échelle des provinces, des régions et des communes. De cette façon, une importante part de son pouvoir décisionnel et de ses compétences en matière de gestion des ressources naturelles a été transférée à des acteurs situés à proximité directe de ces ressources, comme le suggère le principe 10 de la *Déclaration de Rio* sur la subsidiarité. Cette mesure répond aussi et avant tout aux conditions de performance et de bonne gouvernance établies par les bailleurs de fonds

---

subsaharienne : La mise en place d'un "diagnostic de Washington sur les ressources naturelles" » (2005) 26:4 Revue canadienne d'études du développement 799 aux pp 803 et s [Sarrasin, « construction »]. Voir aussi Bruno Sarrasin, « La Gestion LOcale SÉcurisée (GELOSE) : L'expérience malgache de gestion décentralisée des ressources naturelles », en ligne : (2009) Études caribéennes au para 3 <etudescaribeennes.revues.org/3664> [Sarrasin, « GELOSE »] ; Ramamonjisoa, *supra* note 116 à la p 4 ; Catherine A Corson, *Corridors of Power : The Politics of Environmental Aid to Madagascar*, New Haven, Yale University Press, 2016 aux pp 12–14 [Corson, *Corridors*].

142 Sarrasin, « GELOSE », *supra* note 141 au para 3 ; Sarrasin, « construction », *supra* note 141 aux pp 803 et s.

143 Pour un retour sur les mesures prises au titre du PAS, voir notamment Antoinette Dinga-Dzongo, *Madagascar : Rapport d'achèvement du Programme d'ajustement structurel – Phase I*, Fonds africain de développement, 1994.

144 Bonnie Campbell, « Reconceptualisation de l'État au Sud : Participation démocratique ou managérialisme populiste ? » dans François Crépeau, dir, *Mondialisation des échanges et fonctions de l'État*, Bruxelles, Bruylant, 1997, 163 aux pp 204, 215 à la p 181.

internationaux[145]. En résumé, Blanc-Pamard et Rakoto Ramiarantsoa notent que : « [d]'une part, la crise politique a mis en cause l'exercice autoritaire de l'appareil d'État et, d'autre part, la crise économique et financière a entraîné l'application dès 1982 de mesures d'ajustement structurel dans un contexte de libéralisation économique et de décentralisation qui inclut désormais l'environnement »[146].

Le *Plan national d'action environnementale* : vers une redéfinition du rôle de l'État

Dans le contexte de la décentralisation instaurée par les PAS et avec l'appui financier de bailleurs de fonds internationaux, dont la Banque mondiale[147], un *Plan national d'action environnementale* (PNAE) ambitieux est élaboré pour la première fois en Afrique en 1989 et mis en œuvre dès 1990 pour quinze ans, afin d'enrayer la crise environnementale à Madagascar[148]. Le PNAE complète le PAS, censé soutenir l'essor du pays[149].

Avec la mise en œuvre du PNAE se concrétise la réforme législative et institutionnelle entamée dans les années 1980 sur la gestion des ressources naturelles du pays, notamment des changements de paradigme importants[150]. Le désengagement de l'État de certaines de ses attributions dans le secteur des ressources naturelles est en effet au cœur

---

145 La décentralisation étant l'une de ces conditions sur laquelle la Banque mondiale, *Décentralisation à Madagascar*, Washington (DC), Banque Mondiale, 2004, met l'emphase pour le pays.

146 Blanc-Pamard et Ramirantsoa, *supra* note 64 à la p 357.

147 Voir notamment F Falloux avec l'assistance de JR Mercier et N Savine, *Madagascar : Plan d'action environnemental : Document de synthèse générale et propositions d'orientations*, vol 1, Banque mondiale, United States Agency for International Development, Coopération Suisse, Organisation des Nations Unies pour l'éducation, la science et la culture, Programme des Nations Unies pour le développement, Fonds mondial pour la nature, 1988.

148 *Charte de l'environnement malagasy*, *supra* note 110, annexe au titre III.

149 *Ibid* :

> [l]e PAE fait partie du processus d'ajustement structurel entamé par le Gouvernement et fait partie de la trilogie CASEP/PASAGE/PAE. Si le CASEP prend en charge la redynamisation des structures économiques en vue du règlement des problèmes d'équilibre financiers, le PASAGE tend à alléger les contraintes sociales [...]. Le PAE, de son côté, vise à régler les problèmes de la dégradation de l'environnement en l'associant à un programme de développement régionalisé [...].

150 Bertrand et al, *supra* note 102 à la p 86.

de ce Plan[151], qui, pour Pollini, cherche à dépolitiser les questions environnementales et à promouvoir des réponses techniques à des problèmes qui sont, somme toute, aussi politiques[152].

Comme nous le verrons plus loin, la plupart des textes juridiques encadrant actuellement la protection de la biodiversité à Madagascar ont été mis en place durant la longue période de mise en œuvre du PNAE[153]. La composante sur la biodiversité y est importante en raison de son caractère prioritaire pour la communauté internationale et des ressources financières spécifiquement allouées. Le PNAE vise par exemple la mise en place d'une cinquantaine d'aires protégées, financées presque en totalité par des fonds externes[154].

La *Charte de l'environnement malagasy*

Dans la foulée de l'élaboration du PNAE, une *Charte de l'environnement malagasy* qui s'en est inspirée et en a entériné les orientations et principes a été adoptée en 1990[155], une autre première en Afrique. La Charte a été modifiée plusieurs fois et actualisée en 2015[156]. Elle fournit un cadre juridique à l'exécution de la *Politique nationale de l'environnement* (PNE) du pays[157], dont elle édicte les principes généraux et les objectifs. À son tour, la PNE oriente les actions environnementales du pays et est opérationnalisée par le PNAE[158].

La Charte est l'un des deux principaux instruments du cadre juridique de protection de la biodiversité à Madagascar[159] qui marquent une importante réforme législative. Il est à noter que la Charte, la PNE et le

---

151 Derick W Brinkerhoff, « Coordination Issues in Policy Implementation Networks: An Illustration trom Madagascar's Environmental Action Plan » (1996) 24:9 World Development 1497 à la p 1499. Voir aussi *Charte de l'environnement malagasy*, *supra* note 110, annexe au titre III, sur la décentralisation de la décision, de l'organisation et du financement de la protection de l'environnement, et sur le désengagement de l'État des activités de production et la libéralisation.

152 Jacques Pollini, « The Difficult reconciliation of Conservation and Development Objectives: the Case of the Malagasy Environmental action Plan » (2011) 70:1 Human Organization 74 à la p 82 [Pollini].

153 Programme des Nations Unies pour l'environnement, *supra* note 51 à la p 6.

154 Sarrasin, « GELOSE », *supra* note 141 au para 3.

155 *Charte de l'environnement malagasy*, *supra* note 110.

156 Voir la *Loi n° 2015-003 du 19 février 2015 portant Charte de l'Environnement Malagasy actualisée*, JO, 6 avril 2015, 1449 [*Charte de l'environnement actualisée*].

157 *Charte de l'environnement malagasy* de 1990, *supra* note 110, art 1. Pour la PNE, voir *ibid*, annexe au titre II.

158 *Ibid*, art 5. Pour la PNAE, voir *ibid*, annexe au titre III.

159 Madagascar, *Cinquième rapport*, *supra* note 57 à la p 2.

PNAE ont été adoptés dans le contexte effervescent des idées entourant la préparation du Sommet de la Terre de 1992 et s'inscrivent dans la vision du développement durable[160], conformément aux tendances de l'époque, aux attentes de la communauté internationale et des institutions financières internationales. Parmi ces tendances émergentes, rappelons que les préparatifs du Sommet de la Terre de 1992 au début des années 1990 ont vu les instruments de *soft law* et les mesures incitatives, dont économiques, gagner en importance dans le développement du droit international de la biodiversité, par rapport à une approche exclusivement contraignante ou conventionnelle. Kiss et Doumbe-Bille rapportent que lors de la phase préparatoire du Sommet, des efforts et tentatives pour négocier des textes juridiquement contraignants à soumettre à la signature des pays à Rio en 1992 n'ont pas abouti[161]. Des textes de *soft law* ont plutôt vu le jour, comme la *Déclaration de Rio* qui, au départ, devait être la *Charte de la Terre*, un texte regroupant les droits et obligations des États[162], ou comme la *Déclaration de principes sur les forêts* qui a été adoptée à la place d'une convention plus contraignante[163].

À Madagascar, le discours des bailleurs de fonds sur la nécessité d'assouplir les approches de protection de l'environnement s'est appuyé sur les résultats jugés mitigés de l'approche interventionniste et coercitive mise en œuvre lors des époques précédentes. Cette tendance à l'assouplissement se manifeste sur plus de quinze années de politique environnementale, dans la *Charte de l'environnement*, la PNE, le PNAE et les Programmes environnementaux (PE) successifs, qui prônent davantage le libéralisme et l'intégration de l'économie et de la protection de l'environnement, pour qu'un équilibre dans cette protection soit établi grâce aux seuls mécanismes de marché, sans une trop grande intervention étatique[164]. Ainsi, ces instruments promeuvent la

---

160 *Charte de l'environnement malagasy* de 1990, *supra* note 110, art 6 (« [l]'objectif essentiel est de réconcilier la population avec son environnement en vue d'un développement durable. À cet effet le plan se donne les objectifs suivants : [...] – promouvoir un développement durable en gérant mieux les ressources naturelles; [...] »).

161 Voir à ce sujet Alexandre-Charles Kiss et Stéphane Doumbe-Bille, « La Conférence des Nations Unies sur l'environnement et le développement (Rio-de-Janeiro, 3-14 Juin 1992) » (1992) 38 Annuaire français de droit international 823 à la p 829.

162 *Ibid* aux pp 829, 832.

163 *Ibid* à la p 833.

164 *Charte de l'environnement malagasy* de 1990, *supra* note 110, annexe (« l'excès d'étatisation des facteurs de productions économiques a complètement désaffecté l'initiative individuelle privée, principal moteur de développement économique [...] »), titre III sur la décentralisation de la décision, de l'organisation et du financement de la protection de l'environnement, et sur le désengagement de l'État des activités de

valorisation économique des ressources de la biodiversité, pour mieux la protéger. Suivant la conception de durabilité faible du développement durable, la biodiversité est réduite à sa valeur instrumentale ; c'est une ressource comme une autre et sa perte peut être économiquement quantifiée et faire l'objet de compensations monétaires ou non, jugées plus flexibles, mais dissuasives pour les opérateurs[165]. C'est sur cette base que la Charte a ancré le rapprochement entre les aspects environnemental, économique et social dans la PNE[166].

Pour rappel, le début des années 1990 a aussi vu émerger l'idée de préoccupation commune de l'humanité, selon laquelle la protection d'une biodiversité aussi riche et importante pour la planète que celle de Madagascar relève de la responsabilité de l'humanité entière[167]. Elle appelle à la participation d'une plus grande diversité d'acteurs, pas seulement étatiques, ce qui rejoint la tendance évoquée plus haut de libéralisation de la gouvernance des ressources biologiques, promue par les bailleurs de fonds multilatéraux[168]. Par exemple, si la Charte de 1990

---

production et la libéralisation. De plus, au titre II sur la PNE, il est déclaré comme principe fondamental qu' :

> aucune action environnementale ne peut se dissocier d'une action de développement en faveur de l'homme. C'est la raison pour laquelle le concept de conservation ne peut être dissoné de celui du développement. En effet, "Il ne peut y avoir de conservation de l'environnement sans développement, la conservation devant être le fruit d'un développement rationnel en harmonie avec la nature". Ce principe fondamental doit guider toute action en faveur de l'environnement à Madagascar.

Il est ajouté que « notre politique de l'environnement fait partie intégrante de la politique de développement global de notre pays. [...] L'ajustement structurel de notre gestion économique doit être lié à l'ajustement de la gestion de nos ressources naturelles ».

165 *Ibid*, art 11 (« [l]es opérateurs exerçant des activités engendrant des effets néfastes sur l'environnement seront soumis : - Soit à des obligations compensatrices, - Soit au paiement de pénalités au profit de l'État [...] »).

166 Pollini, *supra* note 152 aux pp 76–77.

167 Carret et al, *supra* note 56 à la p 106 ; voir aussi *Charte de l'environnement malagasy* de 1990, *supra* note 110, annexe au titre II, autre principe fondamental (« en raison de son caractère unique dans le monde, le patrimoine environnemental malgache est considéré comme patrimoine de l'humanité dont la gestion doit être naturellement laissée aux soins des malgaches et la responsabilité partagée avec la communauté internationale »).

168 Sarrasin, *Environnement*, *supra* note 141 à la p 80 souligne les pressions liées aux attentes des bailleurs de fonds en écrivant que « les rédacteurs de la Charte de l'environnement [...] voyaient leur salaire directement financé par la Banque mondiale », ce qui peut expliquer « l'acceptation, par les acteurs malgaches qui ont participé aux négociations de la phase préparatoire, de la définition de leur rôle proposée par les bailleurs de fonds [...], bien qu'en première lecture il semble

reconnaît un caractère d'intérêt général à la protection de l'environnement[169] et affirme que « l'environnement constitue une préoccupation prioritaire de l'État »[170], elle reste ouverte à l'implication de nombreux autres acteurs. Elle s'approprie en effet plusieurs principes mis en avant sur la scène internationale à cette époque et exposés dans le chapitre 3, comme le principe de prévention, le droit d'accès à l'information environnementale et la participation publique dans les processus décisionnels, notamment lorsque l'environnement peut être affecté[171]. Elle requiert la coopération entre l'État, les collectivités décentralisées et les acteurs non étatiques (ONG, opérateurs économiques, citoyens), dans la gouvernance de l'environnement[172]. Elle introduit donc un changement majeur dans le régime juridique national de protection de l'environnement et de la biodiversité, en reconnaissant que l'État malgache n'a plus le monopole sur sa gestion et sa protection, comme cela avait été le cas durant les époques antérieures, cette gestion et cette protection étant désormais partagées.

Le rôle de l'État se limite alors à définir la politique environnementale, à collaborer avec les collectivités territoriales décentralisées et les acteurs non étatiques pour sa mise en œuvre, à garantir la participation à la prise de décisions des acteurs concernés, à coordonner, suivre et évaluer les actions menées, et à assurer que les investissements soient compatibles avec l'environnement[173]. Il se désengage en quelque sorte de la mise en

---

contradictoire que le gouvernement malgache fasse la promotion de son "retrait" à l'intérieur de ses propres politiques [...] ».

169 *Supra* note 110, art 4.

170 *Ibid*, art 3.

171 *Ibid*, arts 4 (« toute personne physique ou morale doit être en mesure d'être informée sur les décisions susceptibles d'exercer quelque influence sur l'environnement et ce directement ou par l'intermédiaire de groupements ou d'associations. Elle a également la faculté de participer à des décisions »), 10 (« [l]es projets d'investissements publics ou privés susceptibles de porter atteinte à l'environnement doivent faire l'objet d'une étude d'impact, compte tenu de la nature technique de l'ampleur desdits projets ainsi que de la sensibilité du milieu d'implantation »).

172 *Ibid*, art 7 (« [l]a gestion de l'environnement est assurée conjointement par l'État, les Collectivités décentralisées, les organisations non gouvernementales régulièrement constituées, les opérateurs économiques, ainsi que tous les citoyens »).

173 *Ibid*, art 8. Voir aussi à l'annexe : le résumé (« [la Charte] situe le PAE par rapport aux grands problèmes de l'État : la décentralisation, le désengagement de l'État, la libéralisation ») et le titre II, chapitre III au para ii (« [l]'Environnement étant l'affaire de tous, l'État doit céder sa place aux opérateurs privés, son rôle étant de définir la politique, de développer les incitations nécessaires, de suivre et d'évaluer les actions sur le terrain. [...] Ce processus à terme devra responsabiliser le maximum d'intervenants dans la conservation environnementale »).

œuvre opérationnelle de sa politique et de ses programmes environnementaux en faveur d'autres acteurs publics et privés, pour n'assumer qu'un rôle de coordination.

2.2.2 Durant la Troisième république (1992-2010)

Cette période coïncide avec l'avènement d'un régime politique et économique résolument libéral dans le pays[174]. En matière de biodiversité, elle correspond au début de la mise en œuvre du PNAE. Le régime juridique de protection de la biodiversité en vigueur lors de la Troisième république s'inscrit donc en continuité avec les réformes adoptées lors de la Deuxième république. Cette période voit la généralisation de l'adoption du modèle de développement durable et une réorientation plus affirmée de la stratégie de protection de la biodiversité suivant des approches de libéralisation et de désengagement de l'État, en rupture avec les approches relativement préservationnistes, centralisatrices, exclusives et répressives des époques royale et coloniale antérieures.

La redéfinition du rôle de l'État malgache, initiée par le PAS, ayant sensiblement réduit ses moyens d'application et de suivi de sa législation environnementale[175], il s'est engagé dans des réformes institutionnelles et stratégiques de décentralisation et dans un processus de délégation de la gestion des ressources de la biodiversité aux acteurs locaux[176]. Cette décentralisation et ce transfert de gestion sont au cœur même des différentes phases du PE qui déclinent le PNAE[177]. Trois phases échelonnées sur quinzaine d'années ont été prévues, chacune devant s'étaler initialement sur cinq années.

Les vastes réformes de décentralisation ont par ailleurs été renforcées par la *Constitution de la Troisième république*, adoptée en 1992 et modifiée en 1995, 1998 et 2007[178], qui prévoit la décentralisation territoriale de l'État

---

174 Voir généralement Solofo Randrianja et Stephen Ellis, *Madagascar: A Short History*, Chicago, University of Chicago Press, 2009.

175 Alain Bertrand et al, « Décentralisation et nouvelles politiques forestières : relations de l'administration forestière avec les collectivités territoriales décentralisées et les communautés locales de base » dans Bertrand, Montagne et Karsenty, *supra* note 129 à la p 142.

176 *Ibid.*

177 Pour les programmes du Plan d'action environnemental : *Charte de l'environnement malagasy* de 1990, *supra* note 110, annexe, titre IV.

178 *Constitution du 18 septembre 1992 de la République de Madagascar* [*Constitution de 1992*], modifiée par la *Loi constitutionnelle n° 95-001 du 13 octobre 1995*, par la *Loi constitutionnelle n° 98-001 du 08 avril 1998* [*Constitution de 1998*], et par la *Loi constitutionnelle n° 2007-001*

et le transfert d'une part de son pouvoir décisionnel aux collectivités territoriales décentralisées, avec lesquelles il partage certaines compétences, notamment dans la gestion des ressources de la biodiversité[179]. Les révisions apportées par la *Loi constitutionnelle de 1998* réitèrent l'importance de la décentralisation et l'opérationnalisent institutionnellement avec la création des provinces autonomes[180], subdivisées en collectivités territoriales décentralisées (régions et communes)[181]. Selon l'article 39 de la *Loi constitutionnelle de 1998*, par exemple, « [l]'État, avec la participation des provinces autonomes, assure la protection, la conservation et la valorisation de l'environnement par des mesures appropriées ». L'amendement constitutionnel de 2007 renforce le positionnement des collectivités territoriales décentralisées, en particulier des régions, qui se substituent aux provinces autonomes dans les dispositions de la Constitution de 2007 par rapport à 1998[182].

L'implication croissante des collectivités territoriales et communautés locales marquant cette période trouve également un écho dans la Constitution de 1992 et ses modifications par les Lois constitutionnelles

---

du 27 avril 2007 [*Constitution de 2007*]. Une législation nationale spécifique a aussi été mise en place pour mettre en œuvre ces vastes réformes institutionnelles de décentralisation à l'échelle du pays, voir par ex la *Loi n° 93-005 du 26 janvier 1994 portant orientation générale de la politique de décentralisation*, JO, 2 mai 1994, 1057, modifiée et complétée par la *Loi n° 94-039 du 3 janvier 1995*, JO, 17 avril 1995, 902.

179 Selon la *Constitution de 1992*, *supra* note 178, préambule (« [l]e peuple malagasy souverain, [...] [c]onvaincu que l'épanouissement de sa personnalité et de son identité est le facteur de son développement harmonieux dont les conditions essentielles sont reconnues comme étant : [...] – l'application de la décentralisation effective »), art 2 (« [l]a République de Madagascar est organisée en collectivités territoriales décentralisées dont l'autonomie est garantie par la Constitution. Ces collectivités territoriales concourent avec l'État au développement de la communauté nationale »). Les responsabilités dévolues à ces collectivités font l'objet du titre VII de la *Constitution de 1992*, *ibid*, arts 131 (« [l]'État s'engage à mettre en œuvre les mesures suivantes : - répartition des compétences entre les collectivités territoriales et l'État ; - répartition des ressources entre les collectivités territoriales et l'État ; - répartition des services publics entre les collectivités territoriales et l'État »), 132 (la protection de l'environnement figure parmi les compétences que « [l]es collectivités territoriales assurent, avec le concours de l'État [...] »).

180 *Constitution de 1998*, *supra* note 178, titre IV.

181 *Ibid*, art 126.

182 L'art 39 par exemple sera reprise avec certaines nuances dans *Constitution de 2007*, *supra* note 178 (« [l]'État et les collectivités territoriales décentralisées assurent la protection, la conservation et la valorisation de l'environnement par des mesures appropriées »).

de 1998 et 2007[183]. Cette démarche est une opportunité de transférer une responsabilité et des coûts que l'État n'est plus en mesure d'assumer pleinement et qui étaient supposés être mieux pris en charge par les acteurs de proximité[184].

Enfin, la Constitution de 1998, qui reprend dans ses dispositions la conception utilitariste de la biodiversité et l'approche intégrée de sa protection, reflète une adoption plus générale du modèle de développement durable. Dans son préambule, elle insiste sur la nécessité de concilier environnement et activités anthropiques par une « gestion rationnelle et équitable des ressources naturelles pour les besoins de développement de l'être humain »[185]. Quant à la *Constitution de la Quatrième république*[186] adoptée en 2010, elle conserve la plupart de ces caractéristiques sur la décentralisation, la reconnaissance des communautés locales et l'intégration des considérations économiques dans la protection de l'environnement[187].

---

183 Les Constitutions de 1992 et 1998, *supra* note 178, art 35, reconnaissent une certaine marge de manœuvre aux *fokonolona*, définis comme des communautés rurales, dans la prise de « mesures appropriées tendant à s'opposer à des actes susceptibles de détruire leur environnement [...] ». La *Constitution de 2007*, *supra* note 178, préambule (« le Fokonolona, organisé en Fokontany, constitue un cadre d'échange et de concertation participative des citoyens ») et art 35, reconnaît la même contribution des communautés locales, à travers le *fokonolona*, à la sauvegarde de l'environnement.

184 Alain Bertrand et Pierre Montagne, « Transfert de la gestion des ressources forestières aux communautés rurales: expériences du Niger, du Mali et de Madagascar » dans Bertrand, Montagne et Karsenty, *supra* note 129 à la p 299.

185 Cet énoncé ne figurait pas dans la *Constitution de 1992,* mais figurera aussi dans la *Constitution de 2007.*

186 *Constitution de la quatrième république de Madagascar*, JO, 20 janvier 2011, 85.

187 Dans *ibid*, préambule, la référence au *fokonolona* comme « un cadre de vie, d'émancipation, d'échange et de concertation participative des citoyens » est conservée et l'importance d'un « développement durable et intégré dont les conditions sont, notamment : [...] - la gestion rationnelle et équitable des ressources naturelles pour les besoins du développement de l'être humain ; [...] - la mise en œuvre de la décentralisation effective, par l'octroi de la plus large autonomie aux collectivités décentralisées tant au niveau des compétences que des moyens financiers » est soulignée. La décentralisation fait l'objet du titre V et précise que les collectivités territoriales décentralisées « possèdent un patrimoine comprenant un domaine public et un domaine privé » (art 139) et « disposent d'un pouvoir règlementaire » (art 140). Le rôle de l'État, dans ce contexte, est de coordonner, harmoniser ou mettre en cohérence les mesures réglementaires prises par ces collectivités (art 140). Ces dernières, tel que spécifié par les Constitutions précédentes, héritent aussi de certaines des compétences régaliennes de l'État avec qui elles les assument, y compris la préservation de l'environnement (art 141). La Constitution actuelle se distingue tout de même de celle de 2007 en rétablissant les provinces autonomes et en structurant l'organisation territoriale autour de trois types de collectivités : communes, régions et provinces (art

La phase 1 du Programme environnemental (PE 1)

La réalisation du PE 1, au départ prévue de 1991 à 1995, s'est finalement étendue jusqu'à 1997 et a coûté environ 150 millions USD[188]. Le PE 1 a mis en place les cadres législatifs et institutionnels nécessaires au démarrage du PNAE. Il s'agit en quelque sorte d'une phase préliminaire à l'opérationnalisation de la décentralisation de la gestion environnementale, opérée par les phases PE 2 et PE 3. Pour cette raison et à la différence de ces dernières, le PE 1 n'est pas entièrement en rupture avec les mesures de préservation de la biodiversité privilégiées lors de l'époque coloniale et de la Première république.

Rappelons que le PE 1 débute dans un contexte de crise environnementale décriée par la communauté internationale et de pressions exercées par des acteurs internationaux. Une grande partie de la réponse nationale a alors porté sur la création d'aires protégées[189], comme moyen privilégié de renforcer, gérer et assurer le suivi de la protection de la biodiversité. Entre 1992 et 1997, les aires protégées connaissent un essor à Madagascar.

Cette approche préservationniste est toutefois relativisée par l'expérimentation, encouragée par les bailleurs de fonds, de la mise en place de Projets de conservation et développement intégrés (PCDI) au sein de certaines aires protégées, pour concilier leur protection avec le développement socioéconomique local[190]. L'intégration est réalisée au moyen d'un zonage délimitant un espace central, dédié à la protection intégrale de la biodiversité qui s'y trouve, et un espace périphérique où sont maintenues les communautés riveraines, qui peuvent y exercer des activités compatibles[191].

Selon Blanc-Pamard et Rakoto Ramiarantsoa, les résultats des PCDI ont été jugés mitigés, ces projets ignorant les contributions des populations (règles coutumières, organisation et savoirs traditionnels) à la protection de la biodiversité, alors qu'elles sont systématiquement tenues

143), avec lesquelles l'État s'engage à partager ses compétences, ressources et services publics (art 146).

188 Pollini, *supra* note 152 à la p 76.

189 C'est le cas du parc national de Ranomafana, créé en 1991 ; Sarrasin, « Géopolitique », *supra* note 79 à la p 129 ; Canavésio, *supra* note 82 au para 4.

190 Voir généralement Michael Wells, Katrina Brandon et Lee Hannah, *People and parks: linking protected area management with local communities*, Washington (DC), Banque mondiale, 1992.

191 Blanc-Pamard et Ramirantsoa, *supra* note 64 aux pp 358.

responsables de sa dégradation[192]. Zeller et al. estiment aussi que les PCDI n'ont pas tout à fait produit l'effet escompté sur l'amélioration du bien-être des communautés[193]. Malgré cela, l'intégration de la protection de la biodiversité au développement a, par la suite, été reprise et développée sur les plans stratégique et législatif. On pourrait alors se demander si ces projets n'ont pas surtout permis d'ouvrir une porte qu'emprunteront d'autres acteurs du développement pour diverses autres raisons, alors que l'objectif de départ était d'améliorer les conditions de vie des populations locales. Sous cet angle, le principe d'intégration peut constituer un point de contact, un entrebâillement permettant le passage des valeurs et des objectifs rattachés au développement, vers le cadre stratégique et juridique de la protection de la biodiversité qui devient alors vulnérable à ces valeurs et objectifs.

La porosité peut aussi être remarquée au niveau du dispositif institutionnel mis en place lors du PE 1. D'importantes institutions ont vu le jour durant cette phase, comme l'Association nationale pour la gestion des aires protégées (ANGAP), devenue Madagascar National Parks (MNP) en 2003, l'Office national pour l'environnement (ONE) créé en 1990, et des agences d'exécution telles que l'Association nationale pour les actions environnementales (ANAE), chargée de projets ciblés, entre autres hors des limites des aires protégées[194]. Si elles sont généralement placées sous tutelle étatique, la plupart de ces institutions possèdent un statut d'association privée qui leur permet de ne véritablement rendre compte qu'aux bailleurs de fonds internationaux qui leur octroient un soutien financier, matériel, technique et humain

---

192 *Ibid.* Sur l'analyse de ces résultats mitigés, voir aussi Sarrasin, *Environnement, supra* note 141 à la p 95.

193 Manfred Zeller et al, « Les liens entre croissance économique, réduction de pauvreté, et durabilité de l'environnement milieu rural à Madagascar », en ligne : Madadoc <madadoc.irenala.edu.mg/documents/v02433_MZE.pdf>.

194 L'ANAE est chargée de la protection des sols et des forêts en dehors des aires protégées, y compris de développement rural en périphérie de ces aires. Le Service d'appui à la gestion de l'environnement, association nationale également placée sous la tutelle du ministère de l'Environnement, est chargé d'appuyer la gestion durable de la biodiversité et l'intégration de l'environnement dans les processus de développement à différents niveaux, par exemple par le renforcement des capacités locales de gestion. Ces deux institutions jouent un rôle dans la gestion locale des ressources et le renforcement des capacités des acteurs locaux. Pour une présentation et une analyse détaillées des institutions du PNAE, voir Sarrasin, *Environnement, supra* note 141 aux pp 72–78.

important[195]. Cette situation favorise la promotion de la vision des bailleurs et n'améliore pas la capacité de prise en charge de la protection de la biodiversité par les services ministériels, dont certaines attributions sont, en pratique, transférées aux nouvelles institutions[196]. Créées parallèlement aux services ministériels existants, celles-ci ont semé une confusion dans l'organisation gouvernementale dédiée à cette protection avec des conflits de compétences sur le terrain entre les diverses institutions, et une confusion dans la perception de leurs obligations respectives[197].

La phase 2 du Programme environnemental (PE 2)

Le PE 2 a été conçu dans la foulée de l'adhésion du pays à la *Convention sur la diversité biologique* en 1995. Initialement prévu pour 1996-2000, il a véritablement été mis en œuvre de 1997 à 2002 et a coûté 155 millions USD.

D'abord, le PE 2 a développé l'approche d'intégration initiée par le PE 1, mais en mettant l'accent sur le développement économique[198]. Il a pris en considération les préoccupations environnementales dans les cadres macro-économiques nationaux et les plans régionaux et locaux de développement, dans le but d'optimiser la gestion des ressources naturelles pour les « besoins de développement de l'être humain »[199]. Lors de cette phase, la conception de la gestion de l'environnement comme élément fondamental du développement économique local a été renforcée, avec une plus grande ouverture à l'intersectorialité[200].

Ensuite, le PE 2 a mis de l'avant l'approche participative avec la décentralisation effective de la gestion des ressources naturelles aux

195 Frank Muttenzer, « La mise en œuvre de l'aménagement forestier négocié, ou l'introuvable gouvernance de la biodiversité à Madagascar » (2001) 26 Bulletin du Laboratoire d'anthropologie juridique de Paris 91 à la p 116.

196 Montagne et Bertrand, *supra* note 129 à la p 64 ; Sigrid Aubert, « La gestion patrimoniale des ressources forestières à Madagascar : limites et perspectives d'une "révolution par le haut" » dans Cormier-Salem et al, *supra* note 53 à la p 119 ; Sarrasin, *Environnement*, *supra* note 141 à la p 79.

197 Fano Andriamahefazafy et Philippe Méral, « La mise en œuvre des plans nationaux d'action environnementale : un renouveau des pratiques des bailleurs de fonds » (2004) 127:3 Mondes en développement 29 à la p 39 ; Sarrasin, *Environnement*, *supra* note 141 aux pp 79, 104.

198 Pollini, *supra* note 152 aux pp 76–77.

199 *Charte de l'environnement malagasy*, *supra* note 110, annexe, titre IV, ch II au para 2(1), al 1.

200 Programme des Nations Unies pour l'environnement, *supra* note 51 à la p 6.

échelles régionale et locale, échelonnée sur 10 à 20 ans. Relevant auparavant du rôle et des pouvoirs de l'État, cette gestion est transférée à d'autres acteurs, désormais impliqués, tels que les collectivités territoriales décentralisées, les ONG, les opérateurs privés et les communautés locales, lesquelles sont responsabilisées pour mettre en œuvre les actions sur le terrain[201]. La *Charte de l'environnement malagasy* posant « le respect du principe de désengagement de l'État et de la politique de promotion des initiatives privées [...] [comme] une des bases de développement économique dans un cadre concurrentiel », ce principe a été au cœur des mesures prises lors de cette phase[202]. Le PE 2 consacre donc le passage d'une vision préservationniste et étatique de la protection de la biodiversité à une vision plus intégrée et éclatée du devoir de protection.

Ce nouveau mode de gouvernance des ressources de la biodiversité et le rôle plus important qu'il reconnaît aux acteurs non étatiques ont été fixés dans les cadres institutionnel et législatif. Sur le plan législatif, la *Loi n° 96-025 du 30 septembre 1996 relative à la gestion locale des ressources naturelles renouvelables*[203], la *Loi n° 97-017 du 8 août 1997 portant révision de la législation forestière* et son *Décret n° 2001-122 du 14 février 2001 fixant les conditions de mise en œuvre de la gestion contractualisée des forêts de l'État* ont entre autres été adoptés.

La politique forestière ainsi instaurée insiste sur les dispositifs participatifs et redéfinit le rôle de l'État dans ce domaine, en redistribuant ses compétences opérationnelles entre les collectivités territoriales, les services décentralisés ou déconcentrés, les ONG et d'autres organismes privés[204], qui sont désormais chargés d'un intérêt public et du respect de ses règles, droits et obligations, auxquels ils sont eux-mêmes soumis. Par exemple, en vertu du *Décret n° 98-781 du 16 septembre 1998*, l'État peut désormais mettre tout ou partie de certains espaces forestiers à la disposition de particuliers, d'organismes publics ou

---

[201] Ratsisompatrarivo et Rasoamampianina, *supra* note 72 à la p 38.

[202] *Charte de l'environnement malagasy*, *supra* note 110, annexe, titre IV, ch II au para 2(2)(a).

[203] Ci-après « *Loi GELOSE* » pour « gestion locale sécurisée ».

[204] Voir *Décret n° 97-1200 du 2 octobre 1997 portant adoption de la politique forestière malagasy*, JO, 1er décembre 1997, 2324, annexe aux para 75(b)–(e), 80–102. La politique forestière a été récemment révisée et adoptée par le *Décret n° 2017-376 du 16 mai 2017 portant actualisation de la nouvelle Politique Forestière*. Elle a été opérationnalisée par le *Plan directeur forestier national* mis en œuvre de 2019 à 2029.

privés en vue de l'exécution par ceux-ci d'un programme social et économique d'utilité publique[205].

La *Loi GELOSE* répond elle aussi à la fois aux principes d'intégration, de participation et de décentralisation ou subsidiarité avec la reconnaissance institutionnelle des organisations locales dans la protection et la gestion des ressources de la biodiversité[206]. La dynamique participative de la *Loi GELOSE* vise à rompre avec les politiques précédentes d'exclusion des populations locales, mais selon plusieurs études, sa mise en œuvre a soulevé quelques questions[207]. D'abord, tandis qu'une décentralisation de cette envergure permet à l'État de réduire considérablement ses coûts de gestion en transférant une part de ses responsabilités aux communautés locales par des contrats de gestion[208], celles-ci n'ont pas toujours les moyens et les compétences pour assumer pleinement ces nouvelles responsabilités. Ensuite, la *Loi GELOSE* ne tient pas compte des rapports de force entre les divers acteurs, aux buts, intérêts et perceptions parfois très différents, désormais impliqués dans la protection et gestion conjointes des ressources, ce qui peut avoir un impact sur la cohérence des actions.

De plus, si le PE 2 voulait se détourner du préservationnisme controversé du PE 1 compte tenu de la situation économique du pays, des traces de cette approche subsistent dans le modèle qu'il met en place, faisant coexister des logiques et organisations parfois opposées sur le territoire, créant des tensions et oscillations entre protection de la biodiversité et objectifs de développement[209]. Malgré une plus grande inclusion des populations locales par exemple, le modèle participatif instauré par le PE 2 n'a pas remis en question le lien de causalité bien établi, qui les relie aux problèmes de biodiversité, même si cette fois il mise sur leur responsabilisation pour les amener à changer de comportement. Autre exemple, le PE 2 n'exclut pas de maintenir une protection stricte, à travers les aires protégées, pour les éléments les plus à risque et endémiques de la biodiversité. Suivant une approche de prudence, il privilégie plutôt le nivellement des mesures de protection et

---

205 *Décret n° 98-781 du 16 Septembre 1998 fixant les conditions générales d'application de la loi n° 97-017 du 08 août 1997 portant révision de la législation forestière*, JO, 27 septembre 1999, 2200, art 22.

206 Sarrasin, « GELOSE », *supra* note 141 au para 4.

207 *Ibid* au para 2 ; Blanc-Pamard et Ramirantsoa, *supra* note 64 à la p 364 ; Bertrand et al, *supra* note 102 à la p 88.

208 Ramamonjisoa, *supra* note 116 à la p 469.

209 Blanc-Pamard et Ramirantsoa, *supra* note 64 à la p 364 ; Bertrand et al, *supra* note 102 à la p 87.

de l'intervention selon le risque de dégradation. Si celui-ci est très élevé, une protection stricte est établie et la gestion des espaces et ressources concernés est moins confiée aux acteurs locaux, dont les usages et activités de développement local sont écartés. Si le risque est faible, l'État est invité à moins intervenir. Ceci illustre bien le modèle à vitesses multiples qui caractérise le cadre malgache de protection de la biodiversité, continuellement sous tension. Tantôt l'État, tantôt les communautés locales en sont écartées par un discours prétendant pourtant vouloir favoriser leur développement et une protection plus durable de la biodiversité. En bout de ligne, ce sont les acteurs privés, mieux dotés en ressources et en capacités, qui ont véritablement le potentiel de bénéficier de l'ouverture pratiquée par la *Loi GELOSE*, en termes de pouvoir de gestion des ressources de la biodiversité.

La phase 3 du Programme environnemental (PE 3)

Le PE 3, initialement prévu de 2001 à 2005, s'est finalement étalé de 2003 à 2008 avec un budget estimé à 171 millions USD, dont 40 millions octroyés par la Banque mondiale[210]. Le PE 3 a permis d'évaluer, ajuster et consolider les acquis du PE 2 en visant à ce que les acteurs régionaux et locaux, autonomes et impliqués dans la gestion des ressources de leur terroir, s'approprient et maîtrisent les principes et modes de gouvernance promus par le PE 2. Ces derniers renvoient, rappelons-le, à une perspective d'utilisation durable, intégrée et participative, et à un système entre conservation et développement où la valorisation des ressources de la biodiversité permet de soutenir une croissance économique durable.

Le PE 3 visait aussi à pérenniser le financement de la protection de la biodiversité, un enjeu crucial et un autre point sur lequel les aspects économiques se mêlent à cette protection. Les trois programmes environnementaux ont coûté plus de 450 millions USD dont près de 400 millions USD provenant de bailleurs de fonds[211]. Un financement additionnel de la Banque mondiale d'environ 60 millions USD en 2012 a permis de prolonger le PE 3 de trois années pour améliorer la protection des éléments les plus vulnérables de la biodiversité, pour finir d'intégrer cette protection aux programmes macro-économiques sectoriels et pour mettre en place des mécanismes durables de financement des efforts nationaux de protection[212].

---

210 Pollini, *supra* note 152 à la p 79.

211 Madagascar, *état de l'environnement*, *supra* note 38 à la p 17 ; Bertrand, Horning et Montagne, *supra* note 80, n 2

212 Madagascar, *état de l'environnement*, *supra* note 38 à la p 17.

Ainsi, la Fondation pour les aires protégées et la biodiversité de Madagascar (FAPBM) a été créée en 2005 et est chargée de fournir un financement stable, prévisible et durable pour la création des nouvelles aires protégées et la gestion de celles existantes. Cela, notamment en relation avec le principe des responsabilités partagées et en vertu de l'obligation de coopération issue de la *Convention sur la diversité biologique*, puisque les gouvernements de pays du nord comme la France et l'Allemagne font partie des donateurs de la Fondation. Elle s'apparente à un fonds environnemental ou un fonds fiduciaire pour la conservation[213]. Son capital initial comprend un apport minoritaire du gouvernement malgache, et majoritaire provenant de bailleurs de fonds multilatéraux et bilatéraux (Banque mondiale, Banque allemande de développement, Agence française de développement, etc.), d'autres fondations, d'entreprises et d'ONG internationales de conservation comme le Fonds mondial pour la nature (WWF) et Conservation International (CI).

La FAPBM investit son capital sur les marchés financiers et mobilise les intérêts et profits dégagés pour financer la protection de la biodiversité. Une partie de ce capital n'est toutefois pas investie et est directement dépensée pour cette protection selon un échéancier déterminé, comme un fonds d'amortissement. C'est le cas de 8,5 millions € sur 20 ans issus d'une reconversion de dette par l'Allemagne[214], en contrepartie de quoi Madagascar a l'obligation contractuelle d'affecter ce montant à la protection de sa biodiversité[215].

Les bailleurs internationaux contribuant à de telles fondations exigent en général qu'elles soient assez indépendantes, administrées par des représentants des secteurs public et privé, de la société civile (universités, communautés locales, ONG) et des bailleurs mêmes. Étant donné les moyens financiers importants dont elles disposent, sur lesquels repose la mise en œuvre de la politique environnementale de pays comme Madagascar, les gouvernements de ces pays leur délèguent parfois une

---

213 Barry Spergel et Michael Wells, « Les fonds fiduciaires pour la conservation en tant que modèles pour le financement national de la REDD+ » dans Arild Angelsen et al, dir, *Réaliser la REDD+ : Options stratégiques et politiques nationales*, Bogor, Center for International Forestry Research, 2010, 75 aux pp 75–76 [Spergel et Wells].

214 Madagascar, *état de l'environnement*, *supra* note 38 à la p 29.

215 Marianne Lachman, « Debt-for-Nature Swaps: A Case Study in Transactional Negotiation » (1989) 2 J Contemp Leg Issues 139 ; Catherine A O'Neill et Cass R Sunstein, « Economics and the Environment: Trading Debt and Technology for Nature » (1992) 17 Colum J Envtl L 93 ; Daniel M Bodansky, « International Law and the Protection of Biological Diversity » (1995) 28:4 Vand J Transnat'l L 623 à la p 630.

partie de leur pouvoir d'orienter les stratégies sur la biodiversité, en les laissant prioriser des projets et actions par leur financement[216].

Le problème récurrent du financement renforce donc la dépendance envers l'extérieur de la protection de la biodiversité à Madagascar et sa vulnérabilité aux orientations internationales, aux fluctuations du marché financier mondial, à l'influence des donateurs et des investisseurs étrangers, ainsi qu'à celle du secteur privé. Cet enjeu constitue aussi, selon nous, l'un des points de contact où s'exerce et s'infiltre l'influence d'une sphère sur une autre, d'un secteur et son régime juridique sur un autre.

Dans le PE 2 et le PE 3, par exemple, la biodiversité n'est plus isolée, elle est prise en compte par les autres composantes de ces programmes[217]. Elle est transversale et intégrée à des politiques sectorielles de développement social et économique comme la *Stratégie sur la lutte contre la pauvreté* et la *Politique de développement touristique*. Grâce à ces liens, elle bénéficie des soutiens offerts à ces politiques et du financement du développement économique. Ce n'est cependant pas neutre, car une interaction se crée aussi en sens inverse.

Prenons un autre exemple, celui des Paiements pour services environnementaux (PSE), une solution suggérée au niveau international dès les années 2000 pour financer à long terme la protection de la biodiversité. Proposés à Madagascar par les bailleurs de fonds et les ONG internationales de conservation, ils ont été implantés dans la PNE durant le PE 3[218]. Ils présentent les valeurs écologiques et écosystémiques de la biodiversité malgache comme des bénéfices nets pour l'humanité, notamment dans la lutte contre les changements climatiques, ce qui justifierait le financement du maintien des aires protégées nationales[219]. Il

---

216 Spergel et Wells, *supra* note 213 aux pp 77–78

217 Madagascar, Ministère de l'Environnement et des Forêts, *Premier rapport national de la Convention sur la diversité biologique : Madagascar*, à la p 2 (1998) [Madagascar, *Premier rapport*].

218 Fano Andriamahefazafy et al, « L'introduction de la notion de service environnemental et écosystémique à Madagascar », en ligne : (2012) 12:3 VertigO au para 27 <id.erudit.org/iderudit/1022681ar> [Andriamahefazafy et al].

219 Voir généralement Paul R Ehrlich et Harold A Mooney, « Extinction, Substitution, and Ecosystem Services » (1983) 33:4 BioScience 248 ; Gretchen C Daily, « Introduction: What are Ecosystem Services ? » dans Gretchen C Daily, dir, *Nature's Services: Societal Dependence on Natural Ecosystems*, Washington (DC), Island Press, 1997, 1 à la p 3 ; Stefano Pagiola, Joshua Bishop et Natasha Landell-Mills, *Selling Forest Environmental Services: Market-based Mechanisms for Conservation and Development*, Londres, Routledge, 2002 ; Claire Kremen et al, « Economic Incentives for Rain Forest Conservation Across Scales » (2000) 288:5472 Science 1828 [Kremen et al].

s'agit de valoriser les services rendus par la biodiversité du pays pour pérenniser le financement du PE au-delà de la phase trois. Cette approche se fonde sur l'intérêt économique et fait appel à des procédés financiers tels que les crédits carbone, valorisables et échangeables sur un marché, comme mécanismes d'incitation à la protection de la biodiversité[220]. Cette protection s'en trouve encore plus étroitement liée à la création d'opportunités économiques incitatives[221], et sa dépendance aux capitaux extérieurs est renforcée, les paiements attendus provenant surtout de l'aide publique au développement et de la coopération internationale[222]. L'appropriation des PSE par le pays parachève le changement conceptuel entamé dans les années 1980 et opérationnalisé par le PE 2, en marquant le passage vers des approches de protection de plus en plus utilitaristes et intégrées, qui misent sur les valeurs instrumentales et économiques de la biodiversité[223].

En outre, certains observateurs notent que les bailleurs de fonds et les ONG internationales se sont plus impliqués dans les initiatives de PSE que l'État malgache lui-même. Celui-ci, ni initiateur ni à la barre de cette réorientation de sa politique environnementale, se serait contenté de réagir aux pressions de ces acteurs, qui l'ont enrôlé grâce à la perspective d'une opportunité financière[224]. C'est le cas des projets au titre du mécanisme de réduction des émissions de gaz à effet de serre issues de la déforestation et de la dégradation des forêts (REDD et REDD+) dont la plupart sont portés et pilotés par des acteurs externes, alors qu'ils concernent généralement les aires protégées gérées par MNP, qui demeure un acteur mineur[225]. Pour Ratsisompatrarivo et al., le rôle ambigu joué par l'État et la multiplicité des acteurs et de leurs stratégies ont mitigé les résultats de cette phase sur le terrain[226].

Pour conclure cet exposé des trois phases du PE et des principes qui les ont orientées, nous avons constaté que, parmi les principes énumérés dans le chapitre 3 de cet ouvrage, ceux d'intégration, de coopération, de participation et de décentralisation ou de subsidiarité ont

---

220 Kremen et al, *supra* note 219.

221 Moïse Tsayem Demaze, « L'enrôlement de Madagascar dans la REDD+ : domestiquer une opportunité internationale », en ligne : (2014) 14:1 VertigO <id.erudit.org/iderudit/1027970ar> [Demaze].

222 *Ibid* ; Jean-Christophe Carret et Denis Loyer, *Comment financer durablement les aires protégées à Madagascar : Apport de l'analyse économique*, Paris, Banque mondiale et Agence française de développement, 2003.

223 Andriamahefazafy et al, *supra* note 218 aux para 45, 49.

224 Demaze, *supra* note 221 aux para 6–7.

225 Andriamahefazafy et al, *supra* note 218 au para 38.

226 Ratsisompatrarivo et Rasoamampianina, *supra* note 72 à la p 39.

particulièrement irrigué la mise en œuvre du PNAE. La participation élargie à une diversité d'acteurs, le désengagement de l'État et la décentralisation de la gestion des ressources naturelles ont constitué un revirement important pour le régime juridique et stratégique malgache de la biodiversité, par rapport à la logique de protection exclusivement étatique des époques antérieures. Ce changement est survenu dans un contexte national d'ajustement structurel et d'essor, au niveau international, du concept de développement durable, qui requiert la considération d'intérêts souvent divergents qu'il prétend pouvoir concilier. À la fin de la mise en œuvre du PNAE et des trois phases du PE, la dynamique institutionnelle en matière de protection et de gestion de la biodiversité est plus ouverte à l'implication et à l'influence de différents acteurs non étatiques. La conformité sélective aux principes de développement durable a donc conduit à une conception de l'obligation de protection de la biodiversité qui n'est plus tout à fait la même, en remettant en question le rôle de l'État, en réorganisant le partage des responsabilités avec les acteurs non étatiques, et en repensant le rapport entre la protection de la biodiversité et le développement.

2.3 Les stratégies contemporaines : intersectorialité et développement durable

2.3.1 La *Stratégie nationale pour la gestion durable de la biodiversité* (2002-2012)

La *Stratégie nationale de gestion durable de la biodiversité*[227] (SNGDB) a été élaborée lors du PE 2 et mise en œuvre durant le PE 3, sous la responsabilité de l'ONE. Elle reflète donc l'évolution des orientations précédemment mise en évidence pour ces deux phases du PNAE, entre autres l'intégration progressive de la biodiversité dans les stratégies et plans sectoriels, dans une perspective de développement durable.

Suivant cette perspective, la SNGDB traduit les objectifs de la *Convention sur la diversité biologique* au niveau national avec ses trois axes d'orientation, soit la conservation de la biodiversité, la valorisation durable de la biodiversité et la réduction des pressions sur les ressources. Le premier axe, privilégiant la sauvegarde des écosystèmes et des espèces par l'extension des superficies protégées, a donné lieu à l'adoption de plans de conservation sectoriels ou multisectoriels

227 Madagascar, Ministère de l'Environnement, *Stratégie nationale pour la gestion durable de la biodiversité*, (2001) [Madagascar, *SNGDB*].

spécifiques à certaines espèces menacées[228] et à la mise sur pied du Système des aires protégées de Madagascar (SAPM). Il a aussi reçu l'essentiel du financement des partenaires internationaux[229]. Pourtant, le deuxième axe a bénéficié d'une plus grande attention dans la Stratégie, qui insiste sur la valorisation et l'utilisation durable de la biodiversité plutôt que sur sa protection stricte. La SNGDB traite également, à la fois de la résolution des crises de la biodiversité, de la pauvreté et du développement[230]. Elle a été inscrite dès le départ en lien avec la *Stratégie nationale de lutte contre la pauvreté*[231] et intégrée à la politique nationale de développement du moment[232].

Établie en cohérence avec la PNAE, la SNGDB s'inscrit en continuité avec les réformes entamées dans les années 1980-1990. Dans l'optique de la décentralisation mise en œuvre par le PE 2, elle promeut des stratégies et plans d'action régionaux de gestion durable de la biodiversité adaptés aux spécificités de chaque région, et qui doivent être insérés dans les stratégies régionales et locales de développement[233]. Sa forte dimension intersectorielle se manifeste aussi par la mise en place de comités de travail intersectoriels, et sa dimension participative par la responsabilisation des acteurs locaux tandis que son élaboration a fait l'objet d'un processus de consultation élargi à divers niveaux et secteurs.

Le Système d'aires protégées de Madagascar (SAPM)

La mise en œuvre de la SNGDB a été l'occasion de développer le cadre législatif et réglementaire national de la biodiversité. À ce stade de l'évolution des cadres stratégiques de la protection de la biodiversité à Madagascar, nous avons montré que cette protection est de plus en plus intégrée aux considérations développementales, que le rôle de l'État s'est amenuisé, ayant été invité à réduire son intervention dans la protection et la gestion de la biodiversité pour des raisons d'efficacité et de bonne gouvernance. Au niveau des aires protégées, ce mouvement vers des

---

228 Madagascar, Ministère de l'Environnement et des Forêts, *Quatrième rapport national de la Convention sur la diversité biologique : Madagascar*, à la p 60 (2009).

229 Marc Hufty et Frank Muttenzer, « Devoted Friends: The Implementation of the Convention on Biological Diversity in Madagascar » dans Philippe Le Prestre, dir, *Governing Global Biodiversity: The Evolution and Implementation of the Convention on Biological Diversity*, Londres, Ashgate, 2002, 279.

230 Madagascar, *SNGDB*, *supra* note 227 à la p 36.

231 Madagascar, Secrétariat national à l'autopromotion et au développement, *Stratégie nationale de lutte contre la pauvreté, 2000-2015*, (2000).

232 Il s'agissait du Madagascar, *MAP*, *supra* note 17.

233 Madagascar, *Premier rapport*, *supra* note 217 à la p 2.

approches plus intégrées et plus participatives de protection s'est manifesté par un assouplissement progressif des mesures de protection, pour prendre en compte des objectifs socioéconomiques, dont locaux. Si jusqu'en 2003, il était estimé que les aires protégées de Madagascar étaient encore gérées selon une approche classique priorisant la protection forte et correspondant aux objectifs des catégories d'aires protégées I, II et IV de l'UICN[234], cette situation a connu quelques changements depuis.

En septembre 2003, lors du Congrès mondial des parcs à Durban en Afrique du Sud, l'État malgache s'est engagé à réaliser l'objectif ambitieux de tripler la superficie de ses aires protégées (de 1,7 à 6 millions ha) pour couvrir 12 % du territoire national en 2012. Par-là, le pays souhaitait envoyer un signal fort sur son engagement envers la protection de sa biodiversité et le respect de ses engagements internationaux, notamment au titre de l'article 8(a) de la *Convention sur la diversité biologique*[235]. L'opérationnalisation de la « Vision Durban » a fait l'objet d'un important soutien technique, matériel et financier des partenaires internationaux, qui ont pris part à l'identification, la délimitation, la structure des NAP à créer, et à l'information et la participation des populations concernées. Le Groupe Vision Durban, mis en place par le ministère de l'Environnement pour sa mise en œuvre, comptait effectivement des représentants de la plupart de ces partenaires.

Les NAP ont été agencées en fonction de l'emplacement des aires protégées existantes pour créer un réseau continu appelé SAPM, qui a été élaboré à partir de 2005 avec l'aide de l'UICN et qui met l'accent sur la restauration de la connectivité entre les aires protégées. Le SAPM comprend donc les aires protégées existantes, gérées par MNP, et les NAP créées suite à la Vision Durban. Nouveau cadre logique des modes et objectifs de gouvernance des aires protégées à Madagascar[236], il inclut toute la gamme des catégories de gestion d'aires protégées développée par l'UICN. Son objectif est d'« organiser les Aires Protégées selon un

234 Christian Chaboud, Philippe Méral et Djohary Andrianambinimina, « L'écotourisme comme nouveau mode de valorisation de l'environnement : diversité et stratégies des acteurs à Madagascar » XIXèmes journées du développement organisées par l'Association Tiers-monde et le Gemdev, présenté à Paris, 2 au 4 juin 2003 à la p 14 [non publié].
235 Madagascar, Ministère de l'Environnement, des Eaux et Forêts, *Cadrage général du Système des aires protégées de Madagascar*, au para (1)1 (février 2009) [Madagascar, *Cadrage*].
236 Pollini, *supra* note 152 à la p 80.

mode cohérent et multiforme, autour de principes, d'objectifs, de statuts, d'acteurs, de mécanismes clairs de conservation et de gestion durable »[237].

Suivant les recommandations faites au Groupe Vision Durban par deux missions de l'UICN à Madagascar[238], le SAPM et la législation qui le soutient ont puisé pour leur fondement parmi les principes directeurs, pertinents en fonction du contexte et des priorités nationales, et enracinés dans les politiques, lois nationales et traités internationaux[239]. Les principes suggérés par l'UICN et ainsi retenus par le pays se rapportent à : 1) la consensualité, le partenariat et la participation dans le processus de création des NAP, 2) la subsidiarité dans la gestion de ces aires et de leurs ressources, 3) l'intégration des objectifs de protection des NAP dans les plans sectoriels régionaux d'aménagement du territoire et de développement économique, 4) le respect des droits humains, notamment les droits des communautés au développement local, 5) la répartition équitable des coûts et avantages de la conservation et l'utilisation durable de la biodiversité entre les différents acteurs, 6) la précaution, au vu des risques élevés pesant sur la biodiversité malgache, 7) la transparence ou l'information et, 8) l'imputabilité et la reddition de comptes[240]. Ces principes ont notamment été ancrés dans le cadre juridique national de protection de la biodiversité par la *Loi 2008-025 du 25 novembre 2008 portant refonte du Code de gestion des aires protégées*, qui institue formellement le SAPM sur le plan législatif[241].

Il est intéressant de noter par exemple qu'en vertu du principe de précaution, le Groupe Vision Durban a recommandé en 2004 d'interdire

---

237 *Loi n° 2008-025 du 25 novembre 2008 portant refonte du Code de gestion des aires protégées*, art 7 [*COAP de 2008*].

238 La première mission a été réalisée en mars 2005 et a donné lieu au rapport de Grazia Borrini-Feyerabend et Nigel Dudley, *Élan Durban… Nouvelles perspectives pour les Aires Protégées à Madagascar*, Union internationale pour la conservation de la nature, 2005. La deuxième mission a eu lieu en juillet 2005 et a donné lieu au rapport de Grazia Borrini-Feyerabend et Nigel Dudley, *Les Aires Protégées à Madagascar : bâtir le système à partir de la base*, Union internationale pour la conservation de la nature, 2005 [Borrini-Feyerabend et Dudley].

239 Borrini-Feyerabend et Dudley, *supra* note 238 à la p 27.

240 *Ibid* aux pp 34–35.

241 *COAP de 2008*, *supra* note 237, art 6. Voir aussi Madagascar, Ministère de l'Environnement, des Forêts et du Tourisme, *Guide pratique pour la gouvernance des aires protégées de Madagascar*, aux pp 15–18, 23–36 (août 2008) [Madagascar, *Guide*] ; Madagascar, Ministère de l'Environnement, des Forêts et du Tourisme, *Manuel de procédure de création des aires protégées terrestres du Système d'aires protégées de Madagascar (SAPM)*, Rapport final à la p 21 (mai 2008) [Madagascar, *Manuel*] ; *Décret n° 2015-1308 du 22 septembre 2015 fixant la Politique Nationale de l'Environnement pour le Développement Durable*, JO, 8 février 2016, 586, annexe [*Décret n° 2015-1308*].

toute activité minière dans les NAP[242], ce qui a fait l'objet de négociations entre les ministères malgaches chargés des Mines et de l'Environnement par le biais du Comité interministériel Mine-Forêt (CIMF)[243]. Suite à cela, l'ordre interministériel du 18 octobre 2004 a établi une mise en protection temporaire globale et suspendu pour deux années l'octroi de nouveaux permis miniers sur les sites prévus pour les NAP[244], suspension renouvelée pour deux autres années en 2006[245], avant d'être malgré tout levée pour certains sites en 2008[246] et en 2010[247].

Les principes choisis reflètent les priorités et valeurs privilégiées par le pays selon sa vision nationale, mais peuvent être difficiles à concilier, car cette vision correspond aux objectifs de développement durable. En effet, la Vision Durban a été intégrée à la vision plus globale de développement « Madagascar naturellement », mise en œuvre par le *Plan d'action Madagascar* (MAP, 2007-2012), un programme national de développement créé dès 2004 et adopté en 2006 avec l'appui des institutions financières internationales. Le MAP prévoit que l'exceptionnelle richesse naturelle de l'île servirait de levier pour son

242 Groupe Vision Durban, « Document de travail du Groupe technique et juridique pour la gestion et Cclassification des aires protégées : sites de conservation » (2004) Groupe Vision Durban (« no mining activity is accepted in conservation sites »), comme cité dans Pollini, *supra* note 152 à la p 79.

243 Pollini, *supra* note 152 à la p 79.

244 *Arrêté interministériel n° 19560-2004 du 18 octobre 2004 portant suspension de l'octroi de permis minier et de permis forestier dans les zones réservées comme « sites de conservation »*, JO, 25 octobre 2004, 3984 [*Arrêté interministériel n° 19560-2004*].

245 *Arrêté interministériel n° 17914-06 du 18 octobre 2006 prorogeant la suspension de l'octroi de permis minier et de permis forestier dans les zones classées en réserves qui sont les « sites de conservation et les sites de gestion forestière durable »*, JO, 25 décembre 2006, 5918 [*Arrêté interministériel n° 17914-06*].

246 *Arrêté interministériel n° 18633/2008/MEFT/MEM portant mise en protection temporaire globale des sites visés par l'Arrêté interministériel n° 17914 du 18 octobre 2006 et levant la suspension de l'octroi des permis miniers et forestiers pour certains sites*, JO, 10 novembre 2008, 7911, art 8 [*Arrêté interministériel n° 18633/2008/MEFT/MEM*].

247 *Arrêté interministériel n° 52005/2010 du 20 décembre 2010 modifiant l'arrêté interministériel Mine-Forêts n° 18633 du 17 octobre 2009 portant mise en protection temporaire globale des sites visés par l'arrêté interministériel n°17914 du 18 octobre 2006 et levant la suspension de l'octroi des permis miniers et forestiers pour certains sites*, JO, 3 janvier 2011, 23. Cet arrêté a, encore une fois, été ultérieurement modifié par l'*Arrêté interministériel n° 9874/2013 du 6 mai 2013 modifiant certaines dispositions de l'arrêté interministériel n° 52005/2010 du 20 décembre 2010 modifiant l'arrêté interministériel Mine-Forêts n° 18633 du 17 octobre 2008 portant mise en protection temporaire globale des sites visés par l'arrêté n° 17914 du 18 octobre 2006 et levant la suspension de l'octroi de permis miniers et forestiers pour certains sites*, JO, 8 juillet 2013, 1923, art 2 [*Arrêté interministériel n° 9874/2013*], qui limite la durée de la mise en protection temporaire globale à jusqu'au 6 mai 2015.

développement économique rapide et durable. Il fixe huit engagements irrigués par l'utilisation durable de la biodiversité et son intégration dans les politiques sectorielles de développement.

Dans ce contexte, les NAP ont mis l'accent sur l'utilisation durable de la biodiversité pour mieux adapter sa protection aux réalités socioéconomiques du pays et aux besoins de la population, avec le maintien de certaines activités dans ces aires selon les conditions fixées par leurs plans d'aménagement et la législation pertinente. Les NAP sont dotées d'un statut juridique et une structure de gestion, plus souples vis-à-vis des activités de développement grâce à un zonage comportant différents degrés de protection, et moins coûteux que les types d'aires protégées existants car leur planification et gestion peuvent être confiées à un éventail d'acteurs autres que l'organisme national compétent[248]. Cela permet d'améliorer la capacité de gestion de ces aires et d'accommoder les divers intérêts en jeu[249]. La mise en place des NAP dès les années 2000 constitue donc une actualisation importante du régime juridique strict, exclusif et centralisateur des aires protégées malgaches, établi durant la colonisation. Les NAP visent « à compléter la représentativité et à assurer la durabilité de la biodiversité tout en maximisant les autres valeurs économiques, naturelles et culturelles y associées »[250], pour contribuer à la réduction de la pauvreté et à la croissance nationale[251].

Une décennie après la formulation de la Vision Durban, les objectifs ont été atteints, les surfaces protégées totalisant 6,69 millions d'ha en 2014[252]. Si jusqu'en 2003, le réseau des aires protégées de Madagascar en comptait 46 de type classique (parcs et réserves)[253], en 2012 le SAPM

---

248 Bertrand et al, *supra* note 102 à la p 90.

249 Bertrand et al, *supra* note 102.

250 Madagascar, *Cinquième rapport*, *supra* note 57 à la p 56.

251 Madagascar, Ministère de l'Environnement et Fanamby, *Étude d'impacts environnementaux et sociaux relative à la mise en place de la nouvelle aire protégée Menabe Antimena Region Menabe*, (septembre 2014) aux pp 8–10 [Madagascar et Fanamby] ; Rakotoarivelo et al, *supra* note 121 à la p 41.

252 Madagascar, *Tableau de bord*, *supra* note 58 à la p 45.

253 Lolona Ramamonjisoa et al, « Situation des ressources génétiques forestières de Madagascar » (2003) Division des ressources forestières de l'Organisation des Nations Unies pour l'alimentation et l'agriculture Document de travail FGR/54F, annexe 4 (18 parcs nationaux, 5 réserves naturelles intégrales, 23 réserves spéciales). À noter que certaines réserves naturelles intégrales, dont celles créées lors de la colonisation, ont depuis connu des déclassements et des changements de statuts, ce qui explique le recul de leur nombre. C'est le cas par exemple de la réserve naturelle intégrale de Namoroka devenue PN en 2002 par *Décret n° 2002-796 portant changement de statut de la réserve naturelle intégrale n° 8 de Namoroka en parc national*. Ces aires protégées gérées par Madagascar National Parks ne sont plus que 43, le nombre de réserves naturelles intégrales et de

comptait 145 aires protégées[254], dont 93 NAP des catégories V et VI pour la plupart cogérées comme la NAP de Makira au nord-est, gérée en partenariat avec l'organisation internationale Wildlife Conservation Society (WCS). Les efforts sur la connectivité ont aussi mené à créer 1 200 km de corridors forestiers reliant six aires protégées de la forêt humide de l'Est, inscrite au patrimoine mondial de l'UNESCO[255]. Enfin, l'État malgache a renouvelé son engagement envers ses aires protégées lors du sixième Congrès mondial des parcs à Sydney en novembre 2014 en se proposant cette fois de mieux prendre en compte les aires protégées marines et côtières dans ses objectifs de protection[256]. En 2019, l'objectif de la Vision Durban était largement atteint, les aires protégées malgaches couvrant plus de 7 millions d'ha[257].

Le *Code de gestion des aires protégées* (COAP)

En vue de soutenir le déploiement du SAPM et son approche qui place les considérations socioéconomiques au-devant ou comme condition de la protection de la biodiversité, le cadre juridique et institutionnel des aires protégées a été réformé, afin de simplifier leur processus de création et d'y permettre l'utilisation durable, à divers degrés, des ressources de la biodiversité pour contribuer à la lutte contre

---

réserves spéciales ayant diminué, et s'étendent sur une surface d'environ 2 millions d'ha, comprenant sept sites du patrimoine mondial et deux sites Ramsar.

254 Programme des Nations Unies pour l'environnement, *supra* note 51 aux pp 7, 9. Pour une liste des réserves naturelles intégrales, des parcs nationaux et réserves spéciales en date de 2012 : Madagascar, « Les Parcs Nationaux (PN) », en ligne : Centre d'échange d'information de Madagascar sur la Convention sur la diversité biologique <mg.chm-cbd.net/implementation/programmes-thematiques/aires-protegees/Aires_protegees/les-parcs-nationaux-pn> ; Madagascar, « Les Réserves Naturelles Intégrales (RNI) », en ligne : Centre d'échange d'information de Madagascar sur la Convention sur la diversité biologique <mg.chm-cbd.net/implementation/programmes-thematiques/aires-protegees/Aires_protegees/les-reserves-naturelles-integrales-rni> ; Madagascar, « Les Réserves Spéciales (RS) », en ligne : Centre d'échange d'information de Madagascar sur la Convention sur la diversité biologique <mg.chm-cbd.net/implementation/programmes-thematiques/aires-protegees/Aires_protegees/les-reserves-speciales-rs>.

255 Madagascar, *Cinquième rapport*, *supra* note 57 à la p 20.

256 Madagascar, *SPANB*, *supra* note 19 à la p 41.

257 Madagascar, *6e rapport*, *supra* note 35 à la p 45. Voir aussi Madagascar, *Tableau de bord*, *supra* note 58 à la p 45. Cette information est aussi disponible en ligne : Office national pour l'environnement, « Tableau de bord environnemental national », en ligne : <https://docs.google.com/document/d/1Wvj_oyuyOoHOH0NsF2Og_Qt0xF5rW17AkkdbFOrAzl8/edit> [Office national pour l'environnement].

la pauvreté et au développement durable. La *Loi n°2001-005 du 11 février 2003 portant Code de gestion des aires protégées* a ainsi été adoptée et constitue, avec la *Charte de l'environnement malagasy*, le second instrument principal du cadre juridique de protection de la biodiversité à Madagascar[258]. Pour mieux saisir le sens de ses dispositions, le COAP a été replacé dans le contexte changeant de son apparition et de sa révision, selon la même approche historique appliquée à l'analyse de la Charte. Son évolution reflète l'ouverture progressive de la protection de la biodiversité à d'autres visions. Selon le COAP de 2003, la préservation des aires protégées est d'intérêt général[259] et celles-ci « ont pour vocation la conservation, [...] la promotion de l'écotourisme et la contribution au développement économique et social durable »[260]. Il fixe les modalités de création, de gestion, de statuts, de limites, d'infractions et de sanctions relatives aux aires protégées du réseau national[261].

Leur processus de création est précisé par le *Décret n°2005-013 organisant l'application de la Loi n°2001-005 du 11 février 2003 portant Code de gestion des aires protégées* et passe par l'octroi du statut de mise en protection temporaire par arrêté interministériel de création, du permis environnemental après une étude d'impact environnemental (ÉIE), et du statut définitif de protection, après information et consultation du public, par décret de classement en aire protégée[262]. En 2003, le COAP reconnaît trois statuts classiques d'aires protégées correspondant aux catégories de gestion I, II et IV de l'UICN (réserve naturelle intégrale, parc national et réserve spéciale), mais prévoit que « d'autres catégories

---

258 Madagascar, *Cinquième rapport*, *supra* note 57 à la p 2 ; Madagascar, *SPANB*, *supra* note 19 à la p 62.

Il est à noter que de nombreux autres instruments plus spécifiques tels que les divers stratégies et plans de gestion des ressources phytogénétiques et de conservation d'espèces comme les amphibiens et les tortues font également partie des cadres politique, stratégique, législatif et réglementaire nationaux de la protection de la biodiversité. Étant donné leur nombre, il est impossible d'en faire un examen exhaustif. Nous avons concentré notre attention, dans cette section, sur les instruments principaux et globaux dans lesquels s'inscrivent généralement ou sont mises en cohérence ces instruments spécifiques.

259 *Loi n° 2001-05 du 11 février 2003 portant Code de gestion des aires protégées*, JO, 7 avril 2003, 1180, art 1 [*COAP de 2003*].

260 *Ibid*, art 11.

261 *Ibid*, arts 14–70 ; *Décret d'application n° 2005-013 du 11 janvier 2005 organisant la création, la gestion, le changement de statut et/ou de limites des aires protégées et la répression des infractions commises dans les aires protégées*, JO, 24 janvier 2005, 2236 [*Décret d'application n° 2005-013*].

262 *COAP de 2003*, *supra* note 259, art 20 ; *Décret d'application n° 2005-013*, *supra* note 261, arts 10–14, 25. Voir aussi Madagascar, *Manuel*, *supra* note 241 aux pp 24–59.

peuvent être créées autant que de besoin »[263]. Il déclare que les aires protégées du réseau national « relèvent du domaine privé et du domaine public de l'État et sont imprescriptibles et inaliénables »[264]. Il revient donc en principe à l'État d'orienter la gestion du réseau d'aires protégées dont il a la propriété, mais il peut aussi confier cette gestion stratégique à un organisme national autonome qui, à son tour, peut en subdéléguer la gestion opérationnelle à un organisme public ou privé ayant les capacités technique et financière[265]. La responsabilité de gestion opérationnelle implique de faire respecter les réglementations s'appliquant à l'aire protégée concernée[266]. En 2013, en application de l'article 28 du COAP, un décret a été adopté pour permettre de déléguer, par voie contractuelle, la gestion des ressources forestières du domaine de l'État, y compris les aires protégées forestières placées sous un régime de gouvernance publique, à des acteurs publics ou privés physiques ou moraux[267].

L'Annexe du COAP de 2003 énonce la politique de gestion des aires protégées et retient pour cela des principes ou objectifs stratégiques et des principes ou moyens opérationnels rappelant certaines des composantes de l'obligation de protection de la biodiversité décrites dans le chapitre 3. Le principe d'intégrité perpétuelle est affirmé parmi les objectifs stratégiques[268], quand la consultation et la concertation avec tous les acteurs, l'information du public, y compris par un compte-rendu périodique des actions, la décentralisation de la gestion, la diversification des partenariats techniques et financiers avec les acteurs privés nationaux et internationaux, sont promues dans les principes opérationnels[269]. Les mesures de gestion s'étendent au-delà des aires protégées, aux zones alentours dont l'utilisation peut les affecter, et « la recherche d'ententes et/ou de conventions sera privilégiée afin d'encourager des activités écologiquement acceptables sur les terres adjacentes ou avoisinantes, et de décourager celles qui ne sont pas compatibles avec celles-ci »[270].

---

263 *COAP de 2003*, *supra* note 259, art 2.

264 *Ibid*, art 12.

265 *Ibid*, arts 28, 31.

266 *Ibid*, art 32.

267 *Décret n° 2013-785 du 22 octobre 2013 fixant les modalités de délégation de gestion des forêts de l'État à des personnes publiques ou privées*, JO, 23 juin 2014, 1827, arts 2–3, 9.

268 *COAP de 2003*, *supra* note 259, annexe au para 1 sur les principes stratégiques, al 2 (« [l]a protection de l'intégrité écologique [...] est une préoccupation essentielle. Le principe de durabilité écologique doit être mis en relief dans cette politique de conservation »).

269 *Ibid*, annexe au para 2 sur les principes opérationnels.

270 *Ibid.*

Le COAP de 2003 entérine sur le plan juridique l'ouverture des aires protégées du réseau national aux objectifs de développement, notamment avec le nivellement de leur protection par zonage. En général, le noyau dur reste sous protection stricte et toute activité humaine y est prohibée, tandis que la zone tampon entourant ce noyau est sous protection modérée et certains types d'occupation, d'utilisation et de service y sont permis, mais limités[271]. Une gamme moins restreinte d'activités sont exceptionnellement autorisées dans les zones de protection et périphérique établies autour des aires nouvellement protégées[272], le *Décret d'application n°2005-013* du COAP de 2003 stipule toutefois que « les activités minières et forestières ne peuvent en aucun cas faire l'objet d'autorisations exceptionnelles »[273].

Les droits et les obligations des tiers, en termes d'usages et d'activités liés à ces territoires et leurs ressources, dépendent donc du statut et du zonage de ces aires, prévus dans leur *Plan d'aménagement et de gestion*. En règle générale, « toute activité de quelque nature que ce soit et toute circulation y sont interdites »[274], mais sous certaines réserves. D'abord, une autorisation écrite spéciale de l'autorité compétente est exigée pour résider, pénétrer, circuler, camper dans une aire protégée du réseau national ou la survoler à moins de mille mètres d'altitude, et la permission de cette autorité est nécessaire pour « [l]es recherches scientifiques, les éliminations d'animaux et de végétaux en vue de maintenir un écosystème »[275]. Les droits d'usage des populations riveraines « doivent s'exercer dans le cadre d'une convention formelle conclue entre le gestionnaire opérationnel et les bénéficiaires. [Ils] peuvent s'exercer au sein des zones tampon [et] demeurent subordonné[s] à la réalisation des impératifs de conservation »[276]. Il est aussi stipulé que :

> [s]ont strictement interdits, sur toute l'étendue d'une Réserve Naturelle Intégrale, toute sorte de chasse ou de pêche, toute exploitation forestière, agricole ou minière, toute fouille ou prospection, sondage, terrassement ou construction' tout pâturage, tous travaux tendant à modifier l'aspect du terrain ou de la végétation, toute pollution des eaux, et d'une manière générale, tout acte de nature à apporter des

[271] *Ibid*, arts 5–7.
[272] *Ibid*, arts 8–10.
[273] *Décret d'application n° 2005-013*, *supra* note 261, art 18.
[274] *COAP de 2003*, *supra* note 259, art 40.
[275] *Ibid.*
[276] *Ibid*, art 41(1).

perturbations à la faune ou à la flore, toute introduction d'espèces zoologiques ou botaniques, indigènes ou importées, sauvages ou domestiquées[277].

Quant aux parcs nationaux et réserves spéciales, les dispositions du COAP de 2003 à leur égard sont moins restrictives et détaillées. Une simple autorisation de l'autorité chargée de leur gestion suffit pour l'accès, seule activité mentionnée avec la circulation et le camping, lesquels sont réglementés[278].

Le non-respect de ces droits et obligations constitue une infraction au sens de l'article 43 du COAP de 2003[279]. Une infraction peut être qualifiée de crime ou de délit[280]. Le Code précise que :

> [s]ont qualifiées crimes les infractions suivantes commises au niveau d'une aire protégée : [...] - les activités de construction entraînant une altération irréparable d'écosystèmes et/ou d'espèces animales ou végétales; - les activités industrielles ou minières; [...] En tout état de cause, constitue un crime toute infraction commise dans une Réserve Naturelle Intégrale ou dans le périmètre d'un noyau dur de toute autre aire protégée[281].

Le *Décret 2005-848 du 13 décembre 2005 appliquant les articles 2 alinéa 2, 4, 17, 20 et 28 de la Loi n°2001-005 portant Code de gestion des aires protégées* a précisé les modalités de création et de gestion des NAP[282] et créé quatre nouvelles catégories d'aires protégées : les parcs naturels, les monuments naturels, les paysages harmonieux protégés et les réserves de ressources naturelles[283]. La *Loi 2008-025 du 25 novembre 2008 portant refonte du Code de*

---

277 *Ibid*, art 41(2).

278 *Ibid*, art 41(3).

279 Ledit article stipule :

> [c]onstituent des infractions à l'encontre des aires protégées du réseau national, toutes actions ou omissions portant atteinte à l'intégrité du patrimoine naturel ou culturel protégé dans le cadre de cette Loi, notamment les atteintes irréparables au milieu protégé, les comportements perturbateurs, les comportements incompatibles avec la vie naturelle. Constituent également des actes répréhensibles les infractions prévues par les autres législations et réglementations en la matière, notamment forestière, cynégétique, minière, halieutique et en matière de pêche, commises dans les aires protégées.

280 *COAP de 2003*, *supra* note 259, arts 44–45.

281 *Ibid*, art 44.

282 *Décret n° 2005-848 du 13 décembre 2005 appliquant les articles 2 alinéa 2, 4, 17, 20 et 28 de la loi n° 2001/005 portant Code de gestion des Aires protégées*, arts 11–25.

283 *Ibid*, art 2.

gestion des aires protégées[284] a, par la suite, aligné cette classification sur les catégories d'aires protégées de l'UICN[285], dans le but de moderniser la gestion des aires protégées malgaches en tenant compte d'acteurs élargis, d'objectifs, usages et modes de gouvernance jugés plus durables, car plus inclusifs et participatifs[286]. D'autres types d'aires protégées ont été créés, comprenant désormais les aires protégées marines, celles privées agréées et celles communautaires, dont les statuts ont été ajustés aux catégories et objectifs de gestion de l'UICN. Ce sont les monuments naturels, paysages harmonieux protégés et réserves de ressources naturelles correspondant aux catégories III, V et VI de l'UICN[287].

Ainsi, la révision du COAP en 2008 a encore plus élargi les usages acceptés dans les NAP du SAPM, assouplissant un peu plus les règles de protection et relativisant l'importance du rôle de l'État avec l'ouverture à d'autres modes de gouvernance. Depuis, divers modes de gouvernance (publique, partagée, privée, communautaire) peuvent s'appliquer aux aires protégées[288], lesquelles relèvent d'un éventail plus large de régimes fonciers[289]. En outre, le COAP refondu de 2008 reconnaît la possibilité d'utilisation durable des ressources de la biodiversité dans les nouvelles catégories d'aires protégées, sauf dans leur noyau dur[290]. Il admet que les impératifs économiques liés à la tenue de certaines activités, par exemple extractives, puissent conduire au déclassement de ces aires et à l'aménagement de leurs objectifs de protection pour accommoder l'exploitation des ressources qu'elles abritent :

> [m]oyennant le recours aux technologies à moindre impact, la restauration de sites endommagés et une juste compensation, les activités minières et pétrolières sont permises dans les Réserves de Ressources Naturelles et les Paysages Harmonieux Protégées excepté le noyau dur, sous réserve de comp[ati]bilité avec les objectifs de l'Aire protégée concernée. En cas de découverte minière ou pétrolière, il ne pourra être procédé à l'exploitation qu'après modification des limites ou déclassement de l'Aire protégée. Le

284 *COAP de 2008*, *supra* note 237.

285 Rakotoarivelo et al, *supra* note 121 à la p. 41.

286 *COAP de 2008*, *supra* note 237, exposé des motifs.

287 *Ibid*, arts 2, 19–25.

288 *Ibid*, art 6.

289 *Ibid*, art 3 qui énumère les types de régimes d'aires protégées possibles, soit celles « du domaine public et privé de l'État et des collectivités territoriales décentralisées, les Aires protégées mixtes, combinaison de propriété publique et de propriété privée, les Aires protégées agréées instituées sur une ou des propriétés privées ».

290 *Ibid*, art 35.

> déclassement de tout ou partie de l'Aire protégée donne lieu à l'identification, par les opérateurs miniers ou pétroliers à titre de compensation territoriale préalable, d'une zone d'étendue similaire ou restaurée représentative du même écosystème et de même niveau de diversité biologique que la zone déclassée [...][291].

Actuellement, la législation malgache prévoit donc six catégories de statuts pour les sites du SAPM : la réserve naturelle intégrale, le parc national ou parc naturel, la réserve spéciale, le monument naturel, le paysage harmonieux protégé et la réserve de ressources naturelles[292]. En général, les NAP relèvent des catégories récemment créées (monument naturel, paysage harmonieux protégé et réserve de ressources naturelles), et les aires protégées antérieures relèvent des catégories classiques (réserve naturelle intégrale, parc national, réserve spéciale), publiques, dotées d'une protection plutôt stricte, et préservant les espèces qui y vivent naturellement en interdisant ou réglementant les activités pouvant y avoir lieu.

En dehors des aires protégées, des instruments juridiques existent également pour assurer la protection d'espèces menacées spécifiques et de leurs habitats sur tout le territoire national. Par exemple, le *Décret n° 2006-400 du 13 juin 2006 portant classement des espèces de faune sauvage*[293] classe la faune sauvage en espèces protégées (catégorie I), dont les espèces de la classe I bénéficient d'une protection intégrale et stricte sur l'ensemble du territoire (chasse, capture, détention, consommation et commercialisation interdites sauf pour les études et échanges scientifiques, la reproduction en captivité ou l'exposition) et celles de la classe II peuvent être chassées et capturées sur autorisation et selon un quota de collecte[294]. Quant aux espèces de faune sauvage nuisibles (catégorie II), elles peuvent être chassées, capturées et consommées toute l'année, alors que la chasse et la capture des espèces de gibier (catégorie III) doivent être autorisées, et cela pour des périodes bien définies[295]. Les espèces concernées par chaque catégorie sont listées à l'annexe du décret.

---

[291] *Ibid.*

[292] *Ibid*, arts 11–23.

[293] *Décret n° 2006-400 du 13 juin 2006 portant classement des espèces de faune sauvage*, JO 13 août 2007, 4622.

[294] *Ibid*, art 2.

[295] *Ibid*, art 3–4.

2.3.2 La *Stratégie* et les *plans d'actions nationaux pour la biodiversité 2015-2025*

À l'échéance de la SNGDB en 2012, un processus de révision du cadre de planification stratégique de la biodiversité a été lancé et a abouti à l'élaboration du document intitulé *Stratégie et plans d'actions nationaux pour la biodiversité 2015-2025* (SPANB), en conformité avec le *Plan Stratégique pour la diversité biologique 2011-2020* et les *Objectifs d'Aichi* visant une couverture, par les aires protégées, d'au moins 17 % des zones terrestres et eaux intérieures de la planète en 2020[296]. Formulé conjointement par le ministère de l'Environnement, les partenaires techniques et financiers, les acteurs du développement et de divers secteurs économiques, le document offre un cadre revisité et une vision globale devant orienter la protection et la gestion de la biodiversité à Madagascar jusqu'à 2025 avec pour objectif qu'à cette échéance, au moins 10 % des écosystèmes terrestres du pays soient couverts par des aires protégées[297]. En 2019, le pays affichait déjà une couverture d'aires protégées terrestres de près de 15 %[298].

Le document de SPANB harmonise les stratégies et plans sectoriels sur la protection et la gestion de la biodiversité et devient le principal instrument de mise en œuvre nationale de la *Convention sur la diversité biologique*[299]. Ses orientations sont inspirées des textes nationaux et internationaux pertinents, propres à la biodiversité comme la SNGDB, ou intersectoriels comme le *Document stratégique de réduction de la pauvreté* (DSRP) et le *Plan national de développement.* Les principes directeurs ainsi rassemblés portent sur la prise en compte mutuelle de la biodiversité et des objectifs de développement dans les processus de planification nationale, sur une approche de collaboration, de participation, de sensibilisation et d'information, et sur le partage juste et équitable des avantages de l'exploitation des ressources de la biodiversité[300].

---

296 Madagascar, *SPANB*, *supra* note 19 à la p 1, correspondant à l'objectif 11 des *Plan stratégique 2011-2020 et objectifs d'Aichi relatifs à la diversité biologique*, Déc X/2, 2010, Doc UNEP/CBD/COP/10/27 117.

297 Madagascar, *SPANB*, *supra* note 19 aux pp 17–18. Voir aussi Madagascar, *6e rapport*, *supra* note 35 à la p 45 (objectif national 11 sur les aires protégées).

298 Madagascar, *Tableau de bord*, *supra* note 58 à la p 45.

299 Madagascar, *SPANB*, *supra* note 19 à la p 21.

300 *Ibid* aux pp 66–68. Sur l'intégration, *ibid* aux pp 51 (« [l]es politiques et stratégies de conservation de la biodiversité considèrent la réduction de la pauvreté comme un de leurs objectifs »), 27 (« toute la stratégie socio-économique de Madagascar repose, en tout premier lieu, sur ce capital naturel unique au monde et diversifié permettant le développement de nombreuses filières : agriculture, élevage, pêche, forêt, industries

Ces orientations du document de SPANB se différencient donc peu de la SNGDB qui l'a précédé[301]. La vision nationale actualisée sur la protection de la biodiversité continue d'allier cette protection au développement économique dans une optique de développement durable[302]. Au cœur de cette vision et des objectifs stratégiques du document figurent ainsi, côte à côte, fidèles à la ligne de conduite du pays depuis les débuts de sa PNE et aux objectifs de la Convention, la conservation, l'utilisation durable des ressources de la biodiversité et le partage juste et équitable des avantages tirés de cette utilisation[303]. La valorisation et l'utilisation durable de la biodiversité s'appuient sur le respect de principes de « bonne » gouvernance tels que la gestion partagée entre les niveaux national, régional et local, la consultation, l'accès à l'information, la participation des acteurs des différents secteurs, ainsi que le pilotage et la coordination de leurs intérêts[304]. La conservation de la biodiversité est réalisée par la création et gestion d'aires protégées terrestres, mais aussi marines et côtières, et l'extension des efforts de protection au-delà de ces aires pour mieux sauvegarder les processus écologiques et l'intégrité des écosystèmes[305]. Si, à Madagascar, les efforts de protection concernent d'abord les aires protégées, ils n'excluent pas les zones hors des limites de celles-ci, car dans un pays aussi riche en biodiversité, nombre d'espèces endémiques ou menacées

---

extractives, tourisme, etc… [et que l'on se propose] de conserver, d'utiliser et d'en assurer la pérennité, tout en continuant, à profiter de ses avantages »). Le document énonce à la p 2 qu'« [i]l est question pour le pays d'intégrer la biodiversité dans le processus de la planification, de développement, et de la comptabilité au niveau national. L'intégration de cette stratégie dans la planification nationale et les activités de tous les secteurs est prévue d'avoir des conséquences positives pour la diversité biologique » et à la p 18 que « [l]'amélioration du cadre juridique et institutionnel et l'intégration du capital naturel dans la planification nationale sont essentielles pour l'articulation de la biodiversité et du développement économique ». À la p 28, il est aussi question d'« intégration de la dimension environnementale dans les politiques, stratégies, programmes et projets de développement dans chaque secteur ». D'un point de vue institutionnel, la biodiversité est intégrée aux stratégies des ministères sectoriels, par exemple dans les schémas nationaux et régionaux d'aménagement du territoire et les stratégies de développement de secteurs concernés (pp 55–60).

301 *Ibid* à la p 56.

302 *Ibid* à la p 65. Cette vision est formulée ainsi : « [u]n peuple malagasy vivant en harmonie dans un pays où les milieux sont conservés et/ou restaurés, tirant profit pour son bien-être de l'utilisation et de la valorisation durables et raisonnées d'une biodiversité riche et valorisée, résiliente aux changements environnementaux ».

303 *Ibid* aux pp 17, 28.

304 Madagascar, *Cinquième rapport*, *supra* note 57 aux pp 28, 30, 52, 54 ; Ratsisompatrarivo et Rasoamampianina, *supra* note 72 à la p 41.

305 Madagascar, *Cinquième rapport*, *supra* note 57 aux pp 28, 30.

n'y sont pas toujours incluses et les interdépendances écologiques et fonctionnelles entre les écosystèmes et les espèces ne connaissent pas de frontières, ce qui fait de toute l'île un vaste terrain pour la protection de la biodiversité[306].

Les objectifs stratégiques du document de SPANB reflètent le choix de principes directeurs et les orientations privilégiées par le pays pour la protection de sa biodiversité. Parmi ces objectifs, le premier But stratégique A renvoie au principe de l'intégration, dans certains secteurs et dans la planification économique, d'une biodiversité perçue comme un capital naturel, et à l'adoption de mesures incitatives de façon à « renforc[er] la collaboration avec le secteur privé » pour en assurer la protection[307]. Cet objectif est décliné dans les plans d'action nationaux, entre autres par l'action 3.2 consistant à « [i]mpliquer, responsabiliser et inciter le secteur privé dans l'utilisation durable de la biodiversité » et encourageant les initiatives développées par les secteurs privé et/ou public[308], et l'action 4.2 encourageant à « [p]artager les bonnes pratiques sur l'exploitation minière, l'exploitation industrielle, l'exploitation forestière ayant une incidence positive sur la biodiversité forestière, la gestion des aires protégées pour promouvoir la protection durable »[309].

Le document se veut donc le cadre de l'intégration de la biodiversité dans les secteurs de production, de l'interaction et de la prise de décision concertée sur la biodiversité avec les acteurs de ces secteurs, pour favoriser leur engagement envers sa protection[310]. Cependant, l'interaction n'est pas à sens unique, le partage de « bonnes » pratiques par exemple peut être l'occasion de transférer des valeurs priorisées par un secteur vers le cadre de protection de la biodiversité. Toujours est-il que, même si les ministères restent les maîtres d'œuvre, le secteur privé est plus présent que par le passé dans les plans d'action du document, en tant que partenaire appuyant ces actions.

Le principe de participation n'est donc pas en reste. En continuité avec la PNAE, le document de SPANB prévoit de poursuivre le transfert de gestion des ressources de la biodiversité aux acteurs locaux et de mettre en place des mécanismes de cogestion de ces ressources[311]. Les lacunes soulevées par la responsabilisation des communautés locales n'y sont ni abordées ni réglées. Il propose des aménagements institutionnels,

---

306 *Ibid* à la p 58.
307 Madagascar, *SPANB*, *supra* note 19 aux pp 68–70, objectifs 1–3.
308 *Ibid* à la p 99.
309 *Ibid* à la p 101.
310 *Ibid* à la p 29.
311 *Ibid* à la p 28.

dont la création d'un comité national multisectoriel sur la biodiversité et ses unités régionales, permettant à diverses catégories d'acteurs de participer aux orientations en matière de biodiversité dans différents secteurs[312]. D'autres mécanismes de coopération, concertation et implication de la société civile, du secteur privé et des collectivités sont évoqués, y compris au niveau du processus d'élaboration du document lui-même[313], qui a donné lieu à la consultation, au moyen d'un questionnaire préétabli, des acteurs dans les domaines de la biodiversité et des ressources naturelles, dont le secteur minier[314], de sorte que le cadre de protection de la biodiversité est bâti selon les intérêts, préoccupations et attentes de ces acteurs.

Le document de SPANB prévoit une démarche de sensibilisation plus que d'information du public, tant elle semble perpétuer la conception d'une population à éduquer pour changer de comportement[315]. Le devoir d'information pourrait alors constituer un autre point d'entrée pour des valeurs néolibérales dans le cadre juridique de la protection de la biodiversité[316]. Puisque les stratégies de cette protection continuent d'être élaborées selon un discours qui devrait être revu, certaines réalités changeantes liées au contexte continuent d'être occultées et l'impact de ces stratégies en termes de protection reste faible.

L'approche de précaution est aussi brièvement évoquée, à la base de l'élaboration même du document comme outil d'orientation et de planification, et enjoignant l'État à une gestion prudente en vue d'une « utilisation durable et équitable de sa biodiversité au profit de tous ses citoyens »[317]. Dans ce sens, le But stratégique B du document propose

---

312 *Ibid* à la p 18, 151–52.

313 *Ibid* aux pp 27–28, 31.

314 *Ibid* aux pp 32, 54.

315 *Ibid* aux pp 68 (énoncé des buts stratégiques et l'énoncé des causes de la perte de la biodiversité), 92–148 (détail des actions prévues dans les plans d'action nationaux, dont nombreux portent sur la sensibilisation).

316 Pour Sophie Goedefroit et Jean-Pierre Revéret, « Introduction » (2006) 178 Études rurales 9 à la p 12 [Goedefroit et Revéret] :

> parmi ces manières de faire autrement [mises de l'avant par le concept de développement durable] s'inscrit le souci d'adapter les projets de développement aux réalités locales. [...]. Néanmoins cela n'affecte pas le processus de transfert idéologique propre au développement puisque ces idées sont, cette fois encore, essentiellement construites sur une vision fabriquée de ces réalités locales, sur "ce que nous pensons qu'ils pensent et qu'ils font".

317 Madagascar, *SPANB*, *supra* note 19 à la p 20 ; Madagascar, *6e rapport*, *supra* note 35 à la p 12 (« Madagascar a intérêt à prendre soin de son capital naturel et de le gérer de manière durable et prudente »).

une protection de la biodiversité axée sur la prévention des risques (notamment de pollution), l'utilisation et la gestion durables, la réduction des sources de pressions et la restauration pour améliorer les stocks de ressources et l'intégrité des habitats[318].

Le principe d'équité se retrouve également dans le document de SPANB, dans le libellé de sa mission principale qui consiste à prendre des mesures « pour assurer la provision des services écosystémiques essentiels et le partage équitable des avantages fournis par la biodiversité, et ce pour le bien-être social, économique et environnemental des générations actuelles et futures »[319], et dans son But stratégique D qui évoque les avantages à partager en termes « d'opportunités de conservation et d'appui au développement »[320]. Dans la stratégie de la biodiversité actuelle et en continuité avec la conception qui a prédominé dans l'évolution de la politique environnementale du pays, le principe d'équité, inhérent au développement durable[321], est donc inextricablement lié, voire soumis, à un autre principe essentiel, celui d'intégration, en raison de l'importance pour le pays des objectifs de développement économique et de lutte contre la pauvreté. Par ailleurs, l'importance de ces objectifs favorise davantage la dimension intragénérationnelle de l'équité.

La question du financement demeure un enjeu central pour le document de SPANB ; l'État malgache l'invoque pour expliquer l'insuffisance de sa capacité à assurer pleinement la protection de la biodiversité[322]. Le coût de la mise en œuvre de la stratégie et des plans d'action sur dix ans est estimé à 203,20 millions USD, dont une majeure partie est affectée à la création et gestion des aires protégées du pays[323]. Ces dernières se chiffraient à 127 en 2019 et s'étalaient sur environ 7 millions d'ha[324], soit plus de 14 % du territoire national. Le But stratégique C du document de SPANB définit une stratégie pour pérenniser le réseau d'aires protégées par un financement durable et une gestion participative[325], laquelle est renforcée par le But stratégique E qui prévoit que la stratégie et les plans d'action seront mis en œuvre et

---

318 Madagascar, *SPANB*, *supra* note 19 aux pp 72–77.

319 *Ibid* à la p 66.

320 *Ibid* aux pp 82–84.

321 Paule Halley et Pierre-Olivier Desmarchais, « Le développement durable, ses principes et leur intégration en droit canadien » (2012) 24 J Envtl L & Prac 67 aux pp 80–86.

322 Madagascar, *SPANB*, *supra* note 19 à la p 30.

323 *Ibid* à la p 19.

324 Madagascar, *6e rapport*, *supra* note 35 à la p 45.

325 Madagascar, *SPANB*, *supra* note 19 aux pp 77–81, objectifs 11–13.

financés grâce à la participation de tous et à un partenariat avec les acteurs du développement[326]. Comme le PE 3, le document mise donc sur le financement des bailleurs de fonds bilatéraux et multilatéraux, organisations internationales de conservation, fondations et investisseurs[327]. Il propose de « considérer toutes les sources de financement pertinentes, de nature publique ou privée »[328] et de développer les partenariats avec le secteur privé[329]. La consolidation des interrelations sectorielles est favorisée, en particulier la collaboration et la concertation avec le secteur minier[330].

Le document de SPANB identifie le besoin d'une charte clarifiant le partage des rôles et coordonnant les actions des divers acteurs[331]. Les lacunes sur la reddition de compte mériteraient aussi d'être soulignées. Le document affirme que « chaque programme/projet respectera le principe de redevabilité et d'obligation de compte-rendu »[332], mais cet engagement s'adresse davantage aux bailleurs pour l'utilisation des ressources financières mobilisées, qu'aux populations pour les résultats des mesures prises au titre de la stratégie et des plans d'action. L'imputabilité des protecteurs et gestionnaires de la biodiversité, quels qu'ils soient désormais, est l'aspect le moins développé dans les stratégies nationales successives sur la biodiversité, avec l'absence de mécanismes juridiques ou administratifs clairs de reddition de compte ou de plainte pour le public.

La refonte du COAP et l'actualisation de la *Charte de l'environnement*

En 2015, la révision du cadre de planification stratégique de la biodiversité a été accompagnée par la modification du COAP[333] et l'actualisation de la *Charte de l'environnement*[334], afin de parachever

326 *Ibid* aux pp 84–86.
327 *Ibid* aux pp 153, 165.
328 *Ibid* à la p 165.
329 *Ibid* à la p 166.
330 *Ibid* aux pp 173–74.
331 *Ibid.*
332 *Ibid* à la p 165.
333 *Loi n° 2015-005 du 26 février 2015 portant refonte du Code de gestion des aires protégées*, JO, 23 mars 2015, 1337 [*COAP de 2015*], et son *Décret n° 2017-415 du 30 mai 2017 fixant les modalités et les conditions d'application de la Loi n° 2015-005 du 26 février 2015 portant refonte du Code de gestion des aires protégées*, JO, 18 septembre 2017, 5742 [*Décret n° 2017-415*].
334 *Charte de l'environnement actualisée*, *supra* note 156.

l'ajustement du cadre législatif de protection de la biodiversité à la nouvelle vision et aux nouveaux objectifs du pays.

La *Charte de l'environnement actualisée* se prononce en effet encore plus clairement sur la vision faible associée à cette protection, avec la gestion intégrée d'une biodiversité perçue comme un patrimoine national et mondial, et comme un capital naturel qui est à la base du développement économique durable du pays et dont la préservation passe par la valorisation économique[335]. Elle réaffirme l'importance de la décentralisation et des autres acteurs que l'État dans la protection de la biodiversité, en déclarant par exemple que :

> [l]e Secteur privé et la Société Civile jouent un rôle important dans la mise en œuvre de la politique en matière d'environnement. L'implication totale de ces entités est donc indispensable pour atteindre les objectifs fixés. Il en est de même pour les Collectivités Territoriales Décentralisées qui, en application du principe de la proximité, doivent être responsabilisées[336].

Elle transcrit au niveau national les principes de la *Déclaration de Rio* en 1992, soit la participation aux processus décisionnels et le droit à l'information environnementale (articles 7 et 14), le devoir de réparer ou restaurer les dommages causés à l'environnement (article 9), le principe du pollueur-payeur (article 10), ceux de précaution (article 11), de prévention (article 12), de subsidiarité (article 15) et la répartition équitable des coûts et avantages liés à la protection et gestion de l'environnement (article 16).

Le COAP refondu consacre lui aussi l'implication des acteurs non étatiques dans la gestion des NAP. Plusieurs cas de figure sont possibles[337], entre autres celui où l'État conserve la propriété de ces espaces, mais transfère tout ou partie de l'autorité, du pouvoir de décision, de la responsabilité de gestion et de l'imputabilité à des organismes publics, acteurs privés, ONG ou communautés locales comme pour les aires protégées communautaires[338], et celui où la

---

335 *Ibid*, préambule.

336 *Ibid*, exposé des motifs.

337 Pour le détail de tous les modes de gouvernance possibles, voir notamment *COAP de 2015*, *supra* note 333, art 6, précisé par le *Décret n° 2017-415*, *supra* note 333, arts 30–40 ; Madagascar, *Guide*, *supra* note 241 aux pp 3–12 ; Madagascar, *Manuel*, *supra* note 241 aux pp 20–21.

338 *COAP de 2015*, *supra* note 333, art 36 (« [l]e Ministère chargé des Aires Protégées, après consultation avec des différents départements ministériels techniques concernés, des différentes Collectivités Territoriales Décentralisées ainsi que des communautés locales, peut déléguer la gestion d'une ou plusieurs Aires Protégées à des personnes

propriété et la gestion de ces aires relèvent toutes deux des acteurs non étatiques[339]. Dans le premier cas, la gestion d'aires protégées publiques du réseau national est déléguée, notamment à des entités privées à but lucratif ou non, par une entente contractuelle ou un « contrat de délégation de gestion »[340], et l'État ne conserve qu'un rôle d'orientation et de coordination générale[341]. Dans le second, des aires protégées créées et gérées par de telles entités sont reconnues et agréées par le SAPM comme des aires protégées volontaires[342]. La cogestion est aussi reconnue et encouragée pour certaines catégories de NAP[343].

Étant donné que les NAP relevant des nouvelles catégories de statuts sont appelées, avec le temps, à devenir plus nombreuses que les aires

---

morales de droit public ou privées sous le régime de la gestion déléguée [...]). L'article 37 précise que ces responsabilités déléguées ou transférées consistent notamment en « la conservation et l'administration de manière durable de la diversité biologique et du patrimoine naturel et culturel », « la surveillance et du contrôle de l'Aire Protégée visant à éduquer, prévenir, et sanctionner certaines activités qui ne sont pas conformes aux objectifs de l'Aire Protégée » et « la pérennisation financière pour la gestion durable de l'Aire Protégée [...] ». Voir aussi *Décret n° 2017-415*, *supra* note 333, arts 31–32 (gouvernance publique), 33–35 (gouvernance partagée ou cogestion), 39–40 (aires protégées communautaires).

339 Madagascar et Fanamby, *supra* note 251 à la p 14 ; *COAP de 2015*, *supra* note 333, arts 3 (régime foncier des aires protégées publiques, mixtes et privées), 6 (formes de gouvernance appliquées à ces régimes fonciers).

340 *COAP de 2015*, *supra* note 333, art 36, précisé par le *Décret n° 2017-415*, *supra* note 333, arts 45–59. C'est le cas par exemple de l'ONG Fanamby qui a conclu un contrat pour la gestion de la NAP Menabe Antimena dans la Région Menabe avec le ministère de l'Environnement (*Contrat de délégation de gestion n° 1058/06/MINENVEF/SG/DGE du 23 août 2006* en référence à l'*Arrêté n° 4532/2006 du 28 mars 2006 portant protection temporaire de l'Aire Protégée en création dénommée « Menabe Central », Districts de Morondava, Belo sur-Tsiribihina et Mahabo, Région Menabe, Province autonome de Toliara*, JO, 10 septembre 2007, 5034, lui-même conforme à la *Convention-cadre du 14 septembre 2004* consignant l'engagement de l'Association Fanamby dans le Menabe pour la mise en place de site de conservation et du processus de gestion durable des forêts dans le Menabe Central, dont Kirindy).

341 *COAP de 2015*, *supra* note 333, art 38.

342 *Ibid*, art 26 sur l'agrément d'une aire protégée privée. Le *Décret n° 2017-415*, *supra* note 333, arts 37 (« [p]our la gouvernance privée, le pouvoir, la responsabilité et la redevabilité se trouvent au niveau du ou des propriétaires fonciers des Aires Protégées Privées Agréées »), 38 (« [l]e présent décret reconnaît différents types d'acteurs : particuliers, sociétés, associations, organisations non gouvernementales, universités ou autres entités juridiques qui ont la capacité d'être promoteur d'une Aire Protégée Agréée »).

343 Madagascar et Fanamby, *supra* note 251 à la p 10 ; *COAP de 2015*, *supra* note 333, art 6.

protégées classiques existantes[344], il s'agit d'un processus de réforme juridique et institutionnel important, venant en quelque sorte formaliser le changement de paradigme enclenché plus de deux décennies auparavant en matière de protection de la biodiversité à Madagascar. Flexibilité et efficacité sont devenues les mots d'ordre de cette protection, à travers non plus la protection en vase clos d'espaces étendus, mais plutôt un système de protection harmonisé mettant en cohérence des espaces de taille réduite[345]. L'assouplissement qui irrigue la lecture du Code de 2015 peut être souligné, par exemple, par la disparition de certaines des dispositions des versions antérieures du Code, comme celle excluant l'octroi d'autorisations exceptionnelles pour les activités minières et forestières dans la zone de protection attenante à une aire protégée[346].

Paradoxalement, le COAP refondu resserre les sanctions aux infractions de manière plus sévère[347], probablement en réponse à l'accroissement de l'exploitation et du trafic illicites de ressources de la biodiversité dans les aires protégées avec la crise politique de 2009. L'application de cette mesure vise donc principalement à dissuader les ruées minières dans ces aires par exemple, généralement attribuées aux petits exploitants informels dans les discours politiques et médiatiques nationaux. De même, la *Charte de l'environnement actualisée* se distingue de ses versions précédentes avec un nouveau titre sur la répression des infractions environnementales et des dispositions sur les obligations compensatrices et les pénalités pécuniaires pour les activités ayant des effets négatifs sur l'environnement[348].

L'organisation institutionnelle de la protection de la biodiversité

Le cadre institutionnel initié lors du PE 1 a été développé au cours des PE suivants. Compte tenu des réformes de décentralisation et du transfert des compétences de gestion, mis en œuvre durant le PNAE et

---

344 Office national pour l'environnement, *supra* note 257 (en pourcentage, les catégories V et VI représentent à elles seules environ la moitié de l'ensemble des aires protégées nationales).

345 Borrini-Feyerabend et Dudley, *supra* note 238 à la p 5 (« [l]es catégories et les types de gouvernance de l'UICN sont reconnus en tant qu'instruments précieux pour que le système d'APs soit flexible, faisable et efficace »).

346 *Décret d'application n° 2005-013*, *supra* note 261, art 18.

347 *COAP de 2015*, *supra* note 333, titre V. Voir à ce sujet André Houssein et al, « La gestion communautaire des ressources naturelles » (2016) 6 Lessons in Conservation 12 à la p 18.

348 *Charte de l'environnement actualisée*, *supra* note 156, titres V–VI.

enracinés dans les textes et pratiques sur la protection de la biodiversité à Madagascar, l'intervention de l'État dans cette protection a été tempérée. Fragmenté, son rôle se détache du niveau opérationnel et s'apparente de plus en plus à celui d'animateur ou coordonnateur des actions, qu'il partage encore avec diverses institutions sous tutelle publique, mais sur lesquelles son contrôle n'est pas toujours entièrement établi.

Les premières institutions concernées sont le ministère de l'Environnement[349] et ses 22 directions régionales, qui mettent en œuvre la politique nationale de l'environnement, ainsi que la stratégie et les plans d'action nationaux sur la biodiversité, en collaboration avec les autres ministères[350], les services techniques déconcentrés, les collectivités territoriales décentralisées[351], les communautés locales, la société civile et le secteur privé[352]. Le ministère de l'Environnement veille à l'application des lois et règlements sur la biodiversité et à l'intégration des préoccupations la touchant dans les secteurs et aux niveaux concernés. À cette fin, des cellules environnementales coordonnées par ce ministère sont mises en place au sein des autres ministères comme celui de l'Énergie et des Hydrocarbures ou du Commerce, pour veiller à ce que les questions relatives à la biodiversité soient prises en compte dans les planifications sectorielles[353]. Plusieurs organes intersectoriels ont aussi été créés pour favoriser la cohérence des mesures, ainsi que la collaboration et la concertation décisionnelles, comme le CIMF[354] et la Commission SAPM, un organe consultatif placé sous la tutelle du ministère de l'Environnement et qui appuie la création des NAP[355]. Selon le *Cinquième*

---

349 Ses responsabilités spécifiques dans la gestion des aires protégées nationales sont précisées par le *Décret n° 2017-415*, *supra* note 333, art 17.

350 À titre d'exemple, les organismes de recherche et formation universitaires relevant du ministère de l'Enseignement supérieur jouent généralement un rôle important dans l'amélioration des connaissances et compétences, l'innovation technologique, le renforcement des capacités et le suivi-évaluation en lien avec la protection de la biodiversité. La collaboration avec les autres départements ministériels dans la gestion et la protection des aires protégées est prévue par le *COAP de 2015*, *supra* note 333, arts 27, 32, 36, 66 et le *Décret n° 2017-415*, *supra* note 333, art 26.

351 La collaboration avec les collectivités territoriales décentralisées dans la gestion et la protection des aires protégées est prévue par le *Décret n° 2017-415*, *supra* note 333, art 27.

352 Madagascar, *SPANB*, *supra* note 19 aux pp 158–60.

353 Madagascar, *Cinquième rapport*, *supra* note 57 aux pp iv, 61.

354 Pour un tour d'horizon du cadre organisationnel et institutionnel de la protection de la biodiversité à Madagascar : Madagascar, *Cadrage*, *supra* note 235 au para 4 ; *Décret n° 2017-415*, *supra* note 333, arts 16–29.

355 *Arrêté interministériel n° 52004/2010 du 20 décembre 2010 portant création, organisation et fonctionnement de la Commission du Système des aires protégées de Madagascar*, JO, 3 janvier 2011,

rapport national de Madagascar à la *Convention sur la diversité biologique*, « [l]es besoins de synergie concernent surtout les superpositions d'activités au niveau des aires protégées en cours ou autres habitats naturels »[356]. Enfin, le ministère de l'Environnement est chargé de la cohérence des actions nationales de mise en œuvre des traités internationaux sur la biodiversité, comme la CITES, la *Convention Ramsar*[357] et la *Convention de Bonn*[358], auxquels a adhéré Madagascar[359] et dont les points focaux nationaux sont réunis au sein de ce ministère. Il prépare les rapports nationaux soumis à leurs secrétariats, et propose des améliorations pour les cadres législatif et institutionnel sur la biodiversité[360].

Sous la tutelle technique du ministère de l'Environnement se trouve l'ONE, qui est un établissement public à caractère industriel et commercial[361]. L'ONE coordonne la mise en œuvre du PNAE, assure le suivi-évaluation des actions menées dans ce cadre, promeut le cadre stratégique et juridique de gestion de l'environnement, gère le système d'information environnementale et est chargée du processus de mise en compatibilité des investissements avec l'environnement et des programmes de recherche environnementale, en collaboration avec « des

---

20, arts 1–2. Ses responsabilités sont prévues par le *COAP de 2015*, *supra* note 333, arts 38, 40 et le *Décret n° 2017-415*, *supra* note 333, art 20. Sa composition est précisée par *ibid*, art 21.

356 Madagascar, *Cinquième rapport*, *supra* note 57 à la p iv ; Madagascar, *6e rapport*, *supra* note 35 aux pp 20 (« problématiques relativement complexes d'harmonisation des interventions de tous secteurs », « conflits intersectoriels »), et 75 (besoin de développer des « cadres institutionnelles et organisationnelles sur la coordination des activités des secteurs de développement (intersectorielles) qui se superposent aux zones de conservation de la biodiversité »).

357 *Convention relative aux zones humides d'importance internationale particulièrement comme habitats des oiseaux d'eau*, 2 février 1971, 996 RTNU 245.

358 *Convention sur la conservation des espèces migratrices appartenant à la faune sauvage*, 23 juin 1979, 1651 RTNU 333, 19 ILM (1980) 15 (entrée en vigueur : 1er novembre 1983).

359 *Ordonnance n° 75-014 du 05 août 1975 portant ratification de la Convention sur le commerce international des espèces de faune et de flore sauvages menacées d'extinction*, JO, 16 août 1975 ; *Loi n° 98-003 du 19 février 1998 autorisant la ratification de la Convention Ramsar relative aux zones humides d'importance internationale particulièrement comme habitats des oiseaux d'eau*, JO, 2 mars 1998, 623 ; *Loi n° 2006-002 du 24 juillet 2006 autorisant la ratification de la Convention sur la Conservation des espèces migratrices appartenant à la faune sauvage dite Convention de Bonn (Convention of Migratory Species ou CMS)*, JO, 9 octobre 2006, 4221.

360 Madagascar, *SPANB*, *supra* note 19 aux pp 159–60.

361 *Décret n° 2014-1569 du 30 septembre 2014 modifiant et complétant certaines dispositions du décret n° 2008-600 du 23 juin 2008 portant refonte du décret n° 95-607 du 10 septembre 1995 portant refonte du décret n° 95-312 du 25 avril 1995 portant création et organisation de l'Office National pour l'Environnement*, JO, 2 février 2015, 327, arts 1–2 [*Décret n° 2014-1569*].

structures privées ou publiques, nationales ou étrangères »[362]. Son Conseil d'administration est présidé par le responsable de la coordination des organismes rattachés du ministère de l'Environnement et comprend neuf autres délégués ministériels (dont du ministère des Mines), trois représentants du secteur privé (dont la Chambre des Mines) et un seul représentant de la société civile[363]. Sarrasin montre que la nature du rôle de l'ONE a sensiblement évolué depuis sa création, « passant de promoteur politique à celui d'une simple agence technique d'exécution »[364].

Également sous la tutelle administrative et technique du ministère de l'Environnement, MNP (anciennement ANGAP) est une association de droit privé chargée, durant le PE 1, d'améliorer la protection et la gestion des aires protégées existantes et de coordonner les PCDI mis en place par des ONG[365]. Cependant, disposant de moyens limités face au nombre croissant d'aires protégées créées durant cette phase, Bertrand, Rabesahala-Horing et Montagne notent qu'à l'époque elle déléguait déjà certaines de ses attributions aux ONG de conservation comme WWF ou CI[366]. En 2019, MNP gérait un réseau de 43 aires protégées[367].

Enfin, d'autres acteurs non étatiques ont un intérêt croissant dans la protection de la biodiversité à Madagascar. Le ministère de l'Environnement collabore étroitement avec des partenaires techniques et financiers sur lesquels il s'appuie pour les projets de conservation, malgré le manque de clarté sur les règles régissant ces interrelations collaboratives[368]. Ce sont les ONG nationales comme Fanamby avec qui le ministère de l'Environnement a signé des protocoles d'accord déléguant et renforçant la gestion et le contrôle par l'ONG de cinq aires protégées du réseau malgache[369], les ONG internationales telles WWF,

---

362 Madagascar, *Cinquième rapport*, *supra* note 57 à la p 62. Pour les attributions exhaustives de l'ONE, voir *Décret n° 2014-1569*, *supra* note 361, art 4. Concernant plus spécifiquement l'organisation de la protection et de la gestion des aires protégées, ses attributions sont précisées par le *Décret n° 2017-415*, *supra* note 333, arts 28–29.

363 *Décret n° 2014-1569*, *supra* note 361, art 8.

364 Sarrasin, *Environnement*, *supra* note 141 à la p 103.

365 *Charte de l'environnement malagasy*, *supra* note 110, annexe, titre IV.

366 Bertrand, Horning et Montagne, *supra* note 80 au para 13.

367 Madagascar, *6e rapport*, *supra* note 35 à la p 110.

368 Madagascar, *Cinquième rapport*, *supra* note 57 à la p 2. Le *Décret n° 2017-415*, *supra* note 333, art 18 énumère les responsabilités des gestionnaires des aires protégées, d'une manière générale.

369 Fanamby, « Vers un renforcement du contrôle des Aires Protégées à Madagascar » (13 septembre 2018), en ligne : <https://fanamby.wordpress.com/2018/09/13/vers-un-renforcement-du-controle-des-aires-protegees-a-madagascar/>.

CI et WCS, très actives à Madagascar, ou les opérateurs privés comme les entreprises minières[370]. Le *Cinquième rapport national* (2014) du pays au Secrétariat de la *Convention sur la diversité biologique* note un engagement accru des organismes et entreprises privés dans la protection de la biodiversité, volontairement ou pour respecter les cahiers de charges environnementaux[371]. Conséquence des réformes de décentralisation initiées dans les années 1980, cette tendance de l'État à déléguer son rôle s'est donc progressivement renforcée dans le régime actuel de la protection de la biodiversité.

Conclusion

Le premier chapitre de cet ouvrage avait pour objectif d'examiner le régime juridique de protection de la biodiversité à Madagascar à la lumière de l'obligation, incombant à l'État malgache et dictée par ses engagements internationaux, d'assurer une protection effective de la biodiversité sur son territoire. Il visait à comprendre, à partir de l'évolution de ce régime, comment le pays a répondu à cette obligation et a assumé ce rôle attendu de lui. Les instruments les plus pertinents des cadres politique, stratégique et législatif nationaux de protection de la biodiversité ont été analysés.

D'une manière générale, les principes et valeurs mis de l'avant au fil de l'évolution de ces cadres traduisent une vision de plus en plus libérale de la protection de la biodiversité à Madagascar, induisant pour l'État malgache une place et un rôle changeants dans cette protection. Au fil de cette évolution, deux principales tendances se sont progressivement dégagées dans les années 1980, puis précisées et renforcées jusqu'au cadre juridique actuel. D'abord, la protection de la biodiversité s'est progressivement et continuellement inscrite dans la perspective de développement durable et d'utilisation durable. Cette intégration a été au cœur du PNAE, de ses trois phases et des stratégies nationales de la biodiversité comme la Vision Durban, les SNGDB et SPANB, qui ont

---

370 Voir notamment la récente Politique nationale de l'environnement pour le développement durable du 11 décembre 2015 (*Décret n° 2015-1308*, *supra* note 241, annexe) qui énumère un large éventail d'acteurs à impliquer dans la mise en œuvre de la politique, soit l'État par ses ministères, les collectivités territoriales décentralisées, les organisations communautaires de base, les organisations de la société civile, le secteur privé et les partenaires techniques et financiers.

371 Madagascar, *Cinquième rapport*, *supra* note 57 à la p 84 ; Madagascar, *6e rapport*, *supra* note 35 aux pp 20, 29, 146, 150, 189, 204 prévoit de favoriser et accroître cet engagement, notamment financier.

positionné les ressources de la biodiversité comme un facteur de croissance économique et de développement. La plupart des 17 traités internationaux sur la biodiversité signés par le pays l'ont été durant la mise en œuvre du PNAE dès 1990 et rejoignent les intérêts du pays en matière de développement durable.

Ensuite, le régime malgache de protection de la biodiversité favorise le désengagement de l'État de la gestion de la biodiversité et la limitation de son rôle à la promotion et coordination des actions de protection, dont l'opérationnalisation est prise en main progressivement par les acteurs non étatiques. Le processus de réforme initié dans les années 1980-1990 a façonné un nouveau rôle pour l'État malgache dans la protection de la biodiversité et la posture recommandée est de se retirer partiellement pour laisser place notamment aux populations locales, selon l'approche participative du développement durable, mais aussi à d'autres acteurs disposant de capacités et de moyens de mise en œuvre opérationnelle que l'État n'a pas[372]. Par exemple, il est estimé que, pour pallier ce déficit, des acteurs privés « à fort potentiel » devraient mieux être impliqués dans la protection de la biodiversité par le développement de partenariats avec le secteur privé et le renforcement de l'intégration et l'intersectorialité, notamment avec les industries extractives[373].

L'intervention de divers acteurs non étatiques est censée compléter les efforts de l'État dans sa mission d'intérêt général, mais elle a aussi pour effet de les diluer au profit d'intérêts particuliers divers. Le positionnement de la société civile nationale et des communautés locales n'en est pas pour autant amélioré dans l'orientation des mesures touchant à la biodiversité, face à l'influence et aux moyens des institutions internationales[374]. Il y aurait donc un décalage entre les

---

[372] Comme le soulignent Goedefroit et Revéret, *supra* note 316 à la p 11, « [l]'affirmation de la congruence de l'articulation des trois champs disciplinaires, [...], entraîne néanmoins l'intervention de nouveaux acteurs. Ceux-ci, [...], ont bien évidemment leurs stratégies propres et trouvent peut-être dans le concept de « développement durable » un espace de compromis [...] ».

[373] Programme des Nations Unies pour l'environnement, *supra* note 51 à la p 13.

[374] *Ibid* à la p 14. Pour Bertrand, Horning et Montagne, *supra* note 80 au para 1, « [l]a création de nouvelles aires protégées issues du congrès de Durban pose encore la question de la place accordée aux populations locales [...] ». Pour Sarrasin, *Environnement*, *supra* note 141 à la p 68 :

> l'approche écorégionale instaurée lors du PE2 et l'implantation progressive d'une cogestion des ressources naturelles lors du PE3 n'ont pas permis à la « population rurale » d'être représentée dans le cadre de ces rencontres à l'égal des enjeux qui la concernent. Ce groupe, particulièrement hétérogène par ses caractéristiques économiques,

discours et la réalité. Si la politique de désengagement de l'État visait d'abord une meilleure implication des populations locales dans la gouvernance de la biodiversité, d'autres acteurs semblent avoir mieux tiré parti de la vacance laissée par le retrait partiel de l'État, ce qui, sans améliorer la situation de ces populations, n'améliore pas non plus la capacité de l'État à appuyer leurs intérêts et ceux de la biodiversité.

L'orientation axée sur le concept de développement durable du régime juridique national de protection de la biodiversité a aussi complexifié ce régime. En effet, celui-ci est à plusieurs vitesses sur certains points, des instruments et mécanismes hérités du passé et porteurs de différentes conceptions étant restés en vigueur dans le régime actuel, parfois avec des aménagements qui se sont superposés au fil du temps. Les politiques successives sur la biodiversité ayant favorisé des logiques différentes, allant de sa préservation à sa valorisation et gestion à l'intérieur comme en-dehors des aires protégées[375], cet amalgame peut mener à des contenus parfois confus sur les objectifs poursuivis par les stratégies en matière de biodiversité[376]. Le SAPM est un exemple du caractère hybride du régime, en termes de paradigmes propres à différentes époques. Il réunit des approches à la fois préservationniste et exclusive avec les aires protégées classiques gérées par MNP, et intégrée et participative avec les NAP. Comme le souligne Gillespie :

> [u]ltimately, these reasons [that protected areas are created] are the ascribed 'values' that are attributed to protected areas. It is with these values that […] countries seek to reflect their contemporary and historical justifications of what they deem most important for the preservation of protected areas. […] In many instances, values overlap, conflict or (and most commonly) lack certainty[377].

---

ethniques, sociales et géographiques, est resté absent des négociations et de l'orientation des objectifs de la politique.

375 Bertrand et al, *supra* note 102 à la p 85. En parlant de l'évolution de la protection de la biodiversité, Blanc-Pamard et Ramirantsoa, *supra* note 64 à la p 364 notent qu'« à une logique de protection a succédé une politique de conservation et aujourd'hui on s'oriente vers une politique de gestion environnementale ».

376 Comme le soulignent Bertrand, Horning et Montagne, *supra* note 80 au para 2, « Madagascar ne pourra pas indéfiniment repousser un choix politique clair entre préservation et gestion communautaire durable, entre préservation et développement local durable ».

377 Alexander Gillespie, *Protected Areas and International Environmental Law*, Leyde, Martinus Nijhoff, 2007 à la p 47 [Gillespie, *Protected Areas*].

Autre exemple, le caractère répressif des mesures de protection de la biodiversité, décrié par les réformes de libéralisation et décentralisation des années 1980-1990, a connu une résurgence ponctuelle dans l'arsenal juridique malgache des années 2010. En effet, le contexte de crise politique de 2009 à 2013 a conduit à une hausse inégalée de l'exploitation illicite de bois précieux, décimant les aires protégées, et a poussé l'État malgache à prendre des mesures strictes malgré ses difficultés à les faire appliquer et respecter[378]. Bertand, Rabesahala-Horning et Montagne remarquent que « [l]'inefficacité de la préservation par des aires protégées est révélée de façon particulièrement impitoyable lors des crises politiques où l'autorité de l'Etat chancelle »[379].

À cheval sur différentes logiques, le régime actuel de protection de la biodiversité à Madagascar tente donc, suivant les objectifs du développement durable, de concilier des approches parfois fondamentalement opposées[380]. Le rapprochement, dans ce chapitre, entre la trajectoire de la politique générale du pays et celle de sa politique environnementale nous a permis de relever l'émergence, au fil des époques, d'une conception prédominante entremêlant les objectifs de protection de la biodiversité et de développement comme des priorités nationales inextricables, même si leur conciliation n'est pas toujours équilibrée. Un tel équilibre peut d'ailleurs sembler utopique étant donné les tensions et les rapports de pouvoir qui sous-tendent la dualité environnement-économie. Mettre en œuvre un consensus entre les intérêts des différents acteurs interpellés par la biodiversité n'est pas aisé pour les États qui doivent poursuivre simultanément des objectifs différents sans se contredire, et finissent souvent par choisir d'en faire primer certains. Ainsi, l'équilibre vanté par le concept de développement

---

378 C'est le cas de plusieurs instruments réglementaires comme l'*Ordonnance n° 2011-001 du 8 août 2011 portant réglementation et répression des infractions relatives aux bois de rose et aux bois d'ébène*, JO, 12 décembre 2011,1994 ; le *Décret n° 2010-141 du 24 mars 2010 portant interdiction de coupe, d'exploitation et d'exportation de bois de rose et bois d'ébène à Madagascar*, JO, 4 juillet 2011, 912 ; et le *Décret n° 2014-906 du 24 juin 2014 portant création du Comité Interministériel chargé de l'assainissement de la filière bois de rose et bois d'ébène*, JO, 17 novembre 2014, 4232. Le bois de rose et l'ébène ont aussi été ajoutés à l'annexe III de la CITES en 2011.

379 Bertrand, Horning et Montagne, *supra* note 80, résumé.

380 Sur le concept de développement durable, Goedefroit et Revéret, *supra* note 316 à la p 9 soulignent que « les notions de "conservation de la nature" et de "croissance économique", considérées jusqu'alors comme antinomiques, semblent désormais se conjuguer sur un mode articulé, qui reconnaît le premier terme comme condition du second ».

durable peut paraître illusoire et la situation de Madagascar reflète en partie les enjeux existants à l'échelle internationale[381].

Un dernier point, récurrent dans l'évolution du régime malgache de protection de la biodiversité, mérite de s'y attarder : la question du financement qui représente une porte d'entrée privilégiée pour les acteurs privés dans cette protection. En raison de l'importance planétaire de la biodiversité malgache, les mesures visant sa protection sont apparues sous l'impulsion de bailleurs de fonds internationaux comme la Banque mondiale. C'est le cas du PNAE, dicté par les conditions de financement de ces bailleurs à la fin des années 1980. Ce Plan déterminant qui s'étale sur une longue période a orienté l'ensemble des stratégies et législations du pays sur la protection de la biodiversité, lesquelles ne sont dès lors plus tout à fait neutres par rapport aux conceptions et objectifs de développement économique promus par ces bailleurs. La Banque mondiale a donc principalement mis en marche le système de cette protection en le finançant.

La stratégie actuelle de financement des actions sur la biodiversité repose davantage sur la contribution d'acteurs non étatiques que sur les fonds publics de l'État malgache[382]. La majorité de ce financement est affecté à la création et la gestion des aires protégées, mais selon une approche intégrant la protection de la biodiversité et les impératifs de développement[383]. Ce financement permet donc de favoriser l'ouverture de la protection de la biodiversité aux secteurs du développement et de renforcer la prise en compte de leurs objectifs et intérêts économiques. Cette approche biaisée est illustrée par la promotion des NAP dont les modes de protection sont plus flexibles et qui dépassent en nombre les aires protégées classiques dotées d'une protection forte. La structure institutionnelle du SAPM a aussi été complexifiée par l'inclusion d'organes de gestion mixtes et diversifiés, avec le MNP d'un côté et une multitude d'autres organismes non étatiques de l'autre, rendant difficile le rôle résiduel de mise en cohérence, de contrôle et de suivi exercé par l'État. D'ailleurs, même si l'on considère qu'il reste un organe sous tutelle étatique malgré son statut d'association privée et sa relative autonomie financière, MNP n'est véritablement en charge que de moins de la moitié

---

381 À cette échelle, Gillespie, *Protected Areas*, *supra* note 377 à la p 95 note que « [t]he values of why areas are protected are changing. This change is not about old values becoming redundant, but rather, that new values are being recognized, and regimes are either being formally remodelled, or tweaking their interpretations in their practice, so as to accommodate (or not) the new values ».

382 Madagascar, *Cinquième rapport*, *supra* note 57 aux pp 94–97.

383 *Ibid* à la p 124.

des aires protégées du SAPM, avec les aires protégées classiques. Les stratégies de protection de la biodiversité sont donc davantage tournées vers l'extérieur, ce qui a des effets sur la souveraineté de l'État malgache, quelque peu compromise par les interventions extérieures dictant les orientations stratégiques nationales et par l'affaiblissement de sa capacité à défendre les intérêts nationaux. Les actions opérationnelles lui échappant, il n'a plus que peu de contrôle sur la protection effective de la biodiversité et le transfert de certaines de ses compétences à d'autres acteurs finit par le déresponsabiliser partiellement.

En résumé, la protection de la biodiversité à Madagascar a des origines anciennes et connaît, sur certains points, une trajectoire linéaire à travers le temps. Plus particulièrement, la tension entre les objectifs de cette protection et de développement est présente en continu dans l'évolution du régime stratégique et juridique associé à cette protection[384], qui oscille entre les deux types d'objectifs et tente de les concilier en satisfaisant l'ensemble des intérêts en présence. Pour Pollini, cette tension continue et non résolue a conduit l'État à adopter un rôle ambigu, une personnalité double avec, d'un côté ce que l'auteur appelle le « governance state » qui se conforme aux demandes des institutions internationales et à leurs agendas internationaux pour ses propres décisions et, de l'autre, un « shadow state » qui agit dans l'ombre sous la férule des élites[385]. Les chapitres 2 et 3 qui suivent donneront l'occasion d'approfondir l'analyse de ces rapports et interrelations entre les régimes de la protection de la biodiversité et d'un secteur économique par excellence, celui minier, ainsi que de préciser les implications de ces rapports sur la mutation du rôle de l'État.

---

384 Pollini, *supra* note 152 à la p 81.
385 Pollini, *supra* note 152 à la p 82.

CHAPITRE 2

Le rôle de l'État au fil de l'évolution du régime juridique national du secteur minier

Le présent chapitre présente le régime juridique du secteur minier à Madagascar, son évolution et les principales règles qui en découlent. Nous remonterons, dans un premier temps, aux contextes à l'origine des balbutiements de l'encadrement juridique du secteur minier à Madagascar et tenterons de comprendre comment ce cadre a d'abord été formulé puis a évolué. Nous examinerons, dans un second temps, les principaux instruments juridiques qui régissent le secteur minier, en particulier l'environnement minier, et qui font le lien avec le régime juridique de protection de la biodiversité.

L'analyse, dans ce chapitre, montre notamment une tendance à promouvoir un encadrement normatif souple et les initiatives volontaires au titre de la responsabilité sociale des entreprises (RSE), dans les rapports entre activités minières et protection de la biodiversité à Madagascar. Cette tendance est allée en se renforçant au sein du cadre juridique national du secteur minier, ayant bénéficié d'un contexte politique et stratégique favorable.

1. Le cadre juridique du secteur minier à Madagascar

La première section de ce chapitre vise à introduire le cadre juridique du secteur minier à Madagascar, à en examiner l'évolution et les principales règles. En remontant aux origines du développement du secteur minier malgache, il est possible de comprendre comment son cadre juridique actuel a été formulé et a évolué sous l'influence de certains acteurs, pour répondre aux impératifs de croissance économique. Notamment, la récente montée en force du secteur minier au pays découle de l'action médiatrice d'acteurs comme les institutions financières internationales, pour attirer les investisseurs privés et faire évoluer l'encadrement du secteur vers un régime plus libéral où l'intervention de l'État est limitée.

1.1 La naissance et l'évolution du régime minier moderne

1.1.1 La situation historique et factuelle du secteur minier du 15ᵉ siècle à nos jours

Les activités minières ont une importance dans la vie économique des Malgaches depuis le 15ᵉ siècle[386]. La découverte par des Européens de pierres précieuses sur l'île a été rapportée dès 1547 par une expédition française, d'autres découvertes françaises de même nature ont suivi un siècle plus tard, en 1658[387]. Les premiers textes connus, restrictifs et stricts, réglementant les activités minières remontent quant à eux à la période de la royauté merina et visaient à interdire sinon limiter ce genre d'activités, afin de protéger les terres et l'agriculture[388]. C'est durant la période coloniale et à partir de 1904 que l'exploitation de gemmes a débuté, ainsi que l'exportation de minéraux comme le quartz, le graphite et le mica, tandis que le premier décret minier a vu le jour en 1906[389].

Ces activités sont donc connues de longue date à Madagascar, même si le pays n'est pas à proprement parler de tradition minière. Initialement, il s'agissait surtout d'activités à petite échelle, artisanales, informelles, centrées sur l'or ainsi que sur les pierres semi-précieuses et précieuses, et réalisées de façon occasionnelle par les ménages ruraux agricoles en quête d'un revenu additionnel[390]. Aujourd'hui encore, le secteur minier

---

386 *Décret n° 98-394 du 28 mai 1998 portant définition de la politique sectorielle minière à Madagascar*, JO, 15 juin 1998, 1810 au para 1(1) [*Décret n° 98-394*].

387 Moore Stephens, *Rapport final ITIE*, 2016, Initiative pour la transparence des industries extractives Madagascar, 2018 à la p 26 [Moore Stephens].

388 Saholy Rambinintsaotra, « Pour un développement durable du secteur minier » dans Ignace Rakoto et Sylvain Urfer, dir, *Esclavage et libération à Madagascar*, Paris, Karthala, 2014, 295 aux pp 295–96 [Rambinintsaotra] rapporte que « [l]e Code des 305 articles punissait les chercheurs d'or à 20 ans de prison. Cette interdiction subsista jusqu'en 1883, à la mort de Ranavalona II. En 1886, le gouvernement de Rainilaiarivony permit l'exploitation de l'or [...] ». Voir aussi Moore Stephens, *supra* note 387 à la p 26 précisant que cette interdiction passible d'une peine de prison de 20 ans s'étendait aux prospecteurs d'argent, de cuivre, plomb, fer, pierres précieuses, diamants, charbon de terre, soit à la prospection minière en général, en vertu d'une loi de 1881 prise sous Ranavalona II. L'exception pour l'or en 1886 fut accordée sous le règne de Ranavalona III, pour des motifs économiques, même si aucune véritable exploitation n'a eu lieu avant la période coloniale.

389 Cabinet Harson, *Monographie du secteur minier à Madagascar*, Antananarivo, Chambres des Mines Madagascar, 2014 à la p 1 [Harson, Monographie] ; Moore Stephens, *supra* note 387 à la p 26 précise que le développement minier durant cette période coloniale portait sur le graphite, de mica, de minerais radioactifs.

390 Alec Crawford et Suzy Nikièma, *Soutenir la mise en œuvre du Cadre directif pour l'exploitation minière dans les États membres du Forum intergouvernemental sur l'exploitation*

malgache comprend dans une large mesure des petites exploitations minières opérées par des individus ou groupes restreints, informels ou organisés en coopératives[391]. S'il contribue faiblement au PIB du pays, le secteur minier artisanal emploie toutefois près d'un demi-million de personnes à temps plein et un million de saisonniers[392]. Son étendue et son caractère informel limitent la capacité d'encadrement et de contrôle de l'État en manque de moyens[393]. Le pays a peu tenté de réglementer le secteur minier, notamment en raison de la prédominance des mines artisanales jugées insuffisamment porteuses, même après son indépendance en 1960.

Or, à partir des années 1980, le secteur entre dans une nouvelle ère, avec l'avènement de projets miniers d'envergure industrielle. Les effets cumulés de l'augmentation des prix des matières premières sur les marchés mondiaux, due à la hausse de la demande dans les économies émergentes, et des réformes initiées sous l'impulsion de la Banque mondiale pour libéraliser le secteur et promouvoir une production minière à grande échelle destinée à l'exportation, conduisent à une croissance sans précédent du secteur[394], laquelle prend de l'ampleur durant les années 2000[395]. Les demandes de permis miniers se multiplient alors, marquant l'intérêt grandissant des investisseurs pour les richesses minières du pays[396]. En 2008, le secteur a accaparé 80 % des investissements directs étrangers (IDE) du pays[397].

---

minière, les minéraux, les métaux et le développement durable: évaluation de l'état de préparation des pays à la mise en œuvre : Rapport d'évaluation de Madagascar, Institut international du développement durable, 2005 à la p 8 [Crawford et Nikièma].

391 Gorenflo et al, *supra* note 35 à la p 202.

392 Rupert Cook et Timothy Healy, *Madagascar Case Study: Artisanal Mining Rushes in Protected Areas and a Response Toolkit*, Fonds mondial pour la nature, 2012 à la p 23.

393 Vololona Rakotonomenjanahary, « De la mine artisanale à une gestion publique des mines informelles », *Bulletin de liaison des anciens stagiaires du Centre d'études supérieures des matières premières France* 64 (2004) 2.

394 Selon Bruno Sarrasin, « Développement minier et protection de l'environnement à Madagascar » dans Bonnie Campbell, dir, *Ressources minières en Afrique : quelle réglementation pour le développement ?*, Québec, Presses de l'Université du Québec, 2010, 143 à la p 148 [Sarrasin, « Développement »], les stratégies de libéralisation du secteur minier suggérées au départ par la Banque mondiale, les cadres mis en place et les réformes qui ont suivi visaient à transformer le secteur, à prédominance artisanale, et portaient plus d'attention aux investisseurs à grande échelle auxquels elles s'adressaient d'ailleurs directement, son potentiel économique ne devenant plus intéressant qu'avec la promotion et le développement des activités industrielles, plus porteurs en capitaux.

395 Banque mondiale, *Opportunités et défis pour une croissance inclusive et résiliente*, Washington (DC), Banque mondiale, 2014 à la p 140 [Banque mondiale, *Opportunités*].

396 Thomas R Yager, « The Mineral Industry of Madagascar » [2003] U.S. Geological Survey Minerals Yearbook 21.1 ; Thomas R Yager, « The Mineral Industry of

Des efforts ont notamment été faits pour connaître et faire connaître le potentiel minier du pays au niveau international. Le sous-sol malgache est en effet riche en réserves minérales, encore peu explorées et développées par rapport à d'autres pays africains[398]. Une large gamme de minerais industriels (zirconium, vanadium, manganèse, chrome, nickel, ilménite, cobalt, titane, bauxite), de minéraux non métalliques utilisés pour la construction (calcaire, marbre, sable, argile) ou comme source d'énergie (graphite, houille, lignite, charbon), de métaux de base (cuivre, plomb, fer, étain) et précieux (platine, or, argent), de pierres semi-précieuses et précieuses (émeraude, améthyste, aigue-marine, tourmaline, saphir, topaze, rubis, quartz, béryl), de minéraux stratégiques (mercure, lithium, uranium, radium, terres rares) et d'hydrocarbures conventionnels ou non (pétrole, sables bitumineux, gaz), sont concernés[399].

Ainsi, à côté de l'exploitation minière artisanale, se développent depuis les années 1980 des activités minières industrielles à grande échelle[400]. En pleine expansion, celles-ci apportent un soutien plus important à l'économie nationale en termes de revenus générés[401], mais occupent une moindre part de la population, comparée aux emplois directs et indirects induits par le secteur artisanal. En effet, le secteur minier industriel fortement mécanisé ne représente qu'environ 1 % de

---

Madagascar » [2010] U.S. Geological Survey Minerals Yearbook 26.1 [Yager, 2010] ; Thomas R Yager, « The Mineral Industry of Madagascar » [2015] U.S. Geological Survey Minerals Yearbook 26.1 [Yager, 2015].

397 Alain Iloniaina et Richard Lough, « Analysis: Madagascar faces struggle to restore mining industry », *Reuters* (2 décembre 2013), en ligne : <https://ca.reuters.com/article/us-madagascar-mining-analysis-idUSBRE9B10F320131202>.

398 Bruno Sarrasin, « Madagascar : Un secteur minier en émergence, entre l'environnement et le développement » (2003) 208 Afrique contemporaine 127 à la p 132 [Sarrasin, « Madagascar »].

399 Programme des Nations Unies pour l'environnement, *supra* note 51 à la p 3 ; Banque mondiale, *Opportunités*, *supra* note 395 à la p 140 ; Yager, 2010, *supra* note 396 ; Harson, Monographie, *supra* note 389 à la p 5. Voir aussi la carte du potentiel minéral de Madagascar et les réserves estimées des principaux gîtes suivis par la Direction de la géologie du ministère des Mines, dans Ernst & Young, *Rapport de réconciliation, 2018*, Initiative pour la transparence des industries extractives Madagascar, 2019 aux pp 21–23 [Ernst & Young, *Rapport 2018*].

400 Gorenflo et al, *supra* note 35 à la p 202. Certes, Madagascar exploite la chromite de façon industrielle dès le début des années 1960, avec la COMINA, devenue société nationale sous le nom de Kraomita Malagasy (KRAOMA) en 1966, mais cette exploitation industrielle était marginale et ne pouvait être qualifiée de tradition minière.

401 Sarrasin, « Madagascar », *supra* note 398 à la p 133 ; Yager, 2015, supra note 396 à la p 26.1 ; Harson, Monographie, *supra* note 389 à la p 2.

l'emploi formel[402]. De plus, il repose surtout sur deux grands projets miniers en phase de production, le projet QMM, détenu majoritairement par Rio Tinto pour l'exploitation d'ilménite et de zircon dans la région Anosy au sud-est de l'île, et le projet Ambatovy, détenu par un consortium d'investisseurs pour l'exploitation de nickel et cobalt à l'est de l'île[403]. À eux seuls, ces projets ont propulsé le secteur minier national dans une exploitation de classe mondiale et en ont accéléré la croissance. En 2018, le secteur extractif contribuait pour 4,41 % au PIB du pays[404]. Ces deux projets contribuent pour une grande part aux IDE du pays, sont présents sur le territoire depuis plus longtemps que d'autres projets miniers, ont les activités les plus étendues et les plus avancées, et les

---

[402] Banque mondiale, *Opportunités*, *supra* note 395 à la p 144. Selon Ernst & Young, *Rapport de réconciliation des paiements effectués par les industries extractives à l'État Malagasy et des recettes perçues par l'État Malagasy : Exercice 2013 : Résumé exécutif*, Initiative pour la transparence des industries extractives Madagascar, 2015 à la p 6 [Ernst & Young, *Rapport 2013*], ce pourcentage correspondait à 4 600 emplois en 2013. En 2018, la contribution du secteur extractif à l'emploi était de 1,82 % (5477 employés) selon Ernst & Young, *Rapport 2018*, *supra* note 399 à la p 49.

[403] Il est prévu que 60 000 tonnes de nickel raffiné, 5 600 tonnes de cobalt et 210 000 tonnes de sulfate d'ammonium soient produites annuellement pendant 29 années, dans la phase pleinement opérationnelle du projet Ambatovy (Ambatovy, « Généralités », en ligne : <ambatovy.com/ambatovy-html/docs/index.html%3Flang=fr&p=373.html>). En pleine production, il est prévu que le projet QMM produise 750 000 tonnes d'ilménite et 25 000 tonnes de zircon par année, avec une croissance de production pouvant aller jusqu'à 2,2 millions de tonnes lors des dernières phases du projet, pour une durée d'exploitation de plus de 40 ans. Le minerai extrait est envoyé par voie maritime, d'un port construit à cet effet à Ehoala au sud de Fort-Dauphin, vers un complexe métallurgique appartenant à la filiale de Rio Tinto à Sorel au Québec. Après l'octroi du permis d'exploitation en 2006, le consortium d'investisseurs détenant le projet Ambatovy était constitué des canadiens Dynatec Corp., acheté en 2007 par Sherritt International Corp. (40 % des parts) et SNC-Lavalin (5 %), du coréen Korea Resources Corp. (27,5 %) et du japonais Sumitomo Corp. (27,5 %). En 2015, SNC-Lavalin a vendu ses parts à Sumitomo. En 2017, Sherritt a réduit ses parts à 12 %, tout en continuant de gérer les opérations du projet. Quant au projet QMM, il est détenu à 80 % par Qit, filiale canadienne de Rio Tinto, et à 20 % par l'État malgache. Dans Banque mondiale, *Opportunités*, *supra* note 395 aux pp 139, 143–144, la Banque mondiale évoque ces deux projets comme l'aboutissement de certaines stratégies et façons de concevoir le développement du secteur minier à Madagascar, auxquelles elle a contribué ou qu'elle a promues. Ils représentent en effet des éléments stratégiques dans la vision de développement du secteur minier et de la contribution de celui-ci à l'essor économique du pays, par exemple de par la taille des investissements mobilisés, leur contribution aux exportations, les emplois créés, le développement d'infrastructures, ce qui souligne leur influence sur le développement du secteur.

[404] Selon Ernst & Young, *Rapport 2018*, *supra* note 399 aux pp 43, 45, 47, le secteur extractif représentait aussi 27,59 % des revenus d'exportation du pays (837,99 millions USD) et 4,62 % des rentrées fiscales en 2018.

impacts parmi les plus significatifs. En tant que leaders internationaux et nationaux dans ce secteur, ils exercent un poids politique qui peut leur conférer une capacité d'influence ou d'orientation sur les normes et les acteurs du secteur, notamment sur les autres opérateurs miniers. Ils revêtent donc une certaine représentativité du secteur minier industriel à Madagascar et occupent une place importante dans la définition des tendances dans ce secteur, ce qui nous a conduits à nous pencher plus spécifiquement sur leurs cas, même si d'autres projets miniers sont évoqués à divers endroits de cet ouvrage. Celle-ci ne peut d'ailleurs prétendre à une étude exhaustive des cas concernés par le sujet, compte tenu des limites d'espace, de temps et de ressources disponibles pour sa réalisation. Notre choix de se concentrer sur ces deux principaux projets a été fait compte tenu de l'ensemble de ces paramètres.

En vertu du *Code minier*[405], trois types de permis miniers et une autorisation minière peuvent être délivrés aux opérateurs miniers souhaitant mener des activités sur le territoire national : le permis standard de prospection et de recherche (R), le permis d'exploitation (E), le permis de prospection, de recherche et d'exploitation réservé aux petits exploitants miniers (PRE), et l'autorisation exclusive de réservation de périmètre (AERP)[406]. Le permis R confère à son titulaire un droit exclusif de prospection et de recherche ; le permis E confère un droit d'exploitation tout en poursuivant la prospection et la recherche ; et le permis PRE confère à la fois le droit de prospecter, rechercher et exploiter des substances minérales définies sur un périmètre délimité composé d'un ou plusieurs carrés contigus ou jointifs[407]. Sur le périmètre qu'il couvre, le permis R confère aussi à son titulaire la préséance pour obtenir un permis E[408]. Les trois permis donnent à leur titulaire le droit d'implanter les infrastructures qu'il juge nécessaires pour mener à bien son projet, et d'user des eaux et des bois situés sur le périmètre minier, sous réserve d'obtenir l'accord préalable du propriétaire du sol[409], les mines et les gîtes fossilifères étant distincts du sol qui reste soumis au régime de la propriété foncière[410]. Le périmètre minier total couvert par

405 *Loi n° 99-022 du 19 août 1999 portant Code minier*, JO, 30 août 1999, 1978 [*Code minier de 1999*], mise en application par le *Décret n° 2000-170 fixant les conditions d'application de la Loi n° 99-022 du 19 Août 1999 portant Code minier*, JO, 2 octobre 2000, 3447 [*Décret n° 2000-170*] et modifiée par la *Loi n° 2005-021 du 17 octobre 2005*, JO, 20 février 2006, 1569 [*Code minier de 2005*].

406 *Code minier de 2005*, *supra* note 405, arts 22, 26.

407 *Ibid*, arts 26–27.

408 *Code minier de 1999*, *supra* note 405, art 35.

409 *Code minier de 2005*, *supra* note 405, arts 33 in fine, 37 in fine, 39, al 5.

410 *Ibid*, art 13.

les permis d'un titulaire ne peut dépasser 10 000 km^2 pour les permis R, 1 000 km^2 pour les permis E et 100 km^2 pour les PRE[411]. Le permis R est valide pour cinq ans et est renouvelable deux fois, chaque fois pour trois ans. Le permis E l'est pour 40 ans et est renouvelable une ou plusieurs fois, donc indéfiniment, chaque fois pour 20 ans. Le PRE l'est pour huit ans et est renouvelable une ou plusieurs fois, chaque fois pour quatre ans[412]. Quant à l'AERP, elle est valide sur un périmètre maximal de 15 000 km^2, au maximum pour trois mois non renouvelables[413]. Elle offre un droit de prospection exclusif sur ce périmètre puis, si cette prospection est concluante, le droit de demander un permis R, E ou PRE pour un ou plusieurs des carrés miniers qu'elle couvre[414].

En dehors des deux plus grands projets miniers en phase de production mentionnés plus haut, d'autres activités minières à grande échelle se déploient partout au pays, présageant un développement à long terme du secteur[415]. Les permis de recherche octroyés sont plus nombreux que jamais pour ces activités qui pourraient représenter 4 à 14 % du PIB national en 2025[416], à tel point que la Banque mondiale estime que le secteur deviendra un pilier de l'économie du pays en 2024 et le fer de lance de son développement économique[417]. Les projets de prospection et recherche qui se multiplient et peuvent mener à des exploitations à grande échelle dans un futur proche représentent en effet un certain potentiel de croissance. C'est le cas de l'exploration d'ilménite sur le littoral est de l'île par Mainland, de graphite au Sud-Ouest par NextSource Materials, de charbon à Sakoa par Madagascar Consolidated Mining et Pan African Mining Sakoa Coal, d'uranium à Folakary, Makay, Faratsiho et Tranomora par Pam Atomique Madagascar et au centre, à l'Ouest et au Sud par d'autres entreprises (ALM, Forex, Red Island Resources Uranium, Pencari Mining Corp., Haddington et Uranium Star), d'or à Betsiaka et Maevatanana par Kraoma, de bauxite à Manantenina par ACCES Madagascar et ESAMA Minerals, de zircon à Beravina par Diamond Fields Resources, et de terres rares à

---

411 *Ibid*, art 28.

412 *Ibid*, arts 33, al 4, 37, al 3, 39, al 4.

413 *Ibid*, arts 22–23.

414 *Ibid*, art 22.

415 Wealth Accounting and the Valuation of Ecosystem Services, *Madagascar Comptes Mines*, Wealth Accounting and the Valuation of Ecosystem Services, 2016 à la p 1 [Wealth Accounting and the Valuation of Ecosystem Services] ; Yager, 2015, *supra* note 396.

416 Wealth Accounting and the Valuation of Ecosystem Services, *supra* note 415 à la p 2.

417 Banque mondiale, *Opportunités*, *supra* note 395 à la p 139.

Ampasindava et Fotadrevo par TREM[418]. En 2008, avant la crise politique, plus de 4000 permis miniers étaient en vigueur, dont un millier de permis de recherche accordés entre 2007 et 2008[419]. En 2018, ce nombre était de 5228 permis, dont 515 permis E, 3245 permis R et 1467 PRE[420]. En 2019, les registres du Bureau du cadastre minier de Madagascar (BCMM) font état de 5221 permis octroyés ou en cours d'octroi[421].

Les crises financière mondiale et politique nationale de 2009 ont temporairement modéré l'ascension fulgurante du secteur, notamment avec la décision, en 2011, du gouvernement de transition de suspendre tout octroi, renouvellement, extension, cession et amodiation des permis miniers en raison de la situation floue engendrée par la crise politique nationale[422]. En conséquence, le nombre des trois types de permis en circulation baisse de 2009 à 2012, ce qui selon la Banque mondiale peut s'expliquer par le basculement de certaines activités minières dans le secteur informel, faute de pouvoir obtenir des permis[423]. La baisse a donc pu ne pas être réelle, les activités minières ayant continué hors du cadre formel, échappant aux lois et règlements en vigueur.

Durant cette crise politique, le cadre institutionnel et les processus existants ont été altérés. En particulier, la crédibilité du BCMM dans l'octroi et la gestion des permis miniers a été remise en question. En effet, malgré la suspension, de grands promoteurs ont tout de même réussi à obtenir ou transformer leurs permis de façon non transparente. Au total, 88 permis PRE ont été accordés durant cette période, un PRE a été transformé en permis E et deux permis R ont été transformés en

---

418 Banque mondiale, *Opportunités*, *supra* note 395 à la p 141 ; Ernst & Young, *Rapport 2013*, *supra* note 402 à la p 3 Sur les principaux grands projets en cours ou prévus. Voir aussi IRESA et Les Amis de la Terre, *supra* note 26 à la p 38 ; Harson, Monographie, *supra* note 389 aux pp 8–9 sur le détail des gisements de minéraux existants à Madagascar et en cours d'exploitation ou d'exploration par différentes compagnies minières ; Ernst & Young, *Rapport 2018*, *supra* note 399 aux pp 24–25 sur les principaux projets en phase d'exploration ou de recherche.

419 Banque mondiale, *Opportunités*, *supra* note 395 à la p 155.

420 Ernst & Young, *Rapport 2018*, *supra* note 399 à la p 24.

421 Bureau du cadastre minier de Madagascar, « Requêtes sur les permis miniers », en ligne : <bcmm.mg/cartographie/tableau.php>.

422 Madagascar, Conseil du Gouvernement, *Note n° 34/2011-PM/SGG/SC*, (prise d'effet : 6 avril 2011), renouvelée par Madagascar, Conseil du Gouvernement, *Note n° 002/2014-PM/SGG/SC*, (29 janvier 2014).

423 Banque mondiale, *Opportunités*, *supra* note 395 à la p 141.

permis E[424]. C'est le cas du projet Base Toliara qui a pu transformer son permis de recherche en permis d'exploitation en 2012, durant la période de suspension de l'octroi de permis miniers[425], et de Pan African Mining Sakoa Coal et Madagascar Consolidated Mining dont les permis de recherche sont devenus des permis d'exploitation[426]. La candidature du pays à l'Initiative pour la transparence dans les industries extractives (ITIE) a d'ailleurs été suspendue en 2011, pour la durée de la crise politique. Autrement dit, la situation d'incertitude et d'affaiblissement où se trouvait l'État lors de la crise politique a permis le développement de procédés alternatifs au système légal de gestion des permis et a créé des incohérences. Elle a été source d'opacité et laissé place à des « stratégies opportunistes »[427], fragilisant les structures du régime minier malgache. La tenue d'élections présidentielles en 2014 a mis fin à la crise politique.

1.1.2 L'évolution du cadre politico-stratégique du secteur minier à partir des années 1980 : vers la libéralisation et la redéfinition des rôles étatiques

Rappelons que pour résoudre les crises politiques et économiques lors de la Deuxième République malgache (1975-1992), qui ont conduit à l'endettement du pays, l'État avait sollicité l'aide des institutions financières internationales dans les années 1980, dont l'une des

---

424 Ernst & Young, *Rapport de réconciliation des paiements effectués par les industries extractives à l'Etat Malagasy et des recettes perçues par l'Etat : Exercice 2011*, Initiative pour la transparence des industries extractives Madagascar, 2013 à la p 8.

425 Base Toliara, « Le projet Toliara Sands », en ligne : <toliarasands.com/fr/projet-toliara-sands>. D'ailleurs, l'octroi du permis du projet Base Toliara a été jugée non conforme aux procédures mises en place par le *Code minier* par la Cour des comptes, dans son rapport de contrôle sur le projet le 9 septembre 2020, contrôle initié suite à la suspension du projet en 2019 en raison des nombreuses contestations et du manque de clarté sur certains points du projet, notamment ses retombées et ses impacts. La Cour et 16 organisations de la société civile dans le secteur minier à Madagascar avaient signé le 16 mars 2020 un protocole d'accord pour mener ce genre d'audits dans le cadre du projet d'amélioration de la surveillance de l'industrie extractive en Afrique francophone subsaharienne, pour contrôler la conformité de l'octroi de permis, aux processus prévus. Toutefois, malgré ce constat, l'audit ne conduit pas à la formulation de sanctions, qui si elles sont imposées par les autorités compétentes, sont limitées à des mesures administratives et non pénales. (Tsiory Fenosoa Ranjanirina, « Audit juridictionnel : Vers une suspension définitive de Base Toliara ? », *L'Express de Madagascar* (9 septembre 2020), en ligne : <https://lexpress.mg/09/09/2020/audit-juridictionnel-vers-une-suspension-definitive-de-base-toliara>.

426 Banque mondiale, *Opportunités*, *supra* note 395 à la p 141.

427 *Ibid* à la p 148.

conditionnalités est l'adoption de stratégies économiques axées sur la libéralisation économique et politique[428]. L'ajustement structurel a ainsi été mis en place dès 1983 avec des mesures rigoureuses pour maîtriser les dépenses publiques et rationaliser les secteurs de production, notamment par le désengagement de l'État, la privatisation des entreprises publiques nationales et la promotion du secteur privé[429]. Madagascar s'avère être un élève modèle dans la mise en œuvre de ces réformes et les prêts que lui octroient ces institutions augmentent au cours des décennies suivantes, y compris pour développer le secteur privé et réformer des domaines économiques jugés cruciaux. Les réformes néolibérales initiées dans les années 1980 par le gouvernement de Didier Ratsiraka ont été accentuées durant son second mandat à la présidence du pays entre 1996 et 2001, avec la révision des cadres juridiques de secteurs économiques stratégiques, dont le secteur minier pour lequel ont été adoptés d'importants instruments comme la *Déclaration de politique minière nationale* en 1998 et le *Code minier* en 1999[430].

---

428 Banque mondiale, *Adjustment Lending: An Evaluation of Ten Years of Experience*, Washington (DC), Banque mondiale, 1988 ; Fonds monétaire international, *Theoretical Aspects of the Design of Fund-Supported Adjustment Programs*, Washington (DC), Fonds monétaire international, 1987.

429 Voir les Documents-cadres de politique économique (DCPE) successifs élaborés par l'État malgache pour la période de 1996 à 1999 (DCPE 1) et 1999 à 2001 (DCPE 2) : Madagascar, *Document Cadre de Politique Economique (DCPE), 1996-1999*, (1996) ; Madagascar, *Document Cadre de Politique Economique (DCPE), 1999-2001*, (1999). Selon Sarrasin, « Développement », *supra* note 394 à la p 146, le DCPE visait à libéraliser l'économie malgache par l'instauration d'un « environnement socioéconomique favorable à la croissance ». La stratégie minière du gouvernement s'accordait avec le DCPE 1, notamment sur la redéfinition du rôle et du statut de l'OMNIS et la privatisation d'entreprises publiques dans ce secteur (GLW Conseil, « Plan de gestion environnementale du projet de réforme du secteur minier : Phase II » à la p 39, en ligne : Banque mondiale <documents1.worldbank.org/curated/zh/949891468757475426/pdf/multi0page.pdf> [GLW Conseil]).

430 La Déclaration de politique minière figurant dans le *Décret n° 98-394*, *supra* note 386 au para 1(3) souligne d'ailleurs l'importance de ces réformes entamées en 1996 :

> [a]u cours de l'année 1996. L'Etat Malgache a publié des textes législatifs et réglementaires visant à garantir les investissements à Madagascar et à instaurer la libération des changes. Par ailleurs, depuis le 18 septembre 1996, Madagascar a adhéré à l'article VIII ses Statuts du FMI. Ces différentes mesures ont pour effet : Pour les investissements : Liberté d'investir à Madagascar, sans conditions d'agrément ou d'autorisation d'investissement ; Pour les transferts vers l'étranger de bénéfices, de revenus et des capitaux : Production d'une simple déclaration de transfert auprès des intermédiaires agréés (banques locales en ce qui concerne les dividendes, les bénéfices, les salaires, les revenus, de vente

La libéralisation du secteur a été précipitée par l'arrivée de Marc Ravalomanana au pouvoir entre 2002 et 2009, un homme d'affaires proche de ces institutions et dont la vision du développement du pays est basée sur l'accroissement massif des IDE, notamment dans le secteur minier perçu comme un pilier et un levier pour la politique de développement du pays[431]. Avec l'aide des bailleurs de fonds, la libéralisation du cadre légal du secteur a été accentuée pour le rendre encore plus incitatif et attractif pour les investisseurs. Ainsi, la politique minière a été révisée en 2003 pour renforcer les objectifs de bonne gouvernance, de transparence, de décentralisation dans la gestion des ressources minières, et la promotion des investissements miniers privés. Cette décentralisation s'est traduite par la création de cellules environnementales minières auprès des collectivités territoriales décentralisées. Le *Code minier* a aussi été réformé en 2005, pour revoir à la baisse des règles fixées par le précédent Code, comme la réduction au niveau de l'article 159 des seuils d'investissements éligibles aux différentes périodes de garantie de stabilité, et pour mettre en avant des préceptes néolibéraux comme le désengagement de l'État opéré par l'ajout de l'article 9(2). La *Loi sur les grands investissements miniers*[432] (LGIM) a, elle, été adoptée en 2002 et révisée en 2005 pour mieux répondre aux besoins et intérêts des grands investisseurs miniers. Elle leur offre un régime spécial plus avantageux que le droit commun en matière de changes ainsi qu'en matière fiscale, douanière et juridique, par exemple en garantissant l'application de dispositions constitutionnelles, légales et réglementaires en vigueur à une date donnée, de sorte que des dispositions ultérieures ne peuvent porter atteinte aux avantages obtenus[433]. Cela accentue le déséquilibre avec les activités minières artisanales qui ne bénéficient pas d'un soutien et d'un avantage comparables. Quant à l'amélioration des connaissances sur le potentiel

---

de biens ainsi que les avances en compte courant d'associés et les emprunts, Pour la rétrocession des devises provenant des recettes d'exportation : Délai d'obligation de rétrocéder porté à 120 jours ; Possibilité de garder une partie des recettes dans un compte en devises ouvert dans une banque locale.

431 Cette politique de développement a été matérialisée par le document Madagascar, *MAP*, *supra* note 17, dont l'engagement 6 établit une liste de défis à relever pour accroître fortement les performances économiques nationales, notamment le défi 7 portant sur le développement intensif du secteur minier.

432 *Loi n° 2005-022 du 17 octobre 2005 portant modification de certaines dispositions de la Loi n° 2001-031 du 8 octobre 2002 établissant un régime spécial pour les grands investissements dans le secteur minier malagasy*, JO, 20 février 2006, 1597 [*LGIM*].

433 *Ibid*, art 27.

minier du pays, une Base de données pour la gouvernance des ressources minérales (BPGRM) a été mise en place.

Lors de la première moitié des années 2000, le pays adopte aussi un *Document de stratégie pour la réduction de la pauvreté* (DSRP), afin de bénéficier de l'Initiative pour les pays pauvres très endettés de la Banque mondiale, qui offre une réduction annuelle du service de la dette et un effacement de sa dette auprès des pays du G8 en 2005[434]. Le DSRP établit les stratégies de développement du pays, ainsi que les moyens techniques et institutionnels de les mettre en œuvre[435], conformément à la nouvelle vision de la Banque mondiale en quête de légitimité suite aux critiques des impacts sociaux et environnementaux de ses PAS[436]. Cette vision, appropriée par le gouvernement malgache, consiste en un « développement rapide et durable » et intègre la lutte contre la pauvreté et la protection de l'environnement dans les politiques de développement du pays. Dans le DSRP, le secteur minier est présenté comme un vecteur de croissance économique et un axe stratégique pour la lutte contre la pauvreté rurale, la croissance générée par son développement devant conduire au recul de la pauvreté et, par conséquent, à la protection de la biodiversité dont la dégradation est causée par cette pauvreté[437].

Cette vision du développement est aussi basée sur un partenariat public-privé. L'élaboration même du DSRP a vu la participation significative des acteurs du secteur privé[438]. Sa mise en œuvre a entre autres conduit à la création, avec l'appui de la Banque mondiale, de trois pôles intégrés de croissance visant à tisser des liens entre l'État et les opérateurs privés présents sur le territoire, notamment dans la région de Fort-Dauphin où est situé le projet QMM, afin de stimuler l'économie

---

434 Madagascar, *Document de Stratégie de Réduction de la Pauvreté (DSRP)*, (2003) [Madagascar, *DSRP*].

435 *Ibid* à la p 2.

436 Voir par ex Jean-Pierre Cling, Mireille Razafindrakoto, François Roubaud, « La Banque mondiale et la lutte contre la pauvreté : tout changer pour que tout reste pareil ? » (2002) 87:3 Politique africaine 164 ; Jean-Pierre Cling et al, « La croissance ne suffit pas pour réduire la pauvreté : le rôle des inégalités » (2003) Développement, Institutions et Mondialisation Document de travail DT/2003/04 ; Bruno Lautier, « La Banque Mondiale et sa lutte contre la pauvreté : sous la morale, la politique » (2001) 82 Politique Africaine 169 ; Jérôme Ballet, Jean-Luc Dubois, François-Régis Mahieu, *L'autre développement : Le développement socialement soutenable*, Paris, L'Harmattan, 2005.

437 Sarrasin, « Développement », *supra* note 394 à la p 147.

438 Le secteur privé, la société civile et d'autres organisations auraient constitué 45,8 % des parties prenantes contre seulement 34,8 % d'acteurs publics (Madagascar, *DSRP*, *supra* note 434 à la p 4).

locale. Le secteur privé a alors toute sa place dans la formulation de la vision et dans le discours sur le développement du pays[439].

La reprise par le DSRP des objectifs de rationalisation et de libéralisation économiques du PAS, et leur mise en relation avec la notion de « bonne gouvernance », qui insiste sur un État de droit pour lutter contre la corruption et une décentralisation administrative pour assainir les dépenses publiques[440], va également dans ce sens. Dans cette optique et dans le cadre de la mise en œuvre du DSRP, des mesures ont été prises pour améliorer et renforcer les cadres juridiques et institutionnels afin d'offrir un environnement stable, sécuritaire, et donc attractif aux investisseurs, dont miniers. L'objectif est de multiplier par six le montant des investissements miniers en seulement quatre années (2002 à 2006) et d'augmenter la contribution du secteur au PIB national en misant sur l'exploitation minière industrielle, plus porteuse en termes de capitaux que celle artisanale.

C'est dans ce contexte économique libéralisé, liant la protection de l'environnement à la lutte contre la pauvreté et aux impératifs de croissance économique, qu'a évolué le secteur minier malgache et son cadre juridique[441]. En 2019, le pays a lancé un nouveau processus de formulation d'une vision de développement qui s'inscrit dans la continuité des visions précédentes, en termes de recherche d'une « croissance accélérée, inclusive et durable »[442]. En effet, la *Politique générale de l'État* érige la décentralisation en tant que premier socle et axe stratégique de la vision de développement et la bonne gouvernance comme sixième axe, et elle cite l'industrialisation et la gestion durable et la conservation des ressources naturelles parmi ses 13 objectifs stratégiques[443]. Pour concilier ces orientations globales avec les cadres sectoriels, un *Plan pour l'émergence de Madagascar 2019-2023*[444] élaboré en concertation avec les acteurs du secteur privé et les investisseurs internationaux est en cours de finalisation. La version du Plan qui leur a

---

439 Jean-Pierre Revéret, « Investissement minier et développement » (2006) 178 Études rurales 213 à la p 214 [Revéret].

440 Banque mondiale, *Governance and Development*, Washington (DC), Oxford University Press, 1992, à la p 1.

441 Sarrasin, « Développement », *supra* note 394 à la p 147.

442 Madagascar, *Plan Émergence Madagascar, 2019-2023*, à la p 4 (socle « économie ») [Madagascar, *PEM*].

443 Madagascar, *Politique générale de l'État 2019-2023 : Rattrapper le retard de développement de Madagascar*, aux pp 12–13, 15.

444 Madagascar, *PEM*, *supra* note 442.

été présenté en octobre 2019[445] comprenait, au titre de l'engagement 10 sur l'industrialisation du pays, la priorité 20 visant notamment à sécuriser les investissements, et la priorité 23 consistant à « faire émerger le potentiel minier » et proposant de relever les défis de « transformer Madagascar en pays minier » et « booster l'émergence économique de Madagascar à travers l'exploitation des gisements ». Entre autres, les objectifs dans le cadre de cette priorité sont de « faciliter la cohabitation entre l'exploitation minière et la préservation de l'environnement », « améliorer et renforcer la gouvernance du secteur », « moderniser le cadre légal et fiscal », et l'une des réformes proposées est la révision du *Code minier*. Le Plan a été approuvé par le Fonds monétaire international et la Banque mondiale qui s'est engagée à lui octroyer un financement d'une centaine de millions de dollars[446].

Le *Document-cadre de la politique minière nationale* de 1998 : premier jalon de la libéralisation du secteur minier à Madagascar

Le *Document-cadre de la politique minière nationale*[447] a été adopté en 1998, premier instrument du genre à énoncer formellement et orienter stratégiquement la politique minière nationale, laquelle a posé les bases et les principes des réformes législatives, réglementaires et institutionnelles menées dans ce secteur depuis la fin des années 1990.

Selon ce document, Madagascar a le potentiel de devenir un pays minier, mais les régimes miniers précédents ont échoué à faire du secteur un levier de l'essor économique du pays, ce que la politique minière ambitionne de réaliser[448]. En effet, avant 1998, plusieurs lois et règlements ont encadré le secteur minier avec certaines lacunes. La *Loi du 31 juillet 1896*, inspirée du droit français, supportait la politique coloniale de fourniture de substances minières à moindres coûts à la métropole ; l'*Ordonnance n° 60-090 du 5 septembre 1960* n'a reçu aucun décret

445 Madagascar, « Plan Émergence Madagascar » Atelier de concertation avec le secteur privé et la société civile, présenté à l'hôtel Colbert, Antananarivo, 4 octobre 2019 [non publié].

446 Présidence de la République, communiqué, « Rapport du Conseil des Ministres » (6 novembre 2019), en ligne : Ministère de l'Industrie, du Commerce et de l'Artisanat <https://www.micc.gov.mg/wp-content/uploads/2019/11/cons-06-nov-2019.pdf> ; Albert Savana, « Madagascar obtient un important soutien des bailleurs de fonds internationaux », *Financial Afrik* (28 juillet 2020), en ligne : <https://www.financialafrik.com/2020/07/28/madagascar-obtient-un-important-soutien-des-bailleurs-de-fonds-internationaux>.

447 *Décret n° 98-394*, *supra* note 386.

448 *Ibid*, Déclaration de politique minière, al 1–2.

d'application ; la classification des permis et de leurs critères d'octroi par l'*Ordonnance n° 62-103 du 1er octobre 1962* et la *Loi n° 90-017 du 20 juillet 1990* était jugée complexe[449], la taille maximale d'un carré minier était trop grande[450], tandis que la surface totale de carrés pouvant être détenus par un titulaire était trop restreinte[451], tout comme la durée de validité des permis[452], ce qui ne favorise pas les grands projets miniers et ne sécurise pas les investisseurs. Quant à la *Loi n° 95-016 du 09 août 1995*, elle était plus coercitive pour ces derniers et introduisait l'idée de « richesse nationale » comme nature juridique des ressources minières[453]. Dans la plupart des cas, l'administration minière pouvait annuler unilatéralement des activités en opération si le titulaire ne suivait pas ses directives techniques dans l'exploitation du gisement. Elle pouvait aussi décider de réduire la taille des carrés du périmètre minier.

Pour pallier les problèmes identifiés (manque d'information et de transparence sur les demandes de permis, lourdeur des procédures, prédominance des petites mines centrées sur l'exploitation d'or et de pierres fines et rapportant peu de recettes fiscales)[454], la politique minière propose d'améliorer la gouvernance des ressources minières en vue de maximiser l'investissement dans le secteur minier. Elle entend promouvoir les grandes mines et la diversification des substances

---

449 Selon Madagascar, Ministère des mines, « Historique des différentes réformes du secteur minier » Journée des mines, présenté au Centre de conférence international Ivato, 16 mai 2012 [non publié], cette classification était par type de substances et en sept catégories pour la première loi (permis ordinaire de recherches, permis de recherches type B, permis de recherches type A, permis d'exploitation dérivant d'un permis ordinaire de recherches, permis d'exploitation dérivant d'un permis de recherches type B, permis d'exploitation dérivant d'un permis de recherches type A, concession minière), ainsi qu'en trois groupes de substances (substances protégées pour leur valeur scientifique spécifique et leur rareté, substances d'intérêt national stratégique et autres substances) et en trois types de permis fondés sur la taille de l'entreprise pour la deuxième loi.

450 *Ibid* (de 2,5 à 5 km de côté pour la première loi et 2,5 km pour la seconde).

451 *Ibid.* Pour la première loi, possibilité pour un titulaire de posséder des permis couvrant jusqu'à 2 000 km² au total, et pour la seconde loi, chaque titulaire ne peut détenir qu'un nombre limité de permis en fonction du type de permis et pour une superficie totale maximale allant de 75 km² à 1 000 km².

452 *Ibid.* Pour la première loi, la durée de validité est de 2 à 5 ans et la durée totale des renouvellements pour chaque permis est de 2 à 12 ans au maximum, sauf pour la concession qui est de 50 ans pour la première période et renouvelable 4 fois 25 ans. Pour la seconde loi, selon le permis, la durée de validité varie de 2 à 20 ans, renouvelable une à plusieurs fois.

453 *Ibid.*

454 *Décret n° 98-394*, *supra* note 386 au para 2(2).

exploitées en favorisant l'ouverture du secteur aux capitaux privés[455], notamment par l'amélioration de la compétitivité internationale du secteur, sa libéralisation pour créer un climat favorable à l'investissement, ainsi que la limitation de la participation financière de l'État, sa neutralité et son retrait des opérations minières pour laisser place au secteur privé[456]. Elle garantit aux investisseurs le respect des principes de non-discrimination et de transparence.

Dans un contexte de mise en œuvre par le pays d'un vaste programme de désengagement de l'État des secteurs productifs et commerciaux, la politique minière vient renforcer ce désengagement dans ce secteur, entamé avec les PAS, qui s'est traduit par exemple par la limitation des domaines d'intervention et de compétence de l'Office des mines

---

455 Il est à noter, d'abord, que l'État malgache contrôle les ressources minières sans égard aux droits de propriété du dessus. Le *Code minier de 2005*, *supra* note 405, arts 3, 13 édicte que « [t]ous les gîtes de substances minérales situés en surface, dans le sous-sol, les eaux et les fonds marins du Territoire National sont propriétés de l'État » et que « [l]es mines [...] sont séparé[e]s de la propriété du sol ». Leur exploration et exploitation font l'objet de concessions par l'État à des particuliers au moyen de permis miniers. Cependant, selon *ibid*, arts 27, 33, 37, 39, « [l]a matérialisation sur le terrain de chaque périmètre [minier], après l'octroi du permis [minier], [...] est subordonnée aux consentements écrits des propriétaires des sols, [...] » et chaque permis confère à son titulaire le droit de construire les infrastructures nécessaires, temporaires ou permanentes, et d'utiliser le bois et les eaux situés dans son périmètre, à condition d'avoir obtenu l'accord préalable de l'éventuel propriétaire du sol. Ensuite, il faut rappeler qu'avant l'adoption en 1998 de la Politique minière, le secteur minier était surtout caractérisé par une exploitation minière artisanale et peu d'exploitation industrielle. Le projet QMM est apparu en 1986 et sa Convention d'établissement a aussi été adoptée en 1998 avec, comme actionnaire, l'État malgache, mais l'exploitation n'a véritablement débuté qu'en 2005. La seule activité d'exploitation industrielle de l'époque était celle de la société d'État KRAOMA, qui exploitait la chromite en partenariat avec des Russes. Ainsi, avant 1998, c'était surtout l'État malgache qui exploitait les minéraux, ceci pouvant s'expliquer par le fait que le pays sortait de la période socialiste (1975-1992) durant laquelle la plupart des industries avaient été nationalisées.

456 *Décret n° 98-394*, *supra* note 386 au para 3 sur les principes de la politique minière, al 1 :

> [d]ans le DCPE 1996-1999 adopté en septembre 1996, "le Gouvernement Malgache s'est prononcé clairement en faveur d'un système d'économie de marché caractérisé par la mise en place d'un environnement socio-économique favorable au développement du secteur privé, à la recherche de l'investissement étranger, au désengagement de l'Etat du secteur productif et une lutte plus efficace contre la pauvreté". Il s'agit d'une option fondamentale qui se répercutera sur le développement du secteur économique en général et du secteur minier en particulier.

Voir aussi, *ibid* aux para 4(1)(3)–(4).

nationales et des industries stratégiques (OMNIS). L'OMNIS est un organisme public créé au début de la période socialiste, en 1975, au départ sous le nom d'Office militaire national pour les industries stratégiques, dans le but d'opérer et superviser les activités minières et pétrolières nationales à caractère militaire et stratégique[457]. À partir des années 1980, sous l'impulsion de la Banque mondiale et pour faciliter les investissements étrangers, l'OMNIS se retire des activités opérationnelles à la faveur des entreprises privées. Actuellement, il leur offre un appui technique dans la conduite des activités d'exploration et d'exploitation des gisements pétroliers surtout, mais aussi miniers, grâce à des partenariats contractuels. Son rôle en est donc un de promotion et de soutien à l'industrie.

Suivant la politique minière, la bonne gouvernance des ressources minières implique des rôles distincts pour l'État et le secteur privé. L'État n'est pas opérateur, mais régulateur et facilitateur des activités minières du secteur privé. Il lui appartient de « mettr[e] en place des services d'appui et de contrôle des activités de ce secteur », de mettre en place un système transparent d'octroi de permis miniers basé sur le principe du « premier venu, premier servi » dont nous reparlerons ci-dessous, d'établir un registre du cadastre minier disponible à la consultation du public, d'élaborer et d'assurer le suivi et le contrôle des règles de protection de l'environnement dans le secteur minier, d'instaurer une libre commercialisation au prix du marché, de favoriser la compétitivité et la stabilité à long terme des investissements miniers et d'en garantir la sécurité. Il doit garantir le maintien des droits des titulaires qui remplissent leurs obligations en vertu du *Code minier* de 1999, ce qui soulève des questions advenant par exemple une situation conflictuelle avec la protection de la biodiversité sans que ce soit de la faute du titulaire de permis qui a respecté ses obligations prévues par le Code : l'État doit-il alors continuer à garantir ses droits avant la défense de l'intérêt public commun ? Il est aussi attendu que l'État fixe un cadre légal incitatif pour la mise en valeur des ressources minières et consulte au besoin le secteur privé pour y parvenir. Le cadre juridique mis en place accommode ainsi les opérateurs miniers et répond à leurs besoins

[457] Il a été créé par l'*Ordonnance n° 75-035 du 12 novembre 1975*, JO, 22 novembre 1975, 2995 et son statut d'organisme d'État a été confirmé par l'*Ordonnance n° 076-007 du 20 mars 1976*, JO, 10 avril 1976, 897. La *Loi n° 99-033 du 21 avril 1999* le renomme « Office des mines nationales et des industries stratégiques » dont le statut est établi par le *Décret n° 99-697 du 26 août 1999 portant statuts de l'Office des Mines Nationales et des Industries Stratégiques (OMNIS)*, JO, 10 avril 2000, 1693.

et intérêts prioritaires, qui sont au cœur de la politique[458]. Avec cette dernière, la promotion des investissements privés est clairement définie comme une priorité pour le secteur.

Le plan d'action annexé à la politique minière propose de mettre en œuvre ses objectifs, entre autres en réformant la législation et la réglementation du secteur pour réaffirmer la propriété étatique sur le sous-sol en vue, à la différence des périodes post-indépendance et socialiste précédentes, d'assurer l'accès des investisseurs privés nationaux ou internationaux aux ressources minières. Le choix de manifester la souveraineté permanente sur les ressources minières par la libéralisation du secteur offre donc une protection accrue aux intérêts privés et une certaine latitude au libre accès, rendant en retour plus difficile le plein exercice de cette souveraineté. La réforme des lois et règlements vise aussi à les rendre conformes aux principes et objectifs de la politique minière, soit à redéfinir le rôle de l'État face au secteur privé, à garantir les droits des titulaires de permis par un cadastre, à établir des procédures transparentes d'octroi de permis, un traitement égal des investisseurs internationaux et nationaux, des règles compétitives et attractives pour les grands investisseurs et des recours adéquats, et à équilibrer le développement du secteur et la protection de l'environnement. Le plan d'action prévoit aussi des réformes institutionnelles en termes de réorganisation ministérielle et de « libération » des zones ou permis de recherche et de prospection libellés au nom de l'État ou de l'OMNIS, sauf s'ils font l'objet d'arrangements contractuels avec des tiers, auquel cas ces zones et permis leur sont transférés (excepté pour les conventions d'établissement)[459]. La politique minière a été mise à jour en 2003 et 2014 pour mieux intégrer les objectifs de développement durable et la conciliation des activités minières avec l'environnement.

Le Projet de réforme du secteur minier (1998-2002) et le Projet de gouvernance des ressources minérales (2003-2008) : vers la redéfinition des rôles de l'État malgache

La Banque mondiale a une influence certaine sur l'orientation stratégique du secteur minier à Madagascar. L'institution a appuyé la plupart des réformes juridiques et institutionnelles du secteur dans les années 1990, qui visaient à accroître les investissements dans le secteur, et dans les années 2000, qui visaient à intégrer les principes de

---

[458] *Décret n° 98-394*, *supra* note 386 aux para 3(1)–(5), 3(7)–(11), 3(13).

[459] *Ibid*, annexe, volet 2.

développement durable et certains critères comme la transparence dans la gouvernance du secteur.

C'est le cas du Projet de réforme du secteur minier (PRSM), financé à hauteur de 5 millions USD de 1998 à 2002, qui met en œuvre la politique minière nationale dans le but de créer un environnement propice aux investissements et de renforcer les capacités institutionnelles afin d'assurer l'application des lois et règlements miniers, la gestion transparente et rationnelle des permis[460], et la disponibilité d'informations géologiques à jour pour les investisseurs[461]. Le projet visait donc surtout à mettre en place un cadre rassurant pour les investisseurs quant à la capacité de l'État à protéger et défendre leurs droits. Il en a résulté, comme nous le verrons plus loin, des réformes du cadre juridique et institutionnel, devenu plus libéralisé, permissif, taillé pour certains types d'investisseurs miniers, et sécurisant ou priorisant leurs intérêts[462]. En cohérence avec la politique minière, le rôle de l'État est redéfini et il est présenté, ici encore, comme un simple régulateur du secteur[463]. L'objectif est de stimuler le secteur par les capitaux privés et de laisser plus de liberté aux investisseurs, auxquels on veut envoyer un signal favorable en éliminant les entraves ou lourdeurs créées par l'intervention de l'État[464]. Le renforcement des capacités de l'État et du droit en faveur de la protection des investissements a pu créer un déséquilibre et une confusion avec ses autres rôles et obligations, telle la protection de la biodiversité. Parmi les réalisations du PRSM, la Banque mondiale note que « [t]he mining sector was opened up to private investment, while the government's role was reduced »[465].

C'est dans le cadre du PRSM qu'ont été adoptés les principaux textes juridiques du secteur minier à Madagascar, à savoir le *Code minier* de 1999 et son décret d'application, l'*Arrêté interministériel mine-environnement* en

---

460 À cette fin, un registre de cadastre minier a été mis en place dans le cadre du PRSM en 2000, Madagascar ayant été l'un des premiers pays africains à adopter un tel système.

461 Banque mondiale, « Mining Sector Reform Project », en ligne : <projects.banquemondiale.org/P056487/mining-sector-reform-project>.

462 En effet, le PRSM a permis l'élaboration et l'adoption du *Code minier de 1999*, *supra* note 405 et de la *LGIM*, *supra* note 432, que nous analyserons plus loin dans cette section.

463 Sarrasin, « Développement », *supra* note 394 à la p 149 parle d'un « recentrage du rôle de l'État ».

464 Banque mondiale, *Project Appraisal Document for a Mining Sector Reform Project*, Washington (DC), Banque mondiale, 1998 aux pp 6–7.

465 Banque mondiale, *Operations Evaluation Department: ICR Review*, Washington (DC), Banque mondiale, 2003 au para 3(a).

2000[466] et la LGIM en 2002, qu'ont été mis en place les principaux organes institutionnels régissant le secteur comme le BCMM en 2000[467] et qu'a été créé le système informatisé de gestion des titres miniers en 2001. L'élaboration de ces textes a donné lieu à la collaboration entre acteurs publics et privés et à la prise en compte de l'environnement[468].

À l'échéance du PRSM et suite à la révision de la politique minière en 2003, le Projet de gouvernance des ressources minérales (PGRM) a pris la relève pour cinq années (2003 à 2008)[469]. La Banque mondiale a aussi appuyé, par un financement de 32 millions USD, la mise en œuvre des objectifs du projet en termes de bonne gouvernance, de transparence et de décentralisation dans la gestion des ressources minières, conformément aux critères de performance reconnus par l'institution[470]. Un financement additionnel de 8 millions USD a été accordé en 2007[471], notamment pour renforcer la place des acteurs privés dans le secteur et la capacité de l'État à le promouvoir, ainsi que pour poursuivre les réformes institutionnelles en faveur d'une administration minière décentralisée et d'une gestion déconcentrée de l'environnement minier[472]. En 2005, une extension du projet a permis de restructurer les organes du ministère des Mines pour améliorer la gestion environnementale du secteur et, avec l'émergence des problèmes de superposition, pour améliorer la « gestion des conflits potentiels entre les zones réservées à la protection/conservation de l'environnement et les grandes et petites mines » et l'« identification et spatialisation des zones forestières où les "activités minières seront interdites" »[473].

---

466 *Arrêté interministériel n° 12032/2000 du 06 novembre 2000 sur la réglementation du secteur minier en matière de protection de l'environnement*, JO, 13 novembre 2000, 3813 [*Arrêté interministériel n° 12032/2000*].

467 *Décret n° 2000-308 du 10 mai 2000 portant création et fixant des statuts du Bureau du Cadastre Minier de Madagascar*, JO, 2 octobre 2000, 3491 [*Décret n° 2000-308*].

468 GLW Conseil, *supra* note 429 à la p 32.

469 Banque mondiale, *Mineral Resources Governance Project*, Washington (DC), Banque mondiale, 2003.

470 *Ibid* à la p 2.

471 Banque mondiale, « Madagascar : Financement additionnel pour le Projet de gouvernance des ressources minérales », en ligne : <www.banquemondiale.org/fr/news/loans-credits/2007/05/22/madagascar-additional-financing-for-the-mineral-resources-governance-project> ; Banque mondiale, « Financement additionnel pour le Projet de gouvernance des ressources minérales », en ligne : <projects.banquemondiale.org/P104983/additional-financing-mineral-resources-governance-project>.

472 Madagascar, Ministère des mines, *Actualisation du Plan de gestion environnemental du Programme de gouvernance des ressources minérales*, aux pp 8–13 [Madagascar, *Actualisation*].

473 *Ibid* aux pp 14 et 29–30.

Dans le cadre du PGRM et avec l'appui de la Banque mondiale à la collecte de données géoscientifiques, les connaissances sur le potentiel géologique du pays, portant sur 75 % du territoire, ont été améliorées puis compilées dans la base de données géoréférencée qu'est le BPGRM. L'existence et la diffusion de ces données relativement complètes et actualisées sont des incitatifs supplémentaires pour les investisseurs et le développement du secteur[474]. C'est aussi dans le cadre du PGRM qu'ont été révisés, en 2005, les textes juridiques régissant le secteur minier, à savoir le *Code minier*, la LGIM et leurs décrets d'application, selon la même tendance de libéralisation.

1.2 Le cadre législatif et réglementaire : incitatif pour les investisseurs, mais un rôle limité pour l'État

Nous avons vu que, pour entrer dans la nouvelle ère minière synonyme de prospérité[475], la politique minière malgache a cherché avant tout à établir un climat d'investissement favorable et sécuritaire. Nous verrons qu'elle se traduit par un régime juridique qui se veut stable, c'est-à-dire simplifié, transparent et non discriminatoire, et encadrant des activités minières dont la réalisation doit aussi tenir compte de la protection de l'environnement. Cette sous-section est consacrée à l'examen des principaux instruments du cadre juridique du secteur minier à Madagascar pour en saisir les grandes orientations. Ce cadre comprend les instruments juridiques de droit commun, soit le *Code minier* et ses décrets d'application, qui s'appliquent à tous les projets miniers, et les instruments plus spécifiques comme la LGIM et la *Convention d'établissement entre l'État malagasy représenté par l'Office des mines nationales et des industries stratégiques et QIT Fer et Titane Inc.*[476], qui appliquent un régime juridique spécial à certains investisseurs.

474 Banque mondiale, *Opportunités*, *supra* note 395 à la p 152.

475 *Ibid* à la p 139.

476 *Convention d'établissement entre l'État malagasy représenté par l'Office des mines nationales et des industries stratégiques et QIT-Fer et Titane Inc. pour la recherche et l'exploitation minière, y compris la séparation, l'enrichissement et le traitement, de Minéraux existant dans les gisements de Sables Minéralisés de Fort-Dauphin, et l'exportation et la commercialisation des Minerais extraits de ces Sables* [*Convention d'établissement*].

1.2.1 La Convention d'établissement du projet QMM de 1998 comme précurseur du régime minier malgache

L'implantation du projet QMM à Madagascar remonte à 1986. À ce moment-là, peu de lois encadraient le secteur, aucune ne prévoyant un projet minier de cette envergure, et Qit Fer et Titane, la société promotrice du projet, estimait qu'elles ne lui étaient pas suffisamment favorables[477]. La société a alors entamé de vastes efforts de négociation, pour poser les bases d'un environnement d'investissement stable, sécurisant et satisfaisant pour le projet. La taille de l'investissement projeté a joué un rôle déterminant dans la négociation du régime fiscal du projet et des concessions accordées[478]. Ce rapport de force a notamment conduit à l'adoption de clauses de stabilisation dans le temps des cadres du secteur (fiscal, juridique, financier, etc.), créant une asymétrie avec les avantages pour les opérateurs plus modestes et l'État. Une Convention d'établissement liant la société et l'État malgache a finalement été signée en 1998, à la même période où est élaborée puis adoptée la politique minière nationale. La Convention établit un cadre juridique et fiscal taillé sur mesure, spécifique au projet. Suivant les exigences de la société, la Convention asseoit les garanties qui y sont prévues dans une loi nationale votée et ratifiée par le Parlement malgache et promulguée suivant le processus législatif du pays[479].

À travers les négociations menées pour son élaboration et ses dispositions entérinées par la loi, la Convention a participé à poser les fondations du cadre législatif et réglementaire du secteur qui prend racine à cette époque, et à l'orienter en faveur des grands projets miniers, de façon à répondre à leurs besoins spécifiques[480]. Selon Sarrasin, la Convention a aussi inspiré l'élaboration ultérieure de la LGIM ainsi que des articles 154 et suivants du *Code minier* de 1999 portant sur la garantie de stabilité des régimes fiscal, douanier, juridique et des changes accordée

---

[477] Isabelle Ramdoo et Aimée Randrianarisoa, *Secteur extractif à Madagascar : quel appui à la société civile ?*, Maastricht, European Centre for Development Policy Management, 2016 à la p 9 [Ramdoo et Randrianarisoa].

[478] *Ibid* à la p 6.

[479] *Loi n° 98-002 du 19 février 1998 autorisant la ratification de la Convention d'Établissement entre l'État Malagasy représenté par l'Office des Mines Nationales et des Industries Extractives (OMNIS) et QIT FER et TITATNE INC. pour la recherche et l'exploitation minière, y compris la séparation, l'enrichissement et le traitement de minéraux existants dans les gisements de sables minéralisés de Fort-Dauphin, et l'exportation et la commercialisation des minéraux extraits de ces sables*, JO, 2 mars 1998, 601.

[480] Sarrasin, « Développement », *supra* note 394 à la p 148 ; Ramdoo et Randrianarisoa, *supra* note 477 à la p 9.

aux investisseurs miniers[481]. Le cadre juridique du secteur minier à Madagascar repose donc sur des conditions de libéralisation du secteur, négociées par des acteurs puissants selon leurs intérêts et non ceux du pays, mettant à jour une asymétrie en amont des négociations et supportée ou entérinée par le droit. La société canadienne QIT n'étant ainsi pas étrangère à l'enclenchement des réformes de libéralisation dont elle bénéficie[482], des principes traduisant ses valeurs et priorités, inscrits dans cet important instrument précurseur, peuvent se refléter dans la politique minière et le cadre juridique adoptés à cette période, lesquels continuent aujourd'hui de régir le secteur.

Suivant ce raisonnement, il est intéressant de noter des similitudes entre les fondements des régimes miniers malgache et occidentaux, notamment canadien. Campbell et Laforce[483] remarquent d'ailleurs que certains principes à la base des régimes miniers africains, qui ont été réformés dans les années 1980 afin de libéraliser le secteur minier, sont hérités des régimes miniers occidentaux. Les relations d'influence sous-tendant ces derniers sont alors véhiculées et transposées aux régimes africains par ces principes, qui impliquent un certain modèle de gouvernance du secteur, ainsi qu'un rôle et une structure de pouvoir particuliers pour les acteurs impliqués. C'est le cas du principe du *free mining* nord-américain qui impose notamment le retrait ou l'intervention limitée de l'État dans la régulation du secteur.

1.2.2 Le régime juridique de droit commun établi par le *Code minier* et son décret d'application

Le *Code minier*, adopté en 1999 et modifié en 2005 et 2023, établit le régime juridique général du secteur et remplace celui conventionnel, au cas par cas, dont seul a bénéficié le projet QMM. C'est le premier texte législatif prévoyant l'encadrement de l'industrie minière à grande échelle au pays[484]. Le Code contribue à mettre en œuvre la politique minière

---

481 Sarrasin, « Développement », *supra* note 394 à la p 149.

482 *Ibid* à la p 158.

483 Bonnie Campbell et Myriam Laforce, « La réforme des cadres réglementaires dans le secteur minier : Les expériences canadienne et africaine mises en perspective » (2010) 403 Recherches amérindiennes au Québec 69 à la p 70 [Campbell et Laforce].

484 Le *Code minier de 1999*, *supra* note 405, exposé des motifs, rappelle qu'avant son adoption, la *Loi du 31 juillet 1896*, l'*Ordonnance n° 60-090 du 5 septembre 1960 portant Code minier*, JO, 17 septembre 1960, 1857, l'*Ordonnance n° 62-103 du 1er octobre 1962 portant loi minière*, JO, 3 novembre 1962, 2581, la *Loi n° 90-017 du 20 juillet 1990 portant Code minier*, JO, 23 juillet 1990, 1301 et la *Loi n° 95-016 du 9 août 1995 portant Code minier*, JO, 25 septembre 1995, 2554 ont tour à tour régi le secteur minier à Madagascar, et que ses

nationale et fonde le régime juridique du secteur sur les principes de rationalisation et de bonne gouvernance. Il s'applique à toutes les ressources minières, sauf les hydrocarbures qui font l'objet d'une législation et d'une réglementation spécifiques. Il définit trois types de gîtes de substances minérales : les carrières, les mines et les gîtes fossilifères, auxquels s'appliquent des règles distinctes[485], et dont la compétence de gestion et de contrôle est partagée entre l'État et les collectivités territoriales[486]. Le régime juridique des mines, excluant l'orpaillage, retient ici notre attention.

Un régime fondé sur le désengagement étatique

Le Code consacre la souveraineté et le droit de propriété de l'État sur les richesses minières sur son territoire, lesquelles relèvent de son domaine privé[487], écartant ainsi toute idée de dépossession d'individus ou de communautés lorsque l'État attribue des permis miniers aux investisseurs, puisqu'il ne fait qu'user de son droit. Le libre accès à ce domaine est garanti à tout investisseur intéressé[488]. Cela renforce l'idée d'une souveraineté mobilisée non pas pour le bien du public, mais pour sécuriser des intérêts privés.

---

objectifs sont plus ambitieux en termes de contribution à la croissance économique nationale, ce que les textes précédents n'avaient pas permis de réaliser.

485 *Code minier de 2005*, *supra* note 405, arts 12–13.

486 *Ibid*, art 3 :

> [les gîtes de substances minérales] relèvent de la compétence respective de l'État central, des Provinces Autonomes et des Collectivités Territoriales Décentralisées qui en assurent notamment la gestion et le contrôle selon les dispositions du présent Code. L'État assure le transfert progressif des compétences prévues par le présent Code aux Provinces Autonomes et aux Collectivités Territoriales Décentralisées au fur et à mesure de la mise en place effective des structures adéquates à leur niveau respectif.

487 *Ibid* (« tous les gîtes de substances minérales situés en surface, dans le sous-sol, les eaux et les fonds marins du Territoire National sont propriétés de l'Etat »).

488 *Code minier de 1999*, *supra* note 405, exposé des motifs (« [e]n vertu du principe de libre accès aux ressources minérales qui est ouvert à tous, sans exception, le premier arrivé est en mesure, sous certaines conditions précisées dans le texte de loi, de disposer des droits miniers sur le terrain convoité. Il obtient ainsi le droit exclusif de prospection ou de recherche et, en cas de découverte, l'assurance d'obtenir le droit d'exploiter la ressource minérale mise à jour »). Le *Code minier de 2005*, *supra* note 405, art 20 ajoute que « [l]a prospection minière est libre sur tout le territoire national, en dehors : - des zones protégées ; - des zones classées temporairement réservées conformément au présent Code ; - des périmètres couverts par des Permis miniers ou des Autorisations Exclusives de Réservation de Périmètres (AERPs) détenus par d'autres personnes ».

Même si son droit de propriété est réaffirmé, le rôle reconnu à l'État est celui de régulateur et promoteur du secteur. La révision du Code en 2005 précise et renforce le désengagement de l'État des activités minières, en lui refusant le droit de posséder une autorisation minière ou d'exercer une activité minière sur son propre territoire, afin de ne pas concurrencer le secteur privé[489]. Il peut, par contre, réserver temporairement des périmètres pour y réaliser des études de préfaisabilité environnementales et géologiques, et les attribuer ensuite par voie d'appel d'offres aux opérateurs intéressés, ce qui souligne le rôle proactif de promoteur du secteur qu'il endosse désormais[490].

Le Code de 1999 stipulait par ailleurs que ses objectifs :

> reposent sur la base de l'adoption par Madagascar d'un système d'économie de marché, qui se caractérise par la mise en place d'un environnement socioéconomique attractif et favorable au développement du secteur privé national, par la recherche de l'investissement étranger, ainsi que par le désengagement de l'État du secteur productif. Dans le respect de ces principes, cette loi définit également les nouveaux rôles de l'Administration qui doit se limiter à la gestion d'ensemble, au suivi, au contrôle de l'exécution des obligations des permissionnaires, ainsi qu'à veiller à l'application des dispositions légales et réglementaires en matières minière et environnementale[491].

Un régime se voulant moderne, simplifié et transparent

En réalité, le pouvoir de gestion et contrôle qui reste entre les mains de l'État est morcelé entre ses organes centraux et décentralisés. Dans le but, annoncé dès 1999, de moderniser et simplifier le régime minier pour plus d'attractivité[492], le *Code minier* transfère certaines compétences étatiques sur les mines aux collectivités territoriales décentralisées, pour

[489] Le *Code minier de 2005*, *supra* note 405, art 9, al 2, par rapport à celui de 1999, stipule que « [l]'Etat et ses démembrements, collectivités territoriales ou organismes publics, ne sont pas éligibles à acquérir et détenir de tels permis ou autorisations ». Selon *ibid*, exposé des motifs, l'ajout de cette interdiction est motivé par l'application du principe de désengagement de l'État des activités de production et la volonté d'empêcher le secteur public de concurrencer les opérateurs privés. Voir aussi les nouvelles dispositions de *ibid*, art 10 sur l'interdiction pour certaines catégories de personnes d'exercer une activité minière.

[490] *Ibid*, art 17.

[491] *Code minier de 1999*, *supra* note 405, exposé des motifs.

[492] *Ibid.*

une gestion rapide et efficace des permis miniers[493]. L'effort de simplification porte surtout sur les processus d'octroi et de renouvellement des permis, qui sont systématisés, optimisés, facilités et accélérés, et il se poursuit avec les modifications au Code en 2005, notamment la réduction des seuils d'investissement éligibles à la garantie de stabilité[494], de la durée de validité du permis R pour accélérer la rotation des activités de recherche sur les périmètres miniers[495], et de la taille des carrés miniers (de 2,5 km à 625 m de côté) pour les ajuster à l'intérêt réel des opérateurs[496]. Quant à la modernisation du régime minier, elle se traduit par l'alignement sur les dispositions des régimes juridiques des grands pays miniers, pour être concurrentiel dans l'attraction des investissements. L'inspiration de certaines pratiques du passé a conduit à l'apparition dans le Code du principe répandu du « premier venu, premier servi », propre au *free mining* et introduit au 19e siècle dans d'anciennes colonies de la Grande-Bretagne.

Un processus accéléré d'octroi de permis miniers

Le *Code minier* fixe les règles d'octroi des permis miniers. En raison du désengagement préconisé, l'État concède une partie de son emprise sur ses propres ressources minières, car ni lui ni les agents de l'administration minière ne peuvent détenir de permis miniers[497]. Quant aux autres personnes intéressées, celles physiques doivent être de nationalité malgache et celles morales de droit malgache, toutes doivent être domiciliées au pays, ou y élire domicile et avoir un mandataire responsable y domicilié[498]. En principe, aucun permis minier ne peut être accordé dans les zones protégées ou réservées temporairement, qui sont exclues de la libre prospection sur le territoire national[499]. Or, le décret d'application du *Code minier*, en précisant les zones considérées comme « protégées » au sens du Code, n'y inclut que les aires protégées classiques (parcs nationaux, réserves naturelles intégrales et réserves

493 Voir notamment les modifications apportées au *Code minier de 2005*, *supra* note 405, arts 42, 47 par rapport à celui de 1999, dans le but de transférer la compétence de l'octroi des permis PRE des Directions interrégionales du Ministère en charge des mines aux Collectivités territoriales décentralisées.

494 *Ibid*, art 159.

495 *Ibid*, art 33.

496 *Ibid*, art 2.

497 *Ibid*, arts 9–10 sur les personnes physiques et morales aptes à détenir un permis minier.

498 *Ibid*, arts 9–11.

499 *Ibid*, arts 15–20.

spéciales)[500], laissant en suspens la question de savoir si les NAP sont concernées par cette interdiction. Certes, lors de l'adoption du Décret, les NAP émergeaient tout juste et une mise en protection temporaire globale suspendait pendant quelques années l'octroi de nouveaux permis sur les sites prévus pour elles, mais la suspension a depuis été levée pour la plupart des sites. Constituant pourtant aujourd'hui la majorité des aires protégées de Madagascar, leur pleine protection peut être limitée par le décalage avec les dispositions du *Code minier* et de son décret d'application, qui n'ont pas été mises à jour depuis la mise en place des NAP. Il y a donc une faille juridique à combler, car dans la situation actuelle, le décret par exemple n'interdit pas spécifiquement l'exercice d'une activité minière dans une NAP.

Le processus d'octroi des permis miniers est géré par le BCMM en collaboration avec les ministères des Mines et de l'Environnement. Après avoir identifié et repéré le minerai qui l'intéresse, l'opérateur minier s'assure de la disponibilité du ou des carrés miniers où il se situe, avant de déposer une demande de permis minier[501]. À cette fin, le BCMM rend disponible pour toute personne intéressée la consultation des registres de demande, d'octroi et de transfert de permis, ainsi que les cartes minières[502]. Il est intéressant de noter que, la délimitation matérielle des carrés faisant l'objet d'un permis minier étant facultative[503], les limites des périmètres miniers ne sont pas toujours physiquement visibles autrement que sur une carte, ce qui peut contribuer à la confusion avec d'autres utilisations du sol.

Si le périmètre qui l'intéresse est disponible, l'opérateur peut déposer une demande de permis minier auprès du BCMM[504], qui s'assure de la recevabilité du dossier, l'inscrit au registre des demandes et l'instruit[505]. Pour que sa demande soit recevable, le requérant doit acquitter les frais d'instruction de dossier, correspondant au quart des frais d'administration minière annuels qui seraient dus sur les carrés sollicités

---

500 *Décret n° 2006-910 du 19 décembre 2006 fixant les modalités d'application de la Loi n° 99-022 du 19 Août 1999 portant Code minier modifiée par la Loi n° 2005-021 du 17 octobre 2005*, JO, 30 mars 2007, 2397, art 250 [*Décret n° 2006-910*].

501 *Code minier de 2005*, *supra* note 405, art 27, al 2.

502 *Ibid*, art 221.

503 *Ibid*, art 27, al 2 (« [l]a matérialisation sur le terrain de chaque périmètre, après l'octroi du permis, est facultative. Elle est subordonnée aux consentements écrits des propriétaires des sols, et, le cas échéant, est effectuée par des géomètres-topographes assermentés »).

504 *Ibid*, arts 43, 103 (détail des informations à fournir dans le formulaire) ; *Décret n° 2006-910*, *supra* note 500, annexe 3 pour le modèle de formulaire.

505 *Décret n° 2006-910*, *supra* note 500, arts 71, 105.

si le permis était octroyé[506]. Le dossier, pour les demandes de permis E ou toute demande de permis nécessitant une ÉIE, doit aussi comporter une lettre d'engagement de l'opérateur à procéder à cette ÉIE dans un délai d'une année suivant l'obtention du permis minier, et à obtenir une autorisation environnementale avant d'entamer les travaux[507].

Dans les 15 jours ouvrables suivant la date où la demande est jugée recevable, le BCMM transmet un exemplaire du dossier, accompagné d'un projet d'arrêté ou de décision d'octroi ou de refus, et de son avis technique motivé, aux autorités compétentes pour la délivrance des permis[508]. À ce sujet, une incohérence est à noter entre le *Code minier* et son décret d'application, qui fixent respectivement ce délai de transmission à 15 jours et 20 jours[509].

Les autorités compétentes en question sont le ministre des Mines, pour les permis R et E, et le service technique en charge des mines auprès de la région concernée, pour le PRE[510]. Elles prennent la décision d'accorder ou non les permis selon le principe du « premier venu, premier servi »[511], dans un délai de 30 jours ouvrables à partir de la date de recevabilité de la demande[512]. Si un permis est accordé, un arrêté ministériel ou une décision d'octroi est produit et les informations pertinentes sont inscrites sur la carte des retombées minières par le BCMM[513]. Ce délai doit aussi être respecté en cas de refus. Le permis est délivré après le paiement par l'opérateur et dans les délais impartis, du reste des frais d'administration minière annuels de la première année[514].

Le décret d'application du *Code minier* précise ces procédures et le rôle des institutions en charge de l'administration minière, à différents niveaux[515]. Ainsi, il revient au BCMM de tenir à jour différents registres répertoriant chronologiquement les demandes recevables de permis

---

506 *Ibid*, art 101.

507 *Code minier de 2005*, *supra* note 405, art 45 ; *Décret n° 2006-910*, *supra* note 500, art 104 pour le détail des pièces demandées pour le dossier.

508 *Code minier de 2005*, *supra* note 405, art 47.

509 *Décret n° 2006-910*, *supra* note 500, art 106(b).

510 *Code minier de 2005*, *supra* note 405, art 42 ; *Décret n° 2006-910*, *supra* note 500, art 100.

511 *Code minier de 2005*, *supra* note 405, art 41 ; *Code minier de 1999*, *supra* note 405, exposé des motifs (« [e]n vertu du principe de libre accès aux ressources minérales qui est ouvert à tous, sans exception, le premier arrivé est en mesure, sous certaines conditions précisées dans le texte de loi, de disposer des droits miniers sur le terrain convoité. Il obtient ainsi le droit exclusif de prospection ou de recherche et, en cas de découverte, l'assurance d'obtenir le droit d'exploiter la ressource minérale mise à jour »).

512 *Code minier de 2005*, *supra* note 405, arts 44, 45, al 3, 46, in fine.

513 *Décret n° 2006-910*, *supra* note 500, art 107.

514 *Code minier de 2005*, *supra* note 405, art 48, 48(1).

515 *Décret n° 2006-910*, *supra* note 500, arts 69–91, 100–09.

miniers et ceux octroyés, ainsi que la carte des retombées minières où figurent les carrés miniers disponibles, ceux qui font l'objet de demandes en instance recevables ou de permis miniers valides, et les aires protégées[516]. Ces registres et cartes sont disponibles gratuitement si la consultation est sur place et pour une durée raisonnable, et payante pour obtenir des extraits[517]. Malgré cet effort de transparence, le Code énonce que « les rapports, les comptes-rendus et les études fournis par les titulaires sont confidentiels pour la durée de validité des permis miniers. Passé ce délai ils sont accessibles au public »[518], ce qui ne favorise pas la libre circulation de l'information environnementale sur les projets.

Le BCMM instruit les dossiers de demande de permis selon l'ordre d'inscription dans les registres de demande, soit selon l'ordre du premier arrivé, premier servi[519]. L'inscription dans ces registres est à la fois informatisée et manuelle, pour assurer l'enregistrement des données advenant un événement qui nuirait au fonctionnement du système informatisé ou à la communication entre les différents bureaux du cadastre, comme une panne d'électricité. Dans un tel cas, des mesures sont à respecter pour éviter tout décalage entre les données partagées par les bureaux sur les enregistrements de demandes effectués durant la panne et pour respecter l'ordre de priorité des demandes reçues[520]. Toutes les précautions sont donc prises pour respecter le principe du premier arrivé, premier servi et éviter que plusieurs permis ne portent sur un même carré minier. L'efficacité pratique de la procédure peut être questionnée, dans un contexte de coupures et d'absence d'électricité dans des régions de l'île. On peut aussi se demander si ce système d'harmonisation destiné à éviter que les périmètres miniers ne se chevauchent pourrait servir à prévenir leur empiétement sur les aires protégées, un cas de figure passé sous silence par le Code et son décret d'application.

Un processus de demande d'autorisation environnementale ultérieur à l'octroi de permis miniers

Une fois le permis obtenu, le titulaire ne peut cependant pas commencer physiquement ses activités avant d'avoir reçu l'autorisation environnementale qu'il s'était engagé à obtenir, et de l'avoir présentée au

516 *Ibid*, art 69.
517 *Ibid*, art 74.
518 *Code minier de 2005*, *supra* note 405, art 222.
519 *Décret n° 2000-170*, *supra* note 405, art 57.
520 *Décret n° 2006-910*, *supra* note 500, arts 72–73.

maire de la commune concernée par le projet[521]. Les activités de la phase d'aménagement et de construction, qui interviennent entre les phases de recherche et d'exploitation, sont aussi concernées par cette interdiction puisque le Décret précise que ces travaux doivent avoir été prévus dans le *Plan d'engagement environnemental* (PEE) ou l'ÉIÉ soumis à l'autorité compétente en matière de demande d'autorisation ou de permis environnemental, qui doit les avoir approuvés, avant qu'ils ne puissent commencer[522].

Cette partie du processus soulève des questions et nécessite des précisions. Les permis sont octroyés dans l'empressement (application stricte des délais prescrits et du principe du premier arrivé, premier servi) et sous réserve d'un simple engagement écrit à obtenir l'autorisation environnementale et le Code ne fournit pas davantage de précisions sur les mesures de contrôle et de suivi de cet engagement en particulier. En outre, le processus d'obtention de l'autorisation environnementale (qui sera présenté plus en détail dans la deuxième section de ce chapitre) étant postérieur à la délivrance du permis minier, et plus long à obtenir que le délai de 30 jours pour cette délivrance, Crawford et Nikièma remarquent que ce décalage crée plusieurs problèmes[523]. Certains titulaires de permis n'attendent pas l'autorisation environnementale pour débuter les travaux[524], d'autres s'abstiennent d'en faire la demande et de la présenter aux autorités désignées. Des problèmes pourraient aussi surgir si les nouveaux titulaires permis ne parviennent pas à obtenir l'autorisation environnementale. Ce cas ne s'est jamais produit toutefois, les titulaires ayant pu aller de l'avant avec leurs projets jusque-là, évitant à l'administration l'embarras de reconnaître des failles dans le système.

Ainsi, les objectifs du secteur minier peuvent être priorisés ou pris en compte avant ceux environnementaux. Le décalage temporel dans l'attribution des permis miniers et environnementaux est de nature à créer des incohérences dans le processus de prise en compte des aspects environnementaux des projets, par exemple en termes de compatibilité

---

521 *Ibid*, art 78.

522 *Ibid*, art 244(b).

523 Crawford et Nikièma, *supra* note 390 à la p 16.

524 C'est le cas par exemple de la compagnie minière chinoise Mainland qui a pu commencer ses travaux d'infrastructure et d'exploitation d'ilménite sur la côte est en 2012, bien avant la validation de son dossier d'ÉIE, c'est-à-dire avant d'avoir satisfait à la formalité légale et obligatoire du permis environnemental (Banque mondiale, *Opportunités*, *supra* note 395 à la p 141 ; « À Madagascar, la richesse du sous-sol suscite la convoitise de la société chinoise Mainland », *Radio France internationale* (2 février 2012), en ligne : <www.rfi.fr/afrique/20120202-madagascar-richesse-sous-sol-suscite-convoitise>).

de ces derniers avec la protection de la biodiversité. Cela peut expliquer les chevauchements physiques et cartographiques entre les limites des aires protégées et des carrés miniers puisque, chronologiquement, les acteurs de la protection de la biodiversité seront toujours informés et consultés a posteriori, avec une longueur de retard. C'est donc à eux de s'adapter au secteur minier et non l'inverse.

Un mode de sanction souple et peu spécifique pour les infractions environnementales

Des obligations liées à l'exercice d'activités minières existent, nous l'avons vu, avant les travaux, comme la nécessité d'obtenir les autorisations environnementales préalables, d'adopter des mesures de protection environnementale ou, pour les nouveaux titulaires de permis, d'informer du projet le maire de la commune concernée et de présenter le récépissé qu'il leur aura délivré aux responsables locaux[525]. Des obligations existent aussi durant les activités proprement dites, comme le respect de zones d'interdiction ou de protection et l'obtention d'un permis de construire auprès de la commune, avant la construction des infrastructures[526]. Les titulaires de permis miniers ont aussi une obligation de transparence et de reddition de comptes, en tenant régulièrement des registres et documents comptables et commerciaux, en effectuant des rapports périodiques à l'administration minière et en se soumettant aux inspections[527]. Ils doivent aussi s'acquitter de la redevance minière et de la ristourne selon les modalités de leur permis minier[528].

Le manquement à ces obligations est sanctionné, en fonction de sa gravité, par des mesures administratives variant notamment entre un simple avertissement, une amende de 50 000 à 200 000 ariarys[529] par mois jusqu'à rectification de l'irrégularité, ou la suspension temporaire (de 15 jours à 6 mois[530]) des opérations en vertu de l'article 173 du *Code*

---

[525] *Décret n° 2006-910*, *supra* note 500, arts 243–49.

[526] *Ibid*, arts 250–57.

[527] *Code minier de 2005*, *supra* note 405, art 116 ; *Décret n° 2006-910*, *supra* note 500, arts 274–79 (tenue de documents et de registres), 280–83 (comptes-rendus), 304–06 (inspections).

[528] *Décret n° 2006-910*, *supra* note 500, arts 284–94.

[529] Environ de 13 à 53 USD, selon le taux de change du 26 avril 2020 de la Banque centrale, *supra* note 76.

[530] *Décret n° 2006-910*, *supra* note 500, art 429.

minier[531]. Après avoir été mis en demeure pour le défaut à ses obligations[532], le titulaire a un droit de réponse et peut invoquer par exemple la force majeure[533]. Si ses arguments sont acceptés par l'autorité compétente, la procédure engagée contre lui cesse ; dans le cas contraire il doit régulariser sa situation selon les termes de la mise en demeure et dans les délais fixés, sinon les sanctions administratives prévues s'appliquent[534]. Selon Rambinintsaotra, la suspension d'activités qui affectent l'intérêt public ou environnemental est peu courante, l'État priorisant généralement la continuité des investissements miniers et de leurs retombées économiques en tentant de concilier les intérêts des opérateurs[535].

Les infractions, plus sérieuses, peuvent conduire à des poursuites judiciaires[536]. Le décret d'application du *Code minier* en 2000 reconnaissait la prospection minière intentionnelle dans les aires protégées comme une infraction minière[537]. La portée de cette disposition soulevait toutefois des questions. Seul « l'acte sciemment commis en connaissance de cause » constituait une infraction et seule la prospection était évoquée, qu'en était-il de l'exploitation ? Malgré la formulation limitative, l'existence de cette disposition apportait un certain éclairage sur la qualification de la faute en cas de non-respect de l'interdiction de mener des activités minières dans les zones protégées. Or, elle a disparu du décret modifié et actuellement en vigueur. Quant au défaut d'obtenir les autorisations et permis miniers préalables, il constitue une infraction sanctionnée par les articles 472 et 473 du *Code pénal* malgache[538]. Cette disposition ne mentionne cependant pas les sanctions pour le non-respect de l'obligation d'obtenir une autorisation environnementale

---

531 *Code minier de 2005*, *supra* note 405, arts 174, 178.

532 *Décret n° 2006-910*, *supra* note 500, art 427.

533 *Code minier de 2005*, *supra* note 405, art 180, précisé par *Décret n° 2006-910*, *supra* note 500, art 432 et sous réserve des conditions précisées par l'art 433 du même décret. Il est à noter qu'en août et septembre 2020, le gouvernement malgache a initié un processus législatif, saisissant le Parlement et la Haute Cour Constitutionnelle, pour conférer une valeur législative et pouvoir promulguer son *Ordonnance n° 2019-009 du 22 juillet 2019 modifiant et complétant certaines dispositions de la loi modifiée n° 99-022 du 19 août 1999 portant Code minier*, par l'adoption de la *Loi de ratification n° 2020-012*. Les dispositions concernées précisent le Titre IX sur les infractions et manquements aux obligations, et plus particulièrement les articles 180 et 216 du *Code minier de 2005*.

534 *Décret n° 2006-910*, *supra* note 500, art 428.

535 Rambinintsaotra, *supra* note 388 à la p 309.

536 *Code minier de 2005*, *supra* note 405, art 97.

537 *Décret n° 2000-170*, *supra* note 405, art 356.

538 *Décret n° 2006-910*, *supra* note 500, art 437.

préalable, donc cette obligation formulée dans le *Code minier* ne semble pas visée par ces dispositions pénales.

Les infractions sont recherchées et constatées par la police des mines, placée sous l'autorité du ministre des Mines et composée entre autres d'officiers de la police judiciaire, qui prend les mesures nécessaires à l'enquête selon les règles du *Code pénal*[539]. Les collectivités territoriales décentralisées partagent avec les organes étatiques le pouvoir de surveillance et de suivi des activités minières opérées sur leur territoire[540]. La police des mines est saisie par toute personne ou collectivité ayant connaissance d'une infraction au *Code minier*[541]. Dans l'exercice de leurs fonctions (contrôle, visite, perquisition, constat d'infraction), ses agents collaborent avec les autorités civiles et forces de l'ordre locales[542]. Ils établissent les procès-verbaux de constat des infractions et les envoient au procureur du tribunal compétent[543], devant lequel le contrevenant peut être cité à comparaître[544].

L'article 206 du *Code minier* stipule que « [l]es juridictions du ressort sont compétentes pour connaître des crimes ou délits commis en violation du présent Code et de ses textes d'application. Les cas de crime ou délit flagrant seront jugés conformément à la procédure pénale en vigueur ». L'article 207 ajoute que :

> [l]es actions et poursuites sont exercées à la requête du Président de la République et diligentées par le Ministre chargé des Mines qui peut déléguer à un représentant désigné à cet effet, lequel peut toujours se porter partie civile. Le Ministre chargé des Mines ou son représentant désigné peut prendre les conclusions qu'il juge nécessaires et est entendu à l'audience à l'appui de ses conclusions.

Ce système de sanction est assoupli par la possibilité pour le ministre des Mines de transiger avec le contrevenant[545]. En effet, sauf pour les récidives[546], crimes et fautes « tendant à créer des conflits ouverts entre le contrevenant et la population locale », les infractions au *Code minier* peuvent donner lieu à des « transactions » ou arrangements monétaires conclus avant ou après le jugement et qui, dans le premier cas, font

---

539 *Code minier de 2005*, *supra* note 405, arts 182, 188.

540 *Ibid*, arts 96, 220.

541 *Ibid*, art 183.

542 *Ibid*, arts 185–86, 195.

543 *Ibid*, art 187.

544 *Ibid*, art 192(1).

545 *Ibid*, art 209.

546 *Ibid*, art 212.

cesser la poursuite[547]. L'acceptation de la transaction par le ministre lui donne le droit de recouvrer le montant de la transaction, s'il n'est pas acquitté dans les délais, par tous les moyens, y compris par la contrainte[548].

Crawford et Nikièma soulignent toutefois le manque de moyens humains et financiers qui limite la capacité de l'administration minière à assurer le contrôle et le suivi du respect de l'ensemble de ces règles[549]. En effet, les procédures de suivi basées sur l'examen des livres et documents obligatoires fournis par les opérateurs eux-mêmes peuvent être insuffisantes, tandis que celles basées sur des visites sur les sites de recherche, d'exploitation, de stockage et de vente répartis sur tout le territoire national et parfois situés dans des endroits reculés posent la question des moyens[550].

Un régime garantissant la stabilité fiscale, douanière, juridique et des changes des projets miniers

Dans le but d'offrir un environnement légal favorable et attractif aux investisseurs, le *Code minier* garantit la stabilité des investissements miniers de l'investisseur qui déclare choisir cette option[551], en remplissant, signant et déposant auprès du BCMM le formulaire prévu à cet effet et en y joignant un plan d'investissement[552]. Si elle est acceptée, l'option de garantie est formalisée par un arrêté du ministre des Mines, publié au journal officiel[553].

La garantie de stabilité offre, non pas une dérogation aux lois et règlements en vigueur, mais l'assurance que les régimes juridique, fiscal, douanier et de changes en vigueur à la date de la déclaration d'option ne changeront pas pour l'investisseur et que les changements ultérieurs aux lois et règlements dans ces domaines ne s'appliqueront pas à l'investissement jusqu'à la fin de la durée de garantie[554]. Par contre, si une modification ultérieure lui est favorable, l'investisseur peut en solliciter

547 *Ibid*, art 208.
548 *Ibid*, art 210.
549 Crawford et Nikièma, *supra* note 390 aux pp 29–30.
550 *Code minier de 2005*, *supra* note 405, arts 96, 121.
551 *Ibid*, art 154.
552 *Décret n° 2006-910*, *supra* note 500, art 409.
553 *Ibid*, art 414.
554 *Code minier de 2005*, *supra* note 405, art 154.

l'application pour son bénéfice[555]. L'article 158 du *Code minier* énumère les principaux avantages offerts par la garantie de stabilité.

Peuvent bénéficier de la garantie les investissements d'au moins 500 millions d'ariarys[556], que les investisseurs s'engagent à réaliser selon un plan d'investissement défini, soumis lors de la déclaration d'option[557]. La durée de la garantie débute à la date de publication de l'arrêté du ministre des Mines approuvant le plan d'investissement proposé[558]. Elle est de huit ans pour les investissements de 500 millions à 2,5 milliards d'ariarys, 15 ans pour ceux de 2,5 à 12,5 milliards d'ariarys et 20 ans s'ils atteignent 12,5 à 50 milliards d'ariarys[559]. Donc, des avantages comme des barèmes d'impôts et de taxes faibles, accordés sur la base de données économiques actuelles, qui seraient dépassées dans 20 ans, pourraient encore être maintenus à ce moment-là en raison de cette garantie. Des taux de redevance minière et de ristourne trop faibles, car devenus désuets sur le marché des minerais renvoient pourtant à des moyens de gestion limités pour l'administration minière. Les clauses de stabilité visent ainsi à protéger avant tout les investissements à long terme des changements que l'État peut initier à son avantage, en figeant les cadres légaux et fiscaux pour sécuriser l'investissement et en minimiser les risques. Elles sont présentées comme une source de crédibilité pour la politique minière de l'État et encouragées parmi les bonnes pratiques à observer[560].

Le régime de stabilité engage l'investisseur concerné à respecter le plan d'investissement qu'il s'est engagé à réaliser, et ne l'exonère pas des obligations incombant généralement aux investisseurs du secteur (tenir des documents et registres obligatoires, se soumettre aux inspections et faire des comptes-rendus)[561]. Pendant la durée de la garantie de stabilité, le règlement des différends entre l'investisseur et l'État sont soumis à l'arbitrage national et la décision arbitrale doit recevoir l'*exequatur* du tribunal judiciaire pour avoir force exécutoire sur le territoire national et s'imposer aux parties[562].

---

555 *Ibid*, art 155.

556 Pour un aperçu des taux de change, voir Banque centrale, *supra* note 76.

557 *Code minier de 2005*, *supra* note 405, art 157.

558 *Décret n° 2006-910*, *supra* note 500, art 416.

559 *Code minier de 2005*, *supra* note 405, art 159. Pour un aperçu des taux de change, voir Banque centrale, *supra* note 76.

560 Banque mondiale, *Opportunités*, *supra* note 395 à la p 147.

561 *Code minier de 2005*, *supra* note 405, art 161 ; *Décret n° 2006-910*, *supra* note 500, arts 418–21.

562 *Code minier de 2005*, *supra* note 405, art 163 ; *Décret n° 2006-910*, *supra* note 500, art 426.

Pour stimuler et accélérer le développement du secteur minier à Madagascar, un nouveau processus de réforme du *Code minier* a été initié en 2014 par le gouvernement de Hery Rajaonarimampianina sans toutefois avoir pu aboutir, le nouveau gouvernement d'Andry Rajoelina ayant été instauré en janvier 2019. Cette révision se voulait plus inclusive de la société civile, mais aussi du secteur privé[563]. Elle visait notamment à mieux équilibrer et maximiser les bénéfices et retombées tirés de l'exploitation minière aux niveaux national et local, et à favoriser les activités de recherche en assouplissant les conditions d'octroi des permis R et en rendant leur renouvellement illimité. Les discussions ont, entre autres, porté sur un retour à la participation de l'État au nom du rééquilibrage des intérêts publics, soit la « participation gratuite de l'État dans le capital des futurs projets miniers » et la « création d'une société minière nationale devant gérer les participations de l'État », sur la « création d'un fonds pour les générations futures », la « révision du principe "Premier venu, premier servi" », et la création d'une obligation pour les entreprises minières de participer à l'ITIE et au développement local, formalisant ce qui ne relevait alors que de la *soft law* et la RSE et rendant obligatoire ce qui n'était qu'un engagement volontaire[564]. Malgré cette volonté politique d'aller plus loin, il n'y a pas eu de consensus, surtout auprès du secteur privé, sur les modifications proposées et ce processus a été suspendu un certain temps avant de prendre fin avec la fin du mandat du gouvernement qui l'a initié et l'avènement, en 2019, de l'actuel gouvernement, porteur d'un nouveau projet de réforme du Code. Ce projet a abouti à l'adoption de la *Loi n°2023-007 du 27 juillet 2023 portant refonte du Code Minier* laquelle, dépassant les limites de la période historique à l'étude dans cet ouvrage, n'a pas été analysée en profondeur. Le survol de cette loi laisse toutefois penser qu'en dépit des modifications essentiellement techniques apportées, les enjeux soulevés par les précédents codes semblent ne pas avoir tout à fait été pris en compte par le nouveau code. Par exemple, sa section VII sécurise encore plus les investissements miniers en renforçant le régime de stabilité parafiscale, fiscale et douanière au profit des opérateurs miniers et en l'étendant aux comptoirs de l'or, des pierres précieuses et des pierres fines, auparavant écartés de ce régime.

---

563 Contrairement aux révisions d'autres textes comme la LGIM, qui ont fait l'économie de la consultation de la société civile, notent Crawford et Nikièma, *supra* note 390 aux pp 14–15, ce qui constitue une faiblesse.

564 Moore Stephens, *supra* note 387 à la p 53. Voir aussi le *Projet de loi portant modification de certaines dispositions de la Loi n° 99-022 du 19 août 199 portant Code minier modifiée par la Loi n° 2005-021 du 17 octobre 2005* dans sa version du 18 mars 2016.

1.2.3 Le régime spécial établi par la *Loi sur les grands investissements miniers* et son décret d'application

Le cadre juridique du secteur minier à Madagascar a été complété par l'adoption en 2002 de la LGIM, avec le soutien de la Banque mondiale. La LGIM souligne l'importance du secteur minier et des grands projets miniers pour le développement économique du pays, en termes de retombées économiques et sociales[565]. Dans un contexte de compétition entre les pays miniers pour attirer les acteurs importants du secteur, elle cherche à attirer de grands investisseurs miniers en leur offrant un cadre légal et fiscal spécial, encore plus incitatif, avantageux et stable pour faciliter leur installation[566]. Afin d'éviter les négociations au cas par cas, mal équilibrées et longues, comme par le passé avec QIT, la LGIM s'est inspirée des dispositions de la Convention d'établissement négociée avec celui-ci pour établir un régime clair, donc sécurisant dès le départ, pour cette catégorie d'acteurs[567]. Elle vise aussi à favoriser l'industrialisation et la transformation nationale des minerais extraits avec plus d'abattements fiscaux pour ces activités[568], mais cette mesure a eu peu d'effets, car à ce jour seul le projet Ambatovy a bénéficié du régime spécial de la LGIM.

La LGIM octroie des garanties similaires à celles du *Code minier* et ce dédoublement de régimes, de règles et de rôles des institutions impliquées crée une certaine confusion[569]. La LGIM va tout de même plus loin sur les concessions, et donc sur les avantages pour l'investisseur. Elle permet de déroger à certaines règles du droit commun en vigueur, qui s'appliquent à tous les opérateurs du secteur et sont édictées notamment par le *Code minier* et le *Code des impôts*. Par exemple, le *Code minier* assure la stabilité pour un maximum de 20 ans, quand la LGIM la garantit pour la durée de validité du permis d'exploitation initial ou du dernier permis minier octroyé s'il y en a plusieurs, et si le ou les permis viennent à échéance dans moins de 30 ans, l'éligibilité au régime spécial de la LGIM s'étendra jusqu'à la fin de validité du prochain permis d'exploitation renouvelé[570]. De plus, à la différence du *Code minier*, la LGIM prévoit la possibilité de soumettre à l'arbitrage international les différends entre l'investisseur et l'administration minière[571], une

565 *LGIM*, *supra* note 432, exposé des motifs, al 1, 3.
566 *Ibid*, exposé des motifs, al 4.
567 Crawford et Nikièma, *supra* note 390 à la p 9.
568 *LGIM*, *supra* note 432, art 91.
569 Sarrasin, « Développement », *supra* note 394 à la p 154.
570 *LGIM*, *supra* note 432, art 6, al 3–5.
571 *Ibid*, art 136.

concession importante sur la souveraineté des institutions judiciaires du pays, sur la compétence territoriale de l'État malgache et sa capacité à faire respecter ses propres règles par ses propres moyens.

Le rapport entre la LGIM et la garantie de stabilité du *Code minier* est précisé à l'article 2 de la Loi, qui établit que son régime de stabilisation est offert aux investisseurs ayant opté pour la garantie de stabilité du *Code minier* et dont les investissements dépassent le seuil maximal qui y est prévu. Autrement dit, les investissements éligibles à bénéficier du régime spécial de la LGIM vont au-delà de 50 milliards d'ariarys et font l'objet d'un plan d'investissement approuvé selon les dispositions de la Loi, « à condition que le ratio des fonds empruntés aux fonds propres ne soit pas supérieur à 75:25 % »[572]. Ce seuil était de 200 milliards d'ariarys dans la LGIM de 2002 et a été revu à la baisse en 2005 afin d'élargir le bénéfice du régime à des investisseurs plus nombreux et diversifiés, comme les compagnies juniors[573]. L'abaissement supplémentaire des contraintes et exigences demandées aux opérateurs devait ainsi rendre le régime minier encore plus attractif et compétitif. La révision de la LGIM en 2005 n'a donné lieu ni à un nouveau décret d'application ni à la mise à jour de celui existant.

L'investisseur qui remplit les conditions d'éligibilité au régime spécial de la LGIM est libre d'y souscrire ou de rester assujetti à la garantie de stabilité du *Code minier*[574]. S'il choisit d'en bénéficier, il doit demander une certification de l'éligibilité de son investissement, en déposant un dossier auprès de l'organe de contrôle et suivi de la certification au ministère des Mines[575], qui évalue le projet et la capacité du promoteur à respecter ses engagements d'investissement et de transformation sur le sol national[576]. L'article 9 de la LGIM précise les pièces à fournir pour le dossier de demande. Si la demande est approuvée au terme de la procédure d'instruction[577], l'octroi du certificat fait l'objet d'un décret pris en Conseil de gouvernement et publié au journal officiel[578]. Cette publication fait naître une obligation contractuelle entre l'investisseur et l'État malgache sur les dispositions du décret, de la Loi et de son décret d'application, notamment sur le respect de l'engagement de l'investisseur

572 *Ibid*, art 4.
573 *LGIM*, *supra* note 432, exposé des motifs, al 6.
574 *LGIM*, *supra* note 432, art 2.
575 *Ibid*, arts 7–8.
576 *Ibid*, art 10.
577 *Ibid*, arts 10–12.
578 *Ibid*, arts 7, 13, 15–16.

à mettre en œuvre fidèlement le plan d'investissement fixé[579]. Quant à l'État, il s'engage à garantir « l'application non discriminatoire des dispositions du régime spécial en matière des changes, et en matière fiscale, douanière et juridique exposées dans la [...] loi à l'égard de l'Investissement, du Titulaire et de l'Entité de Transformation, et le cas échéant, des sous-traitants pendant la durée de l'éligibilité »[580]. De plus, le décret vaut « consentement de l'État Malagasy à l'arbitrage international pour le règlement des différends éventuels avec le Titulaire, l'Entité de Transformation ou les Investisseurs [...], et à l'exécution [...] des sentences arbitrales ainsi prononcées »[581]. En cas de rejet, l'investisseur peut engager des recours administratifs ou opter pour la garantie de stabilité du *Code minier*[582].

La LGIM définit le cadre légal dans lequel évolue l'investisseur qui y est assujetti et lui offre, ainsi qu'à ses partenaires, une stabilité de changes, fiscale, douanière et juridique[583]. Pour les volets fiscal, douanier et des changes, l'application des règles constitutionnelles, légales et réglementaires en vigueur au 31 décembre 1999 est stabilisée en tenant compte des dispositions plus favorables offertes par la LGIM et des mesures, entrées en vigueur après cette date, mais avant la date de certification d'éligibilité, plus favorables aux opérateurs et applicables sans qu'ils aient à en formuler l'option[584]. Pour le volet juridique, l'application des dispositions constitutionnelles, légales et réglementaires en vigueur à la date de certification d'éligibilité, et telles que modifiées par la LGIM, est garantie[585]. Les bénéficiaires de la garantie de stabilité sont donc soumis à des règles de droit commun, mais sous réserve de l'application des dispositions de la LGIM, qui ont donc préséance[586]. Toute nouvelle disposition légale ou réglementaire allant à l'encontre de la LGIM ne peut s'appliquer à l'investissement et aux opérateurs concernés[587], verrouillant ainsi les éventuelles tentatives politiques de réviser à la hausse leurs charges fiscales ou douanières, par exemple. La

579 *Ibid*, arts 18, 110.
580 *Ibid*, art 27.
581 *Ibid*, art 15(5).
582 *Ibid*, art 14.
583 *Ibid*, arts 27–33 (détail des garanties de stabilité et de l'option pour l'application du droit commun, pour un ou plusieurs volets), 34–45 (avantages en matière de changes), 46–69 (avantages en matière fiscale), 70–90 (avantages en matière douanière), 91–109 (avantages en matière juridique).
584 *Ibid*, art 27.
585 *Ibid*.
586 *Ibid*.
587 *Ibid*, art 29.

LGIM crée une niche de droit, réservée au club sélect des grands investisseurs minier et figée dans le temps, dans le régime juridique du secteur.

Les avantages fiscaux consistent notamment en une application stabilisée du *Code général des impôts* de 1999, des exonérations fiscales[588], des taux d'imposition ou de taxation réduits ou plafonnés, des déductions spéciales sur le revenu imposable, et la réduction de droits d'enregistrement des actes et mutations[589]. La modification apportée en 2005 au second alinéa de l'article 61 de la LGIM vise aussi à garantir qu'un grand projet minier ne puisse être assujetti à des droits parafiscaux excessifs et spécifiques[590]. Les avantages douaniers touchent aux exonérations et franchises sur droits et taxes de douane et à la facilitation d'opérations de dédouanement, dont la dispense d'inspection douanière pour les matériels, biens et équipement figurant sur une liste approuvée par les autorités[591]. Les avantages juridiques concernent notamment les taux de redevance minière réduits pour la vente des produits miniers transformés, la liberté de circulation, de commercialisation des produits miniers et d'installation d'infrastructures, le plafonnement de la contribution de l'investisseur aux frais d'évaluation et suivi de la mise en œuvre de son ÉIE. Ils portent aussi sur la sécurisation des droits de propriété de l'investisseur et la garantie contre l'expropriation ou la nationalisation, la discrimination et les changements législatifs relatifs à l'octroi, au maintien, transfert, extension, renouvellement et résiliation des permis miniers, ou alors une indemnisation juste, équitable et effective doit être allouée[592]. Les avantages sur les changes portent quant à eux sur la facilitation des transferts de fonds vers l'étranger, la liberté de change et la possibilité de détenir des comptes en devises à l'étranger et au pays sous réserve de l'engagement de rapatrier les devises[593].

En retour, la LGIM exige du bénéficiaire du régime qu'il se conforme, entre autres, aux conditions liées à l'investissement, aux normes applicables, dont environnementales, en vigueur à la date de certification de l'éligibilité, à la déclaration fiscale et à la production de rapports

---

588 Par exemple, selon la *LGIM*, *supra* note 432, art 47, l'investisseur est temporairement exonéré du minimum de perception de l'impôt sur les bénéfices des sociétés (IBS) pendant les cinq premières années à partir du début de l'exploitation, tant qu'il ne produit pas de bénéfices durant cette période, sinon il serait alors soumis au paiement de l'impôt réel

589 *Ibid*, arts 46–48, 50, 52, 54, 56–57, 60, 63, 66, 68.

590 *Ibid*, exposé des motifs, al 10.

591 *Ibid*, arts 70, 75, 78–79.

592 *Ibid*, arts 91–95, 97–99, 101.

593 *Ibid*, arts 34–36, 41, 43.

annuels sur la mise en œuvre du plan d'investissement et du projet[594]. La Commission des grands investissements miniers (CGIM) assure le contrôle et le suivi de l'application de la LGIM et du respect des engagements des bénéficiaires, et coordonne pour cela des inspections et audits bisannuels aux frais de l'État[595]. Établie par le décret d'application de la Loi, qui en précise les attributions, la composition et l'organisation[596], la CGIM est une structure interministérielle présidée par le secrétaire général du ministère des Mines et composée de représentants des ministères en charge des Mines, de la Fiscalité, des Douanes, du Contrôle des changes, de la Justice, du Domaine, mais pas ceux en charge de l'Environnement et de l'Aménagement du territoire[597]. Pour un ou plusieurs des volets du régime, le bénéficiaire peut, dès le deuxième anniversaire de la date de certification de l'éligibilité, opter pour l'application du droit commun et renoncer définitivement à toutes les dispositions de la LGIM relatives à ce ou ces volets[598]. Le renoncement à l'ensemble des volets du régime ne libère toutefois pas l'investisseur de son obligation de se conformer au plan d'investissement[599].

En cas de litige entre l'administration minière et le bénéficiaire, celui-ci peut soit initier une procédure de recours gracieux auprès du ministre des Mines, pouvant aboutir à un protocole d'accord adopté en conseil de gouvernement, soit recourir à la juridiction administrative nationale, en vertu du droit administratif malgache applicable à la date de certification de l'éligibilité[600]. Ultimement, le litige peut être soumis à l'arbitrage international du Centre international de règlement des différends relatifs aux investissements, un organe du Groupe de la Banque mondiale, suivant la *Convention sur le règlement des différends relatifs aux investissements entre États et ressortissants d'autres États* signée à Washington en 1965 et ratifiée par Madagascar en vertu de la *Loi no 66-011 de juillet 1966*, ou à toutes autres procédure et instance arbitrales sur lesquelles les parties se seront accordées[601]. La décision arbitrale est définitive et « l'État Malagasy renonce irrévocablement à opposer sa souveraineté nationale à

594 *Ibid*, arts 110–13.
595 *Ibid*, arts 124–25.
596 *Décret n° 2003-784 du 08 juillet 2003 fixant les conditions d'application de la Loi n° 2001-031 du 08 octobre 2002 établissant régime spécial pour les grands investissements dans le secteur minier malagasy*, JO, 29 décembre 2003, 6882, arts 8–18.
597 *Ibid*, art 12.
598 *LGIM*, *supra* note 432, arts 30–31.
599 *Ibid*, art 33.
600 *Ibid*, art 135.
601 *Ibid*, art 136.

l'application de la sentence »[602]. Le renvoi à l'arbitrage par la Loi et la concession sur la souveraineté de l'État visent à sécuriser encore plus les investisseurs. Les « différends qui touchent à l'ordre public national malagasy », « ceux qui concernent les infractions aux lois malagasy qui ont un caractère d'ordre public », sont soustraits à l'arbitrage international et relèvent exclusivement des juridictions nationales, mais cela exclut les « crimes contre l'environnement »[603].

En résumé, la section 1 a mis en évidence une forme de reconnaissance par l'État malgache de son rôle de promotion et de protection du développement minier à travers les nombreuses garanties offertes pour sécuriser les investissements dans le secteur minier. La perception de ce rôle a été historiquement renforcée dans les politiques et textes juridiques nationaux du secteur. En effet, des réformes successives du cadre stratégique et juridique du secteur minier, initiées dans les années 1990 sous l'impulsion des institutions financières internationales et conformément à leurs orientations, avaient pour objectif de libéraliser le secteur et d'en réduire les entraves, dans un contexte international de concurrence pour attirer les investissements miniers. Cela s'est traduit par une « absence sélective » [notre traduction][604] de l'État de ce secteur, son rôle se limitant à faciliter les opérations minières effectuées par le secteur privé. En plus du désengagement de l'État des activités productives, un processus de décentralisation est instauré, partageant ses responsabilités et compétences, par exemple avec les collectivités territoriales décentralisées, dans la prise en charge de l'environnement dans le cadre du secteur minier. Ce fractionnement de ses pouvoirs morcelle ses revenus miniers et affaiblit ses capacités de suivi et de contrôle en la matière.

Cela s'est également traduit par l'assouplissement et la simplification des règles encadrant le secteur, pour les rendre plus incitatives. À cette fin, certaines valeurs néolibérales comme le libre-échange ont été intégrées et priorisées au sein du cadre juridique du secteur minier malgache, ainsi que des principes comme le *free mining*, empruntés aux

---

602 *Ibid*, art 141.

603 *Ibid*, art 137.

604 David Szablowski, *Transnational Law and Local Struggles: Mining, Communities and the World Bank*, Portland, Hart, 2007 aux pp 28, 45 [Szablowski] parle en effet de « selective absence » pour décrire ce phénomène de retrait partiel de l'État de certaines de ses fonctions antérieures, et précise que « [w]hile state legal regimes appeared to mediate between investors and community interests, in practice the state absented itself from substantial parts of the process ».

régimes juridiques des pays miniers les plus compétitifs. Paradoxalement aux objectifs de simplification, non-discrimination et transparence, le cadre juridique semble s'être plutôt complexifié avec la mise en place de régimes parallèles, et l'octroi de garanties spéciales à un nombre restreint d'acteurs est une forme de discrimination envers ceux qui sont soumis au droit commun.

Fruit de ces réformes, le régime juridique du secteur, que nous connaissons aujourd'hui, est libéral et favorable notamment aux grands investisseurs miniers, aux besoins et intérêts spécifiques desquels il cherche à répondre en raison de leurs apports économiques. La multiplication des clauses de stabilité les avantageant, dans les textes de droit, renforce la prédominance du secteur minier industriel, positionné comme une priorité nationale. Moins d'attention est accordée aux petites exploitations artisanales, moins rentables d'un point de vue macroéconomique, alors qu'elles regroupent l'essentiel des acteurs du secteur, surtout nationaux. Ce qui préoccupe les autorités vis-à-vis des mines artisanales, perçues comme illégales et une menace pour les aires protégées, c'est davantage leur formalisation. Or, nous l'avons vu, la légalité des activités minières industrielles ne garantit pas qu'elles ne portent pas atteinte à ces aires, car par son silence ou son absence de clarté le droit peut même soutenir la possibilité de telles situations. De plus, le cadre juridique du secteur minier comporte d'autres faiblesses, au niveau de la capacité de l'administration minière à mettre en œuvre, contrôler et faire le suivi des règles pourtant abondantes qui composent ce cadre, ou des incohérences du processus d'octroi des permis miniers, qui peuvent être octroyés sans attendre le permis environnemental.

Bref, la présente section a montré que le cadre juridique du secteur minier à Madagascar a été initialement formulé dans le contexte de mesures préconisées par les bailleurs de fonds internationaux et en réponse aux besoins des grands investisseurs miniers que le pays veut à attirer, et que cette tendance s'est maintenue au fil des réformes successives, transformant progressivement le rôle de l'État malgache dans ce secteur. L'État s'engage désormais légalement à offrir et maintenir un environnement juridique propice aux activités de ces investisseurs. Comment est alors prise en compte la protection de la biodiversité dans cet environnement juridique ?

2. L'ARRIMAGE DU CADRE JURIDIQUE ET INSTITUTIONNEL DU SECTEUR MINIER À LA PROTECTION DE LA BIODIVERSITÉ

Plusieurs textes du cadre juridique du secteur minier malgache abordent spécifiquement les préoccupations sur la protection de la biodiversité, la politique minière reconnaissant dès le départ que le développement minier ne peut écarter l'enjeu de cette protection[605], avec lequel un équilibre doit être trouvé en vue du développement durable. La présente section identifie ces textes juridiques et les institutions qui arriment le régime minier à la protection de la biodiversité. L'ancrage juridique est réalisé par des dispositions générales du *Code minier*, précisées ensuite par une réglementation environnementale plus spécifique. Ces textes représentent un trait d'union entre le secteur minier et la protection de la biodiversité, tout comme les institutions sectorielles impliquées dans la gestion de l'environnement minier qui, en collaborant les unes avec les autres dans la mise en œuvre et le suivi de ces textes, tissent des liens entre ce secteur et cette protection.

2.1 L'arrimage juridique : manque de cohérence des textes et processus

L'arrimage juridique se traduit par l'intégration de la dimension environnementale dans les textes juridiques encadrant le secteur minier, lesquels visent surtout à maîtriser, réduire et non pas éliminer entièrement les impacts sur la biodiversité des activités minières pour ne pas exclure ces activités. L'approche privilégiée consiste plutôt à les rendre compatibles avec la protection de la biodiversité, partant de l'idée qu'une telle compatibilité demeure toujours possible moyennant les mesures appropriées.

2.1.1 Les dispositions environnementales du *Code minier*

Nous l'avons vu dans la section précédente, le *Code minier* prévoit des dispositions sur les obligations environnementales associées à l'exercice des activités minières et sur le processus de demande du permis environnemental ou de l'autorisation environnementale. Avant de débuter une activité minière, le Code impose aux titulaires d'un permis minier d'obtenir le permis environnemental ou l'autorisation environnementale correspondant à leur permis minier. Pour le permis E,

---

605 Madagascar, *SPANB*, *supra* note 19 à la p 58.

un permis environnemental et la réalisation d'une ÉIE sont requis, alors que les permis R et PRE ne nécessitent qu'une autorisation environnementale et un PEE[606], sauf si les travaux de recherche sont suffisamment avancés et les demandes de permis PRE sont concentrées dans une zone, auxquels cas une ÉIE peut être exigée[607]. Pour l'AERP aucun permis ou autorisation environnementale n'est exigé, sous réserve toutefois des règles sur les zones sensibles[608]. La tenue d'activités minières dans les zones protégées ou réservées au sens de l'article 15 du *Code minier* est interdite. Les travaux de construction et d'entretien réalisés préalablement ou durant les opérations minières doivent se conformer à l'ÉIE ou au PEE approuvé par l'autorité compétente ; l'élargissement des travaux ou substances, non prévu dans ces documents, doit d'abord faire l'objet d'une autre demande de permis environnemental ou d'autorisation environnementale[609].

Le Code stipule que le dossier de demande de permis environnemental ou d'autorisation environnementale doit être soumis au BCMM en même temps que celui du permis minier, avant d'être transmis au service concerné pour examen et approbation[610]. Le dossier doit comporter un *Plan de gestion environnementale du projet* (PGEP) qui est un cahier de charges précisant les mesures d'élimination, d'atténuation et de compensation des impacts négatifs du projet sur l'environnement, et un plan de fermeture précisant les mesures de réhabilitation et de remise en état du site à la fermeture de la mine, en prévision de laquelle les demandeurs doivent fournir une provision environnementale[611].

Durant les opérations minières, le titulaire de permis miniers doit prendre les mesures pour minimiser et réparer les dommages environnementaux causés par ses activités. Il doit réparer les dommages causés au sol en surface et indemniser le propriétaire pour le préjudice subi, par exemple[612]. Selon l'article 99 du *Code minier*, il est « responsable de toute dégradation de l'environnement du fait de ses travaux. Cette responsabilité n'est limitée que dans la mesure où [il] exerce dans le respect des lois et règlements régissant les activités minières ainsi que

606 *Code minier de 2005*, *supra* note 405, arts 33, al 2, 37, al 2, 39, al 2.

607 *Ibid*, arts 33 al 3, 39 al 3.

608 *Ibid*, art 25.

609 *Ibid*, art 100 ; *Décret n° 2006-910*, *supra* note 500, art 78.

610 *Code minier de 2005*, *supra* note 405, art 45 ; *Décret n° 2006-910*, *supra* note 500, art 104 (détail des pièces demandées pour le dossier).

611 *Code minier de 2005*, *supra* note 405, art 102, al 1, précisé par l'*Arrêté interministériel n° 12032/2000*, *supra* note 466, arts 40–41.

612 *Code minier de 2005*, *supra* note 405, art 129.

ceux visant à la protection de l'environnement ». Si un dommage survient sans qu'il ait enfreint les lois et règlements en vigueur, il peut donc difficilement être tenu pleinement responsable. Cela peut poser problème si la loi fixe un niveau peu élevé de protection environnementale en étant permissive, confuse, lacunaire ou contradictoire, des faiblesses que comportent les textes environnementaux du secteur minier à Madagascar, comme nous aurons l'occasion de le voir.

À la fin des opérations minières ou à l'expiration des titres miniers, pour se dégager de leurs engagements envers l'État, leurs titulaires doivent restaurer l'environnement des sites miniers avant leur fermeture et abandon[613]. Ils doivent obtenir un quitus environnemental, octroyé après que le service de l'inspection minière ait constaté sur place la réalisation des travaux de réhabilitation[614]. Ces obligations sont à exécuter même s'il y a transfert de titre minier, auquel cas l'ancien titulaire doit procéder sans tarder aux travaux de réhabilitation prévus dans son ÉIE ou PEE ou sinon, sauf si le nouveau titulaire a pris les mesures nécessaires, l'article 175 du Code sur la confiscation de la provision de réhabilitation s'applique pour couvrir les frais de remise en état[615]. Pour les projets miniers soumis à une autorisation environnementale et à un PEE, le quitus environnemental est facultatif[616].

Les ministères chargés de l'Environnement et des Mines assurent conjointement le contrôle et le suivi du respect de ces obligations environnementales par les opérateurs miniers[617]. En vertu de la convergence mines-environnement recherchée par la politique minière, le *Code minier* reconnaît cette responsabilité d'assurer l'application des textes environnementaux à l'État, d'une part, lequel doit aussi garantir les investissements miniers, d'autre part[618], ce qui le place face à un double objectif difficilement conciliable, selon Sarrasin[619].

Les infractions et les manquements aux obligations environnementales sont différemment qualifiés et sanctionnés selon leur

---

613 *Ibid*, art 95.
614 *Ibid*, art 103.
615 *Décret n° 2006-910*, *supra* note 500, art 82.
616 *Arrêté interministériel n° 12032/2000*, *supra* note 466, arts 130, 137, 146
617 *Code minier de 2005*, *supra* note 405, art 98.
618 *Code minier de 1999*, *supra* note 405, exposé des motifs.
619 Bruno Sarrasin, « Économie politique du développement minier à Madagascar : l'analyse du projet QMM à Tolagnaro (Fort-Dauphin) », en ligne : (2006) 7:2 VertigO au para 17 <journals.openedition.org/vertigo/2401> [Sarrasin, « Économie politique »].

nature et leurs auteurs. Par exemple, l'infraction minière relative au non-respect de l'interdiction d'opérer dans des zones protégées est qualifiée de délit ou de crime selon qu'elle ait été commise ou non en bande organisée. Un délit est passible d'un emprisonnement de 5 à 10 ans, d'une amende de 50 000 à 50 millions d'ariarys et de dommages-intérêts, tandis qu'un crime commis en bande organisée est passible de travaux forcés de 5 à 20 ans, d'une amende de 10 à 100 millions d'ariarys et de dommages-intérêts[620]. Le non-respect des obligations environnementales est sanctionné moins sévèrement par des mesures administratives modulées selon la gravité de la faute, telles que la suspension temporaire des activités et l'imposition de travaux destinés à protéger l'environnement[621].

2.1.2 L'évaluation environnementale comme approche privilégiée de mise en compatibilité des investissements avec la biodiversité

En application de la *Charte de l'environnement malagasy*[622], l'article 3 du *Décret relatif à la mise en compatibilité des investissements avec l'environnement* de 2004[623] (Décret MECIE) édicte que les projets publics ou privés pouvant affecter l'environnement doivent être soumis à une évaluation environnementale sous forme d'ÉIE ou de PEE[624], laquelle tient compte du milieu d'implantation et de la nature technique, l'ampleur et la

---

620 *Code minier de 2005*, *supra* note 405, art 165 ; taux de change du 26 avril 2020 de la Banque centrale, *supra* note 76.

621 *Code minier de 2005*, *supra* note 405, art 173.

622 *Charte de l'environnement malagasy*, *supra* note 110, art 10, al 1 ; *Charte de l'environnement actualisée*, *supra* note 156, art 13.

623 *Décret n° 99-954 du 15 décembre 1999 modifié par le décret n° 2004-167 du 03 février 2004 relatif à la mise en compatibilité des investissements avec l'environnement*, JO, 10 juillet 2000, 2235 et JO, 24 mai 2004, 2095 [*Décret MECIE*].

624 Selon *ibid*, art 2, le PEE ou PREE consiste en un engagement fait par le promoteur de prendre des mesures pour atténuer les effets de son projet sur l'environnement et de réhabiliter le site. Selon *ibid*, art 7, l'ÉIE est définie comme :

> l'examen préalable des impacts potentiels prévisibles d'une activité donnée sur l'environnement; elle devra mettre en œuvre toutes les connaissances scientifiques pour prévoir ces impacts et les ramener à un niveau acceptable pour assurer l'intégrité de l'environnement dans les limites des meilleures technologies disponibles à un coût économiquement viable. Le niveau d'acceptabilité est apprécié en particulier sur la base des politiques environnementales, des normes légales, des valeurs limites de rejets, des coûts sociaux, culturels et économiques, et des pertes en patrimoines.

sensibilité des projets. Les types de projets concernés sont précisés aux Annexes I et II du Décret, dont les projets miniers d'exploitation mécanisée avec un permis E et de recherche d'une certaine envergure avec un permis R, qui sont soumis à une ÉIE, alors que les autres projets de recherche avec un permis R et d'exploitation artisanale avec un permis PRE sont soumis à un PEE. L'article 4 du Décret précise aussi qu'une ÉIE est requise, quel que soit le permis détenu, pour l'implantation et la modification d'aménagement, les ouvrages et les travaux « situés dans les zones sensibles prévues par l'*Arrêté n° 4355/97 du 13 Mai 1997 portant désignation des zones sensibles* [...] [ou] susceptibles, de par leur nature technique, leur contiguïté, l'importance de leurs dimensions ou de la sensibilité du milieu d'implantation, d'avoir des conséquences dommageables sur l'environnement »[625]. Lorsque favorable, l'évaluation environnementale aboutit à l'approbation du PGEP et à la délivrance du permis environnemental pour les projets soumis à une ÉIE, et à l'approbation du PEE et l'octroi de l'autorisation environnementale pour les projets soumis à un PEE[626].

Le Décret MECIE décrit en détail le processus d'évaluation de l'ÉIE, qui commence par le dépôt d'un dossier de demande, comprenant notamment le rapport de l'ÉIE réalisée et le reçu du paiement de la contribution financière du promoteur aux frais d'évaluation et de suivi du PGEP, auprès de l'ONE qui le transmet aux autorités compétentes pour évaluation[627]. Le dossier précise l'ampleur des impacts prévus sur l'environnement et propose de les éviter, réduire ou compenser par un ensemble de mesures présentées dans le PGEP[628].

Le public participe à l'évaluation du projet, l'ONE pouvant exiger la tenue de consultations sur place de documents, d'enquêtes ou d'audiences publiques, pour recueillir l'avis de la population touchée par le projet et consulter toutes les parties prenantes[629]. Les résultats de cette participation du public sont intégrés au dossier d'ÉIE qui fait ensuite l'objet d'une évaluation technique par le Comité technique d'évaluation ad hoc (CTE).

Le CTE est constitué par l'ONE, qui le réunit au besoin, le coordonne et dirige l'évaluation technique, par la cellule environnementale de la direction des mines du ministère des Mines et

625 *Ibid*, arts 4(1), 4(3).
626 *Ibid*, arts 4(a)–(c), 5.
627 *Ibid*, art 13.
628 *Ibid*, art 11, 2 (définition du PGEP).
629 *Ibid*, arts 15–16, 18, 20.

par le ministère de l'Environnement[630]. Dans son évaluation, il prend en compte les préoccupations du public, s'assure que l'ÉIE est conforme aux règles établies et que les mesures prévues dans le PGEP sont adéquates et suffisantes[631]. Ses compétences peuvent être déléguées en tout ou partie aux collectivités territoriales décentralisées touchées par le projet[632]. La durée de l'évaluation ne peut excéder 60 jours à partir de la date de réception du dossier, si ce dernier a fait l'objet d'une consultation sur place de documents ou d'une enquête publique, et 120 jours s'il y a eu audience publique[633]. L'ONE délivre la décision d'octroi ou non du permis environnemental dans ces délais, sur la base du rapport de participation du public et de l'avis technique du CTE[634].

Au fil du projet, l'ONE, les ministères de l'Environnement et des Mines et les collectivités territoriales contrôlent et font le suivi du respect des obligations environnementales et de la mise en œuvre des mesures prévues au dossier d'ÉIE, au moyen de rapports périodiques d'exécution fournis par le promoteur lui-même[635], faute de moyens pour effectuer des vérifications physiques périodiques sur l'ensemble du territoire national. Suite au suivi, des ajustements peuvent être demandés au promoteur si les mesures initiales de protection environnementale s'avèrent inefficaces, en vue d'une « mise en compatibilité permanente » du projet avec l'environnement[636]. Avant de clore le projet, le promoteur doit remettre en état le site minier suivant les dispositions du PGEP, puis réaliser un audit environnemental dont le rapport est soumis pour évaluation à l'ONE qui, si le rapport est satisfaisant, délivre le quitus environnemental[637].

---

630 *Ibid*, art 23.

631 *Ibid*, art 22.

632 *Ibid*, art 24.

633 *Ibid*, art 25.

634 *Ibid*, art 27. Certaines entreprises publient leur rapport de consultation du public, mais cela n'est pas systématique, y compris par l'ONE. D'ailleurs, pour le projet Base Toliara, ayant fait l'objet d'une suspension par le gouvernement en 2019 puis d'un audit de la Cour des comptes en septembre 2020 en raison de l'opacité des informations communiquées et des impacts méconnus, le rapport de la Cour « recommande à l'ONE de s'assurer que la population puisse avoir connaissance des résultats de leur participation à l'évaluation environnementale tel qu'il a été prévu dans le règlement afin d'éliminer toute forme d'ambiguïté » (Mirana Ihariliva, « Suspension de base Toliara – Des responsabilités ministérielles manquées », *L'Express de Madagascar* (10 septembre 2020), en ligne : <https://lexpress.mg/10/09/2020/suspension-de-base-toliara-des-responsabilites-ministerielles-manquees> [Ihariliva]).

635 *Décret MECIE*, *supra* note 623, arts 29, 32–33.

636 *Ibid*, art 30, al 1–2.

637 *Ibid*, art 30, al 3–4.

Quant au processus d'évaluation du PEE, il est plus simple et ancré au sein du ministère des Mines. Le dossier comprend notamment un plan de réhabilitation environnementale du site d'implantation. Sa recevabilité est appréciée par la cellule environnementale de la direction des mines du ministère des Mines, qui l'évalue et adresse son avis au ministère des Mines pour les demandeurs titulaires d'un permis R et à la direction provinciale concernée de ce ministère pour ceux titulaires d'un PRE. Ce ministère ou sa direction provinciale octroient ou refusent l'autorisation environnementale sur la base de cet avis[638]. La cellule assure aussi le suivi et le contrôle des obligations environnementales liées à cette autorisation et en fait rapport au ministère de l'Environnement et à l'ONE[639].

Les manquements aux obligations environnementales sont sanctionnés par une injonction, soit de remise en état des lieux, soit d'apporter les mesures correctives ou compensatoires dans un délai imparti, ou par la suspension ou le retrait du permis environnemental, menant à l'arrêt des travaux, la suspension de l'activité et la fermeture temporaire ou définitive du site[640]. Les sanctions prévues par la législation et la réglementation minières peuvent aussi s'ajouter[641], notamment les poursuites pénales prévues à l'article 206 du *Code minier*.

Le Décret MECIE est un instrument incitatif pour les investisseurs puisque ces processus d'évaluation environnementale organisent les conditions à respecter pour rendre un projet compatible avec l'environnement[642]. En dépit d'impacts considérables, aucun projet n'est a priori définitivement exclu et tout projet peut toujours être mis en conformité avec l'environnement. Le Décret rend possible le compromis ou la concession entre l'environnement et les activités minières, ce qui en fait un élément clé du cadre juridique favorable déployé pour favoriser l'implantation de grands investissements miniers dans le pays. L'article 4 du Décret illustre cela en permettant la possibilité, pour les projets opérant dans des zones pourtant reconnues comme sensibles, fragiles et vulnérables aux activités humaines[643], d'aller de l'avant sous réserve de la

---

638 *Ibid*, art 6, al 2 ; *Arrêté interministériel n° 12032/2000*, *supra* note 466, art 86.

639 *Décret MECIE*, *supra* note 623, arts 5, 33.

640 *Ibid*, art 36.

641 *Ibid*, art 37.

642 *Ibid*, arts 1, 6 al 1–2.

643 L'*Arrêté ministériel n° 4355/97 du 13 mai 1997 portant définition et délimitation des zones sensibles*, arts 2–3 [*Arrêté sur les zones sensibles*] définit comme telles toute zone constituée par « un ou plusieurs éléments de nature biologique, écologique, climatique, physico-chimique, culturelle, socio-économique caractérisée par : une valeur spécifique et une

tenue d'une ÉIE. Le statut de protection de ces zones étant moins rigoureux et formel que celui des aires protégées plus explicitement interdites de toute activité minière, la sensibilité du milieu n'est ni un critère dissuasif ni un véritable obstacle à l'implantation des projets miniers. Dans ce cadre, le promoteur n'a qu'une obligation de moyen consistant à éviter, si possible, sinon à limiter et rendre tolérables les impacts sur ces zones[644].

Ces processus d'évaluation environnementale reposent également sur la divulgation par le promoteur lui-même des impacts négatifs potentiels et prévisibles de son projet[645], de leur ampleur et des mesures envisagées pour y faire face, afin que les autorités compétentes prennent une décision fondée sur le principe de prévention. En vertu de ce principe, l'ÉIE :

> devra mettre en œuvre toutes les connaissances scientifiques pour prévoir ces impacts et les ramener à un niveau acceptable pour assurer l'intégrité de l'environnement dans les limites des meilleures technologies disponibles à un coût économiquement viable. Le niveau d'acceptabilité est apprécié en particulier sur la base des politiques environnementales, des normes légales, des valeurs limites

---

certaine fragilité vis-à-vis des activités humaines [...] susceptibles de modifier lesdits éléments et/ou de dégrader voire de détruire ladite zone » et, dans tous les cas :

> les récifs coralliens, les mangroves, les îlots, les forêts tropicales, les zones sujettes à érosion, les zones arides ou semi-arides sujettes à désertification, les zones marécageuses, les zones de conservation naturelle [y compris les zones abritant des espèces protégées et/ou en voie de disparition], les périmètres de protection des eaux potables, minérales ou souterraines, les sites paléontologiques, archéologiques, historiques ainsi que leurs périmètres de protection.

Concernant les écosystèmes forestiers, les plus riches à Madagascar, un autre *Arrêté n° 18177/2004 du 27 septembre 2004 portant définition et délimitation des zones forestières sensibles*, JO, 11 octobre 2004, 3816 a mis à jour et précisé celui de 1997 en établissant une carte géoréférencée, donc plus moderne, des zones forestières considérées comme sensibles.

644 Par exemple, dans l'*Arrêté interministériel n° 12032/2000*, *supra* note 466, annexe D, section III(E)(2)(f)–(g) sur les mesures d'atténuation et de réhabilitation à prendre pendant les opérations de recherche, il est écrit concernant les voies d'accès, que « [q]uand cela est possible, le Titulaire de Permis R doit choisir des itinéraires précis pour éviter le passage sur des zones sensibles et des zones sujettes à érosion », et concernant les sols et la végétation, qu'il faut « [é]viter au maximum le défrichement. Là où cela est indispensable, écarter les buissons gênants. [...]. Les bords de rivière ne doivent pas être défrichés sauf si cela est absolument indispensable ».

645 *Décret MECIE*, *supra* note 623, art 7.

de rejets, des coûts sociaux, culturels et économiques, et des pertes en patrimoines[646].

Cela soulève des questions, dont celle de savoir si l'État malgache a les capacités humaines et techniques suffisantes pour s'assurer de la véracité et de l'exhaustivité des informations fournies par le promoteur, pour apprécier les seuils technologiques et en faire le suivi, et pour fixer les normes, valeurs limites et indicateurs à respecter par le promoteur. En effet, l'ONE qui doit, en concertation avec le ministère des Mines, établir ces normes et valeurs limites par des directives techniques et en assurer le suivi, a sensiblement moins de personnel que les entreprises minières dotées de nombreux spécialistes dont l'expertise finit généralement par rallier l'ONE. En outre, l'ONE instruit, traite et fait le suivi de centaines de dossiers dans divers secteurs d'investissement autres que le secteur minier, et l'ampleur croissante des investissements dans ce dernier est sans commune mesure avec les projets existant lors de sa création, d'où la question de sa capacité à évaluer adéquatement ces nouveaux types d'investissement minier et à négocier avec des entreprises aux moyens asymétriquement considérables[647]. Dans ce contexte, le Décret reste large et vague sur les normes et valeurs limites à respecter, renvoyant plutôt aux standards internationaux peu reliés aux réalités locales[648]. Se pose alors la question du degré adéquat d'acceptabilité ou de tolérance à retenir dans le contexte propre à un pays riche en biodiversité comme Madagascar, d'autant que selon Lausche, les règles sur l'évaluation environnementale se retrouvent souvent dans un texte commun à plusieurs secteurs, comme le Décret MECIE, ce qui ne

---

646 *Ibid.*

647 Carret et al, *supra* note 56 aux pp 119, 125 (« [...] Rio Tinto emploie près de 100 personnes dans son département social et environnemental, soit au moins autant que l'ensemble du personnel de l'Office National de l'Environnement (ONE) »). Voir aussi IRESA et Les Amis de la Terre, *supra* note 26 aux pp 10–11 :

> [l]e « dialogue » entre les multinationales et les autorités malgaches apparaît très asymétrique. Dépourvus de moyens, surtout en période de crise politique et de suspension de l'aide internationale, les organismes étatiques ressemblent parfois à de simples chambres d'enregistrement des décisions des grands groupes industriels. [...] [L]a Direction régionale de l'environnement et de la forêt (DREF) de Maintirano, censée contrôler les opérations affectant l'environnement et les forêts dans toute la région de Melaky (39.000 km² [...]) était composée d'un unique salarié !

648 *Décret MECIE*, *supra* note 623, art 9.

favorise pas leur adaptation aux contextes et enjeux d'un secteur spécifique[649].

L'évaluation environnementale des projets miniers, fondée sur les principes de prévention, participation et pollueur-payeur, soulève d'autres questions. En vertu du principe de prévention, le promoteur n'est tenu de déclarer, éviter, atténuer et réhabiliter que les impacts environnementaux potentiels et prévisibles de son projet, c'est-à-dire qu'il ne peut être tenu qu'aux risques connus et prévus dans son PGEP. S'il a respecté celui-ci à la fin du projet, aucune mesure supplémentaire ne peut lui être demandée pour pallier les impacts négatifs qui étaient non prévus ou non prévisibles lors de l'approbation du PGEP, sauf s'il s'agit de mesures correctives requises suite à un contrôle de l'inspection minière et qui doivent être mises en œuvre pour obtenir l'avis favorable de l'auditeur environnemental[650]. Autrement dit, les risques inconnus, imprévus et imprévisibles sont supportés par le pays.

La dimension participative dans le processus d'évaluation de l'ÉIE est également source de questionnements dans la mesure où les mécanismes d'intervention du public arrivent assez tard dans la procédure d'autorisation d'un projet minier. D'abord, le processus d'octroi du permis environnemental vient après celui du permis minier. Puis, il ne dure pas plus de 60 à 120 jours, ce qui laisse peu de temps au public pour prendre connaissance des détails du projet, l'évaluer, se mobiliser et se prononcer, une démarche nécessaire pour une véritable participation informée du public. Ces délais serrés limitent aussi la marge de manœuvre des autorités d'évaluation dans l'appréciation des projets et de leurs impacts. Enfin, les critères, indicateurs et méthodes à retenir pour évaluer objectivement l'opinion du public sur le projet ne sont pas clairement définis par le Décret. Dans ces conditions, les effets de la consultation du public sont peu évidents et le processus participatif peut s'apparenter à une formalité visant à entériner la décision qui sera prise au niveau du CTE.

En somme, le Décret MECIE permet de faire converger les objectifs de promotion du secteur minier et de protection de la biodiversité, à travers l'exigence de compatibilité des activités minières avec l'environnement. La mise en synergie concerne aussi les pratiques, à travers la coordination, concertation et collaboration à différents niveaux entre les acteurs des deux secteurs, par des arrangements normatifs,

---

649 Barbara Lausche, *Guidelines for Protected Areas Legislation*, Gland, Union internationale pour la conservation de la nature, 2011 aux pp 201–02 [Lausche].

650 *Arrêté interministériel n° 12032/2000*, *supra* note 466, art 65.

proceduraux et institutionnels qui créent un lien étroit entre ces acteurs. Nous verrons plus loin en effet que c'est en vertu de l'article 2 du Décret MECIE de 1999 qu'ont été créées les cellules environnementales qui s'assurent de la prise en compte des considérations environnementales dans les activités et politiques nationales des ministères sectoriels, dont celui des Mines, dès 2003[651]. Le Décret sert en quelque sorte de passerelle réglementaire entre l'aspect développemental du secteur minier et la protection de la biodiversité malgache, en étant à cheval sur les régimes de ces deux secteurs et en permettant, tout en l'encadrant, le passage de l'un à l'autre. Instrument d'intégration de la protection de la biodiversité dans les projets miniers, d'orientation de la conduite de ces projets par rapport aux enjeux de biodiversité, d'information du public sur leurs impacts sociaux et environnementaux et d'aide à la décision des autorités, le Décret est l'un des points de contact que nous cherchions à identifier et à analyser dans ce chapitre.

2.1.3 La réglementation spécifique au secteur minier en matière de protection de l'environnement

Si le Décret MECIE touche plusieurs domaines d'investissement, l'*Arrêté interministériel sur la réglementation du secteur minier en matière de protection de l'environnement*[652] établit plus spécifiquement la réglementation applicable aux activités minières en matière de protection de l'environnement. L'Arrêté relève des ministères en charge des Mines et de l'Environnement. Il précise les dispositions du Décret MECIE et du décret d'application du *Code minier*, respectivement adoptés en 1999 et 2000[653], mais n'a pas été mis à jour après la révision de ces deux décrets, respectivement en 2004 et 2006, d'où certaines incohérences avec leurs versions subséquentes.

L'Arrêté apporte, entre autres, des précisions importantes sur le processus d'évaluation des activités minières qui impactent une zone sensible, en étant situées en tout ou partie dans ou près d'elle, et pour lesquelles une ÉIE est nécessaire. La détermination d'une telle zone, à l'intérieur ou à proximité de son périmètre minier, revient au demandeur de permis environnemental qui, pour ce faire, n'est pas tenu d'effectuer des études sur le terrain, seulement de repérer l'emplacement de la zone grâce aux cartes et documents disponibles. Également à partir des

---

651 *Décret n° 2003-439 du 27 mars 2003 instituant une cellule environnementale au sein de chaque ministère*, JO, 9 juin 2003, 1675.

652 *Arrêté interministériel n° 12032/2000*, *supra* note 466.

653 *Ibid*, art 1.

documents et publications disponibles, il fournit une description détaillée du milieu ambiant du projet et des éléments de la biodiversité touchés, comme les espèces connues, rares et menacées de faune et de flore vivant sur le site des opérations et pour lesquelles une cartographie des habitats et lieux de passage doit être fournie, ainsi qu'une analyse des effets des opérations minières sur ces éléments[654]. L'organe évaluant le dossier de demande doit déduire de ces informations le degré d'impact sur l'environnement et si le projet touche à des milieux sensibles, auquel cas, pour les PEE, le dossier est redirigé vers le CTE dans les 10 jours ouvrables afin de décider s'il faut exiger une ÉIE[655]. Le processus est donc empreint d'une large marge de manœuvre pour le titulaire de permis minier, sur la foi des déclarations duquel sont prises d'importantes décisions pouvant affecter la biodiversité, tandis que demeure la question des moyens et du temps dont disposent les évaluateurs pour vérifier les données présentées et apprécier leur portée pratique.

Des précisions apportées par l'Arrêté, par exemple à propos de la contribution financière du promoteur, sont en contradiction avec d'autres textes. En effet, l'Arrêté prévoit que celui-ci participe aux frais d'évaluation de l'ÉIE, mais pas aux « frais engendrés par le contrôle et le suivi du PGEP »[656]. À l'inverse, le Décret MECIE exige sa contribution à la fois aux frais d'évaluation de l'ÉIE et de suivi du PGEP, pour les investissements d'une certaine envergure et pour certains types de frais liés par exemple aux experts sollicités, au déplacement des membres du CTE, à l'enquête ou à l'audience publique[657]. L'Arrêté étant antérieur au Décret MECIE, révisé en 2004 et abrogeant les dispositions réglementaires antérieures contraires[658], ce dernier prévaut, mais la

---

654 Voir par ex *ibid*, annexe C, section III(B), al 2 libellé comme suit : « [l]e titulaire ou son représentant doit se fonder sur les cartes, publications et documents écrits disponibles pour déterminer si son périmètre est situé dans une zone sensible. Le titulaire n'a pas à mener une étude sur le terrain pour déterminer la présence ou l'absence d'une zone sensible dans son périmètre » ; voir aussi des dispositions similaires dans *ibid*, annexe D, section III(B), al 1 stipulant que « [c]ette description du milieu ambiant est effectuée à partir de documents et de publications disponibles. Le Titulaire n'a pas l'obligation d'entreprendre des études et analyses sur le terrain afin de rassembler ces informations. Si l'information n'est pas disponible, le Titulaire doit en faire mention dans son PEE-RS » ; et *ibid*, annexe D, section III(D).

655 *Ibid*, annexe C, section IV ; *ibid*, annexe D, section IV.

656 *Arrêté interministériel n° 12032/2000*, *supra* note 466, arts 45(b), 61.

657 *Décret MECIE*, *supra* note 623, art 14, annexe III. Le pourcentage de la participation est fonction décroissante du montant de l'investissement prévu.

658 *Ibid*, art 43.

contradiction persiste avec un autre décret plus récent, celui d'application du *Code minier* en 2006, stipulant que : « [l]es frais engendrés par les activités de contrôles et d'inspection sont supportés par le budget de l'autorité chargée du contrôle ou de l'inspection. Ils ne pourront pas être mis à la charge de la personne à contrôler ou à inspecter »[659]. En vertu du principe d'indépendance des législations, la disposition de ce dernier texte, spécifique au secteur minier, s'applique. Ainsi, d'un côté, la question du suivi des obligations environnementales des projets miniers par l'État se pose, dans un contexte de moyens limités pour celui-ci, tandis que d'un autre côté, la contribution du promoteur questionne la neutralité des agents publics veillant au respect des règles environnementales[660], quand par exemple, faute de moyens, les inspecteurs de l'ONE dépendent des véhicules fournis par les projets miniers inspectés, pour se rendre sur place et faire des vérifications censées être à l'improviste[661]. Après la révision du *Code minier* en 2005, certaines dispositions du Décret MECIE sont devenues implicitement obsolètes pour le secteur minier tandis que d'autres continuent de s'appliquer aux investisseurs miniers qui sont tenus de s'y conformer, ce qui peut créer une certaine confusion sur les obligations à respecter.

L'Arrêté précise également les articles 5, 6 et 33 du Décret MECIE en fixant le délai pour évaluer le dossier de PEE des titulaires de permis R à entre 30 et 35 jours ouvrables suivant la réception de la demande d'évaluation environnementale et, à 10 jours ouvrables suivant la réception de l'avis de la cellule environnementale minière pour la décision d'octroi ou de refus de l'autorisation environnementale. Quant aux PEE des titulaires d'un PRE, le délai d'évaluation est de 20 jours ouvrables suivant la réception de la demande et la décision d'octroi ou non de l'autorisation environnementale doit être délivrée au plus tard 5 jours ouvrables après réception de l'avis de la cellule environnementale de la Direction interrégionale du ministère des Mines. En somme, des délais maximums de 45 jours pour les titulaires de permis R et 25 jours pour les titulaires de PRE étaient initialement prévus par cet Arrêté, avant que l'article 131 du décret d'application du *Code minier* en 2006 ne fixe un délai uniforme de 90 jours pour la délivrance de toute autorisation environnementale liée à un PEE, que le titulaire détienne un

659 *Décret n° 2006-910*, *supra* note 500, art 22.

660 Carret et al, *supra* note 56 à la p 120 ; Crawford et Nikièma, *supra* note 390 aux pp 29–30.

661 IRESA et Les Amis de la Terre, *supra* note 26 à la p 11.

permis R ou un PRE. L'Arrêté dans son ensemble n'ayant pas été mis à jour ou abrogé, cela fait naître des confusions à ce niveau[662].

Ces délais plus courts dans l'Arrêté de 2000 visaient à réduire l'écart avec la date d'octroi du permis minier, répondant ainsi à un souci d'optimisation de la procédure d'autorisation des projets miniers[663]. Selon l'Arrêté, la demande d'autorisation environnementale doit aussi être déposée en même temps que la demande de PRE et l'autorisation est délivrée en même temps que ce permis[664]. Le processus d'autorisation environnementale s'est donc adapté à celui d'autorisation minière sur cet aspect et sur d'autres. Par exemple, l'Arrêté précise qu'en plus des vérifications basées sur les rapports périodiques fournis par le promoteur lui-même, dans la pratique, pour plus d'efficacité et d'économie de moyens, le suivi du respect des conditions du permis environnemental est effectué en même temps que les visites de contrôle du service de l'inspection minière du ministère des Mines, qui en fait ensuite rapport aux organes légalement en charge du suivi environnemental[665]. Encore une fois, en ce point précis, les processus relatifs aux permis minier et environnemental ne sont pas totalement indépendants et interagissent, l'un reposant sur les moyens et institutions de l'autre, auxquels il se greffe, pour fonctionner.

L'Arrêté donne aussi des informations détaillées, mais contradictoires avec les autres textes pertinents, sur les rôles des institutions impliquées dans la protection de l'environnement dans le secteur minier, créant une certaine confusion à ce sujet. Il reconnaît par exemple au ministère de l'Environnement un rôle important dans l'évaluation du dossier d'ÉIE et l'octroi du permis environnemental avec la présidence du CTE[666]. Cela est relativisé par la modification subséquente du Décret MECIE qui reconnaît plutôt à l'ONE la direction de cette évaluation, la coordination du CTE et la prise de la décision d'octroi ou de refus du permis, le représentant du ministère contrôlant plutôt la conformité de cette évaluation[667]. L'Arrêté attribue aussi au ministre un rôle décisionnel, de

---

662 En effet, l'Arrêté étant antérieur au décret d'application plus récent, ce dernier s'appliquerait, mais le *Décret n° 2006-910*, *supra* note 500, art 131 renvoie paradoxalement à la réglementation environnementale spécifique au secteur minier, donc notamment à l'Arrêté pour précisions, ajoutant que « [l]a réglementation environnementale applicable au secteur minier peut [...] prévoir un allongement à ce délai dans des cas qui y sont précisés ».

663 GLW Conseil, *supra* note 429 à la p 59.

664 *Arrêté interministériel n° 12032/2000*, *supra* note 466, arts 86–93.

665 *Ibid*, art 62.

666 *Ibid*, art 10.

667 *Décret MECIE*, *supra* note 623, arts 23, 27.

négociation, suivi et sanction[668]. Il lui appartiendrait de décider de l'octroi ou non du permis environnemental[669], alors que, comme nous l'avons souligné, le Décret MECIE attribue ce rôle à l'ONE[670]. Il serait habilité à négocier et signer des conventions minières spécifiques avec les promoteurs dont l'investissement dépasse 250 milliards de FMG[671], mais cette compétence n'a plus de raison d'être depuis l'adoption de la LGIM qui couvre désormais sous un seul régime les investissements au-delà de ce seuil et écarte l'approche de signature de contrats miniers au cas par cas. Enfin, le ministre de l'Environnement se prononcerait sur l'octroi ou non du quitus environnemental sur la base de l'avis du CTE qui a évalué les résultats de l'audit environnemental[672], mais le Décret MECIE reconnaît encore une fois ce rôle à l'ONE[673]. Ainsi, d'un texte à l'autre, des fonctions de ce ministère dans l'encadrement de l'environnement minier sont transférées notamment à l'ONE. Ces textes restant pourtant en vigueur, des conflits de compétences entre les deux institutions sont possibles.

Il y a aussi une certaine confusion entre les compétences du BCMM à recevoir les études environnementales et délivrer les autorisations environnementales en vertu de ses statuts de 2000, de l'Arrêté de 2000 et du *Code minier* de 2005[674], et celles de l'ONE qui, selon le Décret MECIE, est le guichet unique pour le dépôt des demandes d'évaluation des dossiers d'ÉIE et la délivrance des permis environnementaux[675]. Le

---

668 *Arrêté interministériel n° 12032/2000*, *supra* note 466, arts 5–9.

669 *Ibid*, art 5.

670 *Décret MECIE*, *supra* note 623, art 27.

671 *Arrêté interministériel n° 12032/2000*, *supra* note 466, arts 7, 44. Le Franc malgache (FMG) était l'unité monétaire du pays avant le 1er janvier 2005, remplacée après cette date par l'Ariary. Un Ariary vaut cinq FMG.

672 *Arrêté interministériel n° 12032/2000*, *supra* note 466, arts 67–68.

673 *Décret MECIE*, *supra* note 623, art 30.

674 *Décret n° 2000-308*, *supra* note 467, art 3 ; *Arrêté interministériel n° 12032/2000*, *supra* note 466, art 29 (« [l]e Bureau du cadastre minier exerce le rôle de guichet unique pour le dépôt des études et plans environnementaux élaborés sur les projets miniers, et achemine les dossiers vers les autorités compétentes. II délivre les autorisations environnementales aux titulaires de permis miniers ») ; *Code minier de 2005*, *supra* note 405, art 45, sur le dépôt du dossier (« [t]oute demande de permis d'exploitation ou permis "E" est accompagnée d'un document d'étude d'impact environnemental établi conformément à la réglementation en vigueur en matière de protection environnementale, qui est transmis par le bureau du Cadastre Minier au service chargé de l'environnement minier, pour instruction et approbation par l'Autorité compétente »).

675 *Décret MECIE*, *supra* note 623, art 13. *Ibid*, art 2 :

> ONE ou Office National de l'Environnement : organe opérationnel, maître d'ouvrage délégué et guichet unique pour la mise en compatibilité

système du Décret MECIE a le mérite de séparer les processus de demande des permis miniers et environnementaux, ces derniers reposant sur l'organe dédié à la protection environnementale qu'est l'ONE, mais comme le Code de 2005 est plus récent et a préséance sur le Décret, le dossier devrait donc être déposé auprès du BCMM. Cependant, l'Arrêté de 2000 et le Décret MECIE n'ayant été ni modifiés ni complètement révoqués depuis, une actualisation s'impose pour clarifier la validité de leurs dispositions et éviter des confusions qui peuvent affecter l'efficacité et la crédibilité du processus d'évaluation environnementale des projets miniers et, dans une plus large mesure, le cadre juridique national de protection de la biodiversité dans ce secteur.

2.1.4 Les solutions réglementaires temporaires visant à clarifier les limites entre les sphères du secteur minier et de la protection de la biodiversité

Dans la foulée de la mise en œuvre de la Vision Durban à partir de 2003, afin de répondre rapidement aux objectifs de la Vision et déployer le SAPM, une série d'arrêtés a été prise conjointement par les ministères des Mines et de l'Environnement, notamment pour identifier et réserver des zones de conservation potentielles, le temps de mener à bien leur processus de transformation en NAP.

L'*Arrêté interministériel n°19560/2004 du 18 octobre 2004* suspend pour 24 mois (renouvelable pour 24 mois supplémentaires) l'octroi de tout permis minier dans des zones temporairement réservées comme « sites de conservation » selon les articles 15, 17, 106 et 107 du *Code minier* de 1999[676]. Ces sites sont délimités à l'Annexe de l'Arrêté et définies comme « une portion de terre ou de mer vouée à la protection et au maintien de la diversité biologique et des ressources naturelles y associées » et comprenant notamment

> les aires protégées gérées principalement à des fins scientifiques ; les aires pour la conservation de l'écosystème et les loisirs ; les aires pour la préservation des éléments naturels spécifiques ; les aires à conserver par une gestion active ; les aires pour la conservation des paysages terrestres

---

des investissements avec l'environnement, placé sous la tutelle du Ministère chargé de l'Environnement. L'ONE est ainsi appelé à assurer la coordination des CTE, la direction de l'évaluation des EIE et la délivrance des permis environnementaux, la coordination du suivi de la conformité des plans de gestion environnementale.

[676] *Arrêté interministériel n° 19560-2004*, *supra* note 244, arts 1, 3.

ou marins ; les aires d'utilisation durable des écosystèmes naturels[677].

C'est une définition large ne se limitant pas aux aires qui faisaient à ce moment-là l'objet d'un statut de protection officiel[678], insistant plutôt sur la vocation de conservation du territoire et sur sa potentielle richesse en biodiversité.

Cependant, les permis miniers accordés avant la date d'entrée en vigueur de cet Arrêté « conservent leurs droits et validité »[679]. À la fin du délai fixé à l'article 3 de l'Arrêté, la superposition avec ces droits miniers peut poser problème si le site est mis en protection définitive pour devenir une NAP. Le *Code minier* et le COAP ne mentionnent pas l'éventualité et la résolution d'un conflit, chacun affirmant qu'un territoire réservé pour ses activités ne peut faire l'objet d'une autre autorisation d'usage incompatible. L'absence de coordination entre ces textes complexifie la situation. En théorie, plusieurs options pourraient être possibles : l'État pourrait exproprier et indemniser les concessions minières existantes, il peut attendre l'expiration des permis et ne pas les renouveler ou alors modifier les limites de la NAP. En pratique, il est moins aisé d'aménager le territoire après l'introduction du *free mining* et, même si cette solution existe dans les textes nationaux[680], le recours à l'expropriation est limité par les capacités financières de l'État malgache. Sa marge de manœuvre est affectée par les garanties de sécurité offertes aux investissements étrangers contre l'expropriation, notamment celles prévues par l'article 97 de la LGIM.

À la fin de la période de suspension édictée par le premier Arrêté, l'*Arrêté interministériel n°17914 du 18 octobre 2006 prorogeant la suspension de l'octroi de permis minier et de permis forestier dans les zones classées en réserves qui sont les « sites de conservation et les sites de gestion forestière durable »* a été adopté pour prolonger la protection temporaire des sites sans pour autant régler les problèmes de chevauchement, par l'une ou l'autre des possibilités évoquées dans le paragraphe précédent. L'inclusion des « sites de gestion forestière durable »[681] élargit encore les zones pouvant être soustraites

[677] *Ibid*, art 2.

[678] *Ibid*, annexe (carte intitulée « Les zones réservées pour sites de conservation »).

[679] *Ibid*, art 4.

[680] L'unique mention de l'expropriation par l'État dans le *Code minier de 2005*, *supra* note 405 se trouve à l'article 158 sur la garantie de stabilité accordée au promoteur, lui donnant notamment la possibilité de rapatrier l'indemnisation advenant une telle expropriation. La *LGIM*, *supra* note 432, art 98 sur l'indemnisation en cas d'expropriation ou de nationalisation apporte plus de précisions.

[681] *Arrêté interministériel n° 17914-06*, *supra* note 245, art 2.

durant 24 autres mois à l'exploitation minière, pour les besoins de conservation[682].

À l'échéance du second Arrêté et en vertu de l'article 20 du COAP de 2003, un troisième est venu protéger les sites des futures NAP en cours de création, en attendant leur statut de protection définitive[683]. L'Arrêté lève aussi la suspension d'octroi de permis miniers pour certains sites pourtant reconnus comme « potentiels pour la préservation de la biodiversité »[684]. Il clarifie en partie la question des droits miniers préalablement acquis sur les zones en voie de protection définitive. Ces droits, antérieurs aux arrêtés successifs, prévalent tant que les titulaires observent les processus environnementaux prévus, sauf s'ils y renoncent par eux-mêmes ou si leurs permis expirent, ce qui laisse l'empiétement en suspens en attendant cette renonciation ou expiration, l'expropriation moyennant indemnisation n'étant pas expressément envisagée :

> [l]'Administration chargée de l'Environnement doit veiller à ce que la protection temporaire des Aires Protégées n'empêche les titulaires des permis miniers bénéficiant des droits acquis de mener dans les règles de l'art et dans le respect de la réglementation environnementale en vigueur les activités découlant desdits droits miniers. En cas de renonciation par les titulaires de ces permis miniers, les périmètres concernés s'ajoutent d'office à la superficie de protection temporaire définie par le présent arrêté, et de nouvel octroi n'y sera plus possible. Néanmoins, une Étude d'Impact Environnemental (ÉIE) ou une Mise en Conformité Environnementale doit être initiée par le promoteur du projet minier avant la sortie du décret portant la création définitive de l'Aire Protégée[685].

682 *Ibid*, art 3.

683 *Arrêté interministériel n° 18633/2008/MEFT/MEM*, *supra* note 246, art 1.

684 *Ibid*, art 8, annexe 3.

685 *Ibid*, art 9. Le *COAP de 2015*, *supra* note 333, art 40 ne permet pas non plus d'y voir plus clair à ce sujet et semble confirmer la préséance des droits miniers acquis, laquelle mène dans certains cas à une modification du zonage d'une aire protégée pour permettre l'exploitation minière, en stipulant que :

> [m]oyennant le recours aux technologies à moindre impact, la restauration de sites endommagés et une juste compensation, les activités extractives antérieures à la création de l'Aire Protégée [...] sont permises selon le principe de cohabitation pour le cas des Aires Protégées de catégorie Paysage Harmonieux Protégé excepté le noyau dur dans le respect strict des dispositions légales en vigueur en matière de l'environnement. En cas de découverte des produits extractifs dans une

Deux autres arrêtés adoptés ensuite réitèrent ces dispositions, notamment dans les articles 9 et 10 de l'*Arrêté interministériel n°52005/2010 du 20 décembre 2010* modifiant l'Arrêté précédent et modifié par l'*Arrêté interministériel n°9874/2013* qui prolonge la durée de protection temporaire des sites de deux autres années, non renouvelables[686]. Le décret de mise en protection définitive des sites des NAP devait être adopté au terme de ce délai[687]. Cependant, les données de l'Atlas numérique du SAPM indiquent que, pour nombre de ces sites, le dossier de demande de création définitive préalable à la décision d'adoption ou non d'un tel décret n'a même pas encore été déposé[688].

En somme, ces textes réglementaires successifs visaient à offrir une protection temporaire, mais immédiate à des sites d'importance pour la biodiversité, étant donné la lenteur de leur mise en protection définitive par rapport aux processus d'octroi des permis miniers. Si elle a le mérite de faire collaborer les autorités des deux secteurs, cette méthode représente par contre une solution peu viable et ne pouvait continuer indéfiniment, ne faisant que reporter la résolution à long terme du problème de chevauchement entre permis miniers et NAP, apparu suite à la mise en œuvre de la Vision Durban en 2003.

2.2 L'arrimage institutionnel : opacité des rôles, faiblesse des capacités publiques et montée en force des initiatives privées volontaires

Sur le plan institutionnel, il y a recherche de convergence entre les actions des acteurs du secteur minier et de la protection de la biodiversité, avec la création de structures collaboratives entre les institutions publiques, entre les acteurs privés (par exemple entre les entreprises minières et les ONG environnementales) et entre les acteurs publics et privés à travers des initiatives de cogestion et co-régulation. La convergence a toutefois ses limites et aboutit, dans certains cas, à des rapports déséquilibrés entre ces acteurs.

Aire Protégée de catégorie Paysage Harmonieux Protégé et dans la perspective d'une cohabitation, il ne pourra être procédé à l'exploitation qu'après modification du zonage interne de cette Aire Protégée.

686 *Arrêté interministériel n° 9874/2013*, *supra* note 247, art 2.

687 *Ibid*, art 3.

688 Réseau de la biodiversité de Madagascar, « Atlas numérique SAPM », en ligne : <https://www.rebioma.org>.

2.2.1 La multiplication des institutions publiques encadrant l'environnement minier et leur manque de moyens

Les institutions publiques encadrant le secteur minier ne manquent pas[689], la plupart participant à la gestion de l'environnement minier[690]. À leur niveau respectif et en collaboration[691], elles assurent l'application des règles de protection de la biodiversité dans le secteur minier. Certaines facilitent et renforcent cette collaboration interinstitutionnelle, et font le lien avec les acteurs privés concernés.

L'Office national pour l'environnement

Principal organe environnemental national concerné par les projets d'investissement minier, l'ONE « assure la cohérence intersectorielle et le contenu technique en matière d'analyses, de normes, et d'efficacité des mesures d'atténuation et de réhabilitation dans l'élaboration et l'évaluation des ÉIE et des PGEP »[692]. Il collabore avec d'autres organes sectoriels dans l'application du Décret MECIE et l'élaboration d'outils et directives aux investisseurs miniers pour préciser les règles du Décret et en orienter l'application. L'ONE joue donc un rôle crucial de passeur ou traducteur de normes, à l'interface entre la sphère minière et celle environnementale, dont il améliore la compréhension des normes par les acteurs miniers.

En période de crise politique et économique comme celle de 2009, sa capacité à assurer son rôle peut être affectée et l'application des processus d'évaluation environnementale du Décret MECIE remise en question. Le suivi environnemental des projets miniers a alors régressé,

---

689 *Décret n° 2006-910*, *supra* note 500, arts 22–65 sur les organes en charge de l'administration du secteur minier et leurs rôles respectifs.

690 Il s'agit, selon *Ibid*, art 23, de :

> a) le service chargé de l'Environnement Minier au sein du Ministère chargé des Mines ; b) les services du Ministère chargé de l'Environnement et les organismes qui lui sont rattachés, ainsi que les Autorités compétentes en matière de protection de l'environnement, qui sont précisées par la réglementation environnementale applicable au secteur minier ; c) les représentants de l'État au niveau des Districts ; d) les Provinces Autonomes, les Régions ainsi que les Communes ; et e) les Présidents du Fokontany au niveau des Communes.

691 *Ibid*, art 24.

692 *Arrêté interministériel n° 12032/2000*, *supra* note 466, art 12.

surtout avec la rétractation du financement des bailleurs de fonds dont dépend l'ONE[693]. L'incertitude liée à un État en transition et l'opacité ambiante ont fragilisé les engagements internationaux et nationaux envers la biodiversité, ainsi que les règles et structures en place, et brouillé les rôles des acteurs étatiques. La confusion et l'affaiblissement de leurs moyens financiers ont fait reculer l'application du Décret MECIE durant cette période, avec le non-respect des cahiers de charge par certains promoteurs ou l'exploitation sur la seule base du permis minier, sans avoir obtenu un permis environnemental préalable[694]. C'est le cas de l'entreprise minière chinoise Mainland Mining, qui a défrayé la chronique en 2012 en étant soupçonnée d'avoir entamé des activités d'exploitation d'ilménite à Manakara, sans avoir réalisé une ÉIE ni disposer d'un permis d'exploitation[695]. Après plusieurs avertissements, l'ONE avait suspendu le permis environnemental de la même entreprise en 2011, pour non-respect du cahier des charges environnementales dans le cadre d'un autre projet d'exploitation d'ilménite à Soanierana Ivongo, Ampasimbe Manantsatrana et Ampasina Maningory[696].

693 Cette rétractation a eu lieu, comme nous l'avons déjà mentionné plus haut, en raison des problèmes de reconnaissance par la communauté internationale du gouvernement de transition mis en place durant la crise politique de 2009.

694 Madagascar, *Cinquième rapport*, *supra* note 57 aux pp 59–60.

695 Antsa R, « MainLand : Rude bras de fer pour la poursuite des activités », *Midi Madagasikara* (24 juillet 2012), en ligne : Centre d'échange d'information de Madagascar sur la Convention sur la diversité biologique <mg.chm-cbd.net/news/mainland-rude-bras-de-fer-pour-la-poursuite-des-activites> ; Jean-luc Hariniaina et Serge Zafimahova, « Mise en contexte du projet d'exploitation d'ilménite par la societé Mainland mining Ltd », *Madagascar Tribune* (2 mars 2012), en ligne : <https://www.madagascar-tribune.com/Mainland-mining-Ltd-17172>.

696 La *Lettre n° 573/11/MEF/ONE/DG/PE.rva du 08 juillet 2011* de l'ONE établit la décision de suspension du permis environnemental n° 25/09/MEFT/ONE/DG/PE.rva du 24 avril 09 de la société Mainland. D'autres communications l'avaient précédée en guise d'avertissement (*Lettre n° 206/08/MEEFT/ONE/DG/DEE.rva du 19 mars 2008* (mise en demeure de la société Mainland) ; *Lettre n° 848/10/MEF/ONE/DG/DEE.rva du 28 octobre 2010* (mise en demeure de la société Mainland) ; *Lettre n° 1106/10/MEF/ONE/DG/DEE.rjc du 10 décembre 2010* (lettre de rappel pour non respect de cahier de charge environnemental de la société Mainland) ; *Lettre n° 053/10/MEF/ONE/DG/DEE.rjc du 07 janvier 2011* (lettre de rappel pour non respect Plan de Gestion Environnemental du projet de la société Mainland) ; *Lettre n° 226/11/MEF/ONE/DG/DEE.rva du 10 mars 2011* (mise en demeure de la société Mainland) ; *Procès Verbal de mission de suivi environnemental du 20 juin 2011* ; *Lettre n° 466/11/MEF/ONE/DG/DEE.rva du 25 mai 2011* (réponse de l'ONE à la demande de catégorisation du projet de recherche d'ilménite de la société Mainland) ; *Note du Directeur Général de l'ONE du 07 juillet 2011 concernant le dépôt d'un nouveau dossier d'EIE du projet minier de la société MAINLAND*)).

Les cellules environnementales minières

La cellule environnementale de la direction des mines du ministère chargé des Mines joue aussi un rôle de premier plan. Elle s'assure de la prise en compte de l'environnement dans l'élaboration et la mise en œuvre de la réglementation minière, de la cohérence de celle-ci avec la réglementation environnementale, et du respect de cette dernière par les activités du secteur minier. Notamment, elle informe les opérateurs sur les règles environnementales à observer et participe à préparer des outils promouvant les objectifs environnementaux dans le secteur minier, des programmes de formation et d'assistance technique pour les titulaires de permis PRE, et des directives sur les mesures d'atténuation et de réhabilitation[697]. Elle agit donc aussi à la lisière de la protection de l'environnement et du secteur minier, comme interlocutrice privilégiée des opérateurs miniers sur les questions d'environnement[698]. Son rôle en est un de passeur comme l'ONE, avec qui elle collabore pour transcrire les normes, les valeurs et objectifs qu'elles véhiculent, et faciliter le passage de ceux-ci d'un régime juridique à l'autre. La cellule a un pouvoir de conseil et d'influence supplémentaire, en fournissant un avis technique aux organes décisionnels des niveaux décentralisés[699].

Dans la foulée de la décentralisation de ses services pour mieux appliquer le *Code minier*[700], le ministère des Mines a en effet été le premier à décentraliser sa cellule environnementale au niveau de ses directions interrégionales en 2007, décentralisant ainsi le suivi du processus d'évaluation du Décret MECIE. En vertu de l'article 24 du Décret qui autorise une telle délégation, les cellules régionales ont hérité d'une part des fonctions du CTE dans le traitement des dossiers d'évaluation environnementale, le suivi des PGEP, la gestion des plaintes et la réalisation d'une enquête en cas d'urgence[701]. Dans la même période, l'ONE se déploie aussi pour desservir plusieurs régions et se rapprocher des grands projets miniers, comme du projet QMM dans la région Anosy où un Comité local de suivi a été mis en place en 2007 pour mieux suivre la mise en œuvre du PGEP[702].

---

697 *Arrêté interministériel n° 12032/2000*, *supra* note 466, arts 20, 22.

698 *Ibid*, art 19, évoque un « rôle d'interface entre les opérateurs miniers et l'Administration Environnementale ».

699 *Ibid*, arts 23–24, par exemple.

700 *Décret n° 2006-910*, *supra* note 500, art 27.

701 Madagascar, *Actualisation*, *supra* note 472 à la p 21.

702 *Ibid* à la p 22.

Proche du niveau local, la structure décentralisée devait assurer une meilleure coordination et efficacité des actions environnementales du ministère[703], mais ce n'est pas toujours le cas en pratique. La multiplication des institutions chargées de l'environnement minier est de nature à créer des confusions dans leurs mandats et responsabilités, et à aggraver le manque de capacités en n'étant pas toujours suivie d'un déploiement adéquat de moyens et d'effectifs. Les cellules sont constituées d'un à trois employés[704], un nombre dérisoire face à l'ampleur de la tâche dans les régions où sont situés les grands projets miniers et aux compétences diversifiées et pointues qu'il faut rassembler. La pérennisation de ces diverses institutions se heurte aussi au manque de ressources financières disponibles. D'importantes responsabilités de surveillance du respect des obligations environnementales des projets miniers situés sur leur territoire et d'identification des impacts nécessitant des mesures sont transférées aux collectivités territoriales sans être accompagnées d'un transfert adéquat de moyens financiers pour leur permettre de mener à bien cette mission[705]. La multiplication des institutions et niveaux d'intervention peut donc alourdir le système au lieu de l'alléger.

Le Comité interministériel Mine-Forêt

Le CIMF est un autre organe servant de passerelle entre les deux secteurs, ce qui peut prêter à confusion. Le CIMF permet les négociations, la prise de mesures conjointes et la synergie d'intervention entre les ministères des Mines et de l'Environnement[706].

Dès 2001 dans le cadre du PRSM, le département des mines et celui des forêts de ces ministères avaient déjà exprimé le besoin d'une plateforme conjointe favorisant la concertation, la délibération, la collaboration et l'échange d'informations et de données, entre eux et avec les collectivités territoriales, pour pallier certains problèmes identifiés et rechercher des solutions coordonnées[707]. Parmi ces problèmes figurait la superposition d'activités minières sur des zones réelles ou potentielles de protection de la biodiversité, comme les

703 *Ibid* aux pp 16–17, 21 ; *Décret n° 2007-088 fixant les attributions du Ministre des Mines ainsi que l'organisation de générale de son Ministère*, JO, 16 avril 2007, 2709, qui crée des cellules environnementales au niveau régional en plus du niveau central.

704 Madagascar, *Actualisation*, *supra* note 472 à la p 25.

705 Voir par ex *Décret n° 2006-910*, *supra* note 500, arts 48–49, 57.

706 Pollini, *supra* note 152 à la p 79.

707 Madagascar, *Actualisation*, *supra* note 472 à la p 6.

corridors et stations forestiers et les nouvelles aires protégées. Plusieurs raisons avaient été invoquées pour ce problème[708], à commencer par le manque de moyens des deux départements (Mines et Forêts) pour assurer un suivi et une présence adéquats sur le terrain. Ensuite, il y avait les incohérences et lacunes des textes juridiques, comme l'absence de textes interdisant spécifiquement les activités minières près des aires protégées[709], ou de statuts pour couvrir des zones demandant une protection spécifique comme les corridors forestiers de Ranomafana-Vondrozo et Zahamena-Mantadia ou la forêt des Mikea, reconnus d'intérêt, mais dont la protection n'était pas totalement établie sans statut officiel. Il y avait également la méconnaissance ou le manque d'application des textes faute de moyens. Le manque de moyens entraînait aussi des performances décalées dans la gestion du sol et du sous-sol, en raison des outils différents utilisés, plus informatisés pour le secteur minier. De même, l'absence d'un schéma commun d'occupation spatiale et de gestion des ressources naturelles posait problème.

En réponse au besoin exprimé et suite à la Vision Durban, le CIMF comme plateforme de collaboration des deux départements ministériels (Mines et Forêts) a été créé en 2004[710]. Les premières mesures conjointes comptent l'*Arrêté interministériel n°19560-2004* et des arrêtés de protection temporaire de certaines NAP[711], pour les soustraire à l'octroi de nouveaux permis miniers en attendant leur décret de protection définitive[712]. Toutefois, un de ces arrêtés a aussi déclassé des zones réservées comme aires protégées potentielles, là où elles se superposent à des carrés miniers préalablement accordés[713]. Au lieu d'exproprier, le CIMF fonctionne donc par compromis, à la lisière des intérêts miniers et de la biodiversité, priorisant les uns plutôt que les autres dans certains cas comme dans cet Arrêté où les activités minières ont prévalu sur la protection de la biodiversité.

Le CIMF a également initié une collaboration entre les deux ministères sur la gestion du problème d'empiétement qui, nous l'avons

---

708 *Ibid* aux pp 6–7.

709 *Ibid* à la p 15.

710 *Arrêté interministériel n° 12720/2004 du 8 juillet 2004 complétant les dispositions de l'arrêté n° 7340-2004 du 16 avril 2004 portant création d'un Comité Interministériel des Mines et des Forêts (CIMF)*, JO, 2 août 2004, 2687.

711 Par exemple, les NAP de Sahamalaza, du Corridor Fandriana-Vondrozo, de la Montagne des Français, de la Forêt d'Analalava, du Bongolava, d'Amoron'Onilahy, du Complexe Mahavavy-Kikony, du Lac Alaotra.

712 Madagascar, *Actualisation*, *supra* note 472 à la p 18.

713 *Arrêté n° 6019/2005 du 3 juin 2005 portant déclassement des zones touchées par des carrés miniers des zones réservées comme aires protégées potentielles.*

vu, a mobilisé d'autres arrêtés ultérieurs pour trouver des solutions à court terme et au cas par cas[714]. Face au constat d'une superposition du schéma d'aménagement d'une NAP avec des carrés miniers, le CIMF procède comme suit. Si les carrés se situent dans le noyau dur, il négocie avec les titulaires des titres miniers pour les convaincre de renoncer entièrement à leurs carrés. S'ils n'y renoncent qu'en partie, sans que les limites du noyau dur ne puissent être modifiées, le cas est soumis à l'arbitrage interne du conseil de gouvernement. Si les limites du noyau peuvent être révisées, alors cette solution sera mise en œuvre pour éviter qu'il reste des carrés dans le noyau et les détenteurs de droits acquis seront invités à suivre les procédures d'évaluation (par exemple ÉIE) pour se mettre en conformité avec la réglementation environnementale, après quoi ils pourront poursuivre leurs activités. Si les carrés miniers se situent hors du noyau dur, le CIMF informe les titulaires de permis miniers antérieurs à la mise en protection de la situation de la zone devenue NAP, et des nouvelles exigences auxquelles ils sont désormais soumis, comme la nécessité de suivre les procédures d'évaluation environnementale pour pouvoir continuer leurs activités. Ce n'est qu'une fois le problème traité par le CIMF suivant cette procédure que le processus de mise en protection ou de création de la NAP peut avancer et être entériné par décret. Des questions restent toutefois en suspens, comme celle de savoir ce qui arrive advenant une évaluation environnementale défavorable d'un projet, si le détenteur de droits acquis est exproprié et indemnisé par exemple.

Parce que les solutions choisies ne le tranchent pas de façon suffisamment claire et définitive, le problème de superposition a pu persister et être occulté, étant peu ou évasivement évoqué dans les documents administratifs sur le secteur minier, comme s'il y a une certaine pudeur à admettre des failles dans les solutions mises en place et la nécessité d'y remédier. En effet, l'existence du problème est certes reconnue, située antérieurement à la création du CIMF, quand la gestion des deux secteurs manquait de concertation et communication dans leurs processus décisionnels et dans l'adoption de leurs stratégies, politiques et normes, les deux s'ignorant en quelque sorte. Après la création du CIMF,

[714] Madagascar, *Actualisation*, *supra* note 472 à la p 33, notamment un processus de traitement participatif des cas conflictuels, un système d'arbitrage, un traitement au cas par cas par négociation, l'information de l'ensemble des parties prenantes, et ultimement la prise de décision politique ont été mis en place. Lausche, *supra* note 649 aux pp 136–37 insiste d'ailleurs sur l'importance de tels mécanismes intersectoriels de coordination, aux différents niveaux décisionnels, pour éviter les problèmes de chevauchements des activités sectorielles avec les aires protégées.

les liens réglementaires et institutionnels tissés entre les deux secteurs sont supposés avoir fait disparaître le problème, du moins pour le présent et le futur, puisque des mesures ont été prises pour éviter que les situations de chevauchement ne se reproduisent.

Notamment, selon l'article 35 du COAP de 2008, les activités minières ne sont autorisées que dans les nouvelles catégories d'aires protégées V et VI, sauf dans le noyau dur, et leur création ne pourra pas se faire tant qu'il reste des carrés miniers dans le noyau dur proposé. En principe donc, depuis 2008, il ne devrait plus y avoir de nouveaux empiétements dans des NAP d'autres catégories que V ou VI et dans le noyau dur de ces deux catégories de NAP. Or, la résolution définitive du problème requerrait des corrections plus fondamentales et structurelles que celles apportées jusqu'ici, par exemple en harmonisant les dispositions pertinentes du COAP et du *Code minier* contrairement à dans le passé où la planification des réformes des deux codes ne concordait pas, favorisant des situations d'incohérence. La réglementation interministérielle mise en place suite à la création du CIMF a donc colmaté temporairement la brèche, mais des mesures à plus long terme sont nécessaires pour mettre fin au problème. C'est pourquoi, cet ouvrage cherche à mettre en évidence les failles du système en soulignant que le problème n'a pas disparu, qu'il est toujours là, latent et qu'il peut être légalement soutenu par les incohérences du droit, son silence ou sa permissivité.

2.2.2 L'essor de la RSE pour compléter et pallier les limites de l'arrimage juridique et institutionnel

Un large pan des rapports entre le secteur minier et la protection de la biodiversité échappe à la sphère publique, rapports dont l'encadrement relève de plus en plus de la RSE et de l'autorégulation. Cette tendance est renforcée par un contexte historique favorable où l'État malgache a été invité à adopter progressivement une posture non interventionniste ou de retrait dans la gestion de ses ressources naturelles, ce qui affecte par la même occasion ses capacités à assurer le respect des règles environnementales qu'il édicte[715]. Dans ce contexte, au-delà de l'obligation légale de tenir compte de la biodiversité, d'éviter et d'atténuer les impacts négatifs pouvant l'affecter et de la réhabiliter, les opérateurs miniers peuvent aller plus loin et compenser volontairement les impacts résiduels, en prenant eux-mêmes des mesures de protection de la

---

715 IRESA et Les Amis de la Terre, *supra* note 26 à la p 10.

biodiversité qui engagent des portions du territoire national, sur lesquelles ils établissent leurs règles. Les grands projets miniers en quête de légitimité multiplient de telles initiatives, faisant du pays une vitrine d'essai de nouvelles approches pour verdir leurs activités et attester de leur responsabilité[716].

La compensation des impacts sur la biodiversité

À Madagascar, les grandes entreprises minières identifient certaines zones d'intérêt écologique et se lancent dans leur protection, alors que ce rôle revenait traditionnellement à l'État. La compensation des dommages faits à la biodiversité (*biodiversity offset*)[717] et son objectif d'absence de perte nette de biodiversité (*no net loss*) y sont apparus avec les deux grands projets miniers QMM et Ambatovy[718]. Cet objectif s'ajoute à la série de mesures prévues dans le cadre des ÉIE, soit d'évitement pour anticiper et prévenir les impacts sur la biodiversité, de mitigation pour en minimiser la durée, l'intensité et l'importance lorsque ces impacts sont

---

716 Revéret, *supra* note 439 à la p 218.

717 Business and Biodiversity Offsets Programme, *To no net loss and beyond: an overview of the Business and Biodiversity Offsets Programme (BBOP)*, Washington (DC), Business and Biodiversity Offsets Programme, 2013 ; Business and Biodiversity Offsets Programme, *Standard on Biodiversity Offsets*, Washington (DC), Business and Biodiversity Offsets Programme, 2012 ; BBOP, *Glossary*, *supra* note 693 à la p 9.

718 Rio Tinto fut l'une des premières entreprises minières dans le monde à tester les outils de compensation d'impacts sur la biodiversité et à adopter l'objectif *no net loss*, notamment avec le projet QMM à Madagascar. Durant le Congrès mondial de la nature en 2004, l'entreprise a pris l'engagement de prendre des mesures pour avoir un impact positif net sur la biodiversité à long terme (voir notamment Rio Tinto, *Rio Tinto's Biodiversity Strategy*, Londres, Rio Tinto, 2004 ; Rio Tinto, *Rio Tinto and Biodiversity: Achieving results on the ground*, Londres, Rio Tinto, 2008 [Rio Tinto]). À la suite du projet QMM, en 2006, le projet Ambatovy a adopté un programme pilote de compensation des impacts résiduels sur la biodiversité, aux formes et composantes multiples ou hybrides, permettant à la fois de répondre aux exigences légales et réglementaires sur la gestion des impacts environnementaux et de les dépasser avec des mesures volontaires supplémentaires. D'autres projets ont emboîté le pas aux deux projets, comme le projet Base Toliara (Bezuidenhout, *supra* note 21 aux pp xvii, 236, 240) qui propose de :

> [m]ettre en place une Stratégie 'Offset' de Biodiversité […] d'aider à la protection des zones de grande valeur qui subsistent dans l'aire protégée de PK32 […] qui pourraient consister à mettre de coté des portions-clés représentatives des différents types de végétation (ou communautés) dans les zones prioritaires déjà identifiés dans la l'aire de conservation PK32 et / ou à réhabiliter de ces zones. Ces zones prioritaires, notamment la superficie forestière de Ranobe […] doivent être gérées activement en tant que zone de conservation en partenariat avec Madagascar National Parks (MNP).

inévitables, et de restauration pour réparer les dégradations survenues malgré les mesures d'atténuation mises en place. Or, un site minier peut rarement être remis entièrement en son état initial[719]. Au bout de cette séquence, s'il reste une perte de biodiversité résiduelle, l'ultime mesure consiste à la compenser pour l'annuler et arriver à un résultat net neutre ou positif (bénéfice ou gain net), en termes d'impacts sur la biodiversité[720].

Pour les entreprises, cela consiste à créer un site de conservation pour prévenir la perte de biodiversité, là où le risque d'une telle perte existe, dans le but de compenser l'impact résiduel inévitable de leur projet minier sur la biodiversité du site minier[721]. De plus en plus utilisé par les projets de développement dans le monde[722], ce mécanisme est promu par l'industrie minière comme l'une des meilleures pratiques en matière de biodiversité[723].

Souvent réalisées en partenariat avec des organismes de conservation internationaux et nationaux, les initiatives de compensation assurent un financement conséquent et stable aux projets de ceux-ci, suivant la logique gagnant-gagnant du développement durable[724]. Rio Tinto et l'UICN ont par exemple signé une entente de collaboration en 2010 pour

---

719 Voir notamment Robert H Hilderbrand, Adam C Watts et April M Randle, « The Myths of Restoration Ecology », en ligne: (2005) 10:1 Ecology and Society 19 <www.ecologyandsociety.org/vol10/iss1/art19> ; José M Rey Benayas et al, « Enhancement of Biodiversity and Ecosystem Services by Ecological Restoration: A Meta-Analysis » (2009) 325:5944 Science 1121.

720 Rio Tinto, *supra* note 718 ; Bruce A McKenney et Joseph M Kiesecker, « Policy Development for Biodiversity Offsets: A Review of Offset Frameworks » (2010) 45:1 Environmental Management 165.

721 Andriamahefazafy et al, *supra* note 218 au para 60 ; Philip Gibbons et David B Lindenmayer, « Offsets for land clearing: No net loss or the tail wagging the dog ? » (2007) 8:1 Ecological Management & Restoration 26 ; Laura J Sonter, Damian J Barrett et Britaldo S Soares-Filho, « Offsetting the Impacts of Mining to Achieve No Net Loss of Native Vegetation » (2014) 28:4 Conservation Biology 1068 à la p 1069 [Sonter, Barrett et Soares-Filho] ; The Biodiversity Consultancy, *Independent Report on Biodiversity Offsets*, Londres et Gland, Conseil international des mines et métaux et Union internationale pour la conservation de la nature, 2013 [The Biodiversity Consultancy].

722 Kerry ten Kate, Josh Bishop et Ricardo Bayon, *Biodiversity offsets: views, experience, and the business case*, Union internationale pour la conservation de la nature et Insight Investment, Gland et Cambridge, 2004 [ten Kate, Bishop et Bayon]; Toby A Gardner et al, « Biodiversity Offsets and the Challenge of Achieving No Net Loss » (2013) 27:6 Conservation Biology 1254.

723 Conseil international des mines et métaux, *Biodiversity Offsets: A Briefing Paper for the Mining Industry*, Londres, Conseil international des mines et métaux, 2005 ; The Biodiversity Consultancy, *supra* note 721.

724 Sonter, Barrett et Soares-Filho, *supra* note 721 à la p 1073.

améliorer la protection de la biodiversité dans le secteur minier par des approches axées sur le marché et en vue de l'impact positif net auquel Rio Tinto s'était engagé pour ses activités, lors du Congrès mondial de la nature en 2008[725].

À Madagascar, cela s'est traduit par un projet de conservation de 6 000 ha de forêts dans le cadre de la stratégie du projet QMM en matière de compensation de la perte de biodiversité, projet dont l'UICN a évalué les bénéfices nets pour la biodiversité[726]. Cette alliance n'est pas anodine[727]. Pérez note que les organismes de conservation sont des intermédiaires ou médiateurs entre divers acteurs à différents niveaux, favorisant les négociations, participant à la construction de politiques et stratégies, facilitant le passage des normes et l'acceptation ou l'intégration d'un ensemble normatif à un autre[728]. L'expertise reconnue qu'ils ont sur la biodiversité leur confère une influence et une légitimité à formuler des solutions aux problèmes dans ce domaine[729], d'où l'intérêt des entreprises minières à s'allier à eux, à s'approprier leur discours reliant dégradation de la biodiversité et pauvreté rurale[730], pour avoir un pied dans ce domaine et bénéficier indirectement de cette légitimité. Ils jouent donc un rôle de passeurs entre le secteur minier et la protection de la biodiversité pour rapprocher les compréhensions d'un problème

---

725 L'objectif de l'impact positif net ou *no net loss* des industries extractives, notamment sur les aires protégées, a été approuvé par le Congrès mondial de la nature de l'UICN qui s'est tenu à Barcelone du 5 au 14 octobre 2008, dans une résolution encourageant l'adoption de mesures de compensation, dont la création de nouvelles aires protégées plus larges, pour compenser la perte d'autres aires protégées lorsque des activités extractives les détournant de leur vocation première de conservation doivent exceptionnellement être autorisées (*Impacts of infrastructure and extractive industries on protected areas*, Rés World Conservation Congress 4.087, 4e sess, (2008) au para 3(b)).

726 Nathalie Olsen, Joshua Bishop et Stuart Anstee, *Exploring Ecosystem Valuation to Move Towards Net Positive Impact on Biodiversity in the Mining Sector*, Gland, Union internationale pour la conservation de la nature et Rio Tinto, 2011 [Olsen, Bishop et Anstee].

727 À ce sujet, voir William M Adams, « Sleeping with the enemy ? Biodiversity conservation, corporations and the green economy » (2017) 24:1 Journal of Political Ecology 243 [Adams].

728 Catalina Toro Pérez, « Acteurs, scénarios et discours: la mobilisation en réseaux de la Biodiversité » (2005) 33 Cuadernos De Administracion 61 aux pp 69, 71 [Pérez].

729 *Ibid* aux pp 70–71.

730 Caroline Seagle, « Inverting the impacts: Mining, conservation and sustainability claims near the Rio Tinto/QMM ilmenite mine in Southeast Madagascar » (2012) 39:2 Journal of Peasant Studies 447 ; Sandra JTM Evers et Caroline Seagle, « Stealing the sacred: Why 'global heritage' discourse is perceived as a frontal attack on local heritagemaking in Madagascar » (2012) 7:2S Madagascar Conservation & Development 97 ; Horning, *supra* note 80.

commun[731], et l'UICN répond à ces qualités de traducteur à travers ses initiatives pour se rapprocher de l'industrie minière. Par exemple, sa position sur les sites du patrimoine mondial et les projets miniers stipule que :

> [l]a position du Comité [du patrimoine mondial] est conforme à celle du Conseil international des mines et métaux (ICMM) contenue dans le document International Position Statement on Mining and Protected Areas, des plus grandes industries telles que Shell et des compagnies internationales d'investissement telles que JP Morgan. Le Comité a souvent utilisé la position de ces industries comme référence pour ses propres décisions[732].

Les enjeux pour le rôle de l'État

L'expérience malgache de compensation des impacts négatifs sur la biodiversité soulève toutefois des enjeux, notamment pour le rôle de l'État. En effet, sans vouloir étendre nos observations à la compensation en général qui, comme le souligne la littérature, peut être à la fois louable et discutable, nous avons constaté que l'expérience de cette compensation, faite à Madagascar jusqu'à présent, comporte certaines lacunes malgré les efforts déployés. Les observations suivantes se limitent donc aux initiatives réalisées en la matière à Madagascar, par les deux principaux projets miniers du pays.

D'abord, l'État, et non les entreprises, est tenu par l'obligation de protection de la biodiversité et les principes y associés, en vertu du droit international de l'environnement. La gouvernance classique des aires protégées par l'État, dans laquelle il contrôle ces aires, le rend légalement responsable de leur gestion et permet de le tenir directement responsable devant la loi des décisions qu'il prend et du respect de ses engagements internationaux, régionaux et nationaux en la matière[733]. Alors que les entreprises deviennent de véritables acteurs de la protection de la biodiversité, elles ne peuvent être tenues responsables de leurs initiatives volontaires dans ce domaine, qui échappent aux lois environnementales

---

731 Pérez, *supra* note 728 à la p 72.

732 Union internationale pour la conservation de la nature, « Position de l'UICN : Patrimoine mondial et projets miniers et gaziers/pétroliers » (4 mars 2013), en ligne : <https://www.iucn.org/sites/dev/files/import/downloads/position_de_luicn_patrimoine_mondial_et_projets_miniers_et_petroliers_24_06_11.pdf>, point 2 [UICN, « Position »].

733 Lausche, *supra* note 649 à la p 79.

et ont leurs propres arrangements institutionnels, posant des problèmes d'encadrement et affectant l'organisation administrative établie.

Par ailleurs, le fait que des entreprises privées motivées par des intérêts particuliers[734] détiennent le pouvoir de décision, de gestion et de contrôle sur des espaces d'importance collective soulève des enjeux de légitimité et cohérence avec les objectifs publics nationaux de protection de la biodiversité garantis par l'État[735]. Des auteurs suggèrent un plus grand contrôle de la part de celui-ci, compte tenu du risque d'instrumentalisation de la règle de droit par et pour des intérêts privés qui peuvent alors s'autolégitimer[736], d'autant plus que l'autorégulation peut créer une ambiguïté avec le droit national ou local en vigueur. L'instrumentalisation du droit coutumier surtout est à craindre, certains sites de protection volontaire utilisant les conventions communautaires (*Dina*) pour garantir le respect, par les communautés locales, des règles qui les régissent.

Ensuite, en échange de la protection offerte, les entreprises peuvent détruire la biodiversité du site minier, ce qui semble paradoxal. Le projet Ambatovy, présenté comme un pionnier et un exemple à suivre dans le développement de la méthode de compensation des effets sur la biodiversité, a ainsi détruit 2065 ha de forêts primaires dans l'empreinte

---

[734] A Han Onn et A Woodley, « A discourse analysis on how the sustainability agenda is defined within the mining industry » (2014) 84 Journal of Cleaner Production 116 à la p 116 (« mining requires the extraction of non-renewable finite resources and commercial mining companies have the specific responsibility to produce profit »).

[735] Lausche, *supra* note 649 à la p 79 (« [t]he public policy reflected in this approach is that such protected areas, when established by law, are managed and maintained by the government in public trust for the benefit of the people and for future generations as their natural heritage »).

[736] Voir par ex Gurvan Branellec, « D'une préservation volontaire de l'environnement par les entreprises à une préservation ordonnée ? » (2015) 10:1 Revue de l'organisation responsable 5 à la p 14 [Branellec] ; Sarrasin, « Madagascar », *supra* note 398 aux pp 138–39. Claire Tutenuit, « Les entreprises, acteurs de la biodiversité » (2012) 68 Annales des Mines – Responsabilité et environnement 92 aux pp 92–94 [Tutenuit] parle d'« antinomie naturelle entre biodiversité et entreprise » et, selon elle, les techniques développées par les entreprises, comme le réaménagement des sites en fin d'exploitation ou la protection d'espèces par la délocalisation, constituent surtout des stratégies permettant d'obtenir l'acceptation sociale des projets. Voir aussi James Harrison, « Regime pluralism and the global regulation of oil pollution liability and compensation » (2009) 5:4 Intl JL in Context 379 à la p 390 selon lequel ces initiatives répondent à des normes n'émanant pas de l'État et pouvant échapper à son droit, étant volontaires, ce qui situe en réalité le pouvoir entre les mains exclusives de ceux qui contrôlent ces régimes puisqu'aucun autre acteur, étatique ou non, ne peut les modifier, y accéder et y participer, à l'inverse du processus inclusif d'élaboration du droit.

de la mine et le long du pipeline[737]. Rien que pour le site de la mine, à l'ouest du corridor forestier d'Ankeniheny-Zahamena (forêt humide de l'Est malgache), 1336 ha de mosaïque forestière quasi intacte et écologiquement très riche ont été défrichés, abritant nombre d'espèces de faune et de flore endémiques, rares et menacées figurant sur les listes de l'UICN et prioritaires pour la protection, dont 62 espèces d'oiseaux, 24 d'insectes, 16 de lémuriens, 123 d'herpétofaune, 5 de poissons, 376 de plantes, 3 types d'habitats et divers écosystèmes sensibles[738]. Le pipeline qui achemine la boue contenant le minerai, de la mine à l'usine de traitement, traverse aussi la forêt quasi primaire autour de la mine sur 2 km, le site Ramsar de Torotorofotsy et le corridor forestier d'Ankeniheny-Zahamena où 16,5 ha de forêts ont été défrichés[739]. Le projet QMM, lui, a éliminé près de 1600 ha de forêt littorale rare[740].

De plus, la biodiversité du site de remplacement diffère parfois de celle perdue en raison des activités minières. Les zones de conservation du projet QMM, par exemple, abritent des forêts pluviales de plaines, et non des forêts littorales comme celles détruites par ses activités dans la région Anosy où elles sont plus rares, à l'inverse du principe d'équivalence dans le temps et dans l'espace, en quantité et en qualité, de la biodiversité substituée. En effet, théoriquement, il ne doit y avoir ni un grand décalage temporel entre le moment de la perte de biodiversité et l'apparition des gains issus de la compensation, qui doivent être pérennisés, ni un grand éloignement spatial entre le site remplacé et celui de remplacement, l'échelle locale devant être privilégiée[741] afin que les caractères biologiques du site de compensation soient comparables à ceux du site affecté. Pour équilibrer les fonctionnalités perdues, une compensation adéquate doit donc protéger un site au moins aussi important écologiquement que le site dégradé. En pratique, étant difficile de compenser entièrement la perte des forêts littorales par la protection du même type de forêts dans une zone près de la mine, en raison de leur

---

737 Cécile Bidaud et al, « The Sweet and the Bitter: Intertwined Positive and Negative Social Impacts of a Biodiversity Offset » (2016) 14:4 Conservation and Society 1 à la p 3 [Bidaud et al].

738 Pierre O Berner, Steven Dickinson et Aristide Andrianarimisa, *Business and Biodiversity Offsets Programme: Case Study*, The Ambatovy Project BBOP Pilot Project, 2009 à la p 17 [Berner, Dickinson et Andrianarimisa].

739 *Ibid* aux pp 15–16.

740 Jutta Kill et Giulia Franchi, *Rio Tinto à Madagascar : Une mine détruit la biodiversité unique de la zone littorale de Fort-Dauphin*, World Rainforest Movement et Re:Common, 2016 à la p 36.

741 Joseph W Bull et al, « Biodiversity offsets in theory and practice » (2013) 47:3 Oryx 369 [Bull et al] ; The Biodiversity Consultancy, *supra* note 721.

rareté et leur dispersion, le projet QMM a plutôt établi la plus importante de ses aires de conservation hors de cette zone pour atteindre plus facilement le *no net loss*[742], mitigeant ainsi les résultats sur la protection de la biodiversité.

Quant au programme de compensation du projet Ambatovy, certaines composantes portent sur des zones déjà protégées par des mesures existantes, ce qui limite ses apports réels et additionnels en termes de protection et permet difficilement d'équilibrer les effets négatifs du projet sur la biodiversité[743]. De plus, la composante principale du programme est une zone de compensation hors site de 11 600 ha de forêts à Ankerana, plutôt éloignée du site minier (à 71 km au nord-est de celui-ci) et dont les spécificités biologiques peuvent ainsi différer du site minier[744]. Isolé, difficile d'accès, donc relativement bien conservé, les menaces sur le site d'Ankerana sont d'autant plus faibles que la population vivant autour est rare. Malgré cela, le choix du site s'est fondé sur l'idée que ces forêts sont « menacées d'extinction » et auraient pu disparaître du fait des activités de cette population. Une part de la forêt de Tsitongambarika où est établie l'une des zones de conservation du projet QMM est, elle aussi, relativement peu menacée, car difficile d'accès[745].

La pérennisation des zones de conservation créées pose également un problème. En principe, leur protection devrait être maintenue au moins le temps que durent les impacts miniers[746], mais il est difficile d'évaluer objectivement cette durée. Le projet QMM l'a ramenée à la durée d'exploitation de la mine, de 2004 à 2065[747], alors que les écosystèmes peuvent prendre beaucoup plus de temps pour se rétablir totalement, ce qui pose la question de la pérennité des moyens humains et financiers de prise en charge à long terme de ces zones, quand le projet minier aura pris fin.

Des entreprises minières à Madagascar proposent alors d'insérer ces zones dans le réseau public du SAPM pour leur conférer un statut légal d'aires protégées nationales et une protection à long terme, ou

---

742 Il s'agit de la forêt dense de basse altitude de Tsitongambarika III (Ivohibe), d'une superficie d'environ 4000 hectares (Olsen, Bishop et Anstee, *supra* note 726 à la p 3).

743 Bidaud et al, *supra* note 737 à la p 11.

744 Patrick O Waeber, « Biodiversity offsetting: en vogue in Madagascar ? » (2012) 7:3 Madagascar Conservation & Development 110 à la p 110 [Waeber].

745 Olsen, Bishop et Anstee, *supra* note 726 à la p 4.

746 The Biodiversity Consultancy, *supra* note 721.

747 HJ Temple et al, *Forecasting the path towards a Net Positive Impact on biodiversity for Rio Tinto QMM*, Gland, Union internationale pour la conservation de la nature et Rio Tinto, 2012.

choisissent de participer au processus de mise en protection d'une NAP comme zone de conservation, ce qui limite toutefois les gains supplémentaires pour la biodiversité puisque la NAP aurait été créée de toute façon. Ainsi, la zone de conservation d'Ankerana a fait l'objet d'un décret ministériel de protection définitive et a été insérée dans le SAPM[748]. D'autres volets du programme de compensation du projet Ambatovy consistent à protéger 4 900 ha de forêts autour de l'empreinte de la mine (forêt tampon) et des forêts azonales dans deux zones de conservation sur le site minier, les relier aux aires protégées alentour (corridor forestier Ankeniheny-Zahamena et limites nord du site Ramsar de Torotorofotsy) en mettant en place le corridor forestier Analamay-Mantadia pour assurer leur connectivité avec ces aires et, par-là, leur protection à long terme sous le régime des NAP. La protection des zones créées est garantie par des dispositions juridiques strictes, un financement à long terme par le projet minier et une gestion en partenariat avec des organismes environnementaux, comme CI pour la forêt tampon.

En outre, la substitution de milieux naturels pleinement fonctionnels par d'autres, aux fonctions plus ou moins égales et qui ne seront pleinement viables qu'éventuellement et avec le temps, et l'approche de valorisation économique qui la fonde sont critiquées par la littérature[749]. Cette approche postule que les éléments de la biodiversité et leurs fonctions peuvent être évalués monétairement et sont donc substituables entre eux alors que, pour les critiques, chaque élément est apparu et a évolué dans un contexte historique, géographique et climatique complexe qui le rend particulier[750]. Deux sites sont donc peu comparables en termes de biodiversité dans l'état des connaissances actuelles, surtout s'ils

---

[748] Berner, Dickinson et Andrianarimisa, *supra* note 738 à la p 8.

[749] Voir par ex à ce sujet Leslie Roberts, « Wetlands Trading Is a Loser's Game, Say Ecologists » (1993) 260:5116 Science 1890 ; ten Kate, Bishop et Bayon, *supra* note 722 ; Martine Maron et al, « Faustian bargains ? Restoration realities in the context of biodiversity offset policies » (2012) 155 Biological Conservation 141 [Maron et al].

[750] David Moreno-Mateos et al, « The True Loss Caused by Biodiversity Offsets » (2015) 192 Biological Conservation 552 à la p 555 ; Bull et al, *supra* note 741. Clive L Spash, « Bulldozing biodiversity: The economics of offsets and trading-in Nature » (2015) 192 Biological Conservation 541 critique d'ailleurs l'application de cette logique économique à la biodiversité qui, selon lui, n'a d'autre justification que la recherche de légitimation de ses opérations minières par l'entreprise. Par exemple, pour Julie Gobert, « Éthique environnementale, remédiation écologique et compensations territoriales : Entre antinomie et correspondances », en ligne : (2010) 10:1 VertigO au para 2 <https://journals.openedition.org/vertigo/9535>, « la compensation écologique sous-tend que l'homme se considère en capacité de recréer à l'identique un milieu qu'il a détruit ».

sont éloignés[751], et le choix des fonctions écologiques et écosystémiques à protéger sur le site de substitution pour contrebalancer adéquatement les impacts sur le site minier est discutable[752]. Les critères sur lesquels baser le calcul de la compensation et les indicateurs à retenir pour en évaluer les effets ne sont pas clairs non plus[753]. Étant difficile d'estimer précisément les gains futurs ou de savoir si les bénéfices d'une zone de conservation équivaudront un jour (et quand) aux pertes en biodiversité infligées au site minier et compte tenu des ajustements et compromis faits dans la sélection des variables utilisées pour prévoir ces gains, l'apport réel d'une telle zone aux objectifs de protection de la biodiversité reste incertain[754].

Enfin, les zones de conservation peuvent impacter socialement le territoire où elles sont créées. L'imposition de restrictions, par exemple sur les activités de subsistance (cueillette, pâturage, défrichage, braconnage), crée un manque à gagner pour les populations locales qui dépendent des ressources du territoire pour vivre. En plus d'affecter leur bien-être, cela renforce les inégalités et tensions sociales quand les bénéfices des solutions alternatives de soutien au développement local, compensant la perte des usages socioculturel, spirituel et économique de ces zones, sont moindres et visibles seulement sur le long terme[755].

Parfois, les entreprises font appel à la police locale pour faire respecter les restrictions imposées, instrumentalisant les forces de l'ordre pour assurer un rôle de surveillance et de coercition auquel, traditionnellement, seul l'État pouvait recourir avec son « monopole de la violence » et lequel donne une valeur de droit aux règles qu'il édicte. C'est aussi un pas en arrière, vers une protection répressive[756], sauf qu'une entité privée en est à l'origine et non plus l'État. Ainsi,

---

751 Waeber, *supra* note 744 ; Bull et al, *supra* note 741.

752 Maron et al, *supra* note 749.

753 Malika Virah-Sawmy, Johannes Ebeling et Roslyn Taplin, « Mining and biodiversity offsets: a transparent and science-based approach to measure "no–net–loss" » (2014) 143 Journal of Environmental Management 61.

754 Maron et al, *supra* note 749 ; Cécile Bidaud, Marie Hrabanski et Philippe Méral, « Voluntary biodiversity offset strategies in Madagascar » (2015) 15 Ecosystem services 181 ; Joseph M Kiesecker et al, « A Framework for Implementing Biodiversity Offsets: Selecting Sites and Determining Scale » (2009) 59 BioScience 77 ; Michael Curran, Stefanie Hellweg et Jan Beck, « Is there any empirical support for biodiversity offset policy ? » (2014) 24:5 Ecological Applications 617 ; Sonter, Barrett et Soares-Filho, *supra* note 721 à la p 1069.

755 Amrei von Hase et al, *Working towards NNL of Biodiversity and Beyond: Ambatovy, Madagascar – A Case Study, (2014)*, Forest Trends et Ambatovy, 2014 ; Bidaud et al, *supra* note 737 aux pp 7–11.

756 Bidaud et al, *supra* note 737 aux pp 3–4.

l'association forestière locale créée par le projet Ambatovy surveille et dénonce les contrevenants aux autorités locales, communales et régionales, les sanctions allant de l'amende à la peine de prison[757]. Les programmes de compensation des entreprises peuvent donc dans certains cas s'attaquer aux activités affectant la biodiversité, autres que les leurs et, dans ce cas-ci, à celles des populations rurales locales, renforçant le discours les culpabilisant alors qu'elles assument indirectement les coûts du développement des projets miniers en payant pour leurs impacts, ailleurs, sur les sites miniers[758].

Le principe de compensation, qui permet la création des zones de conservation suivant les modalités actuellement mises en œuvre par les deux principaux projets miniers à Madagascar, entraîne des inégalités pour certaines activités locales de subsistance jugées plus répréhensibles ou moins tolérées que d'autres. De même, ce ne sont pas les projets miniers à l'origine de la pollution qui en assument l'ensemble des coûts et désavantages, mais plutôt, directement et indirectement, les populations locales des sites miniers et de compensation. Une certaine injustice environnementale se crée.

Pour résumer les observations dans cette deuxième section du chapitre 2, les rapports entre le régime minier et la protection de la biodiversité comportent à la fois un aspect légal de prise en compte de cette dernière, de prévention, atténuation et restauration des impacts pouvant l'affecter, et un aspect volontaire de protection supplémentaire, qui gagne en ampleur, hors ou à la lisière de la sphère publique. Sans se lancer dans des propositions de réformes du droit, l'encadrement de cette pratique par l'État malgache, dans sa législation et réglementation sur le secteur minier et la biodiversité, pourrait être à envisager, comme il a commencé à le faire avec l'article 40 du COAP de 2015 qui ne concerne cependant que les aires protégées classées « paysages harmonieux protégés »[759].

Le premier aspect renvoie aux obligations environnementales à respecter par les entreprises minières en vertu de textes législatifs et

---

[757] *Ibid* à la p 8.

[758] *Ibid* à la p 10.

[759] *COAP de 2015*, *supra* note 333, art 40, al 3 :

> [l]es opérateurs dans les secteurs extractifs contribuent à l'identification, d'une zone d'étendue similaire ou restaurée représentative du même écosystème et de même niveau de diversité biologique que la zone d'intérêt d'extraction après avis, du Ministère chargé des Aires Protégées, d'un conseil d'experts ad hoc et de l'organe consultatif prévu à l'article 38. Les modalités d'identification et de compensation de la zone seront définies par voie réglementaire.

réglementaires. Des contradictions dans et entre ces textes supportent toutefois l'opacité dans les rapports du secteur minier avec la biodiversité. La protection offerte est aussi en deux temps deux mesures : les aires protégées classiques couvrant des échantillons représentatifs de la biodiversité malgache sont entièrement mises à l'abri des activités minières par une interdiction formelle, tandis que des espaces aussi sensibles et riches en biodiversité sont soumis à un régime minier permissif qui peut y autoriser des activités minières, tant qu'une ÉIE est faite et les intérêts soupesés. De larges pans de la biodiversité malgache se trouvent dans cette dernière catégorie et mériteraient une protection renforcée. Le principe de prévention au cœur de la législation environnementale du secteur gagnerait aussi à être élargi au principe de précaution avec la prise en compte des risques miniers inconnus et imprévisibles. Actuellement, un promoteur minier n'a qu'une obligation légale de conformité stricte en matière d'environnement et sa responsabilité est restreinte à la prévention. Tout ceci limite la portée de la protection légale de la biodiversité dans le cadre du secteur minier.

Face à cela, les entreprises penchent de plus en plus vers les initiatives de RSE pour pallier les limites de la législation et la réglementation, une tendance implicitement encouragée par l'État. D'une part, ces initiatives ne sont pas prévues dans les textes du droit minier, la tentative du gouvernement de Hery Rajaonarimampianina d'en faire mention dans la réforme du *Code minier* initiée en 2014 n'ayant pas abouti. Le passage d'une « prise en compte volontaire mais désordonnée par les entreprises de l'environnement [...] à une prise en compte ordonnée par le droit »[760] ne s'est donc pas encore produit à Madagascar, du moins pas au niveau du droit minier où cette prise en charge volontaire n'est pas encadrée et où aucune nouvelle obligation en la matière pour les entreprises minières n'est créée. Ce second aspect des rapports biodiversité-mines ne fait donc pas l'objet d'une reconnaissance officielle, formalisation, structuration ou ordonnancement par le droit minier et reste en marge de lui. Il s'agit d'un système normatif parallèle au régime juridique national du secteur minier, qui cohabite avec lui sans le toucher. Comme le souligne Huff :

> [a]lthough the legal framework governing mining activities flows from the Mining Code and associated legislation, mining activities in Madagascar are in fact pluralistically governed – shaped and regulated by a number of additional directives, rules, guidelines and even relict practices. [...]

[760] Branellec, *supra* note 736 à la p 7.

> Malagasy law allows, but does not mandate, that environmentally destructive mining operations establish biodiversity offsetting programmes[761].

Pourtant, d'autre part, l'ignorance de ces initiatives par le droit minier est loin de l'hostilité, au contraire la situation semble arranger l'État qui adopte une attitude de laisser-faire, la RSE régissant un domaine dans lequel il a été convaincu de ne pas intervenir. De plus, au niveau du cadre juridique de protection de la biodiversité, si le COAP n'évoque pas non plus explicitement la RSE, il y semble plutôt ouvert avec la diversification des modes de gouvernance des aires protégées. Dans sa dernière version en 2015, il contient aussi une disposition prévoyant des mesures de compensation pour la tenue d'activités extractives dans les aires protégées de type « paysage harmonieux protégé » et antérieures à la création de ces aires, ce qui constitue un premier pas important dans l'encadrement des initiatives de compensation en particulier, par le droit national de protection de la biodiversité[762]. Il est aussi possible pour ce droit étatique d'aller plus loin dans la reconnaissance formelle de ces initiatives, de les intégrer à son propre système, ainsi que les éléments normatifs externes qui les sous-tendent, si les entreprises minières décident par elles-mêmes de les soumettre au régime juridique en vigueur. C'est le cas des zones de conservation créées et soumises à la reconnaissance du SAPM, qui les intègre formellement et se les approprie. Cela laisse transparaître un rapport de coordination, plutôt que d'indépendance hermétique, entre le système de création et gestion volontaire d'aires protégées privées et celui étatique formel, en raison d'une certaine ouverture de ce dernier aux initiatives d'autorégulation des entreprises. Le degré de cet arrimage est toutefois relatif puisque la législation sur les aires protégées par exemple a en réalité peu d'emprise sur ces aires contrôlées par des acteurs privés ou, au contraire, leur reconnaissance permet à l'État d'aménager par le droit un espace dans le secteur minier d'où il se retire au final. Compte tenu de tout cela, les rapports juridiques et normatifs entre les régimes de la protection de la biodiversité et du secteur minier s'avèrent plus divers et complexes qu'il n'y paraît.

L'arrimage est aussi d'ordre institutionnel, impliquant une collaboration entre les acteurs publics chargés du secteur minier et de la protection e la biodiversité, mais aussi avec les acteurs privés du secteur,

---

761 Amber Huff, *Black Sands, Green Plans and Conflict: Structural Adjustment, Sectoral Reforms and the Mining–Conservation–Conflict Nexus in Southern Madagascar*, Institute of Development Studies, 2016 aux pp 14–15 [Huff].

762 *COAP de 2015*, *supra* note 333, art 40, al 3.

dont la participation est accrue. En effet, la décentralisation de l'organisation publique dans le secteur des ressources naturelles en général a complexifié cette organisation et a rendu confus le partage des compétences, ainsi que les rôles respectifs des institutions, affectant leur efficience dans l'encadrement de l'environnement minier. Loin de clarifier la situation, les textes entretiennent la confusion existante avec des institutions redondantes, parfois désuètes, qui se concurrencent pour les ressources disponibles, affaiblissant la rigueur du processus d'évaluation environnementale des projets miniers[763]. Une révision et mise à jour du cadre institutionnel actuel pourrait alléger l'encadrement de l'environnement minier et le rendre plus cohérent et efficace par rapport aux nouvelles réalités d'un secteur de plus en plus industrialisé. La décentralisation a aussi fragmenté les pouvoirs étatiques dans la protection de la biodiversité, sans régler le problème des moyens d'application et de suivi des règles pourtant étoffées, et les a transférés en partie aux collectivités territoriales qui n'ont pas plus de moyens que l'État.

La faiblesse des capacités institutionnelles en est renforcée, favorisant la prépondérance d'acteurs miniers disposant des moyens de négocier et faire adopter les règles qui vont régir leurs activités minières, de choisir de soumettre ou non leurs initiatives de protection de la biodiversité au système public et, par-là, de déterminer leur propre responsabilité en la matière. Malgré un semblant de coordination ou dialogue, le régime minier et la protection de la biodiversité entretiennent donc des rapports inégaux en termes de capacités et pouvoirs de leurs acteurs. D'abord, l'État qui est supposé assurer la protection de la biodiversité et sa considération par le secteur minier est davantage en position de subir les demandes que de les imposer ; les processus (notamment participatifs) qu'il a mis en place peuvent être utilisés pour faire passer ou entériner les demandes des entreprises. Ensuite, s'il revient au promoteur de prendre les mesures pour corriger toute incompatibilité de ses activités avec l'environnement, laissant croire que c'est au secteur minier de s'aligner sur les règles de protection de la biodiversité qui auraient alors une certaine préséance, quand examinée à la lumière des faibles capacités étatiques à faire respecter ces règles, la portée du principe de compatibilité semble plus limitée.

Une autre limite concerne la collaboration entre les acteurs publics (BCMM, ONE, MNP, cellules environnementales), cloisonnés dans leurs secteurs et processus respectifs. L'article 104 du décret d'application du

[763] Sarrasin, « Développement », *supra* note 394 à la p 152.

Code minier précise que « [l]a procédure d'octroi d'un Permis minier se déroule indépendamment de l'étude du document de PEE ou d'ÉIE »[764]. Des incohérences avec la protection de la biodiversité peuvent en découler puisque, sur ce point du moins, les deux régimes évoluent en parallèle, s'ignorant et suivant leurs propres règles et logiques là où il faudrait une meilleure coordination pour éviter qu'ils ne se nuisent l'un à l'autre. Par exemple, le BCMM qui regroupe d'importantes informations minières s'assure uniquement qu'il n'y ait aucun empiétement entre les permis miniers. Ses compétences ne vont pas au-delà du domaine minier alors qu'il pourrait être à l'avant-garde de l'identification et la prévention des problèmes d'empiétement de ces permis sur les aires de protection de la biodiversité. Les vérifications faites par le BCMM à l'instruction de la demande de permis minier ne comprennent pas la situation du périmètre demandé par rapport aux zones protégées[765]. Les cartes indiquant ces zones et détenues par le BCMM n'interviennent dans le processus qu'après la décision d'octroi du permis, lorsque la carte des retombées minières est modifiée, et lors de la délivrance du permis, quand le permis est mentionné sur la carte des retombées minières[766]. Le Code et son décret d'application ne se prononcent pas sur ce que doit faire le BCMM et sur la marge de manœuvre dont dispose celui-ci si, en inscrivant de nouveaux périmètres miniers sur les cartes, il constate une superposition avec ces zones protégées. Peut-il prendre l'initiative de suspendre l'inscription, d'informer les institutions environnementales concernées et collaborer avec elles, ou doit-il poursuivre, compte tenu des délais serrés ? Le BCMM situe aussi les zones sensibles et de restriction créées en vertu du *Code minier* sur les cartes cadastrales et transmet l'information à l'ONE et au ministère de l'Environnement[767], mais la réciprocité de cet échange est limitée.

La collaboration entre les institutions publiques sectorielles gagnerait à être élargie à une coordination technique et stratégique, à des échanges d'informations et à une consultation mutuelle et continue tout au long des processus d'octroi des autorisations et permis miniers et

---

[764] *Décret n° 2006-910*, *supra* note 500, art 104(i), al 4. Selon cet article, le PEE pour les demandes de permis R peut être déposé au BCMM après que le permis minier ait été octroyé : deux processus indépendants donc, et le PEE n'est pas un requis préalable à l'octroi du permis, ce qui dénote son importance relative par rapport à l'exploitation des ressources minières.

[765] *Ibid*, arts 105(B)(1)–(4).

[766] *Ibid*, arts 107(f), 109(c).

[767] *Arrêté interministériel n° 12032/2000*, *supra* note 466, arts 27–28, 33 ; *Décret n° 2000-308*, *supra* note 467, art 3.

environnementaux, pour éviter les décisions affectant la protection de la biodiversité. Par exemple, le CIMF pourrait être représenté au sein du CTE[768], où les institutions travaillent et décident ensemble. Des systèmes coordonnés d'information et de gestion spatiale pourraient être instaurés, ainsi que des schémas régionaux d'aménagement du territoire associant tous les ministères concernés et tenant compte à la fois de l'occupation du territoire et de la gestion des ressources naturelles[769].

Conclusion

La première section de ce chapitre 2 a dressé un portrait du cadre législatif et réglementaire du secteur minier à Madagascar, dont l'évolution a été marquée par des réformes en vue de la libéralisation du secteur et du désengagement de l'État, implantées à des moments clés de l'histoire du pays, parfois dans un contexte politique et économique difficile déterminant pour les concessions accordées afin d'inciter les investisseurs à opérer dans ces conditions. En effet, le contexte des débuts de l'encadrement du secteur minier à Madagascar a été déterminant dans la formulation initiale de ce cadre pour répondre aux préoccupations des grands investisseurs miniers, les attirer et les retenir. D'importantes protections juridiques ont été mises en place, qui dépolitisent certains processus pour sécuriser les investissements, limitant la marge de manœuvre de l'État. Par la suite, l'évolution de ce cadre a continué à accorder une place importante aux besoins des projets miniers industriels, l'État et son droit cherchant à faciliter les activités de cette catégorie d'investisseurs.

La deuxième section de ce chapitre a identifié et décrit l'arrimage juridique et institutionnel du cadre juridique du secteur minier à celui de la protection de la biodiversité, soit les passerelles ou liens entre eux. Il y apparaît d'abord un certain manque de robustesse du régime de protection de la biodiversité, manquant de verrous pour sécuriser cette protection et la prédominance de ses objectifs face aux activités minières. Ensuite, il y a insuffisance d'intégration des impératifs environnementaux et de protection de la biodiversité dans le régime minier, dans les textes, mais aussi dans l'application de leurs dispositions. En effet, malgré les textes nationaux abondants encadrant la prise en compte de la biodiversité par les activités minières, leurs lacunes, incohérences et contradictions en limitent l'application et ne favorisent pas une

---

768 Madagascar, *Actualisation*, *supra* note 472 à la p 37.

769 *Ibid* aux pp 18, 20.

protection efficace de la biodiversité dans le cadre du secteur minier. Ces incohérences dans et entre les textes[770] rendent opaques les règles et processus existants, et le partage des compétences entre les institutions publiques veillant à l'application et au respect de ces règles, dont les capacités sont déjà affaiblies par une structure organisationnelle de plus en plus éclatée au fil de réformes qui redéfinissent le rôle de l'État. En se décentralisant et déconcentrant, les institutions étatiques impliquées se sont multipliées et dédoublées, parfois avec des fonctions similaires, nécessitant ainsi des moyens supplémentaires dont l'État ne dispose déjà pas. La structure organisationnelle se diversifie aussi, cédant aux entreprises minières de rôles auparavant exclusivement étatiques. Leurs initiatives volontaires ou d'autorégulation sont favorisées pour occuper peu à peu la place laissée vacante par l'État, affaibli par les réformes successives l'invitant à se retirer.

Cela rend difficile la recherche d'équilibre entre les objectifs privés et publics, les normes et institutions oscillant continuellement entre la promotion des investissements miniers et la protection de la biodiversité. Dans les textes, cela se manifeste par le renvoi récurrent au concept de développement durable[771], mis de l'avant dans les réformes du secteur minier et dont l'équilibre entre les aspects environnemental, social et économique n'est pas toujours clair. L'étude des lois et règlements du secteur minier malgache dans la première section de ce chapitre a en effet montré qu'une plus grande importance et de nombreux privilèges ont été accordés aux intérêts économiques, rendant permissif le cadre juridique du secteur, alors que la seconde section établit que la prise en compte de l'aspect environnemental souffre du manque de capacité de mise en œuvre par l'État. La conciliation à tout prix de ces aspects, par une mise en compatibilité rendue systématiquement possible par des aménagements, négociations et compromis, peut d'ailleurs être questionnée, car elle semble bénéficier plus aux objectifs économiques qu'environnementaux, en offrant un point d'entrée aux acteurs miniers pour s'impliquer dans l'élaboration des règles environnementales et y

[770] Par exemple, rappelons un manque de cohérence suite au décalage dans l'attribution des permis miniers et environnementaux, mais aussi dans les processus suivis par le BCMM et l'ONE dans le traitement des demandes de ces permis, entre le *Code minier de 2005*, *supra* note 405 et son *Décret n° 2006-910*, *supra* note 500 sur certains délais prescrits, entre les dispositions de l'*Arrêté interministériel n° 12032/2000*, *supra* note 466, du *Décret MECIE*, *supra* note 623 et du *Décret n° 2006-910*, *supra* note 500.

[771] Sarrasin, « Développement », *supra* note 394 aux pp 144–48. L'auteur note que la législation malgache du secteur minier en est une « visant un équilibre entre les impératifs du développement économique et ceux de protection de l'environnement, dans une perspective de développement durable » (*ibid* à la p 144).

porter leurs valeurs de façon à favoriser les approches économiques. Ainsi, poursuivre cet équilibre et concilier ces aspects placent l'État dans une position ambiguë, de « schizophrénie » même, quant à ses rôles dans la protection de la biodiversité en contexte de développement minier.

Bref, les points d'ancrage entre les régimes du secteur minier et de la biodiversité sont multiples au niveau des lois et règlements et des collaborations institutionnelles. Toutefois, ces passages restent peu praticables, peu cohérents et limités dans leur portée, s'agissant de la prise en compte de la biodiversité dans le secteur minier, alors que dans le sens inverse, le passage des normes et l'implication des acteurs du secteur minier dans la sphère de la biodiversité semblent favorisés. Autrement dit, lorsqu'il s'agit de prendre en compte la biodiversité dans le secteur minier, l'arrimage juridique entre les deux sphères est limité par les incohérences des textes et l'arrimage institutionnel tend moins vers un encadrement du secteur par l'État en manque de moyens, que vers le développement des initiatives volontaires des acteurs du secteur eux-mêmes. Le chapitre 3 dépasse la description de ces traits d'union entre les deux régimes pour analyser les effets de leur enchevêtrement sur le rôle de l'État et son obligation de protection de la biodiversité, notamment sur sa capacité à prévenir ou résoudre la superposition des zones minières et de protection de la biodiversité, qui reflète physiquement l'indistinction graduelle des sphères normatives publique et privée.

CHAPITRE 3

L'articulation entre le régime minier et le régime de protection de la biodiversité : effets sur le rôle de l'État

Le chapitre 2 a permis de décrire le cadre juridique du secteur minier à Madagascar et de comprendre son évolution, qui a suivi un cheminement similaire à celui de la protection de la biodiversité notamment sur le retrait partiel et sélectif de l'État et la tendance vers des formes de régulation alternative ou de co-régulation. Quant au chapitre 3, il donne lieu à une analyse explicative basée sur les éléments présentés dans les chapitres 1 et 2, afin de préciser les rapports entretenus par les régimes juridiques du secteur minier et de protection de la biodiversité. En effet, comment les règles du régime minier examinées dans le chapitre 2 se conjuguent-elles avec celles de protection de la biodiversité examinées dans le chapitre 1, et quels en sont les effets sur le rôle qui incombe à l'État dans cette protection ?

L'objectif est de saisir les raisons expliquant que le développement minier puisse affecter des espaces importants pour la biodiversité, malgré la protection offerte par le droit national et international. En vue de cet objectif, nous analyserons l'articulation du régime juridique du secteur minier avec le régime de protection de la biodiversité, et les rapports qui s'établissent ou les transformations qui se produisent suite à cette rencontre, surtout au niveau du rôle de l'État en tant que protecteur de la biodiversité. Nous chercherons à comprendre le décalage entre le rôle attendu de lui en vertu de ses engagements internationaux, et le rôle qu'il revêt en pratique comme établi dans les deux chapitres précédents. Dans ce chapitre, la conception de phénomènes d'internormativité, compris comme un « enchevêtrement de normes et d'acteurs[772] », sera mobilisée pour qualifier et expliquer les relations existantes entre les deux régimes. S'ignorent-ils ? S'opposent-ils ? Ou, au contraire, se rapprochent-ils ou même s'adaptent-ils l'un à l'autre ? Qu'advient-il du rôle fort attendu de l'État dans la protéger la biodiversité, à l'issue du rapprochement et des rapports établis ? Ces rapports se traduisent par diverses figures, soit un

---

[772] Geoffrey Laforest, « L'internormativité en matière de santé animale : l'exemple de la gestion de la grippe aviaire en France » (2018) 59:1 C de D 229 à la p 232.

rapport horizontal ou de coordination (c'est-à-dire une relation de simple prise en compte des règles d'un régime par l'autre ou un rapport de coopération ou collaboration), soit un rapport vertical ou de hiérarchisation par lequel les objectifs et règles d'un régime peuvent prévaloir sur ceux de l'autre[773].

1. ENTRE RAPPROCHEMENT ET ADAPTATION

L'articulation entre le régime minier et celui de protection de la biodiversité est multifacette et variable dans le temps, les liens qui les unissent ayant été resserrés au fil des réformes qui les ont façonnés, rapprochés et arrimés au niveau de certains points d'ancrage. Les deux régimes sont similaires à deux sphères distinctes, coexistant dans le système du droit malgache des ressources naturelles. Ces sphères se touchent en divers endroits et entretiennent diverses relations entre elles. Il s'agit ici de décrire et expliquer ces relations et leur signification pour la protection de la biodiversité.

1.1 Les transferts horizontaux entre les régimes

Il est intéressant de questionner les réactions d'ouverture ou de résistance observées suite au contact des deux régimes. Dans le cas présent, la réaction est surtout d'ouverture. Il y a peu d'obstacles aux échanges entre les deux régimes, facilités comme nous le verrons plus loin par des passeurs, par un contexte favorable et par un rapport de pouvoir déséquilibré qui ne place pas l'État, en charge de la protection de la biodiversité, en position de faire obstacle aux valeurs du régime minier transférées dans son ordre interne.

La reconnaissance de l'existence des normes de l'un des régimes par l'autre ne pose pas problème et chaque régime doit composer avec les règles de l'autre. L'interpénétration normative élargit la portée de chaque régime qui intègre les règles de l'autre et rend floue la démarcation entre eux. Il y a aussi une interdépendance, une imbrication étroite entre les deux sphères. Rappelons que l'évolution des régimes minier et de protection de la biodiversité a vu l'enchevêtrement de leurs objectifs, dans un pays où développement et environnement sont devenus

[773] Jean Carbonnier, « Les phénomènes d'inter-normativité » dans BM Blegvad, CM Campbell et CJ Schuyt, dir, *European Yearbook in Law and Sociology*, La Haye, Martinus Nijhoff, 1977, 42 ; John Griffiths, « What Is Legal Pluralism » (1986) 24 J Leg Pluralism & Unofficial L 1.

indissociables dans les discours, politiques, stratégies et textes de droit[774]. Dans ce contexte, chacun trouve avantage à l'existence de l'autre, par exemple l'existence des règles de protection de la biodiversité renforce la légitimité des acteurs du secteur minier qui les respectent. De plus, les interactions entre les institutions des deux régimes, par exemple au sein du CTE et du CIMF, les amène dans certains cas à se coordonner et coopérer dans la poursuite d'objectifs communs.

Cela n'a pas toujours été ainsi, les institutions comme le BCMM et l'ONE travaillaient chacun dans leur coin, au départ. La révision des textes régissant l'environnement minier les a relativement décloisonnées et rapprochées, même si un manque de clarté subsiste sur leurs attributions et interrelations, dans les règles et procédures. L'échange d'informations est particulièrement à renforcer par un système harmonisé et une base de données commune régulièrement mise à jour, car les informations détenues par les institutions de protection de la biodiversité sont peu à jour comparées à la rapide évolution de celles détenues par les institutions chargées du secteur minier. Le problème de superposition des sites miniers et de protection de la biodiversité peut donc être institutionnel et normatif au départ, avec la faible articulation entre les textes, processus et institutions des deux régimes, avant de se matérialiser dans l'espace. Cardiff et Andriamanalina notent en effet ce décalage entre les données des registres de permis miniers et celles sur les zones d'exclusion aux fins de conservation, qui se traduit sur le terrain par des superpositions entre concessions minières et zones envisagées pour la conservation[775]. Ce décalage et l'imprécision engendrée par le manque de coordination et de circulation de l'information sur les nouvelles réglementations par exemple, à la fois dans les services centraux, vers leurs services déconcentrés et auprès des opérateurs miniers, peut expliquer l'octroi de titres miniers en dépit des interdictions du COAP, du *Code minier* et des arrêtés suspendant temporairement l'octroi de titres miniers, pour protéger la biodiversité.

Depuis la fin des années 1990, des ajustements ont été apportés, initiant dans les cadres juridiques et institutionnels actuels une recherche de concertation et conciliation, sans pour autant atteindre l'harmonisation ou l'unification. Le législateur souhaitait sans doute tendre vers ces configurations en unissant les deux régimes par un ensemble d'institutions et de normes, nouveau et spécifique à l'environnement minier, une hybridation censée aplanir les obstacles à

---

774 Sarrasin, « Économie politique », *supra* note 619 au para 17.

775 Cardiff et Andriamanalina, *supra* note 8 à la p 32.

leur coordination, mais qui manque encore de cohérence et d'équilibre à certains niveaux, comme nous l'avons vu dans le chapitre 2.

1.2 Les transferts verticaux provenant de la sphère internationale

Le droit malgache sur les mines et la biodiversité fait aussi l'objet de transferts provenant de la sphère normative internationale, ce qui introduit un élément de verticalisation. Il est en effet perméable à l'influence d'acteurs et de normes externes qu'il va parfois jusqu'à récupérer, ce qui affecte la nature de ses règles et l'orientation de ses stratégies de façon à favoriser progressivement certains intérêts en particulier. Le transfert normatif a souvent lieu dans des moments de vulnérabilité politique et financière de l'État, comme lors de crises politiques où ses mécanismes sont fragilisés et l'aide internationale suspendue, et renforce à chaque fois le glissement vers des régimes minier et de protection de la biodiversité plus libéraux, permissifs et favorables aux activités économiques.

Ainsi, l'État peut donner une effectivité à des normes insufflées par les institutions financières internationales ou empruntées aux pratiques internationales généralement reconnues de l'industrie minière. Il se les approprie et les intègre à son ordre juridique interne par voie législative comme la Loi ratifiant la Convention d'établissement du projet QMM, reprenant des règles ayant cours dans le secteur à l'échelle internationale telles que la protection et la stabilisation des investissements[776], ou y renvoyant comme avec l'article 27(1) qui énonce que QMM « se conformera également [...] aux pratiques internationales de l'industrie minière en matière d'opération et d'environnement ». L'État peut aussi les intégrer à travers les pratiques de ses organes administratifs. C'est le cas de la reprise directe par l'ONE de normes techniques internationales, dont celles issues de l'industrie elle-même.

D'autres acteurs disposant d'une crédibilité internationale influencent l'orientation des règles et la nature des rapports des deux régimes. Par exemple, les consultants de l'UICN ont joué un rôle décisif de médiation entre les différentes opinions sur le fonctionnement du SAPM. Leur visite à Madagascar en 2005 et le rapport qui s'ensuivit ont fait pencher la balance en faveur de l'utilisation durable des NAP plutôt que leur protection stricte, avec l'application des catégories de gestion de l'UICN. La reconnaissance et l'intégration telles quelles de ces catégories dans un

[776] *Convention d'établissement*, *supra* note 476, arts 11–12.

instrument légal comme le COAP illustrent l'influence de tels acteurs internationaux. Passeurs, ils dressent un pont entre les deux régimes, facilitant leur contact, encourageant les rapports de collaboration et favorisant le passage des normes et valeurs d'un régime à l'autre, encourageant ainsi l'ouverture du régime de la biodiversité aux concepts économiques néolibéraux notamment véhiculés par le secteur minier.

1.3 La priorisation à travers le temps des objectifs économiques du régime minier

La contextualisation de l'apparition et de l'évolution du régime juridique national de protection de la biodiversité dans le chapitre 1 a montré que ce régime a progressivement été marqué par des idéologies favorables à certains modèles de développement. Dans le cadre d'une opposition historique entre les tenants de stratégies de protection basées sur les valeurs intrinsèques *versus* instrumentales de la biodiversité, c'est cette dernière approche, associée à la vision conservationniste reliant la protection de la biodiversité à sa valorisation, qui a fini par prendre le dessus à l'échelle nationale. L'approche a été renforcée par le discours développementaliste qui s'est imposé par la suite dans la sphère de la protection de la biodiversité, laquelle a évolué en s'ajustant à ce discours. Le régime de protection de la biodiversité a alors été amené à s'étendre à une protection non plus seulement stricte, mais incluant la mise en valeur de la biodiversité perçue comme une ressource, se conformant ainsi aux objectifs du modèle de développement durable qui se rapproche de la vision conservationniste. Donc, au gré des fluctuations de l'histoire, les valeurs instrumentales liées à la biodiversité ont gagné en importance et les stratégies de sa protection ont été élargies à l'idée d'une conciliation possible avec les objectifs économiques, à travers le concept de développement durable.

Servant de passerelle, ce concept pratique un passage par lequel peuvent s'immiscer les objectifs du secteur minier, pour se mêler à ceux de protection de la biodiversité. Par exemple, le Sommet mondial sur le développement durable à Johannesburg en 2002 a vu naître l'idée d'un secteur minier potentiellement durable et qui pourrait même devenir un levier de développement durable si les instruments de protection environnementale étaient plus inclusifs et ouverts à la participation de ses acteurs, initiant un lien d'utilité et même de nécessité entre le secteur et cette protection, en vue du développement durable[777].

---

[777] Gerber et Sindico, *supra* note 2 aux pp 336–37.

À Madagascar, le discours de conciliation au cœur du concept a créé une interdépendance entre les régimes minier et de la biodiversité en raison du contexte du pays, à la fois pauvre et riche en biodiversité. Le COAP reflète cette tendance avec l'élargissement des modes de gouvernance des NAP aux objectifs et acteurs économiques, suivant le modèle développé par l'UICN[778]. De cette ouverture de la protection de la biodiversité à d'autres visions, il résulte un assouplissement des règles de protection au niveau des NAP de catégories V et VI pour tenir compte des intérêts économiques. Ces catégories visent à concilier certaines activités humaines avec la conservation de la biodiversité et surtout, à l'origine, à permettre la continuation des usages des communautés locales de façon à soutenir leurs modes de vie et leur développement, notamment économique. Avec ces NAP, la protection des aires protégées fait plus de place aux approches plus inclusives et moins strictes, en aménageant par exemple les objectifs de protection avec la création de zones tampons, périphériques ou d'occupation contrôlée où les activités minières sont tolérées. Autrement dit, les NAP reflètent particulièrement l'intégration de la protection de la biodiversité et des objectifs de développement économique.

Le système de protection de la biodiversité a donc été réformé de façon à intégrer progressivement une approche de conciliation face au développement minier présenté comme une priorité nationale en raison de ses avantages économiques[779]. Cela peut aller jusqu'au recul de cette protection pour laisser place aux activités minières quand il y a affrontement entre les deux, la solution de l'expropriation étant peu utilisée par l'État en raison des garanties de protection des

---

[778] Rappelons que lors du 5e Congrès mondial des parcs à Durban en 2003 ont émergé de nouvelles orientations sur la gouvernance des aires protégées, qui doivent alors être élargies et plus ouvertes, pour améliorer leur couverture mondiale et mieux atteindre les objectifs de conservation nationaux. Le *Plan d'action Durban* tend vers la création de synergies entre la protection de la biodiversité et les acteurs de secteurs privés pouvant contribuer, à travers la promotion de la protection volontaire des parcs. Cette idée sera reprise lors du 4e Congrès mondial de la nature de l'UICN en 2008 dans des résolutions reconnaissant d'autres modes de gestion, dont privée (*Supporting Indigenous Conservation Territories and other Indigenous Peoples' and Community Conserved Areas*, Rés World Conservation Congress 4.049, 4e sess, (2008) et *Private protected areas and nature stewardship*, Rés World Conservation Congress 4.072, 4e sess, (2008)).

[779] Le projet QMM par exemple est le fer de lance du programme de pôle intégré de croissance implanté dans la région Anosy avec le concours de la Banque mondiale, qui propose d'impulser la croissance régionale par le secteur privé, lequel est favorisé notamment par un environnement juridique favorable. À travers ce programme, le projet QMM est donc présenté comme incontournable pour le développement régional.

investissements offertes et des coûts associés. C'est le cas du déclassement d'aires protégées ou de l'aménagement de leurs objectifs de protection pour permettre l'exploitation minière dont les objectifs sont alors priorisés. Par exemple, si un gisement est découvert, l'article 35 du COAP prévoit le déclassement ou la révision des limites de l'aire protégée, avant le début de l'activité minière. L'exigence de compatibilité joue donc en faveur de l'industrie et permet de l'accommoder. Ce compromis constitue une brèche dans le système de protection, étant rarement favorable à la protection de la biodiversité dans la balance des priorités à court terme.

De plus, comme le souligne Kirsch, « [l]a signification de la « durabilité » dépend de plus en plus de qui la déploie et comment [...] »[780], pouvant mener à l'instrumentalisation de la protection de la biodiversité en vue d'intérêts économiques et assujettissant par la même occasion sa protection à ces intérêts. L'étroite imbrication des mesures de protection aux modèles du développement économique soumet celles-ci aux impératifs et stratégies pour garantir la disponibilité à long terme des ressources naturelles et, par-là, assurer la continuité de ces modèles.

Ainsi, le poids respectif des objectifs environnementaux et économiques dans l'ensemble créé par le concept de développement durable n'est pas tout à fait équilibré et tend même à pencher en faveur des seconds objectifs, comme le montre l'évolution du discours de la protection de la biodiversité, dans lequel les logiques néolibérales, extérieures à lui au départ, ont acquis une plus grande place et tendent même à s'imposer. Corson explique par exemple que la pensée économique néolibérale a fait son incursion dans le domaine de la protection de la biodiversité à Madagascar et a établi une conception de cette protection basée sur les mécanismes de marché, afin de parvenir à un équilibre « gagnant-gagnant » avec le développement économique[781]. Pour promouvoir un modèle de développement spécifique, cette conciliation des objectifs des deux sphères présentée comme idéale sinon nécessaire, occulte leurs divergences fondamentales, car il y a moins un

---

780 Stuart Kirsch, « L'industrie minière répond aux critiques » dans Michèle Leclerc-Olive, dir, *Anthropologie des prédations foncières : Entreprises minières et pouvoirs locaux*, Paris, Éditions des archives contemporaines, 2017, 121 à la p 133.

781 Corson, « Territorialization », *supra* note 20 à la p 705 ; Rosaleen Duffy, « Neoliberalising Nature: Global Networks and Ecotourism Development in Madagasgar » (2008) 16 Journal of Sustainable Tourism 327 ; Adams, *supra* note 727 ; Jim Igoe et Dan Brockington, « Neoliberal Conservation: A Brief Introduction » (2007) 5:4 Conservation and Society 432.

consensus, qui reste artificiel, qu'un rapport conflictuel sous-jacent entre les deux régimes et leurs objectifs, malgré le discours sur la conciliation.

1.4 L'opposition occultée par la recherche de conciliation entre les régimes

Il n'y a pas de rapport de contradiction clairement ouvert entre le régime de protection de la biodiversité et le régime minier à Madagascar. Leur examen dans les chapitres 1 et 2 montre une prise en compte mutuelle de leurs objectifs, qui reste toutefois inégale. En effet, les efforts successifs de conciliation ont fait en sorte d'éviter les conflits juridiques évidents entre eux, ou alors de les atténuer au moyen d'exceptions ou de procédures d'accommodation des objectifs d'un régime (souvent celui minier) par l'autre. Gündling parle de « conflits déguisés » qui « sapent les objectifs de la protection de la nature »[782]. Le Décret MECIE reflète un tel effort juridique de mise en synergie des deux régimes, de leurs objectifs, pratiques et méthodologies, de coordination de leurs règles et procédures, et de collaboration technique et scientifique de leurs institutions.

L'opposition entre eux reste cependant latente en raison de la nature fondamentalement différente de leurs objectifs, pouvant conduire à des « prétentions incompatibles, voire inverses »[783]. Cette dissonance est ressortie de façon plus concrète à Madagascar, à partir de 2003, lorsque le gouvernement a fait connaître sa stratégie visant à accroître à la fois la superficie allouée aux aires protégées et aux concessions minières sur le territoire national, en vue d'un « développement rapide et durable ». Cela a pointé et amplifié les problèmes de cohérence et cohabitation entre ces objectifs, qui se sont traduits d'abord physiquement par des conflits d'occupation du territoire entre les espaces miniers et de conservation, puis par un conflit d'intérêts pour l'État qui poursuit simultanément ces deux objectifs.

Lorsque se présente un tel affrontement entre les régimes, celui-ci est appréhendé par des négociations ou par une mise en compatibilité de leurs objectifs et règles respectifs. Or, ces négociations ne tiennent pas compte des rapports de force et capacités de négociation asymétriques entre les entreprises minières et l'État, de sorte que le compromis qui en découle concède souvent les intérêts de la biodiversité.

---

[782] Lothar Gündling, *Les obstacles juridiques à l'application des législations concernant la protection de la nature*, Strasbourg, Conseil de l'Europe, 1997 à la p 8.

[783] François Ost, *De la pyramide au réseau ? : Pour une théorie dialectique du droit*, Bruxelles, Publications des Facultés universitaires Saint-Louis, 2002 à la p 202 [Ost, *pyramide*].

Suite à la Vision Durban en 2003, les problèmes de superposition ou de proximité entre les espaces miniers et de protection de la biodiversité se sont multipliés. La plupart des NAP (Fandriana-Vondrozo, Corridor d'Ankeniheny-Zahamena, Amoron'Onilahy, Mahabo, Betsiaka, Ibity, Marolambo, Sahamalaza, Mikea, Makira, etc.) ont présenté ces problèmes, qu'ils aient été réglés ou non par le CIMF. Celui-ci est seul, avec ses organes déconcentrés régionaux, à travailler sur ces problèmes. Sa démarche repose sur la négociation au cas par cas, alors que ses moyens sont limités face à l'ampleur de la tâche. Par conséquent, ses négociations avec les titulaires de permis miniers chevauchant les sites envisagés pour les NAP, et antérieurs à leur mise en protection temporaire, se soldent la plupart du temps par la révision des limites proposées pour ces NAP, comme pour celles du corridor Fandriana-Vondrozo et de Marolambo, afin de contourner les concessions minières existantes[784]. Dans d'autres cas, les titulaires ont accepté de renoncer entièrement à leurs carrés miniers, moyennant compensation comme pour la NAP de Makira, ou moyennant concession sur les procédures environnementales exigées comme pour la NAP du corridor forestier Ankeniheny-Zahamena[785]. Dans tous les cas, les droits acquis des titulaires de permis miniers sont protégés face à la protection d'espèces menacées et de zones sensibles, dont la mise en œuvre ultérieure requiert le consentement des titulaires qui peuvent céder ou non leurs droits et s'ils le font, cela peut être en contrepartie de concessions sur certaines règles environnementales. Dans l'exemple de la NAP du corridor d'Ankeniheny-Zahamena, Soanirinavalona explique que l'entreprise Madagascar Mineral Fields a accepté de renoncer à des carrés miniers situés dans ce corridor, mais demande en retour que certaines de ses obligations en matière d'évaluation environnementale soient allégées. Notamment, l'ONE lui aurait concédé un paiement échelonné de ses frais d'évaluation[786].

Quant à la mise en compatibilité, elle est limitée par le manque de précision sur ce qui est compatible ou pas. À Madagascar, la compensation est un des outils privilégiés par les entreprises minières pour rendre leurs activités compatibles avec la protection de la biodiversité. Or, les zones de conservation qu'elles créent en guise de

---

784 Ruth Olivia Soanirinavalona, *Contribution à la résolution des problèmes de cohabitation des activités minières et création d'aires protégées*, mémoire de DEA en Foresterie-Développement-Environnement, Université d'Antananarivo, 2009 aux pp 20–21, 37 [non publié].

785 *Ibid* à la p 46.

786 *Ibid.*

compensation sont une contrepartie d'atteintes autorisées à la biodiversité, l'expression d'une sorte de permis de détruire[787]. Par exemple, soustraite aux 2000 ha du site minier en exploitation à Mandena, la zone de conservation créée par le projet QMM ne couvre que 230 ha, soit environ 10 % de la surface totale du site. Avec le projet, 90 % d'étendue forestière riche en biodiversité est donc sacrifiée contre 10 % seulement qui est conservée, alors que sans lui, la forêt aurait été entièrement intacte. Le même ratio s'applique à chacun des trois sites miniers du projet qui prévoit de réserver au total 620 ha pour établir des aires protégées en compensation des 6000 ha de forêts détruites par la mine. Le gain en biodiversité n'est donc pas évident ici, les forêts restantes ne constituant qu'un fragment isolé de la biodiversité initiale. Sans continuité écologique, la survie à long terme des espèces qui y vivent est menacée par l'amputation de leur habitat vital. Peut-on alors dire, dans ce cas précis, que la compensation permet une mise en compatibilité adéquate avec la protection de la biodiversité ?

En outre, le COAP de 2015 finalise une discontinuité initiée bien avant son adoption, le principe n'étant plus la protection absolue, mais la cohabitation qui peut amener à revoir à la baisse la protection par un changement du zonage ou des limites de certaines catégories d'aires protégées, lorsque surviennent des intérêts miniers potentiels jugés compatibles. En effet, rappelons que l'article 40 du Code stipule qu'« [e]n cas de découverte des produits extractifs dans une Aire Protégée de catégorie Paysage Harmonieux Protégé et dans la perspective d'une cohabitation, il ne pourra être procédé à l'exploitation qu'après modification du zonage interne de cette Aire Protégée »[788]. Or, quelles activités sont à considérer comme compatibles et selon quels critères ? Ce n'est pas clair quand, d'un côté, les activités minières restent envisageables malgré leurs impacts négatifs significatifs, et de l'autre côté, le COAP stipule que « [t]oute forme d'occupation du sol ou toute activité qui, du fait de son ampleur ou de sa nature, est incompatible avec les objectifs de gestion de l'Aire Protégée, est prohibée »[789].

La confusion à ce sujet entre les prescriptions des textes du régime minier et du régime de protection de la biodiversité, qui tantôt interdisent tantôt autorisent sous certaines conditions les activités

[787] Sophie Lavallée, « La biodiversité : Un pilier pour le développement durable « post-Rio+20 » ? » dans Fitzmaurice, Maljean-Dubois et Negri, *supra* note 1 à la p 108 met en garde par exemple contre l'idée selon laquelle protéger un espace riche en biodiversité donné justifierait des destructions ailleurs, et note que cela n'est pas sans danger.

[788] *COAP de 2015*, *supra* note 333, art 40.

[789] *Ibid*, art 41.

minières dans les NAP, accentuent ce flou. Cela peut être dû au décalage chronologique entre les principaux textes, comme entre le *Code minier* qui date de 2005 et qui, en renvoyant aux lois et règlements visant la protection environnementale et s'appliquant aux activités minières, renvoie donc aussi au COAP qui, lui, a été mis à jour en 2015. Cela rend la protection de la biodiversité dans un contexte minier plus vulnérable, en créant de nouvelles possibilités par rapport aux dispositions pourtant plus restrictives du *Code minier*, plus ancien. Il faut aussi clarifier ce qui peut être qualifié de « compatible », d'« utilisation durable » et qui en décide, pour éliminer les contradictions entre ces Codes ou découlant de l'interprétation du COAP plus récent, dans un contexte national où l'évolution des discours, suivant la conception du développement durable, tend à percevoir l'ensemble des activités économiques comme compatible, avantageux et nécessaire pour la protection de la biodiversité. Cette clarification n'a pas été apportée par la nouvelle loi sur la réforme du *Code minier* adoptée en 2023.

1.5 L'alliance asymétrique entre les acteurs des régimes

Fondamentalement, il existe un rapport de compétition entre les entreprises minières et les acteurs non étatiques de la protection de la biodiversité comme les ONG de conservation, pour le contrôle du territoire et le pouvoir de décision sur son affectation. Mais dans cette course à l'accès au territoire, les capacités sont inégales et les acteurs les plus puissants finissent le plus souvent par imposer leurs valeurs, visions et préférences. Les organismes de conservation se tournent désormais directement vers les entreprises minières devenues incontournables, et non plus vers l'État en perte de capacités, pour négocier et établir des partenariats, agissant comme des médiateurs qui resserrent les liens entre le secteur minier et le monde de la conservation[790].

1.5.1 La convergence des discours

Les acteurs des deux sphères peuvent en effet trouver plus avantageux d'unir leurs forces pour faire avancer leurs objectifs respectifs. Cette alliance prend racine au niveau international avec l'apparition et la montée en force du développement durable et de sa logique gagnant-gagnant. Suivant cette logique, l'UICN a adopté une *Stratégie de renforcement de l'interaction avec le secteur privé* en 2004, qui

---

[790] Adams, *supra* note 727 aux pp 250–51, 253.

reconnaît les acteurs privés comme partenaires engagés dans la protection de la biodiversité[791]. L'organisme a engagé un dialogue avec l'industrie minière au Sommet mondial sur le développement durable, à Johannesburg en 2002. Un partenariat avec l'ICMM a vu le jour pour clarifier et renforcer la catégorisation des aires protégées par l'UICN et engager les membres de l'ICMM à ne pas opérer dans les sites du patrimoine mondial[792]. Ces sites ne constituent qu'une petite partie des aires protégées sur la planète et à Madagascar, et seules quelques entreprises membres de l'ICMM sont concernées par cet engagement, alors que ce dernier s'assure d'une évolution du paradigme de la protection de la biodiversité vers une utilisation durable, moins stricte, avec le travail d'influence effectué par l'UICN comme durant le congrès de Durban en 2003.

La collaboration permet donc de transférer des valeurs. Pour le milieu de la conservation, cela se manifeste dans la reformulation des objectifs de protection de la biodiversité, l'appropriation de logiques, discours, valeurs et stratégies fondés sur le marché, et le rapprochement des acteurs du secteur minier[793]. Le but est d'améliorer cette protection en la traduisant dans le langage du marché, afin que le marché en tienne compte, qu'il en soit transformé et que la protection de la biodiversité puisse bénéficier de ses ressources, tandis qu'adopter le langage de la conservation permet aux entreprises minières de légitimer et sécuriser leurs activités et l'accès aux ressources, d'où une convergence des discours[794]. Adams avance toutefois que la conservation néolibérale qui présente le capitalisme comme un élément incontournable de la durabilité détourne l'attention de ses effets et occulte leurs incompatibilités fondamentales[795]. Il cite MacDonald qui affirme que « l'économie verte [...] a également servi à exploiter la nature pour soutenir l'économie »[796]. Pour lui, malgré sa réciprocité, l'alliance est asymétrique, avec des effets plus profonds sur la protection de la biodiversité en réorganisant et redéfinissant l'orientation idéologique de

---

791 Cette position de l'UICN se reflète dans la résolution *Interaction de l'UICN avec le secteur privé*, Rés World Conservation Congress 3.061, 3e sess, (2004) adoptée lors de la 3e session du Congrès mondial de la nature qui s'est tenue du 17 au 25 novembre 2004 à Bangkok.

792 Conseil international des mines et métaux, *Aires protégées et activités minières : Déclaration de position*, Londres, Conseil international des mines et métaux, 2013, engagement 2 [Conseil international des mines et métaux, *Aires protégées*].

793 Adams, *supra* note 727 aux pp 243, 245.

794 *Ibid* aux pp 246, 250–51.

795 *Ibid* à la p 245.

796 *Ibid* à la p 247.

ses acteurs et en fragilisant leur indépendance d'agir selon ces idéaux, d'où une profonde fracture qui peut avoir des conséquences à long terme, au-delà des gains à court terme[797].

À Madagascar, le lien de convergence des intérêts des acteurs de la protection de la biodiversité et du secteur minier est apparu avec l'implantation des grands projets miniers, qui investissent stratégiquement dans cette protection en finançant des initiatives en ce sens, afin d'associer des impacts environnementaux positifs à leurs activités et d'assurer leur présence dans ce domaine. Ces initiatives donnent lieu à des partenariats avec des ONG de protection de la biodiversité, les acteurs du secteur minier mettant de l'avant leur intérêt mutuel à s'associer et l'imbrication de leurs objectifs respectifs. Ils alignent leurs discours sur celui global véhiculé par ces ONG, le même que celui formulé dans le contexte colonial décrit dans le chapitre 1 où les activités des populations locales étaient désignées comme les principales causes de la déforestation et de la dégradation de la biodiversité, et vont jusqu'à imiter les modes de communication de ces ONG pour diffuser et appuyer ce discours[798]. Il suffit de parcourir les documents produits par le département environnement du projet Ambatovy par exemple, pour constater l'appropriation du langage, des outils et préceptes de la protection de la biodiversité, telles que les notions de continuité écologique et d'approche par paysage en matière de gestion forestière[799].

Seagle y voit une domination par le discours qui permet de justifier et privilégier certains usages de la terre comme l'exploitation minière plutôt que d'autres comme les activités des populations locales[800]. L'implantation de grands projets miniers à ciel ouvert, plus dommageable pour la biodiversité, a changé la donne, mais le discours pointant du doigt ces populations est resté le même. Détournant l'attention des nouveaux enjeux que cela représente, l'alliance avec les ONG environnementales permet aux entreprises minières de perpétuer des

797 *Ibid* aux pp 253–54.

798 Caroline Seagle, « "Sauver" la biodiversité en la détruisant : l'exploitation minière de Rio Tinto à Madagascar » (2013) The Land Deal Politics Initiative Working Paper No 11 aux pp 15–16 [Seagle].

799 Voir par ex B Ramahavalisoa et al, « The Ambatovy Project forest management program: a landscape approach to maintain biodiversity » dans CA Brebbia et T-S Chon, dir, *Environmental Impact*, vol 162, WIT Press, 2012, 359 aux pp 359–61.

800 Seagle, *supra* note 798 à la p 16.

croyances qui les dédouanent de leur responsabilité dans la destruction de la biodiversité pour la faire peser uniquement sur les acteurs locaux[801].

Par exemple, le projet Ambatovy a mis en place un programme de gestion des lémuriens, pour s'assurer de la viabilité de la population des 13 espèces qui vivent dans la zone de la mine[802]. Selon l'entreprise, il s'agit de les protéger dans les forêts résiduelles autour de l'empreinte de la mine contre les menaces représentées par les activités des communautés locales, alors que l'implantation de la mine même a défriché la majeure partie des habitats forestiers cruciaux pour ces espèces et constitue un danger pour leur survie. Fragilisés par cette implantation, ces animaux territoriaux ont dû migrer ou être déplacés vers les forêts adjacentes restantes, que le projet, à l'origine du problème, prétend ensuite protéger en les érigeant en zone de conservation de la mine. Seagle évoque un phénomène d'« inversion » des responsabilités avec les populations locales dans la perte de biodiversité[803], auquel s'ajoute une inversion des rôles avec l'État dans la protection de la biodiversité, comme nous le verrons plus loin.

En adoptant le discours des ONG de protection de la biodiversité, les acteurs du secteur minier font prévaloir des valeurs externes auxquelles ils adhèrent eux-mêmes et dans lesquelles ils peuvent trouver un intérêt. Tout comme il en diffuse vers l'extérieur, le régime minier reçoit donc en son sein et s'approprie des éléments extérieurs servant ses objectifs. Selon les situations, les discours sur lesquels se fonde le régime de protection de la biodiversité peuvent ainsi être utilisés à l'avantage des acteurs miniers et instrumentalisés pour légitimer leurs activités.

---

801 Corson, « Territorialization », *supra* note 20 à la p 719 note par exemple que :

> [i]ronically, these policies also carved out a process whereby agents seeking to profit from the exploitation of village lands could formalize their claims by participating in conservation. While protection from mining was one of the key justifications for the rapid implementation of SAPM at the beginning, the 2008 order lifted the ban on mining and forestry […] for certain sites under the condition that EIAs be done for any mining and logging activities.

802 Centre d'échange d'information de Madagascar sur la Convention sur la diversité biologique, « Programme de gestion des lémuriens d'Ambatovy », en ligne : <mg.chm-cbd.net/objectifs-d-aichi/strategique-c/objectif-12/projets-programmes-nationaux-lies-l-objectif-12/programme-de-gestion-des-lemuriens-d-ambatovy>.

803 Seagle, *supra* note 798 aux pp 10, 15–16, 18, 24.

1.5.2 La convergence des actions

Outre la convergence des discours, le rapprochement des intérêts des acteurs du secteur minier et de la protection de la biodiversité se traduit aussi par une convergence de leurs actions et ressources, avec l'engagement des entreprises minières dans des initiatives de protection en collaboration avec des ONG environnementales, notamment en finançant ces initiatives. Les activités des entreprises s'en trouvent légitimées et l'accès à la terre ainsi qu'à « la sphère de la gouvernance environnementale de Madagascar » est facilité par l'accent mis sur leurs mérites en vue du développement durable, éclipsant la portée de leurs impacts[804]. C'est ainsi que des ONG influentes comme BirdLife International, CI, WWF, WCS, qui ont d'abord été critiques vis-à-vis du projet QMM, sont finalement devenues partenaires de ses initiatives de protection de la biodiversité pour faire avancer leurs intérêts en matière de conservation et leur financement. CI a également collaboré avec le projet Ambatovy pour la création et la mise en protection temporaire puis permanente du corridor forestier d'Analamay-Mantadia, lequel a été inséré dans le SAPM. De même, le WWF qui contribuait à protéger la forêt de Mikea, menacée par la construction des infrastructures routières du projet Base Toliara, aurait cessé de le faire selon des militants écologistes, permettant au projet d'y opérer plus librement[805].

Seagle note que l'engagement du projet QMM dans la protection de la biodiversité n'est pas conforme sous tous les angles aux objectifs de développement durable, car tous n'y gagnent pas, l'exclusion des populations locales de leur accès à la terre étant plutôt renforcée par la création de zones de conservation stricte, dont la surveillance est assurée par les moyens conséquents à la disposition du projet et qui font défaut aux ONG[806]. Ballet et Randrianalijaona notent aussi que les consultations, négociations et dialogues autour de la formule de protection de la biodiversité à adopter en guise de compensation a occulté les populations locales, aboutissant à une conception stricte de cette protection, qui les exclut et marginalise encore plus[807]. Pour le projet Ambatovy, Bidaud et al. identifient eux aussi des impacts négatifs

---

804 *Ibid* à la p 2.

805 Rakotondrainibe, *supra* note 21.

806 Seagle, *supra* note 798 à la p 25.

807 Jérôme Ballet et Mahefasoa Randrianalijaona, « A case study on human development and security: Madagascar's mining sector and conservation induced displacement of populations » (2014) 10:2 Journal of Global Ethics 216 aux pp 216, 221–22, 225–26.

sur le bien-être des populations avoisinant les zones de conservation créées et un manque de prise en compte des inégalités locales, que ces zones tendent même à aggraver en exacerbant les tensions liées aux ressources, ce qui peut faire échouer la protection à long terme[808]. Le rapport de collaboration entre les acteurs miniers et les ONG de protection de la biodiversité peut ainsi entraîner une iniquité sociale et environnementale à l'égard d'autres acteurs, tout en étant asymétrique, car ces initiatives profitent plus aux premiers qu'à la protection de la biodiversité, selon Zylva et Orengo[809].

1.5.3 La concertation sur l'utilisation du territoire

L'alliance entre les acteurs miniers et les acteurs non étatiques de la protection de la biodiversité a également une influence sur la définition du régime des NAP, de leurs limites physiques et des droits associés, notamment les utilisations qui y sont acceptées. Selon Corson, l'affectation du territoire à un usage particulier n'implique plus seulement l'État désormais, mais aussi ces acteurs influents, la territorialisation étatique étant redéfinie pour être négociée avec eux[810]. Leur concertation se déroule lors de rencontres internationales par exemple, loin des sphères locales qu'elles prétendent pourtant régir en définissant les droits

---

808 Bidaud et al, *supra* note 737 aux pp 7–8, 11.

809 Paul de Zylva et Yvonne Orengo, « New tricks: biodiversity offsetting and mining », en ligne : Friends of the Earth UK <https://policy.friendsoftheearth.uk/publications/new-tricks-biodiversity-offsetting-and-mining> [Zylva et Orengo] (« [...] biodiversity offsetting may be used expediently, as a tool to facilitate development, not to protect and restore biodiversity », « Biodiversity offsetting is being used to legitimise and justify the continuation of business as usual – further destruction of nature, people's livelihoods and the future functioning of natural ecosystems. [...] offsetting risks promoting unsustainable industries like mining as the so-called green champions of nature conservation, often with the complicit support of some academic institutes and conservation organisations »). Les auteurs écrivent aussi :

> Collaboration with conservation NGOs enhances and strengthens a mining company's green credentials and their social licence to operate. [...]. Over the past few decades, [...] the interests of conservation NGOs and corporates have increasingly overlapped. Biodiversity offsetting may have become the latest greenwashing of corporate agendas and of growth at any cost, serving to neutralise environmental challenges to development projects and their impacts, while doing little to protect, conserve and restore declining biodiversity and natural ecosystems in diminished state.

810 Corson, « Territorialization », *supra* note 20 aux pp 704, 721.

locaux vis-à-vis du territoire et de ses ressources[811]. Lors du 5e Congrès mondial des parcs à Durban en 2003, les préparations nationales avaient permis l'expression des divers intérêts et la tenue de négociations entre ces acteurs[812]. La délégation malgache au congrès comptait d'ailleurs des représentants étatiques, mais aussi de bailleurs de fonds, d'ONG environnementales et d'entreprises minières qui se sont concertés avant l'annonce de la Vision Durban, par le Président Marc Ravalomanana qui a entériné et transmis le résultat de ces négociations en arrière-plan[813]. Selon Corson :

> [a] subgroup of this delegation formulated President Ravalomanana's announcement of his intention to triple Madagascar's protected areas. Prior to the president's announcement, NGO representatives and government officials huddled in a hotel room, debating the details of an announcement that would attract international attention and foreign aid [...]. The ultimate announcement proposed tripling Madagascar's protected areas, in order to meet the IUCN target. [...] [T]he new protected areas would adhere to the IUCN protected area guidelines, which delineate seven categories ranging from parks that prohibit human entry to those that allow sustainable use, and thus would not all be exclusionary parks[814].

Leur implication à différents niveaux de négociation teinte le processus de territorialisation, généralement contrôlé par l'État en raison de sa souveraineté, avec les divers intérêts de ces acteurs qui négocient l'accès au territoire, le contrôle de ses ressources et le pouvoir de déterminer qui peut avoir cet accès et ce contrôle et quelles utilisations sont acceptables. L'État, plutôt effacé, laisse ce débat important à des acteurs privés et consacre le résultat de leurs négociations, soit les orientations qui font converger leurs intérêts, qu'il adopte par la suite telles quelles. Par conséquent, selon Corson, la décision proclamée à Durban qui a donné naissance au SAPM n'était pas neutre, mais reflétait l'influence de ces acteurs et une orientation en faveur de leurs intérêts, car « [t]hrough the promotion of private and NGO management of Madagascar's new parks, as well as the accommodation of mining interests, SAPM consolidated non-state and foreign access to and control

---

811 *Ibid* à la p 707.

812 *Ibid* à la p 708.

813 *Ibid* aux pp 712–13.

814 *Ibid* à la p 712.

over the process of determining land and resource rights, and thus who could accumulate wealth from Madagascar's forests »[815].

Corson ajoute que cette implication dans la formulation, mais aussi dans la mise en œuvre de la gouvernance du SAPM a légitimé leurs prétentions[816]. Les formes historiques nationales de création et gestion des aires protégées, dans lesquelles l'État occupait une place centrale, ont en effet été bouleversées pour intégrer au SAPM des aires protégées créées et gérées par des acteurs privés et faire participer des représentants de ces acteurs dans les groupes de travail de la commission chargée de mettre en place le SAPM, de délimiter les sites des NAP et de définir leurs bases juridiques[817]. Sous prétexte que les services chargés des aires protégées préexistantes n'avaient pas la capacité d'assumer les NAP, le SAPM a reconnu l'utilisation durable de certaines d'entre elles et la gestion par des acteurs privés comme les ONG et les entreprises[818], redéfinissant ainsi l'autorité de l'État et partageant sa compétence d'élaborer des politiques touchant à ces aires, avec ces acteurs privés. Ceci est renforcé par le second décret d'application du COAP de 2003, promulgué en 2005, qui laisse aux gestionnaires de ces aires, quels qu'ils soient, l'autorité de déterminer les utilisations jugées conformes ou acceptables des NAP et de leurs ressources.

En entérinant leurs orientations, l'État est lui-même enrôlé dans cette alliance entre acteurs miniers et ONG de protection de la biodiversité, contre la dégradation causée par les activités des populations locales. C'est son appareil répressif qui est appelé à intervenir lorsque sont constatées des infractions liées à ces activités, dans les NAP cogérées par ces ONG et entreprises ou dans d'autres aires protégées impliquant ces dernières. En 2006, le projet Ambatovy a signé un accord avec le service ministériel des forêts et le responsable du site Ramsar de Torotorofotsy pour faire front commun contre l'occupation croissante des populations locales dont les activités rizicoles sont tenues pour responsables du recul des marais et forêts dans le site. L'engagement du projet minier visait à contrebalancer ses propres impacts, son site minier empiétant sur une partie du site Ramsar. Il a alors proposé d'appuyer la gestion du site par la réalisation d'études coûteuses, dont des inventaires (par exemple, des images satellitaires) nécessitant des moyens, et la révision du plan de gestion du site pour contrer les activités néfastes des populations locales

815 *Ibid* à la p 704.
816 *Ibid* aux pp 703–05, 709.
817 *Ibid* aux pp 712–13.
818 *Ibid.*

avoisinantes[819]. L'État est chargé de contrôler le respect par ces populations des règles de zonage établies par ce plan.

Ce mécanisme permet d'ignorer ou accepter des impacts miniers négatifs en contrepartie de la collaboration technique et financière de l'entreprise et peut donc également expliquer que les activités minières puissent empiéter sur des espaces sensibles. Sans dénouer le problème d'empiétement, il peut plutôt en être à l'origine. Cela illustre aussi la marge de manœuvre qu'ont ces entreprises pour avancer leurs intérêts, au prix de l'amputation d'aires protégées. Dans certains cas, le rapport d'alliance avec l'État est plus explicite, quand celui-ci est un partenaire financier du projet QMM par exemple, ce qui le place dans un rôle de promoteur et rend sa position ambiguë quant à la protection de la biodiversité face aux impacts du projet[820]. Ce conflit d'intérêts affaiblit sa capacité de prise en charge de cette protection.

Le rapport d'alliance des entreprises minières avec les acteurs de la protection de la biodiversité inscrit encore plus celle-ci dans une logique de marchandisation[821]. C'est le cas des activités écotouristiques (excursions pour observer les oiseaux) développées sur le site de compensation de Mandena par le projet QMM avec Birdlife International, ou de la conservation *ex situ* des semences forestières endémiques recueillies sur les sites du projet et envoyées à Kew Botanical Gardens au Royaume-Uni, où elles sont accessibles pour les recherches des compagnies pharmaceutiques qui financent l'institution[822]. L'alliance, nous le verrons, engendre aussi des dilemmes, car le mouvement d'aller vers l'autre amène les acteurs à diluer leurs buts premiers pour recevoir ceux des autres et arriver à un compromis.

1.6 Les compromis en faveur du régime minier

A priori, le régime minier et celui de protection de la biodiversité entretiennent, nous l'avons vu, des relations de coordination, mais celles-

819 Circonscription régionale de l'environnement et des forêts, Mitsinjo, Taratra, Projet Ambatovy, *Mise à jour du plan d'aménagement du site de Torotorofotsy : Version finale*, Circonscription régionale de l'environnement et des forêts, Mitsinjo, Taratra, Projet Ambatovy, 2009.

820 Selon Sarrasin, « Développement », *supra* note 394 à la p 163, « [c]ette situation place le gouvernement à la fois dans une position de juge et de partie ».

821 L'entreprise a stratégiquement fait de la biodiversité un enjeu commercial. Selon Rio Tinto, *Rio Tinto et la biodiversité : obtenir des résultats sur le terrain*, Londres, Rio Tinto, 2008 à la p 4, « Rio Tinto reconnaît que la conservation et la gestion responsable de la biodiversité sont d'importantes questions commerciales et sociétales ».

822 Seagle, *supra* note 798 aux pp 24–25.

ci sont teintées de rapports de forces verticaux. D'abord, la mixité se révèle dans les compromis caractérisant ces relations, qui tendent souvent à privilégier les objectifs de certains acteurs plus que d'autres. Ainsi, la mise en compatibilité environnementale des investissements miniers permet surtout de rendre plus acceptables, par la réalisation d'une ÉIE, des activités minières d'exploitation surtout, pouvant pourtant être dévastatrices pour la protection de la biodiversité[823]. Si l'ÉIE du projet QMM a fait état d'impacts négatifs importants pour la biodiversité, ils semblent plus acceptables avec les mesures d'atténuation et de réhabilitation proposées, de sorte qu'un permis environnemental a été délivré en 2001. Mieux, Sarrasin note que l'ÉIE permet de tourner ces impacts en opportunités de développement et de meilleure protection de la biodiversité[824]. Il en va de même pour la compensation de ces impacts, présentée comme une opportunité d'étendre la superficie des aires protégées nationales et d'améliorer leur protection stricte grâce aux moyens déployés par le projet minier. En alléguant un impact net neutre ou positif grâce à la protection d'un autre site riche en biodiversité qui, selon elles, aurait été détruit par les activités paysannes, et non par les leurs pourtant réputées destructrices, les entreprises minières se posent en protectrices de la biodiversité dont les activités sont bénéfiques à cette biodiversité tout en étant nécessaires à l'économie.

Ensuite, les objectifs du régime de protection de la biodiversité peinent à s'imposer face à ceux du régime minier dans cette recherche de compromis ou tentative de concilier leurs intérêts. Nous l'avons vu, la suspension de l'octroi de permis miniers dans des zones réservées pour la protection de la biodiversité n'a pu être maintenue que de façon temporaire, et les droits miniers acquis continuent de s'appliquer sauf si leur titulaire y renonce de lui-même. Dans cette situation, et étant donné le retrait sélectif de l'État, la mise en protection permanente de ces zones repose donc ultimement sur la décision des acteurs du secteur minier, à moins que l'État ne les exproprie, ce qu'il n'a pas encore fait jusqu'ici.

D'ailleurs, le poids important de ces acteurs se manifeste aussi au niveau de la production des règles du régime minier malgache, dont les fondements mêmes ont été déterminés par les besoins de sécurité et de

---

823 Selon Sarrasin, « Économie politique », *supra* note 619 au para 24, en passant à travers le processus d'ÉIE, un projet minier parvient, avec les mesures d'atténuation proposées dans le dossier d'ÉIE, à présenter comme moindres ses impacts environnementaux et à être présenté comme nécessaire ou bénéfique pour le développement local et la protection de la biodiversité. Le processus change donc la perception du projet, le légitimisant, validant et renforçant sa priorisation.

824 Sarrasin, « Développement », *supra* note 394 à la p 160.

minimisation de risques des grands investisseurs miniers, et donc de concessions dans des domaines d'intérêt national pour les attirer et les conserver au pays. Tel qu'expliqué précédemment, le droit étatique reçoit des normes et objectifs suggérés par ces acteurs externes et favorisant leurs intérêts. Selon leurs besoins, le droit minier a été créé et réformé à plusieurs reprises pour devenir incitatif, en offrant des garanties, libertés et protections, et en consacrant un désengagement partiel de l'État pour réduire le risque de nationalisation et d'expropriation des investissements, ce qui renforce l'asymétrie de pouvoirs entre ces acteurs déjà puissants et l'État à qui il est demandé de se retirer et de se départir d'une partie de ses pouvoirs.

1.7 La prédominance du régime minier en raison de rapports de force inégaux

Le rapport déséquilibré entre les deux régimes est renforcé par le manque de capacités humaines, financières et matérielles des acteurs étatiques en charge de mettre en œuvre les règles de protection de la biodiversité, ce qui affecte aussi leurs activités de contrôle et suivi des obligations environnementales des acteurs miniers. Mieux dotés en capacités, ces derniers ont l'avantage d'influer une fois de plus sur l'édiction des règles qui vont régir le secteur et de mettre de l'avant leurs propres valeurs et préférences. C'est le cas quand l'ONE, faute de moyens et par commodité, s'en remet à l'expertise des entreprises minières pour fixer les normes environnementales techniques qu'elles devront respecter elles-mêmes et aux données qu'elles fournissent pour faire le suivi du respect de ces règles. Par exemple, en matière de pollution, les impacts de projets miniers industriels sur les composantes du milieu naturel (eau, sol, air, etc.) restent relativement nouveaux pour l'ONE, dont l'aptitude à définir des normes d'émission et de concentration de polluants dans ce secteur reste à développer[825]. Les textes existants en la matière fournissent des orientations générales sans aller jusqu'à fixer des valeurs limites à respecter. Entre autres, la *Loi n° 99-021 du 19 août 1999 sur la politique de gestion et de contrôle des pollutions industrielles* renvoie à des standards internationaux de protection de l'environnement (recommandations des Nations Unies, ISO) pour servir de référence en l'absence de normes nationales plus spécifiques[826]. Quant

[825] Carret et al, *supra* note 56 aux pp 114–25.
[826] *Loi n° 99-021 du 19 août 1999 sur la politique de gestion et de contrôle des pollutions industrielles*, JO, 30 août 1999, 1962, arts 52–54.

à la *Stratégie nationale pour la gestion de la pollution à Madagascar*, elle reconnaît les insuffisances en matière de compétence de gestion de la pollution industrielle, amenant les entreprises à établir elles-mêmes les modalités de cette gestion en fonction de leur cahier de charges environnementales et de ce qu'ils y auront proposé[827].

Autre exemple, en matière d'évaluation environnementale, l'ONE a adopté des directives guidant les promoteurs dans l'élaboration d'ÉIE,[828] mais sans préciser des valeurs limites, se bornant à fixer des orientations générales. Entre autres, le *Guide sectoriel d'étude d'impact environnemental du projet d'exploitation minière à ciel ouvert* décrit de façon générale les informations qui doivent être retrouvées dans les sections de l'ÉIE et fournies par le promoteur. Notamment, des indicateurs de suivi du PGEP de ce type de projet pour les composantes du milieu physique sont mentionnés, comme le débit ou la turbidité pour la composante « eau »[829], mais sans préciser au-dessus ou en dessous de quelles valeurs de ce débit les mesures prises sont suffisantes ou efficaces. Par conséquent, dans l'élaboration de l'ÉIE et du cahier de charges qui va régir leurs activités, les promoteurs miniers ont une marge de manœuvre dans le choix des normes techniques auxquels ils se réfèrent et qu'ils devront respecter aux différentes étapes de leur projet, notamment durant les opérations où ils définissent eux-mêmes les méthodes d'échantillonnage à adopter, par exemple[830]. Ces normes peuvent émaner d'associations de l'industrie ou d'autres organismes internationaux.

Tout cela revient à déplacer le centre de production normative vers des experts externes issus du secteur minier et, pour le système juridique de l'État, à voir ces normes externes se mêler à lui. Les acteurs miniers ont donc, dans une certaine mesure, leur mot à dire sur le choix des règles environnementales auxquelles ils doivent se conformer et sur le suivi des obligations qui en découlent, une situation s'apparentant à une autoréglementation. Ils sont en position de proposer des directives selon leurs perspectives et d'intervenir selon leurs stratégies, et l'État se range généralement à leur façon de procéder faute de moyens pour vérifier et proposer des alternatives. Cela ne lui permet ni de statuer adéquatement ni de jouer pleinement son rôle protecteur.

---

827 Madagascar, Ministère de l'Environnement, des Forêts et du Tourisme, *Stratégie nationale pour la gestion de la pollution à Madagascar*, à la p 5.

828 Madagascar, *Cinquième rapport*, *supra* note 57 à la p 64.

829 Madagascar, Office national pour l'environnement, *Guide sectoriel d'Étude d'Impact Environnemental du projet d'exploitation à ciel ouvert*, à la p 49 (novembre 2005).

830 Voir *Arrêté interministériel n° 12032/2000*, *supra* note 466, annexe D, section III(E).

La faible capacité financière de l'État induit également une hiérarchisation des rapports entre le régime de protection de la biodiversité dont il est chargé de faire appliquer et respecter les règles, et le régime minier, source de redevances et d'emplois. Cette faiblesse favorise la dépendance au financement extérieur et privé, notamment issu des entreprises, pour pérenniser la protection de la biodiversité et ne permet pas à l'État de s'imposer face à leurs demandes, vulnérabilisant la protection en l'assujettissant à leurs conditions et orientations. Des compromis sur les règles de protection peuvent ainsi être faits pour accommoder les pourvoyeurs de fonds et traduisent les rapports asymétriques à l'œuvre, qui permettent entre autres aux superpositions des zones minières sur les espaces riches en biodiversité de se produire malgré la protection offerte à la biodiversité par le droit.

Par exemple, en 2018 et 2019, des études indépendantes et d'autres commandées par la suite par les promoteurs du projet QMM eux-mêmes montrent que les activités du projet ont empiété sur la zone sensible du lac Besaroy, près duquel le projet est implanté[831]. Des infrastructures bâties sur la zone tampon forestière du lac ont décimé des forêts littorales rares, outre ce qui avait déjà été détruit par l'installation de la mine comme prévu et autorisé par le permis environnemental du projet. De plus, des routes ont été construites sur le lit du lac Besaroy même, allant à l'encontre de l'Arrêté interministériel sur la protection des zones sensibles qui établit qu'une zone tampon de 80 mètres doit être observée entre ce type de zone sensible et l'activité minière[832]. En 2014, après le début des empiétements, mais avant que ceux-ci n'aient été découverts et rendus publics, les promoteurs du projet ont sollicité un accord avec l'ONE pour construire ces infrastructures ayant pour effet de réduire exceptionnellement la zone tampon autour du lac à 50 m au lieu de la limite de 80 m prévue par la réglementation sur les zones sensibles, ce

---

831 Steven H Emerman, *Évaluation d'une zone tampon dans une mine d'ilménite exploitée par Rio Tinto sur les rives des lacs Besaroy et Ambavarano, Madagascar*, The Andrew Lees Trust, 2018 ; Stella Swanson, *Examen de l'émission de matières radioactives de la mine Rio Tinto/QMM*, Madagascar, The Andrew Lees Trust, 2019; Yvonne Orengo et Steven Emerman, « Fears of radionuclide-enriched water pollution as Madagascar mining breaches legal limits », *The Ecologist* (3 septembre 2018), en ligne : <https://theecologist.org/2018/sep/03/fears-radionuclide-enriched-water-pollution-madagascar-mining-breaches-legal-limits> ; Edward Carver, « Madagascar: Rio Tinto mine breaches sensitive wetland », *Mongabay* (9 avril 2019), en ligne : <https://news.mongabay.com/2019/04/madagascar-rio-tinto-mine-breaches-sensitive-wetland>.

832 *Arrêté sur les zones sensibles*, *supra* note 643, annexe au para VII(2) sur la délimitation des zones marécageuses.

que l'ONE a autorisé. Or, selon les études, l'empiétement a encore débordé de cette limite exceptionnelle accordée. Après une inspection sur le terrain en 2018 et alors que les études scientifiques indépendantes démontrent le contraire, l'ONE a tout de même estimé que la violation n'avait pas d'effets assez importants pour être sanctionnée.

Cet événement met en évidence deux points. D'abord, l'obligation du promoteur minier de communiquer toute irrégularité à l'organe de surveillance qu'est l'ONE n'est pas tout à fait effective. Comme déjà souligné, l'ONE se fie généralement aux rapports du promoteur sans avoir les pleines capacités techniques, matérielles, financières et humaines de vérification sur le terrain. Corson note d'ailleurs que malgré l'abondance des instruments juridiques de protection de l'environnement à Madagascar, l'État malgache a peu de moyens d'en assurer l'application et de faire un réel suivi du respect des obligations environnementales[833]. Cela soumet l'organisme étatique de protection de la biodiversité qu'est l'ONE à l'influence de grands projets miniers comme QMM qui est l'un des bailleurs de fonds de l'organisme, et questionne son indépendance et objectivité, notamment lors de missions de contrôle et suivi financées en partie par ces projets (vol, hôtel). Ensuite, comme organe de réglementation, l'exemple décrit précédemment montre que l'ONE peut accorder d'importantes exceptions sur la réglementation environnementale, par des accords négociés au cas par cas qui nivellent les normes de protection de la biodiversité vers le bas. Cette réglementation n'est donc pas inflexible pour les acteurs miniers, avantagés par ces exceptions aménagées en son propre sein et appliquées par l'ONE. Rappelons que dans des cas comme celui-ci, selon le Décret MECIE, l'ONE peut autoriser la conduite d'activités dans une zone sensible à condition que le projet se soumette à une ÉIE[834]. Donc, la protection juridique offerte à ces zones sensibles est insuffisante.

La dépendance financière de l'État dans la protection de la biodiversité s'étend à d'autres niveaux, renforcée par les réformes de décentralisation et déconcentration qui ont morcelé l'organisation de cette protection et dispersé les responsabilités entre de multiples organes publics en manque de moyens. En outre, les fonds recueillis pour cette protection sont fructifiés selon les mécanismes du marché financier et administrés par des fondations regroupant des acteurs privés et publics, mais suffisamment indépendantes de l'État tel qu'exigé par les bailleurs de fonds. Partout dans le monde, ces fondations elles-mêmes se tournent

---

833 Corson, *Corridors*, *supra* 141 à la p 216.

834 *Décret MECIE*, *supra* note 623, art 4(1), annexe 1.

de plus en plus vers l'industrie extractive pour financer leurs activités de protection de la biodiversité[835]. Cette appropriation des mécanismes du marché crée une adhésion et dépendance du système de protection envers le secteur privé et sa vision, pour son propre fonctionnement. Elle permet aussi à ce secteur de s'immiscer dans la prise de décision sur cette protection, par exemple à travers sa contribution financière au FAPBM, qui lui permet de participer aux orientations et à l'administration de la Fondation. Le financement est donc un point de contact vulnérable au passage des visions et influences d'un régime vers l'autre. Il établit ou réorganise les rapports de pouvoirs suivant une configuration hiérarchisée.

Le rapport déséquilibré découle aussi du manque de cohérence entre les textes juridiques des deux régimes, qui favorisent le régime minier par rapport à celui de protection de la biodiversité. Rocher explique que le droit reflète souvent les rapports de pouvoirs et de domination existants, qu'il peut contribuer à établir en permettant l'apparition de ces pouvoirs et de cette domination, ou à renforcer en les véhiculant ou encore à changer en les balisant. Selon lui, « le droit légitime le pouvoir. [...] il peut servir à occulter le pouvoir réel, à garder dans l'ombre une domination effective »[836], « il peut aussi maintenir par son silence un ordre existant de rapports de pouvoir »[837]. À Madagascar, le droit soutient l'apparition de rapports de pouvoirs asymétriques entre le secteur minier et la protection de la biodiversité, et les renforce. Entre autres, le processus simplifié et les délais procéduraux plus courts pour obtenir les titres miniers selon le principe du « premier arrivé, premier servi » amènent à délivrer le permis minier avant celui environnemental, ce qui peut entraîner des situations de non-respect de la protection de la biodiversité et prioriser les règles et intérêts du secteur minier.

De même, la procédure de création des aires protégées, même simplifiée par la révision du COAP, demeure plus complexe et longue que l'octroi de titres miniers. Des demandes pour ces titres sont parfois soumises dès qu'un site est susceptible d'être mis en protection, et obtiennent une réponse favorable avant la formalisation de la protection temporaire ou définitive. Corson note qu'après l'annonce de l'extension des aires protégées nationales en 2003 et avant l'adoption de l'Arrêté

---

835 Francis Vorhies, *Industries extractives : des opportunités pour les fonds environnementaux : Projet de renforcement des capacités des fonds environnementaux du RedLAC*, Rio de Janeiro, Réseau des fonds environnementaux d'Amérique latine et des Caraïbes, 2014.

836 Guy Rocher, « Droit, pouvoir et domination » (1986) 18:1 Sociologie et sociétés 33 à la p 44.

837 *Ibid* à la p 45.

interministériel de 2004 suspendant de l'octroi de permis miniers dans les zones réservées pour la conservation, des opérateurs miniers se sont empressés de réserver des titres miniers sur certains sites susceptibles d'être convertis en NAP[838]. Après 2004 et malgré le renouvellement à plusieurs reprises de la suspension, cela a continué[839]. Une importante étude réalisée par Cardiff et Andriamanalina en 2007 sur les chevauchements entre les concessions minières et les aires protégées potentielles et actuelles du SAPM montre que des permis miniers se superposent sur 33 % de la surface des zones de conservation planifiées, que le nombre de permis chevauchant ces zones croît et que la plupart d'entre eux ont été octroyés en 2006, année de l'adoption du second Arrêté interministériel réitérant pourtant la suspension[840]. Leur étude conclut que les règles du régime minier restreignent l'efficacité de la protection des zones d'importance pour la biodiversité, car les intérêts miniers font reculer les efforts de conservation planifiés[841].

Les opérateurs miniers ont donc toujours une longueur d'avance sur la protection de la biodiversité dans la course à l'accès à la terre, avec des processus moins lourds et ardus et plus rapides, qui contribuent à faciliter et prioriser leurs activités. Prenons l'exemple de la NAP d'Ibity sur laquelle des permis miniers ont été octroyés après 2004, alors même qu'elle était envisagée comme zone de conservation potentielle, et avant que sa mise en protection temporaire n'ait eu le temps d'aboutir en 2008[842]. Pour que le processus de mise en protection définitive du massif puisse aller de l'avant, des négociations ont dû avoir lieu entre le CIMF, Missouri Botanical Garden (organisme initiant la création de la NAP) et les titulaires de titres miniers concernés, ces derniers ne voulant pas

---

838 Corson, « Territorialization », *supra* note 20 aux pp 714–15 explique qu'« [i]mmediately after Ravalomanana's announcement, and in an effort to protect their own interests, mining and timber extractors rushed to exploit forest lands that might become national parks. They used legal and illegal means, both working through the formal permitting process and simply exploring without permits » et que « [p]rior to the 2004 order, the Bureau du Cadastre Minier […] had issued mining permits in many of the areas claimed for SAPM, and it had continued to grant mining permits in these areas after 2004 ».

839 Par exemple, les permis d'exploitation PE 37242 et 39130 du 21 mars 2012 du Projet Base Toliara ont été obtenus en 2012, soit durant la période d'interdiction d'octroi de tels permis.

840 Cardiff et Andriamanalina, *supra* note 8 à la p 32.

841 *Ibid* aux pp 32–33.

842 *Arrêté interministériel n° 21479-2008 du 02 décembre 2008 portant protection temporaire de l'Aire Protégée en création dénommée « Massif d'Ibity », communes rurales d'Ibity, de Sahanivotry et de Manandona, District d'Antsirabe, Région Vakinankaratra*, JO, 15 décembre 2008, 8391.

abandonner leurs droits acquis sur des carrés miniers situés notamment dans le noyau dur de la NAP. Le processus soumet donc la protection définitive d'un espace riche en biodiversité au consentement d'acteurs miniers. Sans ce consentement et la renonciation volontaire, totale ou partielle sur leurs permis à l'issue des négociations, et sauf si l'État décide de les exproprier, la mise en protection pourrait avorter, être bloquée, retardée ou contrainte dans son étendue. C'est un obstacle de taille qui place cette protection dans un rapport à la fois de concurrence et de dépendance envers les acteurs et règles du secteur minier, car elle peut être exclue par leur prééminence. De plus, le transfert par le Décret MECIE des compétences du CTE aux collectivités territoriales décentralisées vise, certes, à écourter les processus d'instruction et d'évaluation des dossiers d'ÉIE, mais avec le risque d'aller trop vite et de créer des conflits de compétence entre ces collectivités et les directions régionales ou provinciales des mines ou de l'environnement, ce qui ne permettrait pas de mieux prendre en compte la protection de la biodiversité.

La première section de ce chapitre 3 a démontré que les relations entre les régimes minier et de protection de la biodiversité à Madagascar sont complexes, marquées par une ouverture au niveau de certains points de contact où se manifestent à la fois un échange, un enchevêtrement et une interdépendance conduisant à une hybridation normative. Elles sont aussi marquées par une subordination occultée et une acculturation résultant de la volonté de concilier ou de mettre en compatibilité à tout prix les deux régimes, leurs objectifs et les intérêts de leurs acteurs. Il y a donc une internormativité à la fois horizontale et verticale à plusieurs niveaux, mais aussi à plusieurs vitesses. Par exemple, l'orientation néolibérale des règles de protection de la biodiversité, favorisée par les influences internationales, est amplifiée et accélérée par le contact avec le secteur minier, dont les normes et valeurs rejoignant le discours néolibéral finissent par prédominer. Autrement dit, quand les deux régimes se rencontrent, les valeurs caractérisant le régime minier et mis de l'avant par les acteurs miniers tendent à prendre le dessus, faisant prévaloir ce régime. La complexité des liens est aussi explicitée par plusieurs configurations de pluralisme juridique, à la fois intraétatique découlant des réformes de décentralisation qui ont multiplié, diversifié et dénivelé les détenteurs de la souveraineté étatique, et extraétatique avec la montée de normes externes qui interagissent avec le droit étatique selon des rapports de complémentarité et de collaboration, accentuant le caractère hybride de la régulation de la protection de la biodiversité en contexte de développement minier. Nous verrons dans la prochaine section que tout ceci produit des effets sur la place accordée à l'intervention de l'État dans la protection de la biodiversité.

2. Les conséquences de l'articulation des deux régimes sur le rôle de l'État

L'articulation entre les régimes minier et de la protection de la biodiversité examinée dans la section précédente a mis à jour certaines configurations des relations entre ces régimes et des rapports de force entre leurs acteurs, dont l'État et les entreprises minières, en termes de valeurs prioritaires, de pouvoirs et de capacités. Nous verrons dans la présente section que le contact et l'interaction sur un même territoire entre ces deux régimes entraînent une reconfiguration du rôle de protection attendu de l'État malgache, c'est-à-dire une transformation de l'obligation qui lui incombe d'assurer la protection de la biodiversité sur son territoire, tandis que le rôle des acteurs privés dans cette protection devient plus important, ce qui crée une certaine confusion.

2.1 L'oscillation entre un rôle de protecteur de la biodiversité et un rôle de promoteur du développement minier

A priori et de façon générale, les instruments juridiques internationaux de protection de la biodiversité privilégient à divers degrés la protection stricte de la biodiversité et un rôle fort pour l'État, à travers la mise en place d'un réseau d'aires protégées gérées et contrôlées par les États. La protection forte est tout de même limitée par l'incursion progressive de valeurs de l'économie néolibérale, telles que la réduction de l'intervention de l'État et la promotion des mécanismes de marché dans cette protection en vue d'un rapport gagnant-gagnant avec les objectifs de développement économique, ce qui aménage des failles dans la solidité du système de protection mis en place par ces instruments internationaux.

En effet, les textes internationaux et nationaux sur la protection de la biodiversité peuvent aménager des exceptions à l'atteinte des objectifs de protection, en permettant que les limites d'une aire protégée puissent être restreintes en raison d'un impératif économique supérieur et qu'une autre puisse être créée en compensation. La conception utilitariste d'une biodiversité, dans les aires protégées ou ailleurs, à laquelle peut être attribuée une valeur quantifiable (souvent économique) pour être substituable et pouvant faire l'objet d'une exploitation rationnelle ou d'une utilisation durable conformément à la logique de l'économie néolibérale, prime ici. Cette vision se reflète par ailleurs dans l'article 10 de la *Convention sur la diversité biologique*. Elle se retrouve dans les mesures de compensation des impacts négatifs sur la biodiversité mises en œuvre par les entreprises minières à Madagascar, qui priorisent le développement minier, le présente comme nécessaire, inévitable même, avec des effets compensables par les mécanismes du marché, ce qui plonge un peu plus la protection de la biodiversité dans cette logique qui lui était au départ extérieure et même opposée[843].

Soutenues par les institutions financières internationales, les entreprises, certaines ONG et reprises par les gouvernements[844], ces mesures acceptent le sacrifice de la biodiversité pourvu que sa perte soit compensée, quand les règles de cette pratique sont encore peu claires et qu'il est difficile d'en évaluer avec exactitude les retombées et d'estimer une valeur fidèle à celle de la biodiversité perdue. Véhiculant l'idée d'un équilibre par les forces du marché, elles participent donc à décrédibiliser l'intervention de l'État jugée en partie non nécessaire dans ce domaine. Dans le cas du projet QMM, certains sites de compensation sont insérés dans le marché du carbone et rapportent des revenus au projet pour financer ses activités de protection de la biodiversité, ce qui lui permet au final de recouvrir une part de son investissement dans cette protection[845]. Alors que les populations locales supportent les coûts de la mise en place de la mine et du site de compensation, le projet minier profite de ce dernier pour légitimer ses activités et les financer.

Les exceptions aménagées dans le régime juridique de protection de la biodiversité laissent la porte ouverte aux objectifs économiques et

---

843 Zylva et Orengo, *supra* note 810 (« biodiversity offsets are being promoted beyond being used as a last resort, permitting the rationalisation of development and the environmental harm it causes, by deeming it unavoidable »).

844 Conseil international des mines et métaux, *Aires protégées*, *supra* note 792 au para 2. Voir aussi la norme de performance n° 6 de la Société financière internationale qui, depuis 2012, exige des demandeurs de financement qu'elles présentent des mesures de compensation des impacts de leurs projets sur la biodiversité. L'UICN a aussi élaboré et approuvé une politique de compensation relative à la biodiversité lors du Congrès mondial de la nature qui s'est tenu à Hawaii du 1er au 10 septembre 2016 (*Politique de l'UICN sur les compensations relatives à la biodiversité*, Rés World Conservation Congress 059 FR, 2016). Les parties à la *Convention sur la diversité biologique* ont également reconnu le mécanisme de compensation en tant qu'approche de gestion des impacts des projets de développement (Secrétariat de la Convention sur la diversité biologique, « Biodiversity offset mechanisms », en ligne : <https://www.cbd.int/financial/0017.shtml>). De plus, les nouvelles approches volontaires et l'implication du secteur privé ont été soulignées à plusieurs reprises dans la Déc IX/18, *supra* note 494 sur les aires protégées, issue de la 9e Conférence des Parties qui a eu lieu à Bonn du 19 au 30 mai 2008.

845 Seagle, *supra* note 798 à la p 20.

constituent un point d'entrée pour les éléments du régime minier. Elles permettent d'accorder une place importante à ce dernier, dont les valeurs s'infiltrent dans la sphère de la protection de la biodiversité. Il en résulte une dualité dans l'obligation de protection à la charge de l'État, qui est tiraillé entre cette protection et le développement économique. Cette oscillation découle notamment de la *Convention sur la diversité biologique*, qui adopte une vision développementaliste présentant les fins économiques dans son objectif d'utilisation durable (article 10) comme étant aussi importantes que l'objectif de conservation de la biodiversité (article 8). La Convention égalise donc les deux priorités et consacre l'intégration des sphères économique et de la biodiversité, tout en rendant plus flous l'obligation et le rôle de l'État vis-à-vis de la protection, avec le passage conceptuel opéré lors des négociations. En effet, la conception de la biodiversité y est passée de « patrimoine commun » relevant de l'intérêt public, placé sous la garde de l'État et faisant l'objet d'une véritable responsabilité de sa part, à une simple « préoccupation commune » interpellant tous les acteurs, étatiques ou non. Cela suggère un rôle moins actif de sa part. Ce passage marque donc un premier pas vers la transformation du rôle de l'État et de son obligation de protéger la biodiversité, tout en opérant un écart par rapport à l'approche classique de préservation de la biodiversité en vue de tendre vers une approche qui tienne compte des niveaux de développement des pays où se trouve cette biodiversité et qui considère son exploitation en tant que ressource.

Or, l'égalisation entre les objectifs de protection et de développement n'est qu'apparente et tend plutôt, rappelons-le, à être asymétrique. Par exemple, suivant l'*Accord ANASE*[846] qui interdit les activités incompatibles avec les objectifs de protection poursuivis par les aires protégées (article 13(2)), ou la *Directive sur les habitats*[847] qui impose d'intégrer les objectifs de protection aux plans d'aménagement et de soumettre à une évaluation d'impacts tout projet pouvant affecter significativement des zones spéciales de conservation, sans toutefois préciser si ce projet doit se situer dans ou près de ces zones (articles 6(1), 6(2) et 6(3)), c'est au développement de tenir compte de la biodiversité et de s'adapter à sa protection.

Dans les faits, il existe des exutoires. La *Convention Ramsar* par exemple encourage un compromis en faveur des activités de développement, avec

---

846 *Accord de l'ANASE sur la conservation de la nature et des ressources naturelles*, Kuala Lumpur, 9 juillet 1985 (non en vigueur), en ligne : Ecolex <www2.ecolex.org/server2neu.php/libcat/docs/TRE/Full/En/TRE-000820.txt>.

847 CE, *Directive 92/43/CEE du Conseil du 21 mai 1992 concernant la conservation des habitats naturels ainsi que de la faune et de la flore sauvages*, [1992] JO, L 206/7.

la possibilité de compenser la perte de biodiversité suite à des activités de développement (article 4(2)). Quant aux Directives sur les oiseaux et les habitats[848], des dispositions autorisent de telles activités en dépit des impacts sur la biodiversité, pour des motifs d'intérêt public majeurs (une invocation surprenante, car en général, cet intérêt est plutôt associé à la protection de la biodiversité). L'obligation de protéger la biodiversité en est doublement affaiblie, l'accommodement des intérêts du développement les rendant prioritaires et l'existence de mécanismes d'accommodement (ÉIE, compensation) laissant ouverte la possibilité que les activités de développement soient réalisées au détriment de la protection de la biodiversité, d'autant qu'il s'agit plus de formalités, car les États disent rarement non aux projets de développement[849]. À Madagascar, malgré les recommandations d'interdiction de toute activité minière dans les sites du patrimoine mondial[850] et malgré que le projet Ambatovy représente un certain risque pour la Forêt humide de l'Atsinanana, la réalisation d'une ÉIE mitigeant ses impacts ou les compensant lui a permis d'opérer dans et près de ce site du patrimoine mondial. Cela révèle une protection légale et réglementaire insuffisante, mais également un ordonnancement ou une hiérarchisation des priorités associées aux deux régimes, et les interstices aménagés dans celui de la protection de la biodiversité, par lesquels peuvent s'engouffrer les valeurs, objectifs, intérêts et règles du régime minier.

2.2 Le désengagement partiel et progressif de la gestion des ressources naturelles

La priorisation du régime minier sur celui de la protection de la biodiversité est facilitée par un contexte favorable. Les préceptes économiques néolibéraux (libéralisation, ajustement structurel,

---

848 *Ibid* ; CE, *Directive 2009/147/CE du Parlement européen et du Conseil du 30 novembre 2009 concernant la conservation des oiseaux sauvages (version codifiée)*, [2010] JO, L 20/7.

849 Selon Kees Bastmeijer, « Ecological restoration in international biodiversity law: a promising strategy to address our failure to prevent ? » dans Michael Bowman, Peter Davies et Edward Goodwin, dir, *Research Handbook on Biodiversity and Law,* Cheltenham (UK), Edward Elgar, 2016, 387 à la p 401 [Bastmeijer], « the intensifying environmental concerns have made it acceptable that activities are subjected to procedural requirements (e.g. EIA) and to certain conditions to limit adverse impacts on the environment, but denying authorization still appears to be a taboo ».

850 Voir notamment *Protected Areas: Mining and Energy*, Rec World Parks Congress 5.28, 5e sess, (2003) ; *Protection and conservation of biological diversity of protected areas from the negative impacts of mining and explorations*, Rés World Conservation Congress 2.82, 2000 ; UICN, « Position », *supra* note 732, point 1.

dérégulation, autorégulation par la loi du marché, désengagement de l'État) qui ont gagné Madagascar à partir des années 1980, véhiculés par les institutions financières internationales, ont en effet favorisé un rôle transformé et limité pour l'État, la mutation des cadres juridiques nationaux qui s'organisent désormais autour d'objectifs économiques, et la reconnaissance de modes de régulation alternatifs.

L'État est invité à se désengager de la gestion de ses ressources naturelles et à endosser un rôle de promoteur, de facilitateur et de coordonnateur des objectifs du développement économique. Son rôle devient alors complexe puisqu'il doit concilier ceux-ci avec son rôle traditionnel, et jadis exclusif, de protecteur de l'intérêt général. Les règles qu'il édicte deviennent hétérogènes, marquées par des logiques ou approches parfois contradictoires, propres à ce rôle dual. C'est ainsi que le COAP refondu consacre l'implication des acteurs privés et réduit considérablement le rôle de l'État à l'orientation et la coordination de la protection de la biodiversité, y compris des initiatives privées dans ce domaine. Le discours économique prédominant a donc fini par avoir raison du paradigme de la protection et par transformer son cadre juridique de l'intérieur.

La structure de l'appareil étatique est aussi bouleversée par l'incursion d'acteurs privés dans les affaires publiques. La multiplication des lieux de prise de décision favorise la coexistence des règles de protection établies par l'État avec les normes volontaires des entreprises dont l'élaboration échappe au processus législatif officiel (infradroit). Nous verrons plus loin que ces règles et normes ne se concurrencent pas. Elles se coordonnent dans la plupart des cas et il y a même un élan de rapprochement entre elles, amenant le droit étatique à céder une part de compétence aux entreprises. C'est le cas lorsqu'il leur cède une zone de non-droit, comme les zones de conservation créées en compensation, dans lesquelles elles peuvent édicter leurs propres règles de gestion. Cette autolimitation de l'État est volontaire, quoique soutenue par l'influence d'acteurs externes et par la faiblesse de ses propres capacités[851]. Elle favorise l'avancée de ces normes qui prennent alors une place de plus en plus importante par rapport au droit même. L'État et son droit

[851] Sur ce sujet et tel que déjà évoqué, le terme d'absence selective avancé par Szablowski, *supra* note 604 aux pp 27–28 peut s'entendre également comme une intervention sélective, c'est-à-dire une stratégie adoptée par l'État (péruvien dans le cas étudié par l'auteur) pour conserver sa légitimité face à la position ambiguë dans laquelle il se retrouve : entre satisfaire les pressions externes exercées par les bailleurs de fonds et répondre aux demandes sociales internes.

contribuent donc à l'émergence et au soutien d'autres formes de norme au sein de leur propre système[852].

2.3 La *soft law* et l'assouplissement du droit étatique

Certaines normes de *soft law* ou recommandations issues par exemple de directives, lignes directrices, principes directeurs ou guides émis par des organismes internationaux influents, servent de référence aux États pour l'élaboration de leurs politiques nationales. C'est le cas de Madagascar, dont le cadre juridique national sur les aires protégées s'inspire du régime global en la matière, développé par l'UICN, par exemple. Avec ses six catégories d'aires protégées aux différents modes de gestion, ce régime encourage une diversification, un nivellement et un assouplissement des mesures de protection qui étaient plutôt strictes à Madagascar, ainsi que l'implication d'un éventail élargi d'acteurs, dont privés, relativisant ainsi un peu plus le rôle de l'État dans la prise en charge de la protection protection de la biodiversité sur son territoire, ce rôle étant alors partagé avec ces divers acteurs.

2.4 L'application inégale des principes de développement durable

Nous avons vu précédemment que la situation particulière de Madagascar, entre pauvreté économique et mégabiodiversité, a amené le pays à tendre vers des objectifs nationaux de développement durable. Or, ce concept renferme, en partant, une ambiguïté découlant de la poursuite simultanée d'objectifs économiques, sociaux et environnementaux parfois difficilement réconciliables. Cette ambiguïté caractérise les actions posées par l'État malgache dans la protection de la biodiversité, le rend « schizophrène » et l'amène à constamment tenter de trouver un équilibre entre ces objectifs, d'où une dualité protecteur-promoteur dans son rôle.

Outre cela, les principes fondant le concept de développement durable reçoivent une importance inégale dans la mise en œuvre par l'État malgache de l'obligation de protéger la biodiversité face au développement minier. Les principes comme celui d'intégration, favorable à la prise en compte des valeurs et intérêts économiques du secteur minier, et celui de participation, favorable à l'ouverture de la protection de la biodiversité aux acteurs du secteur, reçoivent plus de

[852] Ost, *pyramide*, *supra* note 783 à la p 119.

poids par rapport à ceux favorables à une protection étatique et stricte de la biodiversité comme le principe d'équité intergénérationnelle avec sa dimension d'intégrité perpétuelle. Cette mise en œuvre sélective et déséquilibrée crée un cadre propice à l'influence de ces acteurs et à la préséance de leurs objectifs qui finissent par surpasser ceux de la protection.

Le principe d'intégration, particulièrement présent dans les textes des deux régimes, révèle la généralisation des discours et stratégies de développement durable imbriquant étroitement la protection de la biodiversité et le développement minier. L'accent continu et croissant à travers le temps mis sur ce principe relativise aussi l'obligation étatique de protéger la biodiversité, car ce principe traduit une obligation de moyens, plus flexible ou moins contraignante pour l'État malgache. Étant donné l'importance de ce principe par son omniprésence dans les textes étudiés, où il est libellé en termes souples pour l'État qui s'y conforme selon ses moyens (matériels, financiers, etc.), le respect de cette obligation est alors renvoyé aux capacités de l'État à y répondre.

De par sa nature et ses objectifs mêmes (mise en cohérence des politiques et mesures sectorielles, décloisonnement des secteurs, des milieux naturels et humains), ce principe contribue aussi à l'ouverture pratiquée dans le régime juridique de protection de la biodiversité, pour le passage d'éléments issus du secteur minier. L'établissement d'un zonage dans le COAP fait écho à l'intégration d'objectifs de développement au sein des NAP, pour accommoder les activités humaines ; il recompose les utilisations pouvant être faites dans de telles aires et reconfigure l'équilibre entre les valeurs reliées à ces usages, à la biodiversité et à sa protection. De même, pour accommoder les opérateurs détenant un titre minier sur un site envisagé pour la protection des forêts, des sites « KoloAla » de valorisation et de gestion durable et rationnelle des forêts hors des aires protégées ont été créés. Certaines activités d'exploration minière y sont autorisées, pouvant aboutir à la découverte d'un gisement qui, s'il est assez important et si son exploitation peut rapporter plus de bénéfices économiques que l'exploitation forestière, peut mener à l'autorisation d'une telle exploitation. La mise en place de ces sites traduit donc une logique qui intègre les aspects économiques à la décision de protection de la biodiversité, en soupesant la rentabilité économique d'activités dommageables pour la biodiversité. Plus qu'une simple coexistence d'objectifs, le principe d'intégration favorise donc l'infléchissement des objectifs initiaux des aires de protection de la biodiversité, pour mieux recevoir les objectifs économiques, pesant plus lourd dans la balance en général. Face à l'oscillation continue entre différents objectifs et au tiraillement entre les logiques parfois irréconciliables que ce principe implique, l'État finit par pencher pour certains objectifs que d'autres, ou se retirer partiellement et laisser plus de place aux acteurs non étatiques afin d'éviter ce dilemme.

L'accent mis sur le principe de coopération dans l'interaction entre les deux régimes engage l'État à collaborer avec d'autres parties prenantes, dont les acteurs miniers, dans cette protection en vue d'une gestion partagée. Avec ce principe et celui d'intégration, une relation d'apparente ouverture et de coordination s'installe, sans aucune velléité d'exclusion, même si en réalité comme nous l'avons déjà mentionné plus haut, ce lien n'est pas entièrement horizontal en raison des moyens et capacités différents des acteurs impliqués.

Le principe de participation renforce cette collaboration asymétrique. L'expérience malgache montre en effet que la participation sert de prétexte à l'implication non pas du public et des populations locales dont les problèmes d'accès à l'information, de transparence, de procédures de notification et de consultation préalables persistent, mais plutôt d'autres acteurs, dont miniers. Rappelons que le public n'est consulté qu'à une étape avancée de l'analyse d'un projet minier, lors du processus d'évaluation environnementale qui survient après l'octroi du permis minier, et que cette consultation prend des formes variables en degré d'implication du public, selon ce qui est requis par l'ONE. La participation tardive creuse le déséquilibre des pouvoirs entre les acteurs miniers et les défenseurs de la biodiversité en ne permettant pas à ces derniers de prendre connaissance assez tôt du projet ou de s'exprimer tôt sur celui-ci. Par ailleurs, sans obligation de publier le rapport de recevabilité environnementale des projets, ceux-ci peuvent être acceptés systématiquement et la consultation n'être qu'une formalité pour entériner la décision d'acceptation prise par le CTE, au lieu d'un mécanisme pour sécuriser les intérêts du public et de la biodiversité. Par exemple, malgré qu'un important regroupement de communautés locales touchées par le projet minier Base Toliara se soit prononcé contre celui-ci lors de la consultation publique en 2014, le permis environnemental a été octroyé en 2015[853]. Dans l'état actuel du droit, nous avons vu que le CTE n'est tenu que de considérer le résultat de la consultation publique lors de sa décision, mais le manque de précision sur les critères et

853 Rakotondrainibe, *supra* note 21. Voir aussi, pour rappel et pour ce projet, la recommandation formulée par la Cour des comptes en septembre 2020, rapportée par Ihariliva, *supra* note 634.

modalités de cette prise en compte, et sur la divulgation du résultat de la consultation, limite la portée de la participation du public.

La mise en œuvre de ce principe est donc à deux vitesses, bénéficiant davantage aux acteurs miniers qu'aux populations locales, auxquelles l'ouverture aux acteurs non étatiques de la gouvernance des aires protégées opérée à Madagascar dans les années 2000 prétendait pourtant s'adresser au départ[854]. Le SAPM implique mieux ces acteurs qu'il ne prend en compte les droits de participation des populations locales[855]. Cette participation reste apparente ou superficielle, tandis que l'implication des acteurs miniers laisse souvent ces populations encore plus exclues et marginalisées. Autrement dit, la diversification des modes de gouvernance d'aires protégées et l'ouverture à l'implication des acteurs privés sont jugées plus inclusives et efficaces en termes de gestion adaptative des aires protégées, en permettant de rompre avec l'iniquité de l'approche répressive coloniale. Il faut toutefois prêter attention au contexte de mise en œuvre de cette approche d'ouverture. Sans vouloir plaider pour un retour en arrière, il faut rester prudent face à ce processus comportant aussi des risques de manipulation ou d'instrumentalisation de l'ouverture opérée. Ainsi, si la transformation du rôle de l'État malgache peut être envisagée comme une avancée positive, l'évolution de la protection de l'environnement en droit malgache passant du centralisme au consensualisme étant perçue comme une démocratisation de ce droit et du processus normatif[856], le transfert de responsabilités et le désengagement de l'État de son rôle de protecteur de la biodiversité au nom d'une plus grande participation par le bas ne semblent pas amener les promesses annoncées dans un contexte de développement minier à Madagascar. Dans ce contexte en effet, les populations locales auxquelles on annonçait vouloir transférer des pouvoirs de l'État n'héritent dans les faits que de responsabilités et de coûts, de sorte que ni ces populations ni l'État ne disposent plus en réalité des moyens de protéger la biodiversité. Le principe de participation a donc des effets pervers dans ce contexte.

---

854 Canavésio, *supra* note 82.

855 Corson, « Territorialization », *supra* note 20 à la p 716 (« [u]ltimately, despite its claims of recognizing local rights, SAPM legitimated the authority of consultants, private companies, scientists, transnational conservation NGOs, and foreign aid donors to shape Madagascar's future forest policy, including who could accumulate from them and how »).

856 Ianjatiana Randrianandrasana, *Le droit de la protection de la nature à Madagascar : Entre centralisme et consensualisme*, Paris, L'Harmattan, 2018 ; Bérard, *supra* note 113.

D'autres principes de développement durable sont davantage occultés, lorsque les deux régimes se rencontrent. C'est le cas du principe de précaution qui n'est mentionné nulle part. Le processus d'ÉIE, par exemple, n'exige qu'une obligation de prévention des risques et ne reconnaît à l'opérateur minier qu'une responsabilité limitée aux risques qu'il peut prévoir ou connaître au moment de la réalisation de l'ÉIE, à savoir les risques connus, certains, prévisibles ou non hypothétiques liés à ses activités. De plus, les discours sur le secteur minier à Madagascar sont rassurants quant aux impacts de l'industrie minière à grande échelle, jugée licite, car respectant le principe de prévention encastré dans les textes applicables à l'environnement minier. L'approche basée sur la prévention seule est toutefois limitée, car comme le rappelle Bastmeijer : « [m]ost of the serious concerns for biodiversity are caused by accumulative impacts of 'lawful' activities; activities that also grow in number, intensity and geographical scope »[857]. L'approche de compensation, appréhendée comme une incitation négative qui autorise la destruction de la biodiversité d'un site dont la perte est compensée par la suite, est aussi plus souvent appliquée que le principe de précaution qui considérerait l'origine de l'ensemble des impacts sur la biodiversité, qu'ils soient connus ou non, pour les empêcher en amont au moyen d'interdictions, par exemple. L'État n'adopte pas une incitation positive en ne demandant pas d'adopter ici une approche d'abstention ou d'évitement absolu de la destruction, compte tenu des risques méconnus des activités minières sur la biodiversité, conformément au principe de précaution. Si celui-ci était respecté, certains sites importants pour la protection de la biodiversité et particulièrement menacés seraient exclus de toute possibilité de compensation.

Dans sa dimension matérielle ou distributive et en termes de justice environnementale d'abord, le principe d'équité est quant à lui affecté par les zones de conservation créées par les entreprises minières pour compenser la perte de biodiversité causée sur le site minier. Leur création entraîne une iniquité pour les communautés locales qui, en plus de subir les coûts environnementaux de l'implantation de la mine, perdent l'accès aux ressources naturelles vitales situées dans ces zones. Dans ce cas spécifique, sans encadrement adéquat, la compensation n'est pas un succès et le principe d'équité est faiblement pris en compte. La dimension procédurale de l'équité est aussi affectée par la rencontre des deux régimes, avec la participation superficielle et tardive déjà évoquée plus haut. Il en va de même pour sa dimension intergénérationnelle,

---

[857] Bastmeijer, *supra* note 850 à la p 402.

éclipsée dans les textes par celle intragénérationnelle (lutte contre la pauvreté surtout), et de la protection de l'intégrité perpétuelle des aires protégées relativisée par l'incursion du régime minier. L'existence de dispositifs de compensation permettant d'affecter le maintien pour un temps indéfini de l'intégrité de certains sites, en contrepartie de la protection d'autres sites, la met à mal. Au lieu d'être dissuasifs, ces dispositifs laissent plutôt entendre qu'il y a toujours une possibilité pour que la pérennité d'un site riche en biodiversité puisse être remise en question moyennant compensation, notamment pour permettre à des activités minières d'aller de l'avant dans un contexte de pressions développementales croissantes. L'intégrité perpétuelle est aussi affectée par les règles établissant qu'au terme d'une ÉIE, une activité extractive peut tout de même être autorisée dans une zone sensible, que des aires réservées pour la protection de la biodiversité peuvent être déclassées, que des aménagements sont possibles pour qu'un pipeline passe par un site Ramsar ou un parc national par exemple, ou que des zones tampons peuvent être mises en place pour qu'une mine puisse s'installer aux limites d'une aire protégée.

Au niveau de ce principe, la rencontre avec le régime minier a donc moins pour effet d'améliorer la protection de la biodiversité que de diluer ses objectifs avec ceux du secteur minier, de sorte que l'effet inverse se produit, soit un retour en arrière avec l'abaissement des niveaux de protection. La régression est facilitée par des procédures et des conditions exceptionnelles permettant de déroger au principe d'intégrité perpétuelle au nom d'objectifs d'exploitation et d'utilisation rationnelles. Le principe d'intégrité perpétuelle préconise en effet que les limites d'une aire protégée doivent être légalement sécurisées par l'État et que leur révision à la baisse doit être soumise à une raison d'intérêt public, majeure et exceptionnelle, et autorisée par la plus haute autorité nationale compétente, uniquement si cela n'affecte pas les valeurs et les objectifs de conservation de l'aire. Dans les faits, la réduction des limites des NAP est plus aisée et sommaire à Madagascar, résultant non pas d'une décision de l'Assemblée nationale par exemple, mais plutôt de négociations avec les titulaires de permis miniers, ce qui suggère un cadre de protection permissif et souple, qui permet au secteur minier de prendre le dessus dans l'ordre des priorités, étant assimilé à une raison suffisante pour supplanter l'intérêt public.

En ce qui concerne le principe de souveraineté, il est affaibli par les dispositions légales ou réglementaires, notamment dans la LGIM, prévoyant que les litiges seront portés devant les tribunaux d'arbitrage international, privant ainsi l'État de son privilège de juridiction. Son privilège de fixer les règles de protection de la biodiversité sur son territoire est aussi ébranlé par la montée des normes de RSE, élaborées par les entreprises minières, échappant à la hiérarchisation par son ordre juridique[858] sauf si ces entreprises le souhaitent, échappant également à son contrôle lorsque ni reconnues ni encadrées par son droit, ce contrôle étant alors transféré notamment à des organes d'évaluation internationaux. En adoptant des initiatives volontaires de protection de la biodiversité, ces entreprises prennent en charge partiellement cette protection incombant à l'État sans en être imputables ; elles s'approprient son rôle de gardien, mais pas l'ensemble des obligations qui vont avec. Dans un contexte de développement minier, l'obligation de protection de la biodiversité évolue donc, devient partagée et peut être démembrée, ce qui la dénature.

La libéralisation des investissements miniers affecte aussi l'exclusivité de l'État dans la réglementation de ces investissements, qui sont de plus en plus assujettis aux règles sur leur protection et sécurisation édictées au niveau global, lesquelles enjoignent l'État à les garantir tout en limitant sa capacité à intervenir et imposer ses propres règles en vue d'intérêts nationaux (par exemple pour protéger la biodiversité)[859]. L'État autolimite également sa propre souveraineté à édicter et appliquer de nouvelles règles ou à les modifier pour améliorer la protection de la biodiversité, en adoptant un régime minier incitatif qui met les investisseurs miniers à l'abri de l'obligation de les respecter. Les garanties de stabilité offertes par la LGIM par exemple, figent la réglementation environnementale applicable aux grands investisseurs miniers à celle qui était en vigueur au moment de leur implantation. Le régime de la protection de la biodiversité est contraint ou entravé dans son application et sa portée par ces règles issues du régime minier (*Code minier*, LGIM, Convention d'établissement du projet QMM). L'obligation de protection de la biodiversité par l'État, qui a alors les mains liées pour de longues périodes, et son pouvoir discrétionnaire d'agir dans l'intérêt public s'en trouvent supplantés. Ces avantages spéciaux caractérisant le régime des grands investissements miniers constituent une dérogation aux régimes de droit commun, ce qui souligne le traitement préférentiel dont jouit le secteur. L'article 30 de la LGIM donne aux investisseurs miniers le privilège de choisir de se soumettre aux régimes juridique et

---

858 Ost, *pyramide*, *supra* note 783 à la p 112.

859 *Ibid* aux pp 114–15 ; Marc Bungenberg, « Evolution of Investment Law Protection as Part of a General System of National Resources Sovereignty (and Management) ? » dans Marc Bungenberg et Stephan Hobe, dir, *Permanent Sovereignty over Natural Resources*, Cham, Springer, 2015, 125 aux pp 130, 133.

douanier de droit commun au deuxième anniversaire de l'octroi de leur certificat d'éligibilité, soit de choisir à quelles règles ils souhaitent être soumis.

Le cadre incitatif se reflète également dans la nature des sanctions aux infractions environnementales au niveau du COAP et du *Code minier*, essentiellement d'ordre administratif et financier (avertissement, injonction, suspension ou retrait du permis, arrêt des travaux, suspension d'activité, fermeture définitive, pénalités, compensations, perte d'éligibilité à des avantages, etc.). La responsabilité personnelle ne peut être engagée. Peu strictes et sévères, ces sanctions jouent donc peu en faveur de la protection de la biodiversité et affaiblissent un peu plus la capacité de l'État à la prendre véritablement en charge et à apporter des améliorations législatives et réglementaires dans ce sens.

En somme, il y a déjà un contexte favorable au passage des normes du secteur minier au niveau de la protection juridique de la biodiversité à Madagascar. Ce contexte a été établi et consolidé par une succession de réformes dans le domaine de la biodiversité, qui a laissé une place importante à la perspective du développement durable dans la formulation des règles qui précisent et mettent en œuvre l'obligation étatique de protection de la biodiversité. Cela a été renforcé par le passage du modèle de gestion étatique à celui de gouvernance également instauré par ces réformes. L'ouverture ainsi pratiquée par à-coups ou ajustements successifs dans le régime de cette protection facilite le passage de normes, valeurs, intérêts et objectifs provenant d'autres secteurs de la dimension économique du développement durable, notamment du secteur minier. Ce passage, loin d'être purement conceptuel, engage véritablement l'État à des efforts de conciliation. La priorisation de certains principes de développement durable sur les autres a contribué à la transformation du rôle de l'État malgache en recentrant son action suivant les valeurs rattachées à ces principes. D'un État engagé dans la protection d'une biodiversité relevant de son action et sa responsabilité exclusives, d'un champ de la conservation opposé au développement minier et hermétique aux intérêts des entreprises minières, et d'un droit étatique hégémonique dans ce champ, il y a migration vers un aménagement progressif d'exceptions et d'ouvertures à ce développement et ces entreprises puissantes.

Cela a débuté avec l'administration de la période coloniale et a été repris par la suite, avec des acteurs différents, mais tout aussi puissants et à un degré d'ouverture de plus en plus élevé. Si à l'époque royale se retrouve surtout l'idée d'une responsabilité de protéger la biodiversité incombant à l'État seul et d'une biodiversité-patrimoine, la période coloniale introduit un système à double vitesse qui protège la biodiversité des paysans tout en aménageant des exceptions pour les activités économiques de l'administration coloniale. Cette logique contradictoire s'est perpétuée dans les législations actuelles sur les aires protégées et sur le secteur minier, répressives pour les uns, laxistes et tolérantes pour les autres, à la différence près que la tolérance n'est plus envers l'administration coloniale, mais envers les entreprises minières qui se proposent de sauver la biodiversité des activités dommageables des populations locales. L'ouverture aux secteurs économiques a aussi été renforcée après l'indépendance, redéfinissant le rôle de l'État protecteur et assouplissant ses règles, par exemple avec le PNAE en 1989 qui articule les objectifs de protection de la biodiversité et de développement rural en particulier[860]. Le régime de la protection de la biodiversité est donc sensible aux héritages des réformes passées. Ce régime comporte historiquement en son sein les prémisses d'un cadre propice à l'ouverture au régime minier et à un rapport de force favorisant la préséance de ce dernier. Cette structure hiérarchique qui se perpétue dans le temps est difficile à renverser.

2.5 L'implication croissante des entreprises minières dans la protection de la biodiversité

2.5.1 La multiplication des initiatives volontaires de protection de la biodiversité

À Madagascar, un pluralisme juridique à la fois intra et extraétatique a été observé dans les deux chapitres précédents dans la mesure où, d'abord, le pouvoir interne de l'État est affaibli, fragmenté et réparti entre ses organes décentralisés et déconcentrés, ensuite les normes d'autorégulation des entreprises minières existent en marge des règles juridiques en matière de protection de la biodiversité. L'État et son droit reconnaissent ces normes, souvent implicitement, mais peuvent aller jusqu'à les ordonnancer selon leur ordre interne, comme les aires protégées créées par les entreprises minières en vertu de leurs initiatives volontaires de compensation et qui sont ensuite intégrées dans le SAPM. En effet, si jusqu'à tout récemment le droit minier, à travers le *Code minier* de 2005, n'évoquait pas explicitement l'existence de ces normes, il ne la niait pas et ne s'y opposait pas non plus. Il semblait indifférent au regard des textes, mais, dans les faits, il ne pouvait ignorer les initiatives qui

860 Pollini, *supra* note 152 à la p 75.

mettent en œuvre ces normes, car elles se déployaient sur le même territoire et il était amené à les côtoyer, lors de l'approbation des PGEP prévue par la réglementation par exemple, dans lesquels figuraient généralement ces initiatives volontaires.

Le contact est d'autant plus inévitable que l'État qui édicte ce droit a été affaibli par les réformes visant son retrait et que, faute de moyens, il ne prétend pas être autosuffisant pour gérer l'environnement minier. L'implication d'entreprises minières répond, à court terme, à son manque de capacité de mise en œuvre de ses obligations, notamment dans un contexte d'extension des aires protégées nationales engendrant des coûts élevés. Le transfert partiel de son autorité et de son rôle de protection aux entreprises est alors une stratégie pour financer cette extension et pour combler le vide, laissé par son retrait partiel de la protection de la biodiversité ou par le silence de son droit dans des recoins non régis par celui-ci. C'est le cas quand l'État laisse les entreprises minières s'astreindre aux normes internationales de compensation de la biodiversité et s'engager volontairement dans des initiatives en ce sens, en plus de leurs obligations légales de réhabilitation. Le silence de son droit appuie donc les dispositifs par lesquels la biodiversité peut être affectée ici, contre une compensation là.

L'indépendance, la fermeture et l'isolement du droit face aux normes volontaires qui se développent en marge de lui ne sont donc qu'apparents. La tentative de réforme du *Code minier* en 2014 a même commencé à appréhender et récupérer les initiatives de RSE dans ce secteur pour les encourager et formaliser une complémentarité avec le droit. La loi qui a modifié le *Code minier* en 2023 a poursuivi dans le même sens et a achevé de prendre en compte la RSE. Sa section XIV y est expressément consacrée, marquant « [l]'une des avancées majeures du Code ». La loi stipule ainsi que tout titulaire de permis minier doit établir un plan de responsabilité sociétale des entreprises, convenu avec les communautés et les autorités locales du lieu d'implantation et prévoyant notamment les investissements sociaux, les infrastructures de base (santé, éducation, énergie, routes, etc.) et les engagements en matière de contenu local (approvisionnement local, développement des compétences locales, priorisation du recrutement local, etc.) du titulaire[861].

Une telle reconnaissance explicite des initiatives de RSE pourrait éventuellement permettre, ultérieurement, d'aborder de front et de préciser les enjeux de l'implication accrue des entreprises dans la protection de la biodiversité, notamment en termes de légitimité, ainsi

[861] *Code minier* de 2023, supra note 32, arts 241–43.

que d'initier un débat nécessaire sur l'encadrement de leur implication, en termes de contrôle et transparence[862]. Cela d'autant que cette implication peut ajouter au déséquilibre des pouvoirs entre l'État et les entreprises minières, si une dépendance aux moyens qu'elles apportent se développe[863]. Il ne faut pas non plus perdre de vue que la reconnaissance, même implicite, peut lier l'État et son droit, car « une norme oblige au respect l'individu qui la reconnaît en tant que norme »[864]. Or, reconnaître formellement la RSE ne répond pas nécessairement aux problèmes structurels et historiques soulevés dans le chapitre 2, celle-ci demeurant une stratégie pour assurer leur légitimité et la réalisation de leurs objectifs, par les entreprises qui n'ont en réalité qu'un intérêt limité pour une véritable protection de la biodiversité[865].

2.5.2 L'ordonnancement par l'État des initiatives volontaires des entreprises minières

La volonté d'interagir, entre les règles étatiques et des initiatives volontaires des entreprises minières, est réciproque, car d'une part les entreprises reconnaissent la légitimité du droit étatique et en tiennent compte en l'intégrant ou en référant à ses règles dans leurs initiatives volontaires sur la biodiversité visant à le compléter. D'autre part, la coexistence pacifique des deux ensembles normatifs est rendue possible par un ordonnancement qui limite l'autorégulation. L'État reconnaît aux entreprises une certaine autonomie, le pouvoir de créer de nouvelles aires protégées et d'en assurer la gestion et l'encadrement normatif, mais conserve le privilège d'articuler ces initiatives à ses propres règles, qui doivent alors être respectées lorsque les aires protégées créées sont proposées pour intégrer le SAPM. Le pouvoir normatif des entreprises se situe donc dans un ordonnancement prédéterminé : elles ont une

862 Jean-Philippe Robé, « L'ordre juridique de l'entreprise » (1997) 25 Droits 163 à la p 176 [Robé].

863 Pascal Rey et Franck de Saint Simon, « L'entreprise n'est pas l'État : Réflexion sur le rôle de l'entreprise dans le cadre de la RSE autour d'une étude de cas en Guinée Forestière » dans Nicolas Postel et al, dir, *La Responsabilité Sociale de l'Entreprise : Nouvelle régulation du capitalisme ?*, Villeneuve d'Ascq, Presses universitaires du Septentrion, 2011, 195 à la p 199 [Rey et de Saint Simon].

864 Mireille Delmas-Marty, *Aux quatre vents du monde*, Paris, Seuil, 2016 à la p 12.

865 John D Pilgrim et al, « A process for assessing the offsetability of biodiversity impacts » (2012) 6:5 Conservation Letters 376 expliquent que les mécanismes d'implication des acteurs privés mis de l'avant par la RSE, comme la compensation, leur facilitent l'accès à un financement et aux autorisations nécessaires pour leurs activités controversées en termes d'atteinte à la biodiversité.

certaine autonomie dans l'usage de ce pouvoir, mais ne sont plus tout à fait indépendantes face au système formel qu'elles ont souhaité rejoindre et à ses règles.

Ainsi, les entreprises reconnaissent l'organisation établie par l'État pour la protection de la biodiversité et la prépondérance de son autorité décisionnelle au sein de cette organisation, laissant croire à un pluralisme modéré. Toutefois, il ne faut pas perdre de vue que l'interaction entre le droit et leurs initiatives ne s'inscrit dans le cadre de l'État que si ces entreprises le veulent bien, après quoi la position de l'État au sommet de la hiérarchie normative et institutionnelle est plus ou moins confirmée. Les entreprises sont donc libres de choisir les règles qui vont les régir et d'opter pour l'indépendance si elles la préfèrent.

La coexistence a donc un effet réciproque sur les règles étatiques et les normes volontaires de protection de la biodiversité, qui ne sont plus tout à fait étanches. Au-delà de cette coexistence, il y a entre elles une interdépendance relative, un rapport d'autonomie et d'hétéronomie au sens de Desjardins[866]. D'autonomie, car les initiatives du secteur minier complètent le droit étatique par des mesures innovantes et inédites ; d'hétéronomie, car ces initiatives sont avantageuses pour le droit en encensant les règles et processus de celui-ci, lesquels profitent en retour à ces initiatives pour assurer leur propre pérennité sous le système étatique de protection et de gestion des aires protégées.

2.6 La transformation du rôle protecteur de l'État

Nous avons vu dans la section précédente que la perméabilité ou la porosité du régime minier et de celui de protection de la biodiversité est à double sens et que ce mouvement de rapprochement conduit à redéfinir le rôle de l'État. La vision classique d'un État gardien de la biodiversité évolue plutôt vers un rôle de promoteur du secteur minier quand, à l'inverse, l'idée d'entreprises minières focalisées sur leurs profits est revue pour leur reconnaître de nouveaux intérêts dans la protection de la biodiversité. Dans ce cadre, l'État est invité à coordonner l'interaction entre cette protection et les activités minières. Il devient arbitre et médiateur d'intérêts, par exemple entre les ONG gestionnaires de NAP et les entreprises minières dont les activités jouxtent celles-ci à travers le CIMF, et régulateur de droits d'usage en adoptant un cadre juridique intégré de l'environnement minier.

866 Marie-Claude Desjardins, « Le droit étatique et la certification équitable : des rapports d'hétéronomie » (2018) 59:1 C de D 143 à la p 148.

Volontairement ou non, ou parce qu'il y trouve son compte comme l'affirme le discours du développement durable, l'État transfère une partie de son pouvoir normatif aux entreprises et se limite à planter un cadre et des objectifs généraux à respecter[867]. Que ce soit par leur consultation, leur influence ou l'adoption de mesures privées parallèles ou alternatives, les acteurs privés participent de plus en plus, officiellement ou non, à la production normative[868]. Ils pénètrent les processus étatiques, tendent à se substituer à l'État en choisissant les sites à protéger, en créant des NAP, en les gérant et finançant, en définissant les règles qui s'y appliquent et en assurant leur suivi et leur surveillance. Par exemple, le projet Ambatovy a choisi d'ouvrir la zone tampon du site de conservation de la mine à la gestion communautaire. Dans cette zone, le respect des obligations environnementales fixées par l'entreprise est assuré par voie de *Dina*, une convention sociale qui régit quotidiennement la vie en communauté et sanctionne pécuniairement tout acte répréhensible. L'appropriation de cet instrument du droit coutumier malgache fait de l'entreprise l'interlocutrice principale des communautés, au lieu de l'État, dans la mise en œuvre sur le terrain de la *Loi GELOSE* qui formalisait la reconnaissance de cet instrument. Si les entreprises, supposément plus efficaces, se substituent à l'État dans son rôle de protection de la biodiversité, la légitimité démocratique leur fait toutefois défaut. Leur engagement étant volontaire, elles n'endossent pas, pour leurs décisions, l'imputabilité de l'État au regard de la population, de la loi et du bien commun, ce qui prive le public de ses droits sur la responsabilisation et la reddition de comptes de ces acteurs lorsqu'ils prennent en charge la gestion et protection de ressources pourtant d'importance collective. Tout ceci rend floue la démarcation entre les rôles protecteurs de l'État et des entreprises, favorisant l'idée d'une prise en charge privée de la biodiversité et transformant les fondements de l'action publique dans ce domaine.

L'État devient également partenaire et collaborateur des entreprises minières, qu'il soutient par des mesures incitatives et négociées, comme la sanction des infractions qui prévoit un droit de négociation par l'entreprise au moyen des « transactions » prévues par l'article 208 du *Code minier*, ou les négociations sur le règlement des empiétements entre concessions minières et aires protégées qui laissent certains choix aux

---

867 Boris Barraud, « La corégulation d'Internet (ou comment répondre à la plurinormativité par l'internormativité) : Une contribution française » (2018) 59:1 C de D 85 aux pp 114–15 [Barraud] parle de « métanormes », de « normes secondaires » et « normes procédurales et attributives ».

868 Ost, *pyramide*, *supra* note 783 à la p 109.

entreprises. Il les soutient aussi par des décisions importantes prises en concertation avec elles et en tenant compte de leurs besoins, comme lors des négociations sur la Convention d'établissement du projet QMM qui ont jeté les bases des cadres juridiques sur les grands projets miniers et sur l'évaluation environnementale à Madagascar, ou des négociations sur la révision en-cours du *Code minier* depuis 2019. Ainsi, l'espace normatif à l'intersection des deux régimes et qui régit leurs interactions est marqué par un mode d'encadrement souple et consenti. Si le dialogue et le partenariat sont censés permettre de mieux fédérer les efforts face aux problèmes de la biodiversité, ils ont aussi pour effet d'imbriquer étroitement la mission protectrice de l'État et les intérêts économiques du secteur minier. Comme le souligne Robé, dans un contexte de mondialisation économique où les États se concurrencent pour offrir un environnement normatif attrayant aux entreprises et où les rôles classiques des acteurs étatiques et privés s'entremêlent, il y a risque de « déséquilibre aux dépens de l'"intérêt général" »[869].

2.7 La tempérance de l'État face au développement minier

TREM détient une concession minière d'environ 300 km^2 sur la péninsule d'Ampasindava au nord-ouest de Madagascar, une zone très riche d'une biodiversité endémique au pays et à la péninsule, et très menacée, abritant des espèces vulnérables et en danger d'extinction. L'entreprise prévoit y exploiter des terres rares, une activité hautement nocive pour l'environnement et la santé en raison de la grande quantité de terres à extraire pour une faible quantité de minerai, des produits chimiques utilisés pour séparer les terres rares et des risques de radioactivité. La concession est à proximité directe d'une aire protégée gérée par l'ONG Missouri Botanical Garden et qui a reçu son statut de protection définitive en 2015[870]. Avant d'obtenir ce statut et après les négociations avec TREM, les limites proposées initialement pour la NAP d'Ampasindava ont dû être révisées à la baisse, afin de respecter les limites de la concession minière préexistante. Une partie du territoire affecté à la NAP, importante en espèces et services écosystémiques (fonctions hydrographiques surtout), a donc dû être amputée et laissée sans protection. De même, les concessions minières du projet Base Toliara sont situées près d'aires protégées comme celle de Ranobe et le

[869] Robé, *supra* note 862 à la p 177.

[870] *Décret n° 2015-769 du 28 avril 2015 portant création de l'aire protégée dénommée « Ampasindava », communes rurales d'Anorontsangana et de Bemaneviky-Ouest District d'Ambanja, Région Diana*, JO, 26 novembre 2018, 6734.

Parc national de la forêt des Mikea géré par MNP, dont l'extension prévue dans les années 2000 a été revue à la baisse en termes de superficie et de délimitation, et a été révisée plusieurs fois de façon à être retardée, pour accommoder ces concessions[871].

Les entreprises minières peuvent donc faire plier la protection de la biodiversité dans un contexte de conciliation des objectifs, et l'État se trouve de plus en plus dans un rôle de tempérance face à leurs intérêts, au détriment de son obligation d'assurer cette protection. La position prédominante de ces entreprises, dotées de moyens considérables, est renforcée par un processus de négociation qui les met face à un État dont les capacités limitées ne lui permettent pas d'envisager l'expropriation, par exemple. Dans ce contexte de déséquilibre, le rapport de collaboration contribue à maintenir l'État et son droit dans un rôle de promotion, de soutien et de conciliation systématique des intérêts des entreprises minières[872]. Carver relate que « [i]n early 2015, two high-level government officials were flown into Ampasindava on a TREM-chartered helicopter [...]. [...] "The government's position was clear – they were pro-mining," [...]. "Their interest in the environment was zero." »[873].

La conciliation se manifeste aussi dans la corégulation des NAP, par l'État, les ONG et les entreprises minières, comme mode de gouvernance favorisé par le COAP. Or, pour Barraud cela ne fonctionne que si les corégulateurs ont sensiblement les mêmes objectifs, et ceux des entreprises semblent aux antipodes de l'intérêt public et du bien commun poursuivis traditionnellement par l'État, à qui l'effort de rapprochement peut coûter cher. Barraud affirme que « [s]i l'État accepte de recourir à la corégulation lorsque les sources privées ne poursuivent pas les mêmes fins que lui, nul doute qu'il se dévoie et que cette corégulation se révèle alors lourde de sens sous l'angle de l'état de l'État et des crises de sa souveraineté et de sa puissance »[874].

Ainsi, lorsque les intérêts des entreprises minières et de l'État sont confrontés, le rôle de celui-ci comme protecteur et gardien d'une biodiversité à laquelle il devrait être en priorité et totalement dévoué est

---

871 Huff, *supra* note 761 à la p 21.

872 Paule Halley, « Les ententes portant immunité de poursuite et substitution de norme en droit de l'environnement québécois » (1998) 39:1 C de D 3 à la p 38.

873 Edward Carver, « Troubled firm aims to mine Madagascar forest for rare earth elements », *Mongabay* (8 août 2017), en ligne: <https://news.mongabay.com/2017/08/troubled-firm-aims-to-mine-madagascar-forest-for-rare-earth-elements>.

874 Barraud, *supra* note 867 à la p 101.

remis en question par son rôle de promoteur du secteur minier qui, tel que déjà souligné, a gagné en importance suite aux réformes néolibérales apportées aux deux régimes. La volonté de surpasser à tout prix les contradictions entre ceux-ci amène l'État, principal maître d'œuvre du régime de protection de la biodiversité, à soutenir les préceptes du régime minier plutôt qu'à aller à leur encontre.

Pour résumer la deuxième section du chapitre 3, l'État reconnaît, du moins implicitement, la validité et l'effectivité de la contribution d'autres ordres normatifs à la protection de la biodiversité à Madagascar qui, à leur tour, acceptent de s'intégrer à l'ordre étatique et de positionner leurs stratégies par rapport à lui, pour asseoir la protection juridique d'aires protégées volontaires. Il s'agit donc d'une régulation hybride liée au pluralisme intraétatique, renvoyant à des formes et sources de normativité multiples, à la fois étatiques et non étatiques, même si celles non étatiques ont rejoint l'ordre juridique étatique dont elles n'étaient pas issues au départ après une soumission volontaire. Ceci conduit à réitérer le constat d'un régime malgache de la biodiversité plus ouvert au contact de celui minier, de sorte que leur intersection est caractérisée par une diversification des sources normatives.

Cette ouverture rapproche et redistribue les rôles reconnus aux acteurs publics et privés, rendant floue la frontière entre les domaines d'intervention de l'État, traditionnellement et exclusivement chargé de l'intérêt général, et des entreprises minières, préoccupées par des intérêts particuliers. Cela se traduit d'une part par l'atténuation du pouvoir réglementaire de l'État en faveur d'une régulation plus souple, voire volontaire, et le recul de son rôle dans un domaine qui lui était dévolu et, d'autre part, par une plus large implication de ces entreprises et la considération de leurs valeurs dans la protection de la biodiversité. Avec le rapprochement des deux régimes, les limites des sphères d'action de leurs acteurs publics et privés deviennent donc poreuses et leurs systèmes de normes s'entremêlent.

Conclusion

Le chapitre 3 visait à analyser l'articulation et les interactions entre les régimes juridiques du secteur minier et de la protection de la biodiversité à Madagascar. En l'état actuel, cette articulation affecte l'obligation étatique de protéger la biodiversité. Les deux régimes se reconnaissent, interagissent et s'agencent. Il y a davantage de mouvements de rapprochement ou de conjonction entre eux, c'est-à-dire de rapports qui se nouent, que d'opposition ou de disjonction. Plus précisément, ils entretiennent des rapports de collaboration et d'accommodation mutuelle, même si l'État et son droit font le plus de compromis. Cela confirme le constat d'un rapport a priori horizontal entre les deux régimes, qui dépasse la reconnaissance et la tolérance mutuelles et les amène à dialoguer, négocier, collaborer et s'inspirer en s'empruntant divers éléments. Les textes de chaque régime appellent à impliquer les acteurs de l'autre, pour aplanir les relations par rapport à la situation d'auparavant, notamment dans la protection de la biodiversité où l'État prenait toutes les décisions et assurait seul cette protection.

Cependant, les rapports entre les deux régimes peuvent être plus complexes dans la réalité. D'abord, l'horizontalité est limitée par une réciprocité inégale, soit un passage d'un régime à l'autre qui est favorisé et plus actif dans un sens que dans l'autre. En effet, le dialogue peut amener un régime, plus que l'autre, à s'éloigner de ses propres principes, langage, valeurs et façons de faire, pour tendre vers ceux de l'autre avec lequel il a établi un lien. En l'espèce, l'influence du régime minier sur celui de protection de la biodiversité est marquée au fil du temps et des réformes, transformant en profondeur le contenu interne de ce dernier dans un processus d'acculturation qui le pousse à s'aligner sur les conceptions, rationalités et valeurs véhiculées par le régime minier, teintant l'évolution de son contenu. Sa nature et ses objectifs fondamentaux sont altérés ou instrumentalisés pour améliorer la légitimité des acteurs du secteur minier. Cette situation fait naître un lien plus subtil de subordination du régime de protection de la biodiversité à celui minier, et explique que l'État soit face à une dissociation du rôle de protection attendu de lui en vertu des instruments juridiques internationaux et nationaux, ce rôle étant contredit par les principes de désengagement et de libéralisation véhiculés par le régime minier. Selon ces principes, l'État doit plutôt s'abstenir d'entraver le développement minier et même s'efforcer de le faciliter, tout en apportant des solutions réglementaires pour prévenir ou régler ses effets négatifs sur la biodiversité. Le recul de l'État permet à d'autres acteurs puissants d'entrer en jeu et le rapport se hiérarchise encore plus. Ensuite, l'horizontalité est limitée par les pouvoirs et capacités asymétriques entre les acteurs des deux régimes, ceux ayant le plus de moyens étant plus à même d'orienter les règles négociées en leur faveur[875]. Compte tenu de

---

[875] Voir Campbell et Laforce, *supra* note 483 à la p 70, sur la base des travaux de Susan Strange, qui expliquent que ceux qui détiennent le plus de pouvoir définissent les valeurs mises de l'avant ou priorisées par un régime, valeurs qui sont les leurs ou conformes à leurs intérêts.

cela, le rapport tend à se verticaliser au détriment de l'État chargé de la protection de la biodiversité, dont les capacités sont les plus faibles.

Un rapport vertical naît également de la mise en œuvre déséquilibrée des principes du développement durable qui est désormais au cœur de la protection de la biodiversité à Madagascar. Le fait que des principes favorables au secteur minier reçoivent plus d'application que d'autres traduit la priorisation des valeurs et objectifs de ce secteur auxquels sont parfois assujettis ceux de la protection de la biodiversité, participant à rendre le régime minier prédominant et à affaiblir un peu plus le rôle protecteur de l'État. En ce sens, le droit supporte, véhicule ou permet la continuité d'une hiérarchisation entre les deux régimes. Il faut alors se demander si, d'une part, le système juridique national de protection de la biodiversité actuel permet de faire face aux enjeux nouveaux soulevés par le secteur minier, et si, d'autre part, il ne se court-circuit pas lui-même à la base et ne devrait pas être précisé ou revu à la lumière de ces enjeux.

Conclusion générale

Cet ouvrage partait de préoccupations actuelles sur les risques croissants que représentent le développement minier pour la protection de la biodiversité à Madagascar, l'un des *hotspots* de la biodiversité mondiale. Il questionnait le rôle de l'État malgache en matière de protection de la biodiversité sur son territoire, dans un contexte d'avancée du développement minier et, notamment pourquoi ce développement peut affecter la biodiversité en dépit de la protection offerte par le droit et assurée par l'État.

L'ouvrage proposait d'observer ce rôle à travers le prisme du droit et de mettre en évidence les problèmes liés à cette protection dans le contexte du secteur minier en recourant au cadre analytique du pluralisme juridique et de l'internormativité. Les observations effectuées ont mis en évidence que lorsque le régime de protection de la biodiversité entre en contact avec le régime minier, ses objectifs et ses acteurs, certains rapports apparaissent et affectent le rôle de l'État malgache dans la protection de la biodiversité. L'analyse a en effet permis de mettre en lumière les relations qu'entretient le régime de protection de la biodiversité avec le régime minier. Leur articulation révèle des phénomènes d'influence à l'œuvre, qui transforment le rôle traditionnellement central de l'État dans la protection de la biodiversité vers un rôle de plus en plus partagé, notamment avec les acteurs miniers.

De façon générale, les deux régimes ne sont pas étanches et leurs relations sont complexes ou multifacettes, suivant une configuration a priori horizontale ou de coordination, mais qui tend à se verticaliser, en particulier avec un agencement teinté de hiérarchisation qui assujettit la protection de la biodiversité aux règles et objectifs du secteur minier. Cet agencement a des effets sur le rôle de l'État et son obligation de protéger la biodiversité, en limitant sa capacité normative et fonctionnelle à empêcher par exemple que des espaces publics destinés à cette protection soient affectés par la proximité ou l'empiétement d'activités minières. Donc, divers éléments issus du régime minier affectent la capacité de l'État malgache à assumer pleinement et adéquatement son rôle ou son obligation.

De façon plus spécifique, d'abord, l'évolution des deux régimes suit la trajectoire historique du régime plus général de gestion des ressources naturelles à Madagascar, soit une tendance, au fil des réformes successives, au renforcement de la perception de la valeur instrumentale de la biodiversité, et à la libéralisation et la décentralisation du secteur minier et de la protection de la biodiversité, avec un rôle de moins en moins interventionniste et central pour l'État. Ces réformes ont été marquées par un discours néolibéral favorisant le désengagement de l'État. Se positionnant de moins en moins suivant le rôle de protecteur de la biodiversité que lui reconnaît le droit international et national, et de plus en plus suivant le discours dominant insufflé par les institutions financières internationales, entretenu par les acteurs forts du secteur minier et qu'il a lui-même fini par assimiler, l'État malgache adopte désormais une posture de facilitateur pour les investisseurs miniers. Parallèlement à cette transformation du rôle de l'État et à son recul partiel, ses responsabilités dans la gestion de ses ressources naturelles sont progressivement transférées à des acteurs privés, dont aux entreprises minières stratégiquement impliquées dans cette protection.

Ensuite, les deux régimes sont de plus en plus intégrés et imbriqués à travers le temps. À l'image du mouvement d'aller l'un vers l'autre décrit par Ost[876], si le secteur minier est tenu par les textes de prendre en compte la protection de la biodiversité et que les règles étatiques sur cette protection ont des effets sur les comportements des acteurs du secteur en termes d'obligations environnementales, la réciproque est aussi vraie même si cela est moins évident : les règles du secteur minier ont des effets sur la protection de la biodiversité. Goedfroit et Revéret notent que « les notions de "conservation de la nature" et de "croissance économique", considérées jusqu'alors comme antinomiques, semblent désormais se conjuguer sur un mode articulé, qui reconnaît le premier terme comme condition du second »[877]. Il faudrait ajouter qu'à l'inverse le second est aussi devenu une condition du premier, la croissance économique et la régulation par le marché étant présentées comme bénéfiques pour la protection de la biodiversité[878], suivant la vision de durabilité faible du concept de développement durable.

L'interpénétration des deux régimes s'accompagne d'un rapport d'influence entre eux. En effet, à première vue l'internormativité peut paraître uniquement horizontale en raison des points communs liant les deux régimes et de leurs échanges mutuels. L'horizontalité peut par exemple être constatée au niveau de la reconnaissance des règles

---

876 François Ost, « De l'internormativité à la concurrence des normativités : quels sont le rôle et la place du droit ? » (2018) 59:1 C de D 7 à la p 23.

877 Goedefroit et Revéret, *supra* note 316 à la p 9.

878 Bruno Sarrasin, « Le projet minier de QIT Madagascar Mineral à Tolagnaro (FortDauphin, Madagascar) : quels enjeux de développement ? » (2007) 221 Afrique contemporaine 205 à la p 214 ; Sarrasin, « Madagascar », *supra* note 398 à la p 132.

juridiques sur la biodiversité par les acteurs du secteur minier dans leurs initiatives volontaires, tandis que les instruments juridiques peuvent aussi tenter de référer à ces initiatives. Or, les asymétries de pouvoirs et capacités entre les acteurs des deux régimes, ainsi que d'autres rapports d'influence externe provenant notamment des institutions financières internationales, des associations professionnelles de l'industrie et d'organismes internationaux de conservation ne peuvent être ignorées et révèlent une internormativité plus verticale.

Les points d'ancrage des deux régimes se situent au niveau de leur élaboration, de leur contenu, surtout les processus mis en place et les acteurs interpellés, ainsi que de la mise en œuvre et du suivi de leurs règles. Au niveau de cet entre-deux se situe le cadre hybride de l'environnement minier, fruit de l'interaction entre les institutions, instruments, processus et règles des deux régimes. Ce caractère hybride se manifeste par une complexité normative réunissant des normes plurielles, à la fois imposées par le droit de l'État et négociées au fil des consensus et de la collaboration entre les acteurs publics et privés, et reflétant divers intérêts et préférences. Ensemble, ces normes et ces acteurs déterminent les modalités de la protection de la biodiversité et le rôle de l'État en la matière, dans un contexte de développement minier.

Cette interaction ne coulant pas de source et n'étant pas toujours cohérente en raison des contradictions fondamentales entre les deux régimes, des situations conflictuelles peuvent en découler. Leur résolution passe par des négociations entre les acteurs étatiques et privés aux pouvoirs et capacités inégaux, ce qui favorise une issue en faveur des intérêts privés économiques, plus forts. C'est donc au niveau de cet entre-deux régimes que les modes de régulation étatique et privé se superposent, interagissent et s'influencent, de façon surtout à faire évoluer le discours positiviste au cœur de la protection juridique traditionnelle de la biodiversité, à transformer la règle de droit autocentrée et à brouiller le rôle habituellement reconnu à l'État dans la protection de la biodiversité. Il y est fait appel au concept de développement durable et à des mécanismes économiques tels que la compensation pour concilier les visions opposées des deux régimes et faire évoluer la protection de la biodiversité vers une conception plus souple et ouverte à la valorisation et à l'exploitation (dont minières) des espaces riches en biodiversité.

En définitive, les observations dans cet ouvrage ont mis en lumière un régime minier prédominant et un secteur minier avec davantage de poids que la protection de la biodiversité. Celle-ci peut être instrumentalisée pour les besoins et intérêts du secteur et suivant ses valeurs priorisées par un contexte historique qui leur a été favorable. L'évolution des deux régimes montre en effet une avancée des préceptes de l'économie néolibérale, plus proches de la vision et des valeurs du régime minier, et favorisant donc davantage ses objectifs que ceux du régime de protection de la biodiversité qui, en étant amené à se rapprocher de cette vision et de ces valeurs, s'éloigne progressivement des siens. Cette préséance, qui se manifeste dans les rapports d'influence et de pouvoir déséquilibrés ainsi que les capacités asymétriques entre les acteurs des deux régimes, explique que malgré un cadre juridique élaboré et la protection offerte à la biodiversité par le droit, les activités minières peuvent parfois se poursuivre dans des espaces sensibles, protégés ou réservés pour cette protection. Dans un contexte de développement minier, le rôle de l'État dans la protection de la biodiversité est donc soumis à des contraintes de capacités et affecté par des rapports de pouvoir, c'est-à-dire soumis aux conditions du régime minier et à l'influence de ses acteurs. Ce rôle a évolué et subi des transformations de sorte qu'il n'est plus celui de protecteur légitimement attendu d'un acteur public en charge de l'intérêt général et souverain au regard de ses engagements internationaux. Un décalage apparaît et entraîne un rôle étatique à deux vitesses, les textes juridiques disant une chose (État protecteur) quand la réalité est tout autre (État promoteur). Cela fragilise la protection de la biodiversité, d'où la nécessité de renouveler ou clarifier la réflexion sur le rôle de l'État envers la biodiversité dans ce contexte changeant.

L'objectif de cet ouvrage est d'inviter à cette réflexion et de poser un premier geste en ce sens. À travers le travail de rapprochement entre les cadres juridiques du secteur minier et de protection de la biodiversité, qui aurait dû être fait dès la constatation de problèmes d'empiétement en 2004, il contribue aux connaissances sur ces problèmes relativement récents et peu connus ou évoqués, il interpelle la recherche de solutions et, à cette fin, plaide pour une meilleure articulation entre les milieux décisionnels et de la recherche. Le rapprochement a en effet mis en lumière des incohérences entre les textes des deux régimes, ne favorisant pas une protection efficace de la biodiversité face au secteur minier, en créant des lacunes ou zones d'ombre qui permettent à des situations néfastes pour cette protection de se produire. Le manque de cohérence entre les deux régimes favorise aussi un foisonnement institutionnel, paradoxal par rapport à l'affaiblissement des moyens de mise en œuvre, contrôle et suivi par l'État de ses propres règles de protection de la biodiversité, et qui rend opaques le partage de compétences et les rôles respectifs des acteurs étatiques impliqués à différents niveaux. Une telle confusion a des impacts négatifs sur l'efficacité et l'effectivité de la protection de la biodiversité par l'État, dans un contexte minier.

La réflexion à laquelle invite cet ouvrage est d'autant plus cruciale que Madagascar a révisé son *Code minier* en 2023 et est en processus d'adoption de ses textes d'application. Il est intéressant de constater que le rétablissement de l'équilibre entre l'État et les acteurs miniers, en ajustant la balance des avantages économiques en faveur du pays, semble être au cœur de cette réforme. L'article 238 du nouveau Code va jusqu'à établir la possibilité pour l'État de participer au capital social des sociétés minières, mais uniquement celles qui ont obtenu leur permis minier par appel à concourir, à la suite d'une réservation de zones pour études géologiques.

Des dispositions sur la protection de l'environnement ont également été ajoutées, certaines représentant une avancée même s'il reste encore à les préciser et les opérationnaliser au moyen de textes d'application. Par exemple, l'article 253 énonce qu'un titulaire de permis minier ne peut en aucun cas commencer une activité minière sans avoir obtenu au préalable l'autorisation ou le permis environnemental requis. Ceci a le mérite de clarifier les choses, mais comme nous l'avons démontré plus haut, cette situation était rendue possible par le défaut d'harmonisation des processus d'obtention des divers permis environnementaux et miniers, ainsi que par le manque de capacités de l'État pour assurer un contrôle et un suivi adéquats. Il serait alors intéressant de voir si et comment les textes d'application vont préciser cet article du Code pour colmater cette brèche. Autre exemple, l'article 254 du nouveau Code prévoit que toute personne qui mène des activités minières dans un périmètre donné doit prendre les mesures nécessaires pour minimiser et réparer les dommages causés par ses activités. Cette formulation semble constituer une régression puisque l'obligation d'*éviter* de tels dommages, avant d'en arriver à les minimiser, n'est pas mentionnée. Reste à savoir si ce volet sera pris en compte par les textes d'application.

Quoiqu'il en soit, la question du rôle de l'État dans la mise en œuvre effective de ces dispositions sur l'environnement reste confuse dans ce nouveau Code. Cela va dans le sens des observations faites ici, dans la mesure où un changement de paradigme qui donnerait, de façon claire, plus de latitude et de responsabilité à l'État dans la protection de l'environnement minier semble ne pas être central à la réforme, à un moment pourtant propice à l'amélioration du régime minier malgache. Dans ce contexte, l'ouvrage attire l'attention sur les enjeux soulevés par la perpétuation de la répartition actuelle des pouvoirs normatifs et décisionnels et plaide pour un débat qui remettrait véritablement l'État face à ses responsabilités envers la protection de la biodiversité située sur son territoire.

Cette réaffirmation du rôle de l'État pourrait se traduire par le renforcement des mécanismes juridiques d'application, de contrôle et de suivi des mesures de protection. Cela pourrait également se traduire, selon certains, par le renforcement du pouvoir répressif de l'État, mais comme le souligne Arnaud : « [i]l serait, cependant, futile de s'en remettre purement et simplement à une idéologie rigide de l'anti-marché et opter pour une position rétrograde »[879]. Cet ouvrage invite à réfléchir au-delà d'un retour aux politiques de protection stricte et répressive que Madagascar a connues par le passé et dont les résultats se sont avérés mitigés. Il ne prétend pas non plus remettre en question la contribution des entreprises minières à la protection de la biodiversité ni l'efficacité de leurs initiatives volontaires au regard des objectifs de cette protection. Plutôt, il invite à prendre certaines précautions, notamment par une organisation de ces initiatives et un encadrement formel plus élaboré, afin de clarifier de façon plus précise et dès le départ les termes du partenariat entre les acteurs publics et privés, ainsi que le partage des responsabilités entre eux. Les mêmes précautions d'encadrement par le droit malgache pourraient aussi s'appliquer aux alliances entre les ONG de conservation et les entreprises minières, pour leurs activités sur le territoire national.

En d'autres termes, c'est en faveur d'un rapport plus équilibré entre les acteurs impliqués que l'ouvrage souhaite insister. Et cela passe par la reconnaissance des limites de la logique du marché et de l'importance renouvelée de l'action étatique dans la protection de l'intérêt général[880], ainsi que par le renforcement de l'organisation et des capacités de la société civile locale pour contrebalancer les pouvoirs des autres acteurs, notamment en exigeant leur redevabilité au regard de leurs engagements respectifs[881]. En effet, dans un contexte où l'implication des acteurs non étatiques dans la gouvernance de la biodiversité est de plus en plus

879 André-Jean Arnaud, dir, *Dictionnaire de la globalisation : Droit, Science politique, Sciences sociales*, traduit par Wanda Capeller, Paris, Librairie générale de droit et de jurisprudence, 2010 à la p 14.

880 Certains auteurs comme Mary Christina Wood, *Nature's Trust: Environmental Law for a New Ecological Age*, Cambridge, Cambridge University Press, 2014 à la p 14 ; Danièle Bourcier, « Le bien commun, ou le nouvel intérêt général » dans *Mélanges en l'honneur du professeur Jacques Chevallier : Penser la science administrative dans la post-modernité*, Paris, Librairie générale de droit et de jurisprudence, 2013, 93 aux pp 93–97 ; Michel Ruimy, « Sauver la planète, nouveau rôle des États ? » (2007) 56 Sociétal 39 aux pp 41–43 abondent d'ailleurs dans ce sens.

881 Ramdoo et Randrianarisoa, *supra* note 477 aux pp 3–4.

reconnue par les instruments juridiques internationaux et nationaux, les acteurs qui émergent et sont devenus incontournables face à la perte de vitesse de l'État sont désormais les entreprises privées et non plus les ONG et autres organisations de la société civile.

Or, dans ce contexte de postmodernité en droit, des auteurs continuent de concevoir que l'État puisse être garant de l'intérêt général vers lequel tend la protection de la biodiversité, et questionnent la capacité et la légitimité de ces entreprises, soucieuses de maximiser leur profit à court terme, à prendre en charge cet intérêt à long terme[882] et à détenir le pouvoir de décision et le contrôle sur des espaces d'importance collective. Pour certains, l'État doit réguler, fixer des limites, faire le suivi et l'évaluation des initiatives privées, et ses capacités doivent être renforcées[883]. Pour d'autres, il doit intervenir pour garantir certains droits face à l'avancée du capital[884], pour préserver l'intérêt général, planétaire et transgénérationnel que ne peut dégager une gouvernance en « réseau » dans un monde globalisé, laquelle pose un problème d'« opacité des processus décisionnels » et de « dilution de responsabilités »[885]. Effectivement, moins l'État réglemente, moins il dispose des moyens de redresser des rapports inégaux qui ne sont dans l'intérêt ni du plus grand nombre ni des générations futures. Theys ajoute que le recadrage des structures et débats autour d'enjeux privilégiés par certains acteurs remet en question « l'implication démocratique du plus grand nombre » et pose la question de l'imputabilité « de ces "co-gestionnaires de biens communs" par rapport au système démocratique légalement élu [...] »[886]. Malgré qu'il soit remis en question, un rôle fort de l'État dans la protection de la biodiversité peut donc, selon ces auteurs, rester

---

882 Voir par ex Penelope C Simons, « Corporate Voluntarism and Human Rights: The Adequacy and Effectiveness of Voluntary Self Regulation Regimes » (2004) 59:1 Relations industrielles 101 à la p 105 ; Dragana Bodruzic, « Promoting international development through corporate social responsibility: the Canadian government's partnership with Canadian mining companies » (2015) 21:2 Canadian Foreign Policy Journal 129 à la p 140 ; Tutenuit, *supra* note 736 aux pp 92–94.

883 Rey et de Saint Simon, *supra* note 863 aux pp 205–07.

884 Gilles Gagné, « Les rapports de l'État et du citoyen » (1998) 18-19 Société 261 à la p 278.

885 François Ost, « De la pyramide au réseau : un nouveau paradigme pour la science du droit ? » dans Alain Supiot, dir, *Tisser le lien social*, Paris, Maison des sciences de l'homme, 2004, 175 à la p 192.

886 Jacques Theys, « La Gouvernance, entre innovation et impuissance », en ligne : (2002) 2 Développement durable et territoires au para 40 <developpementdurable.revues.org/1523>.

nécessaire dans la poursuite du bien commun, de l'intérêt général et de l'équité[887], ainsi que dans la garantie d'une « continuité écologique »[888].

Enfin, la réflexion à laquelle invite le présent ouvrage peut être élargie par-delà les frontières de Madagascar. En effet, d'autres pays africains se trouvent dans la même situation problématique évoquée au début du présent ouvrage. Ce constat est renforcé par certaines observations sur le régime minier malgache, lesquelles rejoignent d'autres pays du continent, laissant supposer que cette situation pourrait-être symptomatique d'enjeux plus globaux. Messina et Feintrenie notent par exemple qu'au Cameroun où des concessions minières chevauchent des aires protégées, le manque de cohérence entre les textes favorise cela comme à Madagascar, notamment entre la stratégie nationale de gestion des ressources naturelles extractives et la stratégie sur les territoires forestiers, et entre la Loi forestière et faunique qui interdit les activités minières sur le domaine forestier permanent alors que le *Code minier* les autorise sur tout le territoire national[889]. La superposition est aussi favorisée par la priorisation des activités minières sur les autres utilisations du territoire (concessions forestières et aires protégées) au moyen, par exemple, de l'octroi d'un décret d'utilité publique à ces activités[890].

Dans le bassin du fleuve Congo, s'étendant sur les territoires de plusieurs pays, des similitudes existent aussi avec Madagascar au niveau du recours à la compensation écologique pour concilier développement minier et protection de la biodiversité, et des partenariats bilatéraux entre les ONG dédiées à cette protection et les entreprises minières[891]. Le mécanisme de compensation facilite aussi les activités minières dans

---

887 André-Jean Arnaud et Maria José Farinas Dulce, *Introduction à l'analyse sociologique des systèmes juridiques*, Bruxelles, Bruylant, 1998 à la p 291.

888 Catherine Ribot, « Biodiversité et rôle fiduciaire de l'État : les corridors écologiques » dans Paule Halley, dir, *L'environnement, notre patrimoine commun et son État gardien : aspects juridiques, nationaux, transnationaux et internationaux*, Cowansville (Qc), Yvon Blais, 2012, 369 à la p 375.

889 Jean-Pierre Messina et Laurène Feintrenie, *Exploitation minière en zone forestière au Cameroun*, Montpellier, Centre de coopération internationale en recherche agronomique pour le développement, 2014 à la p 17.

890 *Ibid* à la p 22.

891 Melina Gersberg et Fabien Quétier, *La compensation écologique dans le bassin du Congo : Étude prospective sur l'applicabilité des mécanismes de compensation écologique (biodiversity offsets) dans le bassin du Congo*, Centre de coopération internationale en recherche agronomique pour le développement, Union internationale pour la conservation de la nature, Fonds mondial pour la nature, Institut de recherche sur l'écologie tropicale et Biotope, 2014 aux pp 6, 47 [Gersberg et Quétier].

d'autres *hotspots* de la biodiversité comme le Liberia[892]. Les similitudes du bassin du fleuve Congo se situent également au niveau du silence des lois nationales sur cette superposition de permis miniers et d'aires protégées résultant du manque de cohérence entre les régimes concernés, et au niveau du traitement du problème au cas par cas par chaque pays, par exemple par des négociations menées par un comité interministériel de concertation au Congo-Brazzaville[893], avec des résultats mitigés[894] comme à Madagascar.

Le Gabon connaît lui aussi ce manque de coordination entre les cadres juridiques miniers et forestiers, ce silence du droit sur le règlement des conflits entre eux, et le désengagement de l'État qui, cette fois, laisse toute latitude aux acteurs privés pour les résoudre en raison d'un historique de non-intervention et faute de moyens comme à Madagascar, ce qui l'amène à « légitimer de facto la supériorité du droit minier sur le droit forestier »[895].

De plus, comme l'ONE à Madagascar, Magrin et Van Vliet notent qu'au Niger :

> [l]e BEEEI [Bureau d'évaluation environnementale et des études d'impacts] est soumis à des pressions considérables, car il opère en situation de forte asymétrie vis-à-vis des opérateurs, notamment pétroliers. [...] les dispositions concernant le financement des activités du BEEEI (les missions de suivi de la mise en œuvre des outils contractuels

---

892 Jutta Kill, « Les dispositifs de compensation de la biodiversité permettent aux sociétés minières de poursuivre leurs destructions comme si de rien n'était », *Bulletin Mensuel WRM* n° 215 (13 juillet 2015), en ligne : <https://wrm.org.uy/fr/files/2015/07/Bulletin215.pdf>.

893 *Décret n° 2009-04 du 31 août 2009 instituant un comité interministériel de concertation en cas d'usages superposés dans les écosystèmes naturels.*

894 Gersberg et Quétier, *supra* note 891 à la p 23.

895 Hélène Dessard et al, « Des minerais sous les arbres : incompatibles et compensables ? Eléments de réflexion pour une régulation intersectorielle : Cas du Gabon et du Cameroun » Conférence internationale sur les initiatives de surveillance de la gouvernance des industries extractive en Afrique francophone, présentée à la Faculté de sciences sociales et de gestion de l'Université catholique d'Afrique Centrale à Yaoundé au Cameroun, 22 et 23 août 2014 [non publiée], en ligne : Centre de coopération internationale en recherche agronomique pour le développement <https://agritrop.cirad.fr/575740/1/document_575740.pdf> aux pp 5, 9. Voir aussi Chris Wilks, *La conservation des écosystèmes du Gabon*, Gland, Union internationale pour la conservation de la nature, 1990 à la p 38.

de régulation environnementale sont financées par les opérateurs) ne favorisent pas son indépendance[896].

Quant à l'État sud-africain, il connaît le même rôle dual qui l'amène à autoriser des projets d'extraction minière sur un espace donné, parallèlement à la création d'aires protégées, et à se retrouver ensuite à arbitrer les intérêts en jeu à travers le processus d'ÉIE[897]. Ces actions contradictoires et ce rôle d'arbitrage sont courants en Afrique, selon Giraut et Guyot[898].

Tout ceci va dans le sens du constat effectué ici, selon lequel le droit peut supporter les mécanismes permettant au secteur minier d'avoir préséance sur la protection de la biodiversité. Souligner les limites et incohérences du régime minier malgache permet donc aussi de questionner la cohérence des régimes déployés en Afrique et les modèles de mise en valeur des ressources naturelles dans lesquels ils s'insèrent. De plus, les similitudes avec d'autres pays africains suggèrent que les régimes juridiques du secteur minier et de protection de la biodiversité de la région peuvent avoir été historiquement orientés et marqués par les mêmes facteurs, les conduisant à suivre des trajectoires similaires. La source des problèmes examinés ici pourrait donc bien être commune et son étendue plus large, une hypothèse qu'il serait intéressant de vérifier dans des recherches futures.

---

896 Géraud Magrin et Geert van Vliet, *La Réserve du Termit Tin-Toumma et l'exploitation pétrolière au Niger : état des lieux et pistes d'action*, Montpellier, Centre de coopération internationale en recherche agronomique pour le développement, 2014 à la p 16 [Magrin et Vliet].

897 Frédéric Giraut, Sylvain Guyot et Myriam Houssay-Holzschuch, « Les aires protégées dans les recompositions territoriales africaines » (2004) 68:4 L'information géographique 340 aux pp 358–59.

898 *Ibid.* Magrin et Vliet, *supra* note 896 aux pp 9–11 affirment qu'au Niger, « l'Etat tente de faire face à l'incertitude en naviguant entre les diverses pressions qu'il subit de manière à permettre à la fois le jeu de la conservation et le jeu pétrolier, tout en maximisant son accès aux deux sources de rentes » et se trouve dans une position ambivalente, à jouer un « jeu équilibriste ». D'un côté, des restrictions sont en principe établies, mais l'État peut autoriser les activités minières si elles se conforment à une étude d'impact. De l'autre côté, les dispositions des contrats miniers qu'il signe peuvent limiter sa propre capacité à mettre en protection des territoires supplémentaires et l'amener à réduire les limites d'aires protégées proches de concessions minières.

Bibliographie

TEXTES INTERNATIONAUX

Accords internationaux

Accord de l'ANASE sur la conservation de la nature et des ressources naturelles, Kuala Lumpur, 9 juillet 1985 (non en vigueur), en ligne : Ecolex <www2.ecolex.org/server2neu.php/libcat/docs/TRE/Full/En/TRE-000820.txt>.

Convention relative aux zones humides d'importance internationale particulièrement comme habitats des oiseaux d'eau, 2 février 1971, 996 RTNU 245.

Convention sur la conservation des espèces migratrices appartenant à la faune sauvage, 23 juin 1979, 1651 RTNU 333, 19 ILM (1980) 15 (entrée en vigueur : 1er novembre 1983).

Convention sur la diversité biologique, 5 juin 1992, 1760 RTNU 79 (entrée en vigueur : 29 décembre 1993).

Convention sur le commerce international des espèces de faune et de flore sauvages menacées d'extinction, 3 mars 1973, 993 RTNU 243 (entrée en vigueur : 1er juillet 1975).

Documents des Nations Unies

Comité du patrimoine mondial, *État de conservation des biens inscrits sur la Liste du patrimoine mondial en péril*, Doc off UNESCO, 34e sess, Doc NU WHC-10/34.COM/7B (2010) 1.

Commission des droits de l'homme, *Promotion et protection des droits de l'homme : Rapport intérimaire du Représentant spécial du Secrétaire général chargé de la question des droits de l'Homme et des sociétés transnationales et autres entreprises*, Doc off CES NU, 62e sess, Doc NU E/CN.4/2006/97 (2006) 1.

Plan stratégique 2011-2020 et objectifs d'Aichi relatifs à la diversité biologique, Déc X/2, 2010, Doc UNEP/CBD/COP/10/27 117.

Directives de l'Union européenne

CE, *Directive 2009/147/CE du Parlement européen et du Conseil du 30 novembre 2009 concernant la conservation des oiseaux sauvages (version codifiée)*, [2010] JO, L 20/7.

CE, *Directive 92/43/CEE du Conseil du 21 mai 1992 concernant la conservation des habitats naturels ainsi que de la faune et de la flore sauvages*, [1992] JO, L 206/7.

Décisions, résolutions et recommandations d'autres instances internationales

Congrès mondiaux de l'Union internationale pour la Conservation de la nature

Impacts of infrastructure and extractive industries on protected areas, Rés World Conservation Congress 4.087, 4e sess, (2008).

Interaction de l'UICN avec le secteur privé, Rés World Conservation Congress 3.061, 3e sess, (2004).

Politique de l'UICN sur les compensations relatives à la biodiversité, Rés World Conservation Congress 059 FR, 2016.

Private protected areas and nature stewardship, Rés World Conservation Congress 4.072, 4e sess, (2008).

Protected Areas: Mining and Energy, Rec World Parks Congress 5.28, 5e sess, (2003).

Protection and conservation of biological diversity of protected areas from the negative impacts of mining and explorations, Rés World Conservation Congress 2.82, 2000.

Supporting Indigenous Conservation Territories and other Indigenous Peoples' and Community Conserved Areas, Rés World Conservation Congress 4.049, 4e sess, (2008).

LÉGISLATIONS ET RÉGLEMENTATIONS NATIONALES

Arrêté complétant la liste des animaux figurant à l'article 16 du décret du 19 mai 1931 réglementant l'exercice de la chasse à Madagascar et Dépendances du 25 mars 1950, JO de Madagascar et dépendances, 8 avril 1950, 622.

Arrêté complétant la liste des animaux figurant à l'article 16 du décret du 19 mai 1931 réglementant l'exercice de la chasse dans la Colonie de Madagascar et Dépendances du 6 mars 1947, JO de Madagascar et dépendances, 22 mars 1947, 305.

Arrêté complétant la liste des animaux protégés figurant à l'article 16 du décret du 19 mai 1931 réglementant l'exercice de la chasse dans la Colonie de Madagascar et Dépendances du 13 février 1934, JO de Madagascar et dépendances, 24 février 1934, 184.

Arrêté du 17 novembre 1930 compte tenu de ses modifications ultérieures réglant l'application du décret forestier du 25 janvier 1930.

Arrêté interministériel n° 12032/2000 du 06 novembre 2000 sur la réglementation du secteur minier en matière de protection de l'environnement, JO, 13 novembre 2000, 3813.

Arrêté interministériel n° 12720/2004 du 8 juillet 2004 complétant les dispositions de l'arrêté n° 7340-2004 du 16 avril 2004 portant création d'un Comité Interministériel des Mines et des Forêts (CIMF), JO, 2 août 2004, 2687.

Arrêté interministériel n° 17914-06 du 18 octobre 2006 prorogeant la suspension de l'octroi de permis minier et de permis forestier dans les zones classées en réserves qui sont les « sites de conservation et les sites de gestion forestière durable », JO, 25 décembre 2006, 5918.

Arrêté interministériel n° 18633/2008/MEFT/MEM portant mise en protection temporaire globale des sites visés par l'Arrêté interministériel n° 17914 du 18 octobre 2006 et levant la suspension de l'octroi des permis miniers et forestiers pour certains sites, JO, 10 novembre 2008, 7911.

Arrêté interministériel n° 19560-2004 du 18 octobre 2004 portant suspension de l'octroi de permis minier et de permis forestier dans les zones réservées comme « sites de conservation », JO, 25 octobre 2004, 3984.

Arrêté interministériel n° 21479-2008 du 02 décembre 2008 portant protection temporaire de l'Aire Protégée en création dénommée « Massif d'Ibity », communes rurales d'Ibity, de Sahanivotry et de Manandona, District d'Antsirabe, Région Vakinankaratra, JO, 15 décembre 2008, 8391.

Arrêté interministériel n° 52004/2010 du 20 décembre 2010 portant création, organisation et fonctionnement de la Commission du Système des aires protégées de Madagascar, JO, 3 janvier 2011, 20.

Arrêté interministériel n° 52005/2010 du 20 décembre 2010 modifiant l'arrêté interministériel Mine-Forêts n° 18633 du 17 octobre 2009 portant mise en protection temporaire globale des sites visés par l'arrêté interministériel n°17914 du 18 octobre 2006 et levant la suspension de l'octroi des permis miniers et forestiers pour certains sites, JO, 3 janvier 2011, 23.

Arrêté interministériel n° 9874/2013 du 6 mai 2013 modifiant certaines dispositions de l'arrêté interministériel n° 52005/2010 du 20 décembre 2010 modifiant l'arrêté interministériel Mine-Forêts n° 18633 du 17 octobre 2008 portant mise en protection temporaire globale des sites visés par l'arrêté n° 17914 du 18 octobre 2006 et levant la suspension de l'octroi de permis miniers et forestiers pour certains sites, JO, 8 juillet 2013, 1923.

Arrêté ministériel n° 4355/97 du 13 mai 1997 portant définition et délimitation des zones sensibles.

Arrêté n° 18177/2004 du 27 septembre 2004 portant définition et délimitation des zones forestières sensibles, JO, 11 octobre 2004, 3816.

Arrêté n° 4532/2006 du 28 mars 2006 portant protection temporaire de l'Aire Protégée en création dénommée « Menabe Central », Districts de Morondava, Belo sur-Tsiribihina et Mahabo, Région Menabe, Province autonome de Toliara, JO, 10 septembre 2007, 5034.

Arrêté n° 6019/2005 du 3 juin 2005 portant déclassement des zones touchées par des carrés miniers des zones réservées comme aires protégées potentielles.

Arrêté portant interdiction de la chasse aux Lémuriens, pendant une période de trois années, dans toute l'étendue de la Colonie de Madagascar et Dépendances du 29 mars 1927, JO de Madagascar et dépendances, 14 mai 1927, 476.

Arrêté prorogeant pour une nouvelle période de trois années l'arrêté du 29 mars 1927 et son erratum du 31 mai 1927 portant interdiction de la chasse aux Lémuriens dans toute l'étendue de la Colonie de Madagascar et Dépendances du 22 février 1930, JO de Madagascar et dépendances, 1er mars 1930.

Constitution de la quatrième république de Madagascar, JO, 20 janvier 2011, 85.

Constitution du 18 septembre 1992 de la République de Madagascar, modifiée par la *Loi constitutionnelle n° 95-001 du 13 octobre 1995*, par la *Loi constitutionnelle n° 98-001 du 08 avril 1998*, et par la *Loi constitutionnelle n° 2007-001 du 27 avril 2007.*

Contrat de délégation de gestion n° 1058/06/MINENVEF/SG/DGE du 23 août 2006.

Convention d'établissement entre l'État malagasy représenté par l'Office des mines nationales et des industries stratégiques et QIT-Fer et Titane Inc. pour la recherche et l'exploitation minière, y compris la séparation, l'enrichissement et le traitement, de Minéraux existant dans les gisements de Sables Minéralisés de Fort-Dauphin, et l'exportation et la commercialisation des Minerais extraits de ces Sables.

Décret d'application n° 2005-013 du 11 janvier 2005 organisant la création, la gestion, le changement de statut et/ou de limites des aires protégées et la répression des infractions commises dans les aires protégées, JO, 24 janvier 2005, 2236.

Décret du 11 juin 1939 créant la réserve naturelle intégrale n° XI « Andohahela », province de Tuléar.

Décret du 31 décembre 1927 portant création des réserves naturelles à Madagascar, JO de Madagascar et dépendances, 17 mars 1928, 304, modifié par le *Décret n° 64-381 du 16 septembre 1964.*

Décret forestier du 25 janvier 1930 réorganisant le régime forestier à Madagascar et dépendances, compte tenu des modifications jusqu'au 1941.

Décret n° 2000-170 fixant les conditions d'application de la Loi n° 99-022 du 19 Août 1999 portant Code minier, JO, 2 octobre 2000, 3447.

Décret n° 2000-308 du 10 mai 2000 portant création et fixant des statuts du Bureau du Cadastre Minier de Madagascar, JO, 2 octobre 2000, 3491.

Décret n° 2002-796 portant changement de statut de la réserve naturelle intégrale n° 8 de Namoroka en parc national.

Décret n° 2003-439 du 27 mars 2003 instituant une cellule environnementale au sein de chaque ministère, JO, 9 juin 2003, 1675.

Décret n° 2003-784 du 08 juillet 2003 fixant les conditions d'application de la Loi n° 2001-031 du 08 octobre 2002 établissant régime spécial pour les grands investissements dans le secteur minier malagasy, JO, 29 décembre 2003, 6882.

Décret n° 2005-848 du 13 décembre 2005 appliquant les articles 2 alinéa 2, 4, 17, 20 et 28 de la loi n° 2001/005 portant Code de gestion des Aires protégées.

Décret n° 2006-400 du 13 juin 2006 portant classement des espèces de faune sauvage, JO 13 août 2007, 4622.

Décret n° 2006-910 du 19 décembre 2006 fixant les modalités d'application de la Loi n° 99-022 du 19 Août 1999 portant Code minier modifiée par la Loi n° 2005-021 du 17 octobre 2005, JO, 30 mars 2007, 2397.

Décret n° 2007-088 fixant les attributions du Ministre des Mines ainsi que l'organisation de générale de son Ministère, JO, 16 avril 2007, 2709.

Décret n° 2009-04 du 31 août 2009 instituant un comité interministériel de concertation en cas d'usages superposés dans les écosystèmes naturels.

Décret n° 2010-141 du 24 mars 2010 portant interdiction de coupe, d'exploitation et d'exportation de bois de rose et bois d'ébène à Madagascar, JO, 4 juillet 2011, 912.

Décret n° 2013-785 du 22 octobre 2013 fixant les modalités de délégation de gestion des forêts de l'État à des personnes publiques ou privées, JO, 23 juin 2014, 1827.

Décret n° 2014-1569 du 30 septembre 2014 modifiant et complétant certaines dispositions du décret n° 2008-600 du 23 juin 2008 portant refonte du décret n°

95-607 du 10 septembre 1995 portant refonte du décret n° 95-312 du 25 avril 1995 portant création et organisation de l'Office National pour l'Environnement, JO, 2 février 2015, 327.

Décret n° 2014-906 du 24 juin 2014 portant création du Comité Interministériel chargé de l'assainissement de la filière bois de rose et bois d'ébène, JO, 17 novembre 2014, 4232.

Décret n° 2015-1308 du 22 septembre 2015 fixant la Politique Nationale de l'Environnement pour le Développement Durable, JO, 8 février 2016, 586.

Décret n° 2015-769 du 28 avril 2015 portant création de l'aire protégée dénommée « Ampasindava », communes rurales d'Anorontsangana et de Bemaneviky-Ouest District d'Ambanja, Région Diana, JO, 26 novembre 2018, 6734.

Décret n° 2017-376 du 16 mai 2017 portant actualisation de la nouvelle Politique Forestière.

Décret n° 2017-415 du 30 mai 2017 fixant les modalités et les conditions d'application de la Loi n° 2015-005 du 26 février 2015 portant refonte du Code de gestion des aires protégées, JO, 18 septembre 2017, 5742.

Décret n° 58-07 du 28 octobre 1958 instituant le parc national de la montagne d'Ambre (district et province de Diégo-Suarez).

Décret n° 61-096 répartissant en trois catégories les oiseaux et les autres animaux sauvages vivant sur le territoire de la République Malgache.

Décret n° 62-371 du 19 juillet 1962 instituant le parc national de l'Isalo, sous-préfecture d'Ihosy, province de Fianarantsoa.

Décret n° 66-242 du 01 juin 1966 constituant certains territoires en réserves naturelles intégrales pour la protection de la faune et de la flore, JO, 11 juin 1966, 1262.

Décret n° 97-1200 du 2 octobre 1997 portant adoption de la politique forestière malagasy, JO, 1er décembre 1997, 2324.

Décret n° 98-394 du 28 mai 1998 portant définition de la politique sectorielle minière à Madagascar, JO, 15 juin 1998, 1810.

Décret n° 98-781 du 16 Septembre 1998 fixant les conditions générales d'application de la loi n° 97-017 du 08 août 1997 portant révision de la législation forestière, JO, 27 septembre 1999, 2200.

Décret n° 99-697 du 26 août 1999 portant statuts de l'Office des Mines Nationales et des Industries Stratégiques (OMNIS), JO, 10 avril 2000, 1693.

Décret n° 99-954 du 15 décembre 1999 modifié par le décret n° 2004-167 du 03 février 2004 relatif à la mise en compatibilité des investissements avec l'environnement, JO, 10 juillet 2000, 2235 et JO, 24 mai 2004, 2095.

Décret règlementant l'exercice de la chasse dans la colonie de Madagascar et Dépendances du 19 mai 1931.

Loi du 31 juillet 1896, l'*Ordonnance n° 60-090 du 5 septembre 1960 portant Code minier*, JO, 17 septembre 1960, 1857.

Loi n° 2001-05 du 11 février 2003 portant Code de gestion des aires protégées, JO, 7 avril 2003, 1180.

Loi n° 2005-021 du 17 octobre 2005, JO, 20 février 2006, 1569.

Loi n° 2005-022 du 17 octobre 2005 portant modification de certaines dispositions de la Loi n° 2001-031 du 8 octobre 2002 établissant un régime spécial pour les grands investissements dans le secteur minier malagasy, JO, 20 février 2006, 1597.

Loi n° 2006-002 du 24 juillet 2006 autorisant la ratification de la Convention sur la Conservation des espèces migratrices appartenant à la faune sauvage dite Convention de Bonn (Convention of Migratory Species ou CMS), JO, 9 octobre 2006, 4221.

Loi n° 2008-025 du 25 novembre 2008 portant refonte du Code de gestion des aires protégées.

Loi n° 2015-003 du 19 février 2015 portant Charte de l'Environnement Malagasy actualisée, JO, 6 avril 2015, 1449.

Loi n° 2015-005 du 26 février 2015 portant refonte du Code de gestion des aires protégées, JO, 23 mars 2015, 1337.

Loi n° 2023-007 du 27 juillet 2023 portant refonte du Code Minier, JO, 2 octobre 2023, 4157.

Loi n° 90-017 du 20 juillet 1990 portant Code minier, JO, 23 juillet 1990, 1301.

Loi n° 90-033 du 21 décembre 1990 portant Charte de l'environnement malagasy, JO, 24 décembre 1990, 2540, modifiée et complétée par la *Loi n° 97-012 du 6 juin 1997*, JO, 9 juin 1997 (Édition spéciale), 1171 et JO, 12 juillet 1999, 1479, et par la *Loi n° 2004-015 du 19 août 2004*.

Loi n° 93-005 du 26 janvier 1994 portant orientation générale de la politique de décentralisation, JO, 2 mai 1994, 1057, modifiée et complétée par la *Loi n° 94-039 du 3 janvier 1995*, JO, 17 avril 1995, 902.

Loi n° 95-016 du 9 août 1995 portant Code minier, JO, 25 septembre 1995, 2554.

Loi n° 98-002 du 19 février 1998 autorisant la ratification de la Convention d'Établissement entre l'État Malagasy représenté par l'Office des Mines Nationales et des Industries Extractives (OMNIS) et QIT FER et TITATNE INC. pour la recherche et l'exploitation minière, y compris la séparation, l'enrichissement et le traitement de minéraux existants dans les gisements de sables minéralisés de Fort-Dauphin, et l'exportation et la commercialisation des minéraux extraits de ces sables, JO, 2 mars 1998, 601.

Loi n° 98-003 du 19 février 1998 autorisant la ratification de la Convention Ramsar relative aux zones humides d'importance internationale particulièrement comme habitats des oiseaux d'eau, JO, 2 mars 1998, 623.

Loi n° 99-021 du 19 août 1999 sur la politique de gestion et de contrôle des pollutions industrielles, JO, 30 août 1999, 1962.

Loi n° 99-022 du 19 août 1999 portant Code minier, JO, 30 août 1999, 1978.

Ordonnance n° 060-128 du 3 octobre 1960 (compte tenu de ses modifications ultérieures) fixant la procédure applicable à la répression des infractions à la législation forestière, de la chasse, de la pêche et de la protection de la nature, JO, 22 octobre 1960, 2184.

Ordonnance n° 076-007 du 20 mars 1976, JO, 10 avril 1976, 897.

Ordonnance n° 2011-001 du 8 août 2011 portant réglementation et répression des infractions relatives aux bois de rose et aux bois d'ébène, JO, 12 décembre 2011,1994.

Ordonnance n° 60-126 du 3 octobre 1960 (compte tenu de ses modifications ultérieures) fixant le régime de la chasse, de la pêche et de la protection de la faune, JO, 22 octobre 1960, 2184.

Ordonnance n° 62-103 du 1er octobre 1962 portant loi minière, JO, 3 novembre 1962, 2581.

Ordonnance n° 75-014 du 05 août 1975 portant ratification de la Convention sur le commerce international des espèces de faune et de flore sauvages menacées d'extinction, JO, 16 août 1975.

Ordonnance n° 75-035 du 12 novembre 1975, JO, 22 novembre 1975, 2995.

Projet de loi portant modification de certaines dispositions de la Loi n° 99-022 du 19 août 199 portant Code minier modifiée par la Loi n° 2005-021 du 17 octobre 2005, version du 18 mars 2016.

DOCTRINE

Monographies et ouvrages collectifs

Arnaud, André-Jean, dir, *Dictionnaire de la globalisation : Droit, Science politique, Sciences sociales*, traduit par Wanda Capeller, Paris, Librairie générale de droit et de jurisprudence, 2010.

Arnaud, André-Jean et Maria José Farinas Dulce, *Introduction à l'analyse sociologique des systèmes juridiques*, Bruxelles, Bruylant, 1998.

Ballet, Jérôme, Jean-Luc Dubois, François-Régis Mahieu, *L'autre développement : Le développement socialement soutenable*, Paris, L'Harmattan, 2005.

Beyerlin, Ulrich et Thilo Marauhn, *International Environmental Law*, Oxford, Hart, 2011.

Buttoud, Gérard, *La forêt et l'État en Afrique sèche et à Madagascar : Changer de politiques forestières*, Paris, Karthala, 1995.

Corson, Catherine A, *Corridors of Power: The Politics of Environmental Aid to Madagascar*, New Haven, Yale University Press, 2016.

Delmas-Marty, Mireille, *Aux quatre vents du monde*, Paris, Seuil, 2016.

Einstein, Albert et Léopold Infeld, *The Evolution of Physics: From Early Concepts to Relativity and Quanta*, New York, Simon and Schuster, 1966.

Gillespie, Alexander, *Conservation, Biodiversity and International Law*, Cheltenham (UK), Edward Elgar, 2011.

Gillespie, Alexander, *Protected Areas and International Environmental Law*, Leyde, Martinus Nijhoff, 2007.

Gündling, Lothar, *Les obstacles juridiques à l'application des législations concernant la protection de la nature*, Strasbourg, Conseil de l'Europe, 1997.

Jébrak, Michel, *Quels métaux pour demain ? : Les enjeux des ressources minérales*, Paris, Dunod, 2015.

Mittermeier, Russell A et al, *Hotspots: Earth's Biologically Richest and Most Endangered Terrestrial Ecoregions*, Mexico, Cemex, 1999.

Mittermeier, Russell A et Cristina Goettsch Mittermeier, dir, *Megadiversity: Earth's Biologically Wealthiest Nations*, Mexico, Cemex, 1997.

Ost, François, *De la pyramide au réseau ? : Pour une théorie dialectique du droit*, Bruxelles, Publications des Facultés universitaires Saint-Louis, 2002.

Pagiola, Stefano, Joshua Bishop et Natasha Landell-Mills, *Selling Forest Environmental Services: Market-based Mechanisms for Conservation and Development*, Londres, Routledge, 2002.

Paulian, Renaud, *Les animaux protégés de Madagascar*, Tananarive, Institut de recherche scientifique, 1955.

Randrianandrasana, Ianjatiana, *Le droit de la protection de la nature à Madagascar : Entre centralisme et consensualisme*, Paris, L'Harmattan, 2018.

Randrianja, Solofo et Stephen Ellis, *Madagascar: A Short History*, Chicago, University of Chicago Press, 2009.

Sarrasin, Bruno, *Environnement et développement à Madagascar : Du plan d'action environnemental à la mise en valeur touristique des ressources naturelles*, Paris, Karthala, 2013.

Strange, Susan, *The Retreat of the State: The Diffusion of Power in the World Economy*, Cambridge, Cambridge University Press, 1996.

Szablowski, David, *Transnational Law and Local Struggles: Mining, Communities and the World Bank*, Portland, Hart, 2007.

Thébault, Eugène Pierre, *Code des 305 articles : promulgué par la Reine Ranavalona II, le 29 mars 1881 : texte malgache intégral, avec traduction française et notes bibliographiques*, Antananarivo, Imprimerie officielle, 1960.

Wood, Mary Christina, *Nature's Trust: Environmental Law for a New Ecological Age*, Cambridge, Cambridge University Press, 2014.

Articles d'ouvrages collectifs

Aubert, Sigrid, « La gestion patrimoniale des ressources forestières à Madagascar : limites et perspectives d'une "révolution par le haut" » dans Marie-Christine Cormier-Salem et al, dir, *Patrimonialiser la nature tropicale : Dynamiques locales, enjeux internationaux*, Paris, Institut de recherche pour le développement, 2002, 101.

Bastmeijer, Kees, « Ecological restoration in international biodiversity law: a promising strategy to address our failure to prevent ? » dans Michael Bowman, Peter Davies et Edward Goodwin, dir, *Research Handbook on Biodiversity and Law,* Cheltenham (UK), Edward Elgar, 2016, 387.

Bertrand, Alain et al, « Décentralisation et nouvelles politiques forestières : relations de l'administration forestière avec les collectivités territoriales décentralisées et les communautés locales de base » dans

Alain Bertrand, Pierre Montagne et Alain Karsenty, dir, *L'État et la gestion locale durable des forêts en Afrique francophone et à Madagascar*, Paris, L'Harmattan, 2006, 129.

Bertrand, Alain et Pierre Montagne, « Transfert de la gestion des ressources forestières aux communautés rurales: expériences du Niger, du Mali et de Madagascar » dans Alain Bertrand, Pierre Montagne et Alain Karsenty, dir, *L'État et la gestion locale durable des forêts en Afrique francophone et à Madagascar*, Paris, L'Harmattan, 2006, 297.

Blanc-Pamard, Chantal et Hervé Rakoto Ramirantsoa, « Madagascar : les enjeux environnementaux » dans Michel Lesourd, dir, *L'Afrique : Vulnérabilité et défis*, Nantes, Éditions du Temps, 2003, 354.

Bourcier, Danièle, « Le bien commun, ou le nouvel intérêt général » dans *Mélanges en l'honneur du professeur Jacques Chevallier : Penser la science administrative dans la post-modernité*, Paris, Librairie générale de droit et de jurisprudence, 2013, 93.

Bungenberg, Marc, « Evolution of Investment Law Protection as Part of a General System of National Resources Sovereignty (and Management) ? » dans Marc Bungenberg et Stephan Hobe, dir, *Permanent Sovereignty over Natural Resources*, Cham, Springer, 2015, 125.

Campbell, Bonnie, « Reconceptualisation de l'État au Sud : Participation démocratique ou managérialisme populiste ? » dans François Crépeau, dir, *Mondialisation des échanges et fonctions de l'État*, Bruxelles, Bruylant, 1997, 163.

Carbonnier, Jean, « Les phénomènes d'inter-normativité » dans BM Blegvad, CM Campbell et CJ Schuyt, dir, *European Yearbook in Law and Sociology*, La Haye, Martinus Nijhoff, 1977, 42.

Carret, Jean-Christophe et al, « L'environnement à Madagascar : un atout à préserver, des enjeux à maîtriser » dans Banque mondiale, *Madagascar : vers un agenda de relance économique*, Antananarivo, Banque mondiale, 2010, 105.

Daily, Gretchen C, « Introduction: What are Ecosystem Services ? » dans Gretchen C Daily, dir, *Nature's Services: Societal Dependence on Natural Ecosystems*, Washington (DC), Island Press, 1997, 1.

Donque, Gérald, « The climatology of Madagascar » dans G Richard-Vindard et R Battistini, dir, *Biogeography and ecology of Madagascar*, La Haye, W Junk, 1972, 87.

Dufils, JM, « Remaining forest cover » dans Steven M Goodman et Jonathan P Benstead, dir, *The Natural History of Madagascar*, Chicago, University of Chicago Press, 2003, 88.

Durbin, J, K Bernard et M Fenn, « The Role of Socioeconomic Factors in Loss of Malagasy Biodiversity » dans Steven M Goodman et Jonathan P Benstead, dir, *The Natural History of Madagascar*, Chicago, University of Chicago Press, 2003, 142.

Ganzhorn, Jörg U, Lucienne Wilmé et Jean-Luc Mercier, « Explaining Madagascar's biodiversity » dans Ivan R Scales, dir, *Conservation and Environmental Management in Madagascar*, New York, Routledge, 2014, 17.

Gautier, Laurent et Steven M Goodman, « Introduction to the flora of Madagascar » dans Steven M Goodman et Jonathan P Benstead, dir, *The Natural History of Madagascar*, Chicago, University of Chicago Press, 2003, 229.

Gerber, Leonardus et Francesco Sindico, « Mining and Sustainable Development » dans Malgosia Fitzmaurice, Sandrine Maljean-Dubois et Stefania Negri, *Protection de l'environnement et développement durable de Rio à Rio+20*, dir, Leyde, Brill Nijhoff, 2014, 334.

Goedefroit, Sophie, « Stratégies patrimoniales au paradis de la nature : Conservation de la biodiversité, développement et revendications locales à Madagascar » dans Marie-Christine Cormier-Salem et al, dir, *Patrimonialiser la nature tropicale : Dynamiques locales, enjeux internationaux*, Paris, Institut de recherche pour le développement, 2002, 125.

Goodman, Steven M, « Biological research conducted in the general Andasibe region of Madagascar with emphasis on enumerating the local biotic diversity » dans Steven M Goodman et Vanessa Mass, dir, *Biodiversity, exploration, and conservation of the natural habitats associated with the Ambatovy project*, Antananarivo, Vahatra, 2010, 14.

Gorenflo, LJ et al, « Exploring the Association Between People and Deforestation in Madagascar » dans RP Cincotta et LJ Gorenflo, dir, *Human Population: Its Influences on Biological Diversity*, Berlin, Springer, 2011, 197.

Houssein, EA et A Bargueran, « Droits de propriété et "tragédie des ressources en commun" dans les pays en développement, avec application aux ressources agricoles, sylvicoles et halieutiques » dans École supérieure polytechnique d'Antananarivo, *Bilan et perspective de la sécurisation foncière relative à Madagascar*, Antananarivo, Université d'Antananarivo, 2001.

Hufty, Marc et Frank Muttenzer, « Devoted Friends: The Implementation of the Convention on Biological Diversity in Madagascar » dans Philippe Le Prestre, dir, *Governing Global Biodiversity: The Evolution and Implementation of the Convention on Biological Diversity*, Londres, Ashgate, 2002, 279.

Jolly, Alison, « The Madagascar Challenge: Human Needs and Fragile Ecosystems » dans H Jeffrey Leonard, dir, *Environment and the poor: development strategies for a common agenda*, New Brunswick (NJ), Transaction Books, 1989, 189.

Kirsch, Stuart, « L'industrie minière répond aux critiques » dans Michèle Leclerc-Olive, dir, *Anthropologie des prédations foncières : Entreprises minières et pouvoirs locaux*, Paris, Éditions des archives contemporaines, 2017, 121.

Langrand, Olivier et Lucienne Wilmé, « Effects of forest fragmentation on extinction patterns of the endemic avifauna on the Central High Plateau of Madagascar » dans Steven M Goodman et Bruce D Patterson, dir, *Natural Change and Human Impact in Madagascar*, Washington (DC), Smithsonian Institution Press, 1997, 280.

Lavallée, Sophie, « La biodiversité : Un pilier pour le développement durable « post-Rio+20 » ? » dans Malgosia Fitzmaurice, Sandrine Maljean-Dubois et Stefania Negri, *Protection de l'environnement et développement durable de Rio à Rio+20*, dir, Leyde, Brill Nijhoff, 2014, 100.

McConnell, William J et Christian A Kull, « Deforestation in Madagascar: debates over the island's forest cover and challenges of measuring forest change » dans Ivan R Scales, dir, *Conservation and Environmental Management in Madagascar*, New York, Routledge, 2014, 67.

Mittermeier, Russell A et al, « Madagascar and the Indian Ocean Islands » dans Russell A Mittermeier et al, dir, *Hotspots revisited*, Mexico, Cemex, 2004, 138.

Montagne, Pierre et Alain Bertrand, « Histoire des politiques forestières au Niger, au Mali et à Madagascar » dans Alain Bertrand, Pierre Montagne et Alain Karsenty, dir, *L'État et la gestion locale durable des forêts en Afrique francophone et à Madagascar*, Paris, L'Harmattan, 2006, 54.

Ost, François, « De la pyramide au réseau : un nouveau paradigme pour la science du droit ? » dans Alain Supiot, dir, *Tisser le lien social*, Paris, Maison des sciences de l'homme, 2004, 175.

Rajeriarison, Charlotte, « Biodiversité végétale et déforestation à Madagascar » dans Jean Coudray et Mohamed Larbi Bouguerra, dir, *Environnement en milieu tropical*, Paris, Éditions scientifiques, techniques et médicales, 1994, 169.

Rakotoarisoa, Jean-Aimé, « A Cultural History of Madagascar: Evolution and Interpretation of the Archaeological Evidence » dans Steven M Goodman et Bruce D Patterson, dir, *Natural Change and Human Impact in Madagascar*, Washington (DC), Smithsonian Institution Press, 1997, 331.

Rakotofiringa, Sylvère, « Biodiversité animale à Madagascar : Caractéristiques géographiques » dans Jean Coudray et Mohamed Larbi Bouguerra, dir, *Environnement en milieu tropical*, Paris, Éditions scientifiques, techniques et médicales, 1994, 151.

Ramahavalisoa, B et al, « The Ambatovy Project forest management program: a landscape approach to maintain biodiversity » dans CA Brebbia et T-S Chon, dir, *Environmental Impact*, vol 162, WIT Press, 2012, 359.

Rambinintsaotra, Saholy, « Pour un développement durable du secteur minier » dans Ignace Rakoto et Sylvain Urfer, dir, *Esclavage et libération à Madagascar*, Paris, Karthala, 2014, 295.

Ratiaray, Ramarolanto et Saholy Rambinintsaotra, « L'accès coutumier aux ressources liées à la terre : défendre l'indéfendable ? » dans Hervé Rakoto Ramiarantsoa, Chantal Blanc-Pamard, Florence Pinton, dir, *Géopolitique et environnement : Les leçons de l'expérience malgache*, Marseille, Institut de recherche pour le développement, 2012, 99.

Rey, Pascal et Franck de Saint Simon, « L'entreprise n'est pas l'État : Réflexion sur le rôle de l'entreprise dans le cadre de la RSE autour d'une étude de cas en Guinée Forestière » dans Nicolas Postel et al, dir, *La Responsabilité Sociale de l'Entreprise : Nouvelle régulation du capitalisme ?*, Villeneuve d'Ascq, Presses universitaires du Septentrion, 2011, 195.

Ribot, Catherine, « Biodiversité et rôle fiduciaire de l'État : les corridors écologiques » dans Paule Halley, dir, *L'environnement, notre patrimoine commun et son État gardien : aspects juridiques, nationaux, transnationaux et internationaux*, Cowansville (Qc), Yvon Blais, 2012, 369.

Rodary, Estienne et Christian Castellanet, « Les trois temps de la conservation » dans Estienne Rodary, Christian Castellanet et Georges Rossi, dir, *Conservation de la nature et développement : L'intégration impossible ?*, Paris, Gret et Karthala, 2003, 5.

Rouleau, Alain et Dominique Gasquet, « Introduction au portrait du développement durable de l'industrie minière dans l'espace francophone » dans Alain Rouleau et Dominique Gasquet, dir, *L'industrie minière et le développement durable : Une perspective internationale francophone*, Québec, Institut de la Francophonie pour le développement durable, 2017, 1.

Sarrasin, Bruno, « Développement minier et protection de l'environnement à Madagascar » dans Bonnie Campbell, dir, *Ressources minières en Afrique : quelle réglementation pour le développement ?*, Québec, Presses de l'Université du Québec, 2010, 143.

Sarrasin, Bruno, « Madagascar : un secteur minier en émergence, entre l'environnement et le développement » dans Bonnie Campbell, dir, *Enjeux des nouvelles réglementations minières en Afrique*, Uppsala, Nordiska Afrikainstitutet, 2004, 58.

Scales, Ivan R, « Conservation at the Crossroads: Biological Diversity, Environmental Change and Natural Resource Use in Madagascar » dans Ivan R Scales, dir, *Conservation and Environmental Management in Madagascar*, New York, Routledge, 2014, 1.

Spergel, Barry et Michael Wells, « Les fonds fiduciaires pour la conservation en tant que modèles pour le financement national de la REDD+ » dans Arild Angelsen et al, dir, *Réaliser la REDD+ : Options stratégiques et politiques nationales*, Bogor, Center for International Forestry Research, 2010, 75.

Villeneuve, Claude et al, « Mines et développement durable, comment aborder la quadrature du cercle ? » dans Alain Rouleau et Dominique Gasquet, dir, *L'industrie minière et le développement durable : Une perspective internationale francophone*, Québec, Institut de la Francophonie pour le développement durable, 2017, 5.

Articles de revues et périodiques

Adams, William M, « Sleeping with the enemy ? Biodiversity conservation, corporations and the green economy » (2017) 24:1 Journal of Political Ecology 243.

Andriamahefazafy, Fano et al, « L'introduction de la notion de service environnemental et écosystémique à Madagascar », en ligne : (2012) 12:3 VertigO <id.erudit.org/iderudit/1022681ar>.

Andriamahefazafy, Fano et Philippe Méral, « La mise en œuvre des plans nationaux d'action environnementale : un renouveau des pratiques des bailleurs de fonds » (2004) 127:3 Mondes en développement 29.

Ballet, Jérôme et Mahefasoa Randrianalijaona, « A case study on human development and security: Madagascar's mining sector and conservation induced displacement of populations » (2014) 10:2 Journal of Global Ethics 216.

Barraud, Boris, « La corégulation d'Internet (ou comment répondre à la plurinormativité par l'internormativité) : Une contribution française » (2018) 59:1 C de D 85.

Benayas, José M Rey et al, « Enhancement of Biodiversity and Ecosystem Services by Ecological Restoration: A Meta-Analysis » (2009) 325:5944 Science 1121.

Bertrand, Alain et al, « Contre un retour aux barrières : quelle place pour la gestion communautaire dans les nouvelles aires protégées malgaches ? » (2012) 257 Cahiers d'Outre-Mer 85.

Bertrand, Alain, Nadia Rabesahala Horning et Pierre Montagne, « Gestion communautaire ou préservation des ressources renouvelables : Histoire inachevée d'une évolution majeure de la politique environnementale à Madagascar », en ligne : (2009) 9:3 VertigO aux para 4, 9 <https://journals.openedition.org/vertigo/9231>.

Beurier, Jean-Pierre, « Le droit de la biodiversité » (1996) 1-2 RJE 5.

Bidaud, Cécile et al, « The Sweet and the Bitter: Intertwined Positive and Negative Social Impacts of a Biodiversity Offset » (2016) 14:4 Conservation and Society 1.

Bidaud, Cécile, Marie Hrabanski et Philippe Méral, « Voluntary biodiversity offset strategies in Madagascar » (2015) 15 Ecosystem services 181.

Bodansky, Daniel M, « International Law and the Protection of Biological Diversity » (1995) 28:4 Vand J Transnat'l L 623.

Bodruzic, Dragana, « Promoting international development through corporate social responsibility: the Canadian government's partnership with Canadian mining companies » (2015) 21:2 Canadian Foreign Policy Journal 129.

Branellec, Gurvan, « D'une préservation volontaire de l'environnement par les entreprises à une préservation ordonnée ? » (2015) 10:1 Revue de l'organisation responsable 5.

Bridge, Gavin, « Contested Terrain: Mining and the Environment » (2004) 29 Annual Review of Environment and Resources 205.

Brinkerhoff, Derick W, « Coordination Issues in Policy Implementation Networks: An Illustration trom Madagascar's Environmental Action Plan » (1996) 24:9 World Development 1497.

Bull, Joseph W et al, « Biodiversity offsets in theory and practice » (2013) 47:3 Oryx 369.

Campbell, Bonnie et Myriam Laforce, « La réforme des cadres réglementaires dans le secteur minier : Les expériences canadienne et africaine mises en perspective » (2010) 403 Recherches amérindiennes au Québec 69.

Canavésio, Rémy, « Institutionnalisation de la protection environnementale et développement de l'artisanat minier dans les espaces sensibles de Madagascar », en ligne : (2009) Études caribéennes <journals.openedition.org/etudescaribeennes/3622>.

Cardiff, Scott G et Anjara Andriamanalina, « Contested Spatial Coincidence of Conservation and Mining Efforts in Madagascar » (2007) 2:1 Madagascar Conservation & Development 28.

Castrilli, Joseph F, « Evironmental Regulation of the Mining Industry in Canada: An Update of Legal and Regulatory Requirements » (2000-2001) 34 UBC L Rev 91.

Clark, Megan, « Deforestation in Madagascar: Consequences of Population Growth and Unsustainable Agricultural Processes », en ligne : (2012) 3:1 Global Majority E-Journal 61 <https://www.american.edu/cas/economics/ejournal/upload/clark_accessible.pdf>.

Cling, Jean-Pierre, Mireille Razafindrakoto, François Roubaud, « La Banque mondiale et la lutte contre la pauvreté : tout changer pour que tout reste pareil ? » (2002) 87:3 Politique africaine 164.

Corson, Catherine, « Territorialization, enclosure and neoliberalism: non-state influence in struggles over Madagascar's forests » (2011) 38:4 Journal of Peasant Studies 703.

Coudreau, Jean, « La forêt malgache, son rôle dans l'économie générale du pays, sa conservation, son amélioration », *Bulletin économique du Gouvernement général de Madagascar et dépendances* 1er trimestre (1937).

Curran, Michael, Stefanie Hellweg et Jan Beck, « Is there any empirical support for biodiversity offset policy ? » (2014) 24:5 Ecological Applications 617.

Demaze, Moïse Tsayem, « L'enrôlement de Madagascar dans la REDD+ : domestiquer une opportunité internationale », en ligne : (2014) 14:1 VertigO <id.erudit.org/iderudit/1027970ar>.

Desjardins, Marie-Claude, « Le droit étatique et la certification équitable : des rapports d'hétéronomie » (2018) 59:1 C de D 143.

Dewar, Robert E et al, « Stone tools and foraging in northern Madagascar challenge Holocene extinction models » (2013) 110:31 Proceedings of the National Academy of Sciences 12583.

De Wit, Maarten J, « Madagascar: Heads it's a Continent, Tails it's an Island » (2003) 31:1 Annual Review of Earth and Planetary Sciences 213.

Dolch, Rainer, « Confirmation of the greater bamboo lemur, *Prolemur simus*, north of the Torotorofotsy wetlands, eastern Madagascar » (2008) 13 Lemur News 14.

Duffy, Rosaleen, « Neoliberalising Nature: Global Networks and Ecotourism Development in Madagasgar » (2008) 16 Journal of Sustainable Tourism 327.

Durán, América P, Jason Rauch et K.evin J Gaston, « Global spatial coincidence between protected areas and metal mining activities » (2013) 160 Biological Conservation 272.

Durbin, Joanna C et Jonny A Ralambo, « The Role of Local People in the Successful Maintenance of Protected Areas in Madagascar » (1994) 21:2 Environmental Conservation, 115.

Ehrlich, Paul R et Harold A Mooney, « Extinction, Substitution, and Ecosystem Services » (1983) 33:4 BioScience 248.

Eklund, Johanna et al, « Contrasting spatial and temporal trends of protected area effectiveness in mitigating deforestation in Madagascar » (2016) 203 Biological Conservation 290.

Evers, Sandra JTM et Caroline Seagle, « Stealing the sacred: Why 'global heritage' discourse is perceived as a frontal attack on local heritagemaking in Madagascar » (2012) 7:2S Madagascar Conservation & Development 97.

Ferguson, Barry et Charlie J Gardner, « Looking back and thinking ahead – where next for conservation in Madagascar ? » (2010) 5:2 Madagascar Conservation & Development 75.

Gagné, Gilles, « Les rapports de l'État et du citoyen » (1998) 18-19 Société 261.

Ganzhorn, Jörg U et al, « The Biodiversity of Madagascar: One of the World's Hottest Hotspots on its Way out » (2001) 35:4 Oryx 346.

Gardner, Toby A et al, « Biodiversity Offsets and the Challenge of Achieving No Net Loss » (2013) 27:6 Conservation Biology 1254.

Gibbons, Philip et David B Lindenmayer, « Offsets for land clearing: No net loss or the tail wagging the dog ? » (2007) 8:1 Ecological Management & Restoration 26.

Giraut, Frédéric, Sylvain Guyot et Myriam Houssay-Holzschuch, « Les aires protégées dans les recompositions territoriales africaines » (2004) 68:4 L'information géographique 340.

Gobert, Julie, « Éthique environnementale, remédiation écologique et compensations territoriales : Entre antinomie et correspondances », en ligne : (2010) 10:1 VertigO <https://journals.openedition.org/vertigo/9535>.

Goedefroit, Sophie et Jean-Pierre Revéret, « Introduction » (2006) 178 Études rurales 9.

Goodman, Steven M et Jonathan P Benstead, « Updated estimates of biotic diversity and endemism on Madagascar » (2005) 39:1 Oryx 73.

Griffiths, John, « What Is Legal Pluralism » (1986) 24 J Leg Pluralism & Unofficial L 1.

Halley, Paule, « Les ententes portant immunité de poursuite et substitution de norme en droit de l'environnement québécois » (1998) 39:1 C de D 3.

Halley, Paule et Pierre-Olivier Desmarchais, « Le développement durable, ses principes et leur intégration en droit canadien » (2012) 24 J Envtl L & Prac 67.

Harper, Grady J et al, « Fifty years of deforestation and forest fragmentation in Madagascar » (2007) 34:4 Environmental Conservation 325.

Harrison, James, « Regime pluralism and the global regulation of oil pollution liability and compensation » (2009) 5:4 Intl JL in Context 379.

Hilderbrand, Robert H, Adam C Watts et April M Randle, « The Myths of Restoration Ecology », en ligne : (2005) 10:1 Ecology and Society 19 <www.ecologyandsociety.org/vol10/iss1/art19>.

Hilson, Gavin et Frank Nyame, « Gold Mining in Ghana's Forest Reserves: A Report on the Current Debate » (2006) 38:2 Area 175.

Horning, Nadia R, « Debunking three myths about Madagascar's deforestation » (2012) 7:3 Madagascar Conservation & Development 116.

Houssein, André et al, « La gestion communautaire des ressources naturelles » (2016) 6 Lessons in Conservation 12.

Humbert, Henri, « La dégradation des sols à Madagascar » (1948) Institut scientifique de Madagascar Mémoires série D, t 1, fasc 1, 33.

Humbert, Henri, « La protection de la nature à Madagascar » (1946) 286 bis Revue internationale de botanique appliquée et d'agriculture tropicale 358.

Igoe, Jim et Dan Brockington, « Neoliberal Conservation: A Brief Introduction » (2007) 5:4 Conservation and Society 432.

Kiesecker, Joseph M et al, « A Framework for Implementing Biodiversity Offsets: Selecting Sites and Determining Scale » (2009) 59 BioScience 77.

Kiss, Alexandre-Charles et Stéphane Doumbe-Bille, « La Conférence des Nations Unies sur l'environnement et le développement (Rio-de-Janeiro, 3-14 Juin 1992) » (1992) 38 Annuaire français de droit international 823.

Kremen, Claire et al, « Economic Incentives for Rain Forest Conservation Across Scales » (2000) 288:5472 Science 1828.

Kull, Christian A, « Air photo evidence of historical land cover change in the highlands: wetlands and grasslands give way to crops and woodlots » (2012) 7:3 Madagascar Conservation & Development 144.

Kull, Christian A, « Empowering Pyromaniacs in Madagascar: Ideology and Legitimacy in Community-Based Natural Resource Management » (2002) 33:1 Development and Change 57.

Lachman, Marianne, « Debt-for-Nature Swaps: A Case Study in Transactional Negotiation » (1989) 2 J Contemp Leg Issues 139.

Laforest, Geoffrey, « L'internormativité en matière de santé animale : l'exemple de la gestion de la grippe aviaire en France » (2018) 59:1 C de D 229.

Lautier, Bruno, « La Banque Mondiale et sa lutte contre la pauvreté : sous la morale, la politique » (2001) 82 Politique Africaine 169.

Lavauden, Louis, « Histoire de la législation et de l'administration forestières à Madagascar » (1934) 72 Revue des Eaux et Forêts 949.

Limoges, Benoit et al, « Terminologie relative à la conservation de la biodiversité *in situ* » (2013) 137:2 Le Naturaliste canadien 21.

Maron, Martine et al, « Faustian bargains ? Restoration realities in the context of biodiversity offset policies » (2012) 155 Biological Conservation 141.

McKenney, Bruce A et Joseph M Kiesecker, « Policy Development for Biodiversity Offsets: A Review of Offset Frameworks » (2010) 45:1 Environmental Management 165.

Minten, Bart et Christopher B Barrett, « Agricultural technology, productivity, and poverty in Madagascar » (2008) 36:5 World Development 797.

Mittermeier, Russell A et al, « Biodiversity Hotspots and Major Tropical Wilderness Areas: Approaches to Setting Conservation Priorities » (1998) 12:3 Conservation Biology 516.

Montagne, Pierre et Bruno Ramamonjisoa, « Politiques forestières à Madagascar entre répression et autonomie des acteurs » (2006) 294-295 Économie rurale 9.

Moreno-Mateos, David et al, « The True Loss Caused by Biodiversity Offsets » (2015) 192 Biological Conservation 552.

Murguìa, Diego I, Stefan Bringezu et Rüdiger Schaldach, « Global direct pressures on biodiversity by large-scale metal mining: Spatial distribution and implications for conservation » (2016) 180 Journal of Environmental Management 409.

Muttenzer, Frank, « La mise en œuvre de l'aménagement forestier négocié, ou l'introuvable gouvernance de la biodiversité à Madagascar » (2001) 26 Bulletin du Laboratoire d'anthropologie juridique de Paris 91.

Myers, Norman et al, « Biodiversity hotspots for conservation priorities » (2000) 403 Nature 853.

O'Neill, Catherine A et Cass R Sunstein, « Economics and the Environment: Trading Debt and Technology for Nature » (1992) 17 Colum J Envtl L 93.

Onn, A Han et A Woodley, « A discourse analysis on how the sustainability agenda is defined within the mining industry » (2014) 84 Journal of Cleaner Production 116.

Ost, François, « De l'internormativité à la concurrence des normativités : quels sont le rôle et la place du droit ? » (2018) 59:1 C de D 7.

Pérez, Catalina Toro, « Acteurs, scénarios et discours: la mobilisation en réseaux de la Biodiversité » (2005) 33 Cuadernos De Administracion 61.

Petit, G, « L'Organisation des Réserves naturelles à Madagascar » (1928) 80 Revue de botanique appliquée et d'agriculture coloniale 272.

Pilgrim, John D et al, « A process for assessing the offsetability of biodiversity impacts » (2012) 6:5 Conservation Letters 376.

Pollini, Jacques, « The Difficult reconciliation of Conservation and Development Objectives: the Case of the Malagasy Environmental action Plan » (2011) 70:1 Human Organization 74.

Rakotoarivelo, Andrinajoro R et al, « Lois et règlements sur la faune sauvage à Madagascar : Progrès accomplis et besoins du futur » (2011) 6:1 Madagascar Conservation & Development 37.

Rakotonomenjanahary, Vololona, « De la mine artisanale à une gestion publique des mines informelles », *Bulletin de liaison des anciens stagiaires du Centre d'études supérieures des matières premières France* 64 (2004) 2.

Ramamonjisoa, Bruno Salomon, « Origines et impacts des politiques de gestion des ressources naturelles à Madagascar » (2004) 155:11 Schweizerische Zeitschrift Fur Forstwesen 467.

Randriamalala, Hery et Zhou Liu, « Rosewood of Madagascar: Between democracy and conservation » (2010) 5:1 Madagascar Conservation & Development 11.

Ratovoson, Céline, « Les problèmes du Tavy sur la Côte-Est Malgache » (1979) 35 Madagascar Revue de Géographie 141.

Ratsisompatrarivo, Jean-Solo et Vanessa Aliniaina Rasoamampianina, « Conservation de la biodiversité et réduction de la pauvreté à Madagascar » (2016) 6 Lessons in Conservation 30.

Razafindratsita, Vololontiana et Steve Zack, « Frugivory and facilitation of seed germination by the velvet asity, *Philepitta castanea* (Müller, 1776), in the rainforest understory of Ranomafana National Park, Madagascar » (2009) 2 Malagasy Nature 154.

Revéret, Jean-Pierre, « Investissement minier et développement » (2006) 178 Études rurales 213.

Robé, Jean-Philippe, « L'ordre juridique de l'entreprise » (1997) 25 Droits 163.

Roberts, Leslie, « Wetlands Trading Is a Loser's Game, Say Ecologists » (1993) 260:5116 Science 1890.

Robinson, John G, « Conservation Biology and Real-World Conservation » (2006) 20:3 Conservation Biology 658.

Rocher, Guy, « Droit, pouvoir et domination » (1986) 18:1 Sociologie et sociétés 33.

Ruimy, Michel, « Sauver la planète, nouveau rôle des États ? » (2007) 56 Sociétal 39.

Sarrasin, Bruno, « Économie politique du développement minier à Madagascar : l'analyse du projet QMM à Tolagnaro (Fort-Dauphin) », en ligne : (2006) 7:2 VertigO <journals.openedition.org/vertigo/2401>.

Sarrasin, Bruno, « Géopolitique du tourisme à Madagascar : de la protection de l'environnement au développement de l'économie » (2007) 127 Hérodote 124.

Sarrasin, Bruno, « La construction des problèmes environnementaux en Afrique subsaharienne : La mise en place d'un "diagnostic de Washington sur les ressources naturelles" » (2005) 26:4 Revue canadienne d'études du développement 799.

Sarrasin, Bruno, « La Gestion LOcale SÉcurisée (GELOSE) : L'expérience malgache de gestion décentralisée des ressources naturelles », en ligne : (2009) Études caribéennes <etudescaribeennes.revues.org/3664>.

Sarrasin, Bruno, « Le projet minier de QIT Madagascar Mineral à Tolagnaro (FortDauphin, Madagascar) : quels enjeux de développement ? » (2007) 221 Afrique contemporaine 205.

Sarrasin, Bruno, « Madagascar : Un secteur minier en émergence, entre l'environnement et le développement » (2003) 208 Afrique contemporaine 127.

Seagle, Caroline, « Inverting the impacts: Mining, conservation and sustainability claims near the Rio Tinto/QMM ilmenite mine in Southeast Madagascar » (2012) 39:2 Journal of Peasant Studies 447.

Simons, Penelope C, « Corporate Voluntarism and Human Rights: The Adequacy and Effectiveness of Voluntary Self Regulation Regimes » (2004) 59:1 Relations industrielles 101.

Sonter, Laura J, Damian J Barrett et Britaldo S Soares-Filho, « Offsetting the Impacts of Mining to Achieve No Net Loss of Native Vegetation » (2014) 28:4 Conservation Biology 1068.

Spash, Clive L, « Bulldozing biodiversity: The economics of offsets and trading-in Nature » (2015) 192 Biological Conservation 541.

Sussman, Robert W, Glen M Green et Linda K Sussman, « Satelitte Imagery, Human Ecology, Anthropology and Deforestation in Madagascar » (1994) 22:3 Human Ecology 333.

Theys, Jacques, « La Gouvernance, entre innovation et impuissance », en ligne : (2002) 2 Développement durable et territoires <developpementdurable.revues.org/1523>.

Tutenuit, Claire, « Les entreprises, acteurs de la biodiversité » (2012) 68 Annales des Mines – Responsabilité et environnement 92.

Vieilledent, Ghislain, Clovis Grinand, et Romuald Vaudry, « Forecasting deforestation and carbon emissions in tropical developing countries facing demographic expansion: a case study in Madagascar » (2013) 3:6 Ecology and Evolution 1702.

Virah-Sawmy, Malika, Johannes Ebeling et Roslyn Taplin, « Mining and biodiversity offsets: a transparent and science–based approach to measure "no–net–loss" » (2014) 143 Journal of Environmental Management 61.

Waeber, Patrick O, « Biodiversity offsetting: en vogue in Madagascar? » (2012) 7:3 Madagascar Conservation & Development 110.

Waeber, Patrick O et al, « How Effective Have Thirty Years of Internationally Driven Conservation and Development Efforts Been in Madagascar ? » (2016) 11:8 PLoS ONE e0161115.

Wright, Patricia, « The Future of Biodiversity in Madagascar: A View from Ranomafana National Park » dans Steven M Goodman et Bruce D Patterson, dir, *Natural Change and Human Impact in Madagascar*, Washington (DC), Smithsonian Institution Press, 1997, 381.

Yager, Thomas R, « The Mineral Industry of Madagascar » [2003] U.S. Geological Survey Minerals Yearbook 21.1.

Yager, Thomas R, « The Mineral Industry of Madagascar » [2010] U.S. Geological Survey Minerals Yearbook 26.1.

Yager, Thomas R, « The Mineral Industry of Madagascar » [2015] U.S. Geological Survey Minerals Yearbook 26.1.

Études et rapports

Almond, Rosamunde EA, Monique Grooten et Tanya Petersen, dir, *Living Planet Report 2020: Bending the curve of biodiversity loss*, Gland, Fonds mondial pour la nature, 2020.

Association Initiative pour la recherche économique et sociale en Afrique sub-saharienne et Les Amis de la Terre France, *Madagascar : nouvel eldorado des compagnies minières et pétrolières*, Montreuil, Les Amis de la Terre France, 2012.

Banque mondiale, *Adjustment Lending: An Evaluation of Ten Years of Experience*, Washington (DC), Banque mondiale, 1988.

Banque mondiale, *Décentralisation à Madagascar*, Washington (DC), Banque Mondiale, 2004.

Banque mondiale, *Governance and Development*, Washington (DC), Oxford University Press, 1992

Banque mondiale, *Madagascar : Revue du secteur rural et environnemental*, vol 1, Washington (DC), Banque Mondiale, 2003.

Banque mondiale, *Mineral Resources Governance Project*, Washington (DC), Banque mondiale, 2003.

Banque mondiale, *Operations Evaluation Department: ICR Review*, Washington (DC), Banque mondiale, 2003.

Banque mondiale, *Opportunités et défis pour une croissance inclusive et résiliente*, Washington (DC), Banque mondiale, 2014.

Banque mondiale, *Project Appraisal Document for a Mining Sector Reform Project*, Washington (DC), Banque mondiale, 1998.

Berner, Pierre O, Steven Dickinson et Aristide Andrianarimisa, *Business and Biodiversity Offsets Programme: Case Study*, The Ambatovy Project BBOP Pilot Project, 2009.

Bezuidenhout, Chantel, *Projet minier de Ranobe Région Sud Ouest, Madagascar : Version préliminaire d'étude d'impact environnemental et social*, Grahamstown, Coastal & Environmental Services, 2013.

Borrini-Feyerabend, Grazia et al, *La Gestion Participative des Ressources Naturelles : Organisation, Négociation et Apprentissage par l'Action*, Heidelberg et Kasparek, Deutsche Gesellschaft für Technische Zusammenarbeit et Union internationale pour la conservation de la nature, 2000.

Borrini-Feyerabend, Grazia et Nigel Dudley, *Élan Durban… Nouvelles perspectives pour les Aires Protégées à Madagascar*, Union internationale pour la conservation de la nature, 2005.

Borrini-Feyerabend, Grazia et Nigel Dudley, *Les Aires Protégées à Madagascar : bâtir le système à partir de la base*, Union internationale pour la conservation de la nature, 2005.

Business and Biodiversity Offsets Programme, *Glossary*, 3e éd, Washington (DC), Business and Biodiversity Offsets Programme, 2018.

Business and Biodiversity Offsets Programme, *Standard on Biodiversity Offsets*, Washington (DC), Business and Biodiversity Offsets Programme, 2012.

Business and Biodiversity Offsets Programme, *To no net loss and beyond: an overview of the Business and Biodiversity Offsets Programme (BBOP)*,

Washington (DC), Business and Biodiversity Offsets Programme, 2013.

Cabinet Harson, *Monographie du secteur minier à Madagascar*, Antananarivo, Chambres des Mines Madagascar, 2014.

Carret, Jean-Christophe et Denis Loyer, *Comment financer durablement les aires protégées à Madagascar : Apport de l'analyse économique*, Paris, Banque mondiale et Agence française de développement, 2003.

Carret, Pierre, dir, *Profil d'écosystème : Hotspot de Madagascar et des îles de l'Océan Indien*, Antananarivo, Fonds de partenariat pour les écosystèmes critiques, 2014.

Circonscription régionale de l'environnement et des forêts, Mitsinjo, Taratra, Projet Ambatovy, *Mise à jour du plan d'aménagement du site de Torotorofotsy : Version finale*, Circonscription régionale de l'environnement et des forêts, Mitsinjo, Taratra, Projet Ambatovy, 2009.

Cleaver, Kevin M et Götz A Schreiber, *Reversing the Spiral: The Population, Agriculture, and Environment Nexus in Sub-Saharan Africa*, Washington (DC), Banque Mondiale, 1994.

Coastal & Environmental Services, *Ranobe Mine Project, Southwest Region, Madagascar: Évaluation visuelle*, Grahamstown, Coastal & Environmental Services, 2013.

Conseil international des mines et métaux, *Aires protégées et activités minières : Déclaration de position*, Londres, Conseil international des mines et métaux, 2013.

Conseil international des mines et métaux, *Biodiversity Offsets: A Briefing Paper for the Mining Industry*, Londres, Conseil international des mines et métaux, 2005.

Cook, Rupert et Timothy Healy, *Madagascar Case Study: Artisanal Mining Rushes in Protected Areas and a Response Toolkit*, Fonds mondial pour la nature, 2012.

Crawford, Alec et Suzy Nikièma, *Soutenir la mise en œuvre du Cadre directif pour l'exploitation minière dans les États membres du Forum intergouvernemental sur l'exploitation minière, les minéraux, les métaux et le développement durable: évaluation de l'état de préparation des pays à la mise en œuvre : Rapport d'évaluation de Madagascar*, Institut international du développement durable, 2005.

Dinga-Dzongo, Antoinette, *Madagascar : Rapport d'achèvement du Programme d'ajustement structurel – Phase I*, Fonds africain de développement, 1994.

Emerman, Steven H, *Évaluation d'une zone tampon dans une mine d'ilménite exploitée par Rio Tinto sur les rives des lacs Besaroy et Ambavarano, Madagascar*, The Andrew Lees Trust, 2018.

Environmental Law Alliance Worldwide, *Guide pour l'évaluation des EIE de projets miniers*, 1ère éd, Eugene (Or), Environmental Law Alliance Worldwide, 2010.

Ernst & Young, *Rapport de réconciliation des paiements effectués par les industries extractives à l'Etat Malagasy et des recettes perçues par l'Etat : Exercice 2011*, Initiative pour la transparence des industries extractives Madagascar, 2013.

Ernst & Young, *Rapport de réconciliation des paiements effectués par les industries extractives à l'État Malagasy et des recettes perçues par l'État Malagasy : Exercice 2013 : Résumé exécutif*, Initiative pour la transparence des industries extractives Madagascar, 2015.

Ernst & Young, *Rapport de réconciliation, 2018*, Initiative pour la transparence des industries extractives Madagascar, 2019.

Falloux, F avec l'assistance de JR Mercier et N Savine, *Madagascar : Plan d'action environnemental : Document de synthèse générale et propositions d'orientations*, vol 1, Banque mondiale, United States Agency for International Development, Coopération Suisse, Organisation des Nations Unies pour l'éducation, la science et la culture, Programme des Nations Unies pour le développement, Fonds mondial pour la nature, 1988.

Fonds monétaire international, *Theoretical Aspects of the Design of Fund-Supported Adjustment Programs*, Washington (DC), Fonds monétaire international, 1987.

Gersberg, Melina et Fabien Quétier, *La compensation écologique dans le bassin du Congo : Étude prospective sur l'applicabilité des mécanismes de compensation écologique (biodiversity offsets) dans le bassin du Congo*, Centre de coopération internationale en recherche agronomique pour le développement, Union internationale pour la conservation de la nature, Fonds mondial pour la nature, Institut de recherche sur l'écologie tropicale et Biotope, 2014.

Huff, Amber, *Black Sands, Green Plans and Conflict: Structural Adjustment, Sectoral Reforms and the Mining–Conservation–Conflict Nexus in Southern Madagascar*, Institute of Development Studies, 2016.

Javelle, Anne-Gaëlle et Peter Veit, *Managing Land for Mining and Conservation in the Democratic Republic of Congo*, New York, Africa Biodiversity Collaborative Group, 2012.

Kill, Jutta et Giulia Franchi, *Rio Tinto à Madagascar : Une mine détruit la biodiversité unique de la zone littorale de Fort-Dauphin*, World Rainforest Movement et Re:Common, 2016.

Lange, Glenn-Marie, Quentin Wodon et Kevin Carey, dir, *The Changing Wealth of Nations 2018: Building a Sustainable Future*, Washington (DC), Banque mondiale, 2018.

Lausche, Barbara, *Guidelines for Protected Areas Legislation*, Gland, Union internationale pour la conservation de la nature, 2011.

Magrin, Géraud et Geert van Vliet, *La Réserve du Termit Tin-Toumma et l'exploitation pétrolière au Niger : état des lieux et pistes d'action*, Montpellier, Centre de coopération internationale en recherche agronomique pour le développement, 2014.

Messina, Jean-Pierre et Laurène Feintrenie, *Exploitation minière en zone forestière au Cameroun*, Montpellier, Centre de coopération internationale en recherche agronomique pour le développement, 2014.

Miranda, Marta et al, *Mining and Critical Ecosystems: Mapping the Risks*, Washington (DC), World Resources Institute, 2003.

Mittermeier, Russell A et al, *Lemurs of Madagascar*, Washington (DC), Conservation International, 1994.

Moore Stephens, *Rapport final ITIE*, 2016, Initiative pour la transparence des industries extractives Madagascar, 2018.

Mouvement mondial pour les forêts tropicales, *L'industrie minière : Impacts sur la société et l'environnement*, Montevideo, Mouvement mondial pour les forêts tropicales, 2004.

Olsen, Nathalie, Joshua Bishop et Stuart Anstee, *Exploring Ecosystem Valuation to Move Towards Net Positive Impact on Biodiversity in the Mining Sector*, Gland, Union internationale pour la conservation de la nature et Rio Tinto, 2011.

Organisation des Nations Unies pour l'alimentation et l'agriculture, *Évaluation des ressources forestières mondiales 2015 : Rapport national : Madagascar*, Rome, Organisation des Nations Unies pour l'alimentation et l'agriculture, 2014.

Paquet, Joëlle, *Le marché mondial des minéraux*, Québec, École nationale d'administration publique, 2012.

Programme des Nations Unies pour le développement, *Note d'information à l'intention des pays concernant le Rapport sur le développement humain 2020 : Madagascar*, Programme des Nations Unies pour le développement, 2020.

Programme des Nations Unies pour l'environnement, *Résumé de la situation environnementale à Madagascar : Document d'appui à la formulation du Bilan Commun du Pays*, Programme des Nations Unies pour l'environnement, 2012.

Ramdoo, Isabelle et Aimée Randrianarisoa, *Secteur extractif à Madagascar : quel appui à la société civile ?*, Maastricht, European Centre for Development Policy Management, 2016.

Rio Tinto, *Rio Tinto and Biodiversity: Achieving results on the ground*, Londres, Rio Tinto, 2008.

Rio Tinto, *Rio Tinto et la biodiversité : obtenir des résultats sur le terrain*, Londres, Rio Tinto, 2008.

Rio Tinto, *Rio Tinto's Biodiversity Strategy*, Londres, Rio Tinto, 2004.

Secrétariat de la Convention sur la diversité biologique, *Perspectives mondiales de la diversité biologique*, 3e éd, Montréal, Secrétariat de la Convention sur la diversité biologique, 2010.

Sustainable Energy for All, *Global Tracking Framework: Progress toward Sustainable Energy 2017: Summary*, Washington (DC), Banque mondiale et Agence internationale de l'énergie, 2017.

Swanson, Stella, *Examen de l'émission de matières radioactives de la mine Rio Tinto/QMM*, Madagascar, The Andrew Lees Trust, 2019.

Temple, HJ et al, *Forecasting the path towards a Net Positive Impact on biodiversity for Rio Tinto QMM*, Gland, Union internationale pour la conservation de la nature et Rio Tinto, 2012.

Ten Kate, Kerry, Josh Bishop et Ricardo Bayon, *Biodiversity offsets: views, experience, and the business case*, Union internationale pour la conservation de la nature et Insight Investment, Gland et Cambridge, 2004.

The Biodiversity Consultancy, *Independent Report on Biodiversity Offsets*, Londres et Gland, Conseil international des mines et métaux et Union internationale pour la conservation de la nature, 2013.

Von Hase, Amrei et al, *Working towards NNL of Biodiversity and Beyond: Ambatovy, Madagascar – A Case Study, (2014)*, Forest Trends et Ambatovy, 2014.

Vorhies, Francis, *Industries extractives : des opportunités pour les fonds environnementaux : Projet de renforcement des capacités des fonds environnementaux du RedLAC*, Rio de Janeiro, Réseau des fonds environnementaux d'Amérique latine et des Caraïbes, 2014.

Wealth Accounting and the Valuation of Ecosystem Services, *Madagascar Comptes Mines*, Wealth Accounting and the Valuation of Ecosystem Services, 2016.

Wells, Michael, Katrina Brandon et Lee Hannah, *People and parks: linking protected area management with local communities*, Washington (DC), Banque mondiale, 1992.

Wilks, Chris, *La conservation des écosystèmes du Gabon*, Gland, Union internationale pour la conservation de la nature, 1990.

Documents de travail

Cling, Jean-Pierre et al, « La croissance ne suffit pas pour réduire la pauvreté : le rôle des inégalités » (2003) Développement, Institutions et Mondialisation Document de travail DT/2003/04.

Caroline Seagle, « "Sauver" la biodiversité en la détruisant : l'exploitation minière de Rio Tinto à Madagascar » (2013) The Land Deal Politics Initiative Working Paper No 11

Ramamonjisoa, Lolona et al, « Situation des ressources génétiques forestières de Madagascar » (2003) Division des ressources forestières de l'Organisation des Nations unies pour l'alimentation et l'agriculture Document de travail FGR/54F.

Schwartz, Brendan, David Hoyle et Samuel Nguiffo, « Tendances émergentes dans les conflits liés à l'utilisation des terres au Cameroun : Chevauchements des permis des ressources naturelles et menaces sur les aires protégées et les investissements directs étrangers » (2012) Fonds mondial pour la nature Document de travail.

Mémoire et thèse

Bérard, Marie-Hélène, *Légitimité des normes environnementales et complexité du droit : l'exemple de l'utilisation des Dina dans la gestion locale de la forêt à Madagascar, (1996-2006)*, thèse de doctorat en droit, Université Laval, 2009 [non publiée].

Soanirinavalona, Ruth Olivia, *Contribution à la résolution des problèmes de cohabitation des activités minières et création d'aires protégées*, mémoire de DEA en Foresterie-Développement-Environnement, Université d'Antananarivo, 2009 [non publié].

Allocutions et textes non publiés présentés lors de conférences

Chaboud, Christian, Philippe Méral et Djohary Andrianambinimina, « L'écotourisme comme nouveau mode de valorisation de l'environnement : diversité et stratégies des acteurs à Madagascar » XIXèmes journées du développement organisées par l'Association Tiers-monde et le Gemdev, présenté à Paris, 2 au 4 juin 2003 [non publié].

Dessard, Hélène et al, « Des minerais sous les arbres : incompatibles et compensables ? Eléments de réflexion pour une régulation intersectorielle : Cas du Gabon et du Cameroun » Conférence internationale sur les initiatives de surveillance de la gouvernance des industries extractive en Afrique francophone, présentée à la Faculté de sciences sociales et de gestion de l'Université catholique d'Afrique Centrale à Yaoundé au Cameroun, 22 et 23 août 2014 [non publiée], en ligne : Centre de coopération internationale en recherche agronomique pour le développement <https://agritrop.cirad.fr/575740/1/document_575740.pdf>.

Madagascar, Ministère des mines, « Historique des différentes réformes du secteur minier » Journée des mines, présenté au Centre de conférence international Ivato, 16 mai 2012 [non publié].

Madagascar, « Plan Émergence Madagascar » Atelier de concertation avec le secteur privé et la société civile, présenté à l'hôtel Colbert, Antananarivo, 4 octobre 2019 [non publié].

Documents gouvernementaux

Madagascar, Comité technique du Corridor Ankeniheny-Zahamena, *Plan d'aménagement et de gestion de la Reserve des Ressources Naturelles Ankeniheny-Zahamena*, (2009).

Madagascar, Conseil du Gouvernement, *Note n° 34/2011-PM/SGG/SC*, (prise d'effet : 6 avril 2011).

Madagascar, Conseil du Gouvernement, *Note n° 002/2014-PM/SGG/SC*, (29 janvier 2014).

Madagascar, *Document Cadre de Politique Economique (DCPE), 1996-1999*, (1996).

Madagascar, *Document Cadre de Politique Economique (DCPE), 1999-2001*, (1999).

Madagascar, *Document de Stratégie de Réduction de la Pauvreté (DSRP)*, (2003).

Madagascar, Institut national de la statistique, *Tableau de bord économique n° 40*, (juin 2020).

Madagascar, Ministère de l'Environnement, de l'Écologie et des Forêts, *Plan d'aménagement et de gestion 2015-2020 de la Nouvelle aire protégée d'Ampasindava-Galoko-Kalobinono*, (mars 2015).

Madagascar, Ministère de l'Environnement, de l'Écologie et des Forêts, *Rapport sur l'état de l'environnement à Madagascar, 2012*, (2012).

Madagascar, Ministère de l'Environnement, de l'Écologie et des Forêts, *Stratégie et plans d'action nationaux pour la biodiversité, 2015-2025*, (2016).

Madagascar, Ministère de l'Environnement, des Eaux et Forêts, *Cadrage général du Système des aires protégées de Madagascar*, (février 2009).

Madagascar, Ministère de l'Environnement, des Forêts et du Tourisme, *Guide pratique pour la gouvernance des aires protégées de Madagascar*, (août 2008).

Madagascar, Ministère de l'Environnement, des Forêts et du Tourisme, *Manuel de procédure de création des aires protégées terrestres du Système d'aires protégées de Madagascar (SAPM)*, Rapport final (mai 2008).

Madagascar, Ministère de l'Environnement, des Forêts et du Tourisme, *Stratégie nationale pour la gestion de la pollution à Madagascar.*

Madagascar, Ministère de l'Environnement et des Forêts, *Cinquième rapport national de la Convention sur la Diversité Biologique : Madagascar*, (mars 2014).

Madagascar, Ministère de l'Environnement et des Forêts, *Madagascar : Rapport national*, Rapport final du processus de préparation de la participation de Madagascar à Rio + 20 soutenu par le Programme des Nations Unies pour le Développement (3 mai 2012).

Madagascar, Ministère de l'Environnement et des Forêts, *Premier rapport national de la Convention sur la diversité biologique : Madagascar*, (1998).

Madagascar, Ministère de l'Environnement et des Forêts, *Quatrième rapport national de la Convention sur la diversité biologique : Madagascar*, (2009).

Madagascar, Ministère de l'Environnement et du Développement durable, *Résumé du Tableau de bord environnemental*, (février 2019).

Madagascar, Ministère de l'Environnement et du Développement durable, *6e rapport national sur la diversité biologique de Madagascar*, (février 2019).

Madagascar, Ministère de l'Environnement, *Le Tableau de bord environnemental*, ONE/MO/DOC/25/N/01 (2002).

Madagascar, Ministère de l'Environnement, *Stratégie nationale pour la gestion durable de la biodiversité*, (2001).

Madagascar, Ministère de l'Environnement et Fanamby, *Étude d'impacts environnementaux et sociaux relative à la mise en place de la nouvelle aire protégée Menabe Antimena Region Menabe*, (septembre 2014).

Madagascar, Ministère des mines, *Actualisation du Plan de gestion environnemental du Programme de gouvernance des ressources minérales.*

Madagascar, Office national pour l'environnement, *Guide sectoriel d'Étude d'Impact Environnemental du projet d'exploitation à ciel ouvert*, (novembre 2005).

Madagascar, Office national pour l'environnement, Ministère de l'Environnement et des Forêts, Institut géographique et hydrographique national, Madagascar National Parks et Conservation International, *Évolution de la couverture de forêts naturelles à Madagascar, 2005-2010*, (mai 2013).

Madagascar, Office national pour l'environnement, *Plan de gestion environnementale et de développement social du projet Ambatovy*, (1er décembre 2006).

Madagascar, *Plan d'Action Madagascar 2007-2012 : Un plan audacieux pour le développement rapide*, (2006).

Madagascar, *Plan Émergence Madagascar, 2019-2023.*

Madagascar, *Politique générale de l'État 2019-2023 : Rattrapper le retard de développement de Madagascar.*

Madagascar, Secrétariat national à l'autopromotion et au développement, *Stratégie nationale de lutte contre la pauvreté, 2000-2015*, (2000).

SOURCES ÉLECTRONIQUES

Articles de journaux et autres sources de nouvelles

« À Madagascar, la richesse du sous-sol suscite la convoitise de la société chinoise Mainland », *Radio France internationale* (2 février 2012), en ligne : <www.rfi.fr/afrique/20120202-madagascar-richesse-sous-sol-suscite-convoitise>.

Carver, Edward, « Madagascar: Rio Tinto mine breaches sensitive wetland », *Mongabay* (9 avril 2019), en ligne : <https://news.mongabay.com/2019/04/madagascar-rio-tinto-mine-breaches-sensitive-wetland>.

Carver, Edward, « Troubled firm aims to mine Madagascar forest for rare earth elements », *Mongabay* (8 août 2017), en ligne: <https://news.mongabay.com/2017/08/troubled-firm-aims-to-mine-madagascar-forest-for-rare-earth-elements>.

Hariniaina, Jean-luc et Serge Zafimahova, « Mise en contexte du projet d'exploitation d'ilménite par la societé Mainland mining Ltd », *Madagascar Tribune* (2 mars 2012), en ligne : <https://www.madagascar-tribune.com/Mainland-mining-Ltd-17172>.

Ihariliva, Mirana, « Suspension de base Toliara – Des responsabilités ministérielles manquées », *L'Express de Madagascar* (10 septembre 2020), en ligne : <https://lexpress.mg/10/09/2020/suspension-de-base-toliara-des-responsabilites-ministerielles-manquees>.

Iloniaina, Alain et Richard Lough, « Analysis: Madagascar faces struggle to restore mining industry », *Reuters* (2 décembre 2013), en ligne : <https://ca.reuters.com/article/us-madagascar-mining-analysis-idUSBRE9B10F320131202>.

Kill, Jutta, « Les dispositifs de compensation de la biodiversité permettent aux sociétés minières de poursuivre leurs destructions comme si de rien n'était », *Bulletin Mensuel WRM* n° 215 (13 juillet 2015), en ligne : <https://wrm.org.uy/fr/files/2015/07/Bulletin215.pdf>.

Orengo, Yvonne et Steven Emerman, « Fears of radionuclide-enriched water pollution as Madagascar mining breaches legal limits », *The*

Ecologist (3 septembre 2018), en ligne : <https://theecologist.org/2018/sep/03/fears-radionuclide-enriched-water-pollution-madagascar-mining-breaches-legal-limits>.

R, Antsa, « MainLand : Rude bras de fer pour la poursuite des activités », *Midi Madagasikara* (24 juillet 2012), en ligne : Centre d'échange d'information de Madagascar sur la Convention sur la diversité biologique <mg.chm-cbd.net/news/mainland-rude-bras-de-fer-pour-la-poursuite-des-activites>.

Rakotondrainibe, Mamy, « Activités minières et protection de l'environnement à Madagascar », *Bulletin Mensuel WRM* n° 216 (juillet 2015), en ligne : <https://wrm.org.uy/fr/files/2015/08/Bulletin216.pdf>.

Ranjanirina, Tsiory Fenosoa, « Audit juridictionnel : Vers une suspension définitive de Base Toliara ? », *L'Express de Madagascar* (9 septembre 2020), en ligne : <https://lexpress.mg/09/09/2020/audit-juridictionnel-vers-une-suspension-definitive-de-base-toliara>.

Savana, Albert, « Madagascar obtient un important soutien des bailleurs de fonds internationaux », *Financial Afrik* (28 juillet 2020), en ligne : <https://www.financialafrik.com/2020/07/28/madagascar-obtient-un-important-soutien-des-bailleurs-de-fonds-internationaux>.

Valis, « Projet WISCO à Soalala : Un port dans la Baie de Baly : tortues et aire protégée en cause », *Madagascar Tribune* (19 avril 2012), en ligne : <www.madagascar-tribune.com/Un-port-dans-la-Baie-de-Baly,17361.html>.

Communiqués de presse

Présidence de la République de Madagascar, communiqué, « Rapport du Conseil des Ministres » (6 novembre 2019), en ligne : Ministère de l'Industrie, du Commerce et de l'Artisanat <https://www.micc.gov.mg/wp-content/uploads/2019/11/cons-06-nov-2019.pdf>.

Pages web et autres documents électroniques

Ambatovy, « Généralités », en ligne : <ambatovy.com/ambatovy-html/docs/index.html%3Flang=fr&p=373.html>.

Banque centrale de Madagascar, « Marché de change » (17 juin 2023), en ligne : <https://www.banky-foibe.mg/marche_marche-de-change>.

Banque mondiale, « Country Profile – Madagascar », en ligne : <https://databank.worldbank.org/views/reports/reportwidget.aspx?Report_Name=CountryProfile&Id=b450fd57&tbar=y&dd=y&inf=n&zm=n&country=MDG>.

Banque mondiale, « Financement additionnel pour le Projet de gouvernance des ressources minérales », en ligne : <projects.banquemondiale.org/P104983/additional-financing-mineral-resources-governance-project>.

Banque mondiale, « Madagascar : Financement additionnel pour le Projet de gouvernance des ressources minérale », en ligne : <www.banquemondiale.org/fr/news/loans-credits/2007/05/22/madagascar-additional-financing-for-the-mineral-resources-governance-project>.

Banque mondiale, « Mining Sector Reform Project », en ligne : <projects.banquemondiale.org/P056487/mining-sector-reform-project>.

Banque mondiale, « PIB ($ US courants) – Madagascar », en ligne : <https://donnees.banquemondiale.org/indicateur/NY.GDP.MKTP.CD?locations=MG>.

Banque mondiale, « World Development Indicators », en ligne : <https://databank.worldbank.org/source/world-development-indicators>.

Base Toliara, « Le projet Toliara Sands », en ligne : <toliarasands.com/fr/projet-toliara-sands>.

Bureau du cadastre minier de Madagascar, « Requêtes sur les permis miniers », en ligne : <bcmm.mg/cartographie/tableau.php>.

Centre d'échange d'information de Madagascar sur la Convention sur la diversité biologique, « Programme de gestion des lémuriens d'Ambatovy », en ligne : <mg.chm-cbd.net/objectifs-d-aichi/strategique-c/objectif-12/projets-programmes-nationaux-lies-l-objectif-12/programme-de-gestion-des-lemuriens-d-ambatovy>.

De Zylva, Paul et Yvonne Orengo, « New tricks: biodiversity offsetting and mining », en ligne : Friends of the Earth UK <https://policy.friendsoftheearth.uk/publications/new-tricks-biodiversity-offsetting-and-mining>.

Fanamby, « Vers un renforcement du contrôle des Aires Protégées à Madagascar » (13 septembre 2018), en ligne : <https://fanamby.wordpress.com/2018/09/13/vers-un-renforcement-du-controle-des-aires-protegees-a-madagascar/>.

GLW Conseil, « Plan de gestion environnementale du projet de réforme du secteur minier : Phase II », en ligne : Banque mondiale <documents1.worldbank.org/curated/zh/949891468757475426/pdf/multi0page.pdf>.

Institut national de la statistique, « Madagascar en chiffre », en ligne : <https://www.instat.mg/accueil/madagascar-en-chiffre>.

Madagascar, « Les Parcs Nationaux (PN) », en ligne : Centre d'échange d'information de Madagascar sur la Convention sur la diversité biologique <mg.chm-cbd.net/implementation/programmes-thematiques/aires-protegees/Aires_protegees/les-parcs-nationaux-pn>.

Madagascar, « Les Réserves Naturelles Intégrales (RNI) », en ligne : Centre d'échange d'information de Madagascar sur la Convention sur la diversité biologique <mg.chm-cbd.net/implementation/programmes-thematiques/aires-protegees/Aires_protegees/les-reserves-naturelles-integrales-rni>.

Madagascar, « Les Réserves Spéciales (RS) », en ligne : Centre d'échange d'information de Madagascar sur la Convention sur la diversité biologique <mg.chm-cbd.net/implementation/programmes-thematiques/aires-protegees/Aires_protegees/les-reserves-speciales-rs>.

Office national pour l'environnement, « Tableau de bord environnemental national », en ligne : <https://docs.google.com/document/d/1Wvj_oyuyOoHOH0NsF2Og_Qt0xF5rW17AkkdbFOrAzl8/edit>.

Organisation des Nations Unies pour l'éducation, la science et la culture, « État de conservation », en ligne : <https://whc.unesco.org/fr/soc/?action=list&soc_start=1%2F01%2F1990&soc_end=20%2F11%2F2020&id_threats=100>.

Organisation des Nations Unies pour l'éducation, la science et la culture, « Patrimoine mondial et industries extractives », en ligne : <whc.unesco.org/fr/industries-extractives/>.

Randriamaro, Zo, « Droit de réponse du CRAAD-OI à l'article de Midi-Madagasikara du 06 mars 2019 intitulé Projet d'exploitation d'ilménite : "Base Toliara" apporte des précisions », en ligne : Business and Human Rights Resource Center <https://www.business-humanrights.org/en/latest-news/droit-de-r%C3%A9ponse-du-craad-oi-%C3%A0-larticle-de-midi-madagasikara-du-06-mars-2019-intitul%C3%A9-projet-dexploitation-dilm%C3%A9nite-base-toliara-apporte-des-pr%C3%A9cisions/>.

Réseau de la biodiversité de Madagascar, « Atlas numérique SAPM », en ligne : <https://www.rebioma.org>.

Secrétariat de la Convention sur la diversité biologique, « Biodiversity offset mechanisms », en ligne : <https://www.cbd.int/financial/0017.shtml>.

Union internationale pour la conservation de la nature, « Position de l'UICN : Patrimoine mondial et projets miniers et gaziers/pétroliers » (4 mars 2013), en ligne : <https://www.iucn.org/sites/dev/files/import/downloads/position_de_luicn_patrimoine_mondial_et_projets_miniers_et_petroliers_24_06_11.pdf>.

Union internationale pour la conservation de la nature, « Table 5: number of threatened species in each major taxonomic group by country », en ligne : Liste rouge des espèces menacées, Version 2020.3 <https://www.iucnredlist.org/statistics>.

Union internationale pour la conservation de la nature, « Table 6a: number of animal species (kingdom: Animalia) listed in each IUCN Red List Category by country », en ligne : Liste rouge des espèces menacées, Version 2020.3 <https://www.iucnredlist.org/statistics>.

Union internationale pour la conservation de la nature, « Table 6b: number of plant species (kingdom: Plantae) listed in each IUCN Red List Category by country », en ligne : Liste rouge des espèces menacées, Version 2020.3 <https://www.iucnredlist.org/statistics>.

Zeller, Manfred et al, « Les liens entre croissance économique, réduction de pauvreté, et durabilité de l'environnement milieu rural à Madagascar », en ligne : Madadoc <madadoc.irenala.edu.mg/documents/v02433_MZE.pdf>.

Table des matières

Structures éditoriales du groupe L'Harmattan

L'Harmattan Italie
Via degli Artisti, 15
10124 Torino
harmattan.italia@gmail.com

L'Harmattan Hongrie
Kossuth l. u. 14-16.
1053 Budapest
harmattan@harmattan.hu

L'Harmattan Sénégal
10 VDN SICAP AMITIE 3
BP 45034 Dakar-Fann
direction@senharmattan.com

L'Harmattan Cameroun
Tsinga/Derrière polyclinique FECAFOOT
BP 11486 Yaoundé
Jacques.koukam@harmattan.fr

L'Harmattan Burkina Faso
Villa 281, secteur 23 623, rue 14.32
Ouagadougou
zagbie@outlook.fr

L'Harmattan Guinée
Almamya, rue KA 028 OKB Agency
BP 3470 Conakry
harmattanguinee@yahoo.fr

L'Harmattan RDC
185, avenue Nyangwe
Commune de Lingwala – Kinshasa
matangilamusadila@yahoo.fr

L'Harmattan Congo
219, avenue Nelson Mandela
BP 2874 Brazzaville
deunovmikhael@gmail.com

L'Harmattan Mali
Immeuble Mgr Jean Marie Cissé
Aci Hamadallaye
BP 145 Bamako
syllaka@yahoo.fr

L'Harmattan Togo
Djidjole – Maison Amela
face EPP BATOME
02 BP 20680 Lomé
didieramela11@gmail.com

L'Harmattan Côte d'Ivoire
Résidence Karl – Cité des Arts
Abidjan-Cocody
03 BP 1588 Abidjan
harmattan.ivoire@gmail.com

L'Harmattan Bénin
Rue 604, (Immeuble à l'entrée
de la rue UCAO- Cite de Saint-Jean)
Cotonou
stepcorpus@gmail.com

Nos librairies en France

Librairie internationale
16, rue des Écoles
75005 Paris
librairie.internationale@harmattan.fr
01 40 46 79 11
www.librairieharmattan.com

Librairie des savoirs
21, rue des Écoles
75005 Paris
librairie.sh@harmattan.fr
01 46 34 13 71
www.librairieharmattansh.com

www.ingramcontent.com/pod-product-compliance
Lightning Source LLC
LaVergne TN
LVHW011300061026
849535LV00005B/1328